A kegyesség tudománya

A REFORMÁTUS TANÍTÁS ALAPJAI

Ronald Hanko

Az eredeti angol kiadás címe / Originally published in English under the title:
Doctrine according to Godliness - A Primer of Reformed Doctrine
Írta / Written by: Ronald Hanko
© 2004, Reformed Free Publishing Association, 1894 Georgetown Center Drive, Jenison, Michigan. 49428. USA
https://www.rfpa.org
mail@rfpa.org

Az angol kiadásban található bibliai idézetek forrása a *King James (Authorized) Version.*
Scripture cited in the English version is from the *King James (Authorized) Version.*

Magyar kiadás - Hungarian edition © 2021
Ébredés Alapítvány
Péceli Református Egyházközség
Vásárhelyi Bálint Márk

Magyar fordítás - Hungarian translation © 2021
Fordítás: Vásárhelyi Bálint Márk
Kétnyelvű lektorálás: Bognár Tibor és Jánószky Anna
Magyar nyelvi lektorálás: Bakti Judit
Teológiai lektorálás: Cs. Nagy János
Borítóterv: Buschné Káldy Sára és Ridegné Szabó Zsófia

A magyar fordítás és kiadás a Reformed Free Publishing Association engedélyével készült.
This Hungarian edition is translated and used by permission of the Reformed Free Publishing Association.

Kiadja a Péceli Református Egyházközség megbízásából az Ébredés Alapítvány.
2119 Pécel, Kálvin tér 2/b.
(28) 452-334

Felelős kiadó: Szabó László
Szerkesztő: Margit István

A bibliai idézetek forrása a Magyar Bibliatársulat által kiadott, 1908-ban revideált Károli-fordítású Biblia.

ISBN 978-1-944555-81-8

Terjeszti / Distributed by: Reformed Free Publishing Association)

Ajánlom szüleimnek, Herman és Wilma Hankónak, akik kora gyermekkorom óta neveltek ezekre a tantételekre, és tanításukkal, valamint élő bizonyságtételükkel elültették bennem a Biblia igazságainak szeretetét.

„Ha valaki másképen tanít, és nem követi a mi Urunk Jézus Krisztus egészséges beszédeit és a kegyesség szerint való tudományt, az felfuvalkodott, a ki semmit sem ért, hanem vitatkozásokban és szóharczokban szenved, a melyekből származik irígység, viszálykodás, káromlások, rosszakaratú gyanúsítások, megbomlott elméjű és az igazságtól megfosztott embereknek hiábavaló torzsalkodásai a kik az istenfélelmet nyerekedésnek tekintik. Azoktól, a kik ilyenek, eltávozzál.”

1Timótheus 6:3–5

A könyvben használt bibliafordítások rövidítései:

Károli: revideált Károli-fordítás, 1908
ÚF: Új Fordítás, 1990
RevKár: újonnan revideált Károli-fordítás, 2011
RÚF: Revideált Új Fordítás, 2014
KJV: angol King James (Authorized) Version, 1611
NIV: angol New International Version, 1978

Előszó a magyar kiadáshoz

A kegyesség tudománya olyan korban kerül a magyar olvasó kezébe, amikor a keresztyének és az egyházak biblikus és református önazonossága feloldódni látszik. A magyar reformációt és a tiszta református gondolkodást sok éve erodálja a felvilágosodás mára fékevesztett önpusztító liberalizmusa, a lutheránus pietizmus befelé forduló misztikája és a magyarság nemzeti gondolata. Sok, egykor virágzó helyi egyház mára megrendült, számos helyen a nyilvános istentisztelet és a lelkipásztori szolgálat is megszűnt. A lelki krízist csak erősíti a hatalmaskodó református egyházszervezet római katolikus hierarchiája, az adminisztráció burjánzása és a gyakorlati materializmus, amely a meggyengült egyházak lelki bajára a pénztől várja a megoldást. A lelki tartásukban erőtlenné tett, kapkodó útkeresésben élő helyi egyházak és azok hívő tagjai megerősítésre szorulnak.

Miért jelenthet gyógymódot *A kegyesség tudománya* magyar nyelvű megjelentetése? A bibliai-református önazonosság meggyengülésére a legjobb gyógymód a bibliai-református tudomány világos kifejtése. Ronald Hanko írása a baj lényegét ragadja meg. A tudatlanság és az elbizonytalanodás korában megbízható tudást, igaz, mennyei *tudomány*t kap vele az olvasó. Ronald Hanko munkájának egyik értékes vonása annak átfogó jellege. Az olvasó az egész keresztyén tudományt áttekintheti, ezzel egyrészt a klasszikus református tanítás szép belső szerkezetét fedezheti fel, másrészt a könyv sok rövid egysége egy-egy részletkérdés vizsgálatát is lehetővé teszi.

A kegyesség tudománya ugyanakkor nem áll meg a tájékoztatás, az ismeretterjesztés határánál, hanem bátorít, megfedd, leleplez és lelkesít egyben. A szerző tudományos gondossággal, ugyanakkor pásztori gondoskodással is írta sorait. Az író ugyanis lelkipásztor, aki szívén viseli Krisztus nyájának sorsát, és misszionárius, aki Ura megbízásából a lélekmentés szent szolgálatában áll. *A kegyesség tudománya* éppen ezért segíti akár az egyház elhívott pásztorait lelkipásztori hivatásukban, akár az édesapákat családi tanító szolgálatukban.

Ki kell emelnünk Ronald Hanko művében az egyháztan jelentőségét. Nem a szerző ad különleges hangsúlyt és jelentőséget az egyháztannak, hanem az a tény, hogy a magyar reformátusságból az egyház bibliai-református felfogása szinte teljesen kiveszett. Isten kijelentéséről, Krisztus megváltó művéről, az engesztelés és a helyettes elégtétel nagy, bibliai igazságairól, a bűnös igaznak nyilvánításáról, vagy megszenteléséről az igazságot kereső olvasó találhat forrásokat, de a bibliai-református egyháztan forrása magyar nyelvterületen nem túl bőséges. Merítsünk hát *A kegyesség tudománya* friss és egészséges forrásából, és erősödjünk meg az egyház helyes felfogásában és gyakorlatában!

Ronald Hanko írása őszinte mű, pontosan azt nyújtja, amit a címben megígér. A benne kifejtett igaz tudomány célja az igazi kegyesség, a Krisztusba vetett hitből való élet. A szerző a szépen kifejtett bibliai-református tanítással nem csupán tájékozottá tesz, és intellektuális élményt kínál, hanem el is akar kötelezni a bibliai igazságok mellett, és kegyes életre buzdítja olvasóját, azaz valóban kegyességre való tudományt kapunk. Igaz kegyességre serkentenek a rövid egységekben megfogalmazott tanításokat záró bátorító szavak, mint például a hitről: *„Milyen csodálatos tehát, ha azt mondhatjuk, hogy van hitünk. Ezzel megvalljuk, hogy Isten csodálatos és szuverén munkája által Krisztusban élünk, ő pedig bennünk, és soha többé nem szakadhatunk el egymástól."*

Maga a Szentháromság örök Isten áldja meg e könyv minden olvasójának szívét Krisztus evangéliumának tiszta tudományával az igaz kegyesség szent buzgalmára!

Cs. Nagy János
péceli református lelkipásztor

Az angol kiadás előszava

A missziói munka nagy kihívása az evangélium és az Isten Igéjében rejlő igazságok világos és egyszerű bemutatása, illetve a Szentírás tanításainak alapos, ugyanakkor tömör ismertetése. Olyan korban élünk, amikor azok közül, akik vallják Krisztust, sokak fejében zűrzavar van, bibliaismeretük hiányos, és az egyházban megjelenő bármilyen tévtanítás szele félrevezeti őket. A szentek elvesztették az egykor nekik adatott hit ismeretét, habár bírniuk kellene azt. Ma egy misszionáriusnak azok számára is hirdetnie kell az Igét, akik nem ismerik Krisztust, és nem hallották az igazi evangéliumot; a gyakorló keresztyének számára szólnia kell a hitről, a hitetleneket pedig bűnbánatra és Krisztusba vetett hitre kell hívnia.

Manapság nagyon kevesen olvasnak kemény lelki eledelt, és az emberek csak rövid ideig tudnak figyelni. Ezek a korlátok nehéz feladat elé állítják a lelkipásztort vagy a misszionáriust. Nem könnyű olyan kiadványt találni, amelyben tiszta a tanítás, választ ad ezekre a nehézségekre, és valóban hasznos. Az 1940-es években Herman Hoeksema rádiós istentiszteletei adtak megoldást a rövid üzenetek iránti igényre. Ezek közül néhány később írásban is megjelent, kiváló példa erre a *Wonder of Grace* [A kegyelem csodája] című könyve. Ronald Hanko és Ronald Cammenga lelkipásztorok *Saved by Grace* [Kegyelemből megváltva] című könyve pedig a Szentírás alapján Isten szuverenitását és a kálvinizmus öt pontját mutatja be mélyebben.

A kegyesség tudománya folytatja a tanítások egyszerűsített magyarázatára törekvő könyvek sorát. Hanko könyve a missziós területen végzett szorgalmas munka gyümölcse. E mű legtöbb alfejezetét missziói munkában töltött évei alatt írta Észak-Írországban, ahol a református hit egykor virágzott a presbiteriánus egyházakban.

Mindegyik szakasz rövid, mégis alapos magyarázat, amely önmagában is megáll, és egy-egy alapvető fogalmat mutat be a hittételekből. Az egymást követő szakaszokban a szerző a református hit vonalait bontja ki annak egységében. Így ez a könyv kettős jellemzővel bír. Egyrészt minden egyes alfejezet egy bizonyos igazság vagy tanítás kifejtéseként néhány másikkal együtt megállhat, forrásul szolgálva több, gyakran felmerülő kérdéshez. Másrészt a református tanbeli gondolkodás vonalát követve az alfejezeteket egy összefüggő műnek is tekinthetjük. Utóbbi szempontból *A kegyesség tudománya* a református tanítás és a dogmatika alapvető kézikönyvéül is szolgálhat.

Az effajta megközelítés a művet a református missziói munka mellett a már meglévő gyülekezetekben és a keresztyén tanításban való tanulmányozásra és megbeszélésre is alkalmassá teszi. A könyv teljes egészében segítséget adhat a csoportos tanulmányozásokhoz vagy beszélgetésekhez. Az egyes szakaszok tematikusan is felhasználhatóak. Akiknek különböző minőségben tanítaniuk kell – legyenek presbiterek, szülők, tanárok vagy bibliakörök vezetői –, azok tiszta tudományt hordozó forrásanyagot találhatnak itt, amely segítheti őket a felkészülésben.

Ezt a könyvet olvasva a hívő felkészülhet arra, hogy számot adjon a benne lévő reménységről. Ha valakinek ijesztően hat egy-egy dogmatikai írás mély volta, az úgy olvashatja ezt a könyvet a református tanításról, hogy az őt a Szentíráshoz és további tanulmányozások folytatásához tudja vezetni.

Nehéz kivitelezni, hogy minden szakasz egy-két nyomtatott oldalra szorítkozzon, miközben a tartalom is alapos és teljes. Nem kis munka, hogy Hanko olyan hatékonyan végezte ezt el. Az igazságot a keresztyén ember életére és útjára alkalmazva a szerző egy hasznos áhítatos könyvet is ad elénk. A hitet és a gyakorlatot, a tanítást és az életet, az igazságot és az alkalmazást összekapcsolva az egyes alfejezetek ismeretet adnak át, ugyanakkor a kegyes életre nevelnek. Jó választás volt tehát a könyv címe.

Kívánom, hogy az Úr továbbra is használja fel e könyv gyümölcsét az ő országáért és dicsőségére.

Thomas Miersma
A Protestant Reformed Churches in America
nyugalmazott lelkipásztora

A szerző előszava

E könyvet egy – eredetileg közel kétszáz cikkből álló – sorozat alkotja, amelynek nyolc éven keresztül jelentek meg újabb részei az Egyesült Királyságban folyó missziói munka keretein belül. E cikkek fogadtatása miatt, valamint a sok olvasótól érkezett bátorítás hatására állítottam össze a cikkeket könyvvé.

Néhány eredeti cikket kihagytam, azonban mintegy ötven új tanulmánnyal bővült a kötet a kimaradt anyagok pótlására. A legtöbb régi cikket átnéztem, és néhányat teljesen újraírtam. A könyv a református teológia szokásos felosztását követi, így *A kegyesség tudománya* hat fő fejezete a dogmatika hat fő része, bár nem használom a hagyományos nevüket.

Amikor eredetileg misszionáriusként írtam a cikkeket, a lehető legegyszerűbben fogalmaztam rengeteg bibliai hivatkozást használva, és megpróbáltam megmutatni, hogy a Szentírás tanai miként alkalmazhatóak az életre. Mindezt megtartottam azt remélve, hogy a missziós területeken és az egyházakban továbbra is hasznos lesz a református hit tanítására.

Az alfejezetek nagyon rövidek annak reményében, hogy akik tudnak valamit a református hitről, felbátorodnak a dogmatikai témájú szövegek további olvasására. Meggyőződésem, hogy az Egyesült Államokban és máshol is többek között az járult hozzá a református egyházak romlásához, hogy Isten népe nem olvas eleget. Bízom abban, hogy ezek a könnyen olvasható cikkek a kegyelem tanainak és Isten üdvösségben való szuverenitásának további tanulmányozására bátorítják a kedves olvasót.

Isten áldja meg és használja jóra ezeket a törekvéseket!

Ronald Hanko
A Protestant Reformed Churches in America
nyugalmazott lelkipásztora

Bevezetés

A tantételek jelentősége

A tantételeket ma már nem becsülik túl nagyra. Sok evangélikál egyházban olyan mértékű közöny uralkodik ezekkel szemben, hogy már a keresztyénség alapjait sem értik jól. Gyakran még azok az egyházak is csak kevés érdeklődést mutatnak a tantételek megtanulása és megértése iránt, amelyek tanításukban és igehirdetésükben hűségesek maradtak. A fiatalokat többnyire untatja, a presbiterek pedig megelégednek a református hit tantételeinek felületes ismeretével.

A tantételek hiányának ez a tünete sokszor a „gyakorlatiasabb" igehirdetésért és tanításért folyó folyamatos küzdelem, valamint a liturgiára és az istentisztelet egyéb részeire helyezett nagyobb hangsúly, amíg a prédikáció gyakorlatilag eltűnik. Az igehirdetők részéről pedig egyre kevesebb bibliai magyarázatot, ugyanakkor egyre több szemléltetést, történetet és szórakoztatást hallunk.

Isten népének magánéletében úgy mutatkozik meg a tantételek iránti közönyösség, hogy egyáltalán nem kíváncsiak a jó református könyvekre és folyóiratokra. Néha megveszik, de nem olvassák el, máskor pedig már arra sincs elég érdeklődés, hogy megvegyék azokat. Ha egyáltalán bármit is olvasnak, az felületes, és többnyire a tanácsokat tartalmazó könyvek választékából való. Gyakorlatilag semmi komolyat nem olvasnak, és egy tanokat tartalmazó könyvet a legtöbben túl mélynek találnak, jóllehet sokkal kevésbé tanult apáik és nagyapáik képesek voltak teológiai irodalmat olvasni, és értették is azt.

Ha az egyházat és Isten népének életét meg akarjuk menteni a felületességtől, a hanyatlástól és minden olyan bajtól, amely az egyházban ma szorongat minket, akkor vissza kell térnünk a tantételekhez. Ehhez nem kell több bizonyítékot keresnünk, mint a tizenhatodik századi reformációt. A reformáció mindennél inkább a tanokhoz – az egyedül hit által való megigazulás, a szuverén kegyelem, valamint az egyház és a sákramentumok tanaihoz – való visszatérés volt. A tantételek iránti érdeklődés és az azokhoz való visszafordulás nélkül nem is reménykedhetünk az egyház ébredésében vagy megújulásában.

A 2Timótheus 3:16–17-ben Isten Igéje azt mondja, hogy a Szentírás sok mindenre hasznos, de mindenekelőtt a tanításra. Valóban, ha nem tanít nekünk először tantételeket, akkor nem hasznos a feddésre, a megjobbításra és az igazságban való nevelésre. Mindezekhez a tantételek nemcsak előzetesen szükségesek, hanem alapvető fontosságúak.

A Szentírás más módokon is hangsúlyozza ezeknek a tanoknak a jelentőségét. A János 17:3-ból megtanuljuk, hogy Isten és Jézus Krisztus ismerete az örök élet. Ennél semmi sem fontosabb. Azok a tanok, amelyeket helyesen tanítanak, megértenek és elhisznek, Istennek és az ő Fiának ismeretét jelentik. A Szentírás semmi mást nem tanít. *„Tudakozzátok az írásokat* – szól Jézus, – *ezek azok, a melyek bizonyságot tesznek rólam"* (Jn 5:39).

Figyeljünk tehát a tanokra! Ez nemcsak a teológusok területe, hanem mindazoké, akik vágyakoznak az örök életre. Ne tegyük félre a tantételeket más, „gyakorlatiasabb" ügyek miatt, hanem értsük meg, hogy azok feddnek, megjobbítanak, és megtanítják az igazság útját. Mindenekfelett pedig szemtől szembe állítanak minket magával az élő Istennel, akiben élünk, mozgunk és vagyunk. Tantételek nélkül lenni annyi, mint Isten nélkül lenni.

1. fejezet

Isten és az ő Igéje

1.1. A kijelentés

Isten egyik legcsodálatosabb munkája a nekünk adott kijelentése. Már maga az
a tény nagyszerű és csodálatos, hogy ő kijelenti magát. Ő elégséges önmagának,
önmagán kívül nincs szüksége senki és semmi másra, és mégis úgy dönt, hogy
kezeinek minden munkájában kijelenti magát.

Még ennél is csodálatosabb, hogy Isten *önmagát* jelenti ki nekünk. Mi
csupán teremtmények vagyunk, az ő kezének munkái, előtte még a pornál is
kevesebbek. Ő a Mindenható, a végtelen és örökkévaló Isten, aki felfoghatatlan.
És ő mégis megismerteti velünk önmagát és dicsőségét.

Különösen akkor érthetjük meg, hogy a kijelentés egy csoda, ha meg-
gondoljuk, hogy ő az, akiről az 1Timótheus 6:16 azt írja, hogy *„az emberek
közül senki nem látott, sem nem láthat”*, aki tiszta Lélek, és szemeink számára
örökre láthatatlan. Szinte hihetetlen, hogy aki olyan hatalmas, emberi nyelven
szólaljon meg, mégpedig úgy, hogy közülünk még a legegyszerűbb is megértse.
Kálvin arról beszélt, hogy Isten „gügyögve" szól hozzánk úgy, ahogyan egy
szülő gügyög kisgyermekének. Ez a kijelentés csodája.

E csodához tartozik természetesen az is, hogy Isten a *bűnösökkel* ismer-
teti meg magát, akik elméjüket és szívüket bezárták előtte. Ebben a kijelentés
csodájának és a kegyelem csodájának az összefüggését látjuk, és megértjük,
hogy a kijelentés végső célja Isten népének üdvössége.

Ez elvezet minket ahhoz a tényhez, hogy Isten többféle módon jelenti
ki magát. A *Belga Hitvallás* a 19. zsoltár alapján két módról: a teremtés és a
Szentírás általi kijelentésről beszél,[1] de vannak más módok is. Isten kijelenti
magát a történelemben, amely valójában az ő történelme; minden ember
lelkiismeretében; az Ószövetségben pedig közvetlen módon álmok, látomások,
angyalok és egyéb eszközök által is.

A *Belga Hitvallás* Istennek a természetben adott kijelentését a *legkivá-
lóbb könyvnek*[2] nevezi. Amint egy festőművész vagy egy szobrász alkotása a

---

[1] *Belga Hitvallás* 2. cikkely
[2] *Belga Hitvallás* 2. cikkely

művészről mutat meg valamit, ugyanúgy Isten munkái róla jelentenek ki valamit. Azonban ez a kijelentés, valamint Istennek a történelemben és az ember lelkiismeretében adott kijelentése félelmetes könyv az elveszett bűnös számára. Az elveszett bűnös ugyanis semmiről sem olvashat ebben a kijelentésben, csak haragról és ítéletről, éppen ezért megrontja és elveti magától azt (Rm 1:25). Isten csak a Szentírásban, Jézus Krisztus által jelenti ki magát az ő népe Megváltójaként. Ezért amikor a kijelentésre gondolunk, akkor különösképpen a Szentírás áll előttünk. Ha megismertük Istent a Szentíráson keresztül, akkor az a kijelentés is hasznossá válik számunkra, amelyet ő a természet és a történelem által adott. Kálvin a Szentírást olyan szemüveghez hasonlította, amelyen keresztül a teremtésben megláthatunk valamit Isten szeretetéből és kegyelméből. A Szentírás arra tanít minket, hogy a napkeltékben és a liliomokban, a magvakban és a hegyekben lássuk meg megváltásunk hatalmas Istenét és az ő kegyelmét. Tanuljunk meg olvasni a teremtés *legkiválóbb könyvében*, de ne feledjük el a még ennél is nagyszerűbb könyvet: a Szentírást, Isten Igéjét! Ott ismerhetjük meg őt, aki olyan kegyelmesen kijelentette magát az ő Fiában.

1.2. Az általános kijelentés

Gyakran *általános kijelentés*nek nevezzük, amikor Isten megismerteti önmagát a teremtésben, az ember lelkiismeretében és a történelemben. Ezt megkülönböztetjük a *speciális kijelentés*től, amely Isten üdvözítő kijelentése Jézus Krisztus által a Szentírásban.

Számos szakasz hivatkozik az általános kijelentésre, de legvilágosabban a Róma 1:18–32. Ez a szakasz arról beszél, hogy Isten megmutatja magát a teremtett dolgokban (20. és 25. v.) és az ember lelkiismeretében (19. v., figyeljük meg a szóhasználatot: *bennük*).

Ennek az általános kijelentésnek azonban nincs üdvözítő ereje. Még csak nem is egyfajta kegyelem, bár sokan úgy beszélnek róla, mint az úgynevezett *általános kegyelem* egyik példájáról. Ehelyett, ahogyan azt a Róma 1 világosan bemutatja, az általános kijelentés Isten *haragjának* kijelentése, és csak arra szolgál, hogy az istenteleneket mentség nélkül hagyja (18. és 20. v.). Az általános kijelentés tehát semmiképpen sem egy másik, üdvösségre vezető út. Minden bibliai alapot nélkülöz az elképzelés, miszerint az istentelenek üdvösségre juthatnak az általános kijelentésre adott erkölcsi válaszukkal. Ez a gondolat csupán a cselekedetek által való üdvösség és a vallásos humanizmus egyik változata.

Maga a Róma 1 is határozottan ellentmond annak a tanításnak, hogy az általános kijelentés üdvözítő erejű lenne. Az istentelenek látják, ami *„Istenben láthatatlan"*, kiváltképpen az ő örökkévaló hatalmát és istenségét (20. v.). Ennek az isteni megnyilvánulásnak még egy *belső* vonatkozása is van. A 19. vers szerint ami Isten felől tudható, *bennük* nyilvánul meg.

Ennek fontos következményei vannak. Istennek a teremtett dolgokban való megnyilvánulása az oka annak, hogy soha senki sem mentegetőzhet az ítélet során azzal, hogy nem ismerte Istent. A Róma 1 alapján valójában nincsenek is ateisták. Az istentelen ember, aki soha nem hallotta az evangéliumot, az ítélet napján ennek a megnyilvánulásnak a következményeként lesz kárhoztatható, és ez alapján fog majd elkárhozni.

Mindazonáltal ennek az isteni megnyilvánulásnak az egyetlenegy eredménye a gonoszokra nézve, hogy elutasítják Isten dicsőítését, folytatják hálátlanságukat, és Isten számukra, illetve bennük megnyilvánuló dicsőségét romlott dolgok képmásával cserélik fel (Rm 1:21–25). Ez egyszerűen szólva azt jelenti, hogy az istentelenek bálványimádása nem az általuk nem ismert Isten keresése vagy bármilyen gyenge kísérlet arra, hogy megtalálják őt, inkább az igaz Istentől való elfordulás, *akit valójában ismernek.*

A Róma 1 alapján nem keresik, hanem elnyomják az igazságot (25. v.). Filozófiájuk és vallásuk nem az igazság vagy az igazság szeretetének apró kezdete, hanem annak elutasítása és hazugsággal való felcserélése. Mindezt megerősítve a Szentírás azt is világossá teszi, hogy az üdvösség egyedül az evangélium hirdetése által létezhet (Rm 1:16; 10:14, 17; 1Kor 1:18, 21). Krisztust ez, és csakis ez jelenti ki Isten erejeként és bölcsességeként az üdvösségre, így az evangélium nélkül általánosan semmi remény sincs az üdvösségre.

Az általános kijelentés tehát egyedül arra szolgál, hogy növelje azok vétkét, akik nem hallják az evangéliumot, vagy nem hisznek abban. Ha valaki másként tanít, az megtagadja Jézus Krisztus vérét és az ő tökéletes engedelmességét mint a megváltás egyetlen útját, és meggyalázza őt magát és keresztjét is.

1.3. Isten Igéje

Isten olyan hatalmas, hogy nem ismerhetjük őt, hacsak ő ki nem jelenti magát nekünk. Olyan nagy, hogy nem láthatjuk és nem érinthetjük meg őt (1Tim 6:16), így az ő Igéje által jelenti ki nekünk magát Atyánkként és Megváltónkként. Ezen nem kell meglepődnünk, hiszen közöttünk is – akiket az ő képmására teremtett – a beszéd a legfőbb kommunikációs eszköz.

Azonban csoda, hogy Isten szól az emberhez. Először is csoda, hogy a végtelen és örökkévaló Isten a mi korlátozott és tökéletlen nyelvünkön beszél önmagáról és az ő dicsőségéről, így valósággal tudtul ad nekünk valamit önmagáról. *Isten az, akit ismerünk, és akivel Igéje által közösségünk van.*

Másodszor csoda, hogy Isten beszél az emberhez, mivel az emberi nyelvhez hasonlóan Isten beszéde is több egy egyszerű kommunikációs eszköznél. Ezáltal lehet közösségünk Istennel, ezáltal ismerhetjük és szerethetjük őt. Amint egy férfi minden másnál jobban ismeri és szereti drága felesége hangját, ugyanúgy mi is azáltal ismerjük és szeretjük Istent, hogy halljuk az ő hangját (Én 2:14).

Harmadszor csoda, hogy Isten Igéjén keresztül kijelenti önmagát, mert az Ige nem puszta hang a levegőben vagy néhány jel egy lapon, hanem élő és maradandó (1Pt 1:23). Az Ige olyan dolog, amelyet nem csak hallunk és olvasunk, hanem látható formát is öltött, és az élő és láthatatlan Isten megfogható kijelentésévé vált (1Jn 1:1). Így jóllehet Isten örökre láthatatlan, Fia, a testté lett Ige személyében látjuk őt.

Végül csoda az Ige is, mert a lehető legnagyobb irgalomról és hozzánk való lehajlásról tanúskodik, hogy Isten megszólít minket. Mivel bűnbe estünk, nem az lenne-e jogosabb, ha megvonná tőlünk önmagát, és elrejtőzne előlünk? De ő szól, és békességet szól.

Isten Atyánkként és Megváltónkként csak azért szólhat irgalmasan, mert a testté lett Ige és az írott, olvasott és hirdetett Ige között elválaszthatatlan kapcsolat áll fenn. Egyik sem létezhet a másik nélkül. Csak az írott Ige által ismerhetjük meg az élő Igét. Nincs más lehetőség, bármit is állítanak, akik közvetlen kijelentésekkel állnak elő. Az írott Ige pedig nem érthető meg és be sem fogadható, kivéve a testté lett, élő Igén keresztül.

Mindkét oldalon vannak olyan tévelygések, amelyektől óvakodnunk kell. Egyrészt kerülnünk kell, hogy Krisztus ismeretéről és a belé vetett hitről az Írásoktól függetlenül beszéljünk, mintha most, amikor a Biblia már teljes, közösségünk lehetne vele, hallhatnánk és láthatnánk őt a Szentírástól elválasztva. Másrészt soha sem szabad elfelejtenünk, hogy a Szentírás olvasása *anélkül*, hogy Krisztust megtalálnánk benne (Jn 5:39–40), értelmetlen és hiábavaló.

Hogy a Szentírásban soha ne kételkedjünk, és ne felejtsük el azt, Isten az ő Igéjét már a legkorábbi időktől fogva írott formában adta elénk, és őrizte meg számunkra. Egyedül ebben az Írásban tetszett Istennek megismertetnie magát a mi Urunk Jézus Krisztusban és Krisztus által. *„Ezek azok* – szól Jézus –, *amelyek bizonyságot tesznek rólam”* (Jn 5:39). Figyeljünk tehát rájuk a legnagyobb buzgósággal (Zsid 2:1)!

1.4. A Szentírás

Miért van szükségünk Isten Igéjére írott formában? Isten máskor és más helyen vajon nem más módokon jelentette ki magát, és nem másként ismertette meg magát az ő népével? Nem adta-e már nekünk az ő Igéjét sokkal azelőtt, hogy leírták volna? Nem a bálványimádás egy fajtája-e azt állítani, hogy Isten írott Igéje az egyetlen szó, amelyre figyelnünk kell, és hogy az hitünk és életünk egyetlen mércéje?

Hogy Isten Igéjét soha nem kapjuk meg, és azt nem is akarjuk megkapni más formában, mint ahogyan ő adta, annak az alapvető oka, hogy *„minden emberi lény természeténél fogva hazug, és hiábavalóbb magánál a hiábavalóságnál is".*[3] Isten írott Igéje bizonyság marad minden olyan próbálkozással szemben, amellyel az ember megtagadná, elferdítené és megrontaná, amit Isten mondott el neki.

Ez nem jelenti azt, hogy az ember a Szentírásban tévedhetetlenül leírt Igét ne akarná figyelmen kívül hagyni, elferdíteni, vagy ne akarna azzal szemben engedetlen lenni, és ne akarná elutasítani annak meghallását. Az írott szó azonban mentség nélkül hagyja az embert.

Például nem igazán tagadható, hogy az 1Mózes 1-ben leírt és a Szentírásban mindenütt megerősített teremtés az isteni, hatnapos teremtés története. Azt sem tagadhatják, hogy a Biblia tanítása szerint hogy a nőknek hallgatnia kell az egyházban. Lehet ezt a tanítást korszak- és kultúrafüggőnek tartani, de amit az Ige mond, az világos. Azt megtagadva pedig nemcsak Isten Igéjét, hanem az örök életet is elvesztik (Jel 22:18–19).

Amellett, hogy minden ember hazug, és saját céljai szerint ferdíti el Isten Igéjét, természetünktől fogva olyan romlottak és elfajultak vagyunk, hogy ha Isten csak szóban adná nekünk Igéjét, akkor nem tudnánk közvetlenül befogadni az üzenetét, akár angyalok, akár próféták által, akár nyíltan szólna. Biztosan félreértenénk és megrontanánk a kimondott Igét.

Nem is emlékeznénk arra, hogy mit mondott Isten, ha szavait nem öntötte volna írott formába. Ki emlékszik közülünk tökéletesen a múlt vasárnap hallott igehirdetésre? Vagy ki lehet teljesen bizonyos abban, hogy jól hallotta, és jól is emlékszik rá? Kérdezzünk meg két tanút, hogy mit mondott egy harmadik ember! Majdnem mindig két különböző változatot hallunk arról, hogy mi is hangzott el.

Isten szavai között olyanokat is találhatunk, amelyek nincsenek ínyünkre, amelyeket nem szeretnénk meggondolni vagy hallani. Mindig ott van a lehetőség, hogy ezeket gondolataink közül kivessük és elfelejtsük, ahogyan

---

[3] *Belga Hitvallás* 7. cikkely

ezt gyakran meg is tesszük, vagy az is lehet, hogy amikor halljuk őket, gyar-
lóságunk és bűneink fényében értelmezzük és kiszínezzük azokat. Mivel az
ember az írott Igével is ezt teszi, minden bizonnyal a kimondott Igével is
így cselekednénk.

Isten az ő bölcsességében és kegyelmében adta tehát nekünk az írott
Igét, hogy ne mondhassuk, hogy sosem vagy rosszul hallottuk. Ezért a lehe-
tő legnagyobb becsben kell tartanunk az írott Igét, és nem szabad máshol
keresnünk Istennek és az ő akaratának ismeretét.

1.5. A Szentírás elégséges volta

Gondoltál-e már arra, hogy a hited mennyivel erősebb és az életed mennyivel
szentebb lenne, ha az apostolokhoz hasonlóan Jézussal együtt járhattál volna,
ha láthattad volna a csodáit, hallgathattad volna a tanítását, és követhetted volna
őt Galilea és Júdea földjén? Amikor Péter a Szentírást „biztos[abb] (...) prófétai
beszéd[nek]" nevezi (2Pt 1:19[4]), akkor arra tanít, hogy ne gondolkozzunk
így. Valami jobb és biztosabb van a kezünkben, mint az apostoloknak, akik
szemlélői voltak az ő nagyságának (2Pt 1:16). Gondoljunk bele! El tudnánk-e
képzelni ennél erősebb kijelentést a Szentírás becses és elégséges voltáról?

Nézzük most meg, mit mond Péter! A 2Péter 1:16–18-ban Krisztus
elváltozásáról beszél. Jézus a halála előtt nem sokkal elváltozott egy galileai
hegyen. A történetet megtaláljuk a Máté 17:1–8-ban, a Márk 9:2–8-ban és
a Lukács 9:28–36-ban. A három ott lévő tanítvány: Péter, Jakab és János
nemcsak látták Jézust, Mózest és Illést, hanem Isten hangját is hallották, aki
maga tett bizonyságot Jézusról. Sőt mi több, mennyei dicsőségében látták
Jézust, ahogyan mi is látni fogjuk őt, amikor újra eljön. Ezért beszél Péter a
2Péter 1:16-ban az ő hatalmáról és eljöveteléről. Mi lehetne ennél jobb?

Péter tudta, hogy így fogunk gondolkodni. Tudta, hogy ezt fogjuk
kérdezni: „De mi a helyzet velünk? Hogyan ismerhetjük meg őt, és hogyan
lehetünk biztosak benne? Mi nem láttuk őt! Mi nem voltunk »szemlélői (...)

---

[4] A Károli szerint „igen biztos nálunk a prófétai beszéd", a KJV szerint pedig „biztosabb nálunk a
prófétai beszéd". (A ford. megj.)

az ő nagyságának«!" Mielőtt feltennénk e kérdéseket, Péter már meg is adja a választ azzal, amikor azt mondja, hogy a Szentírás *biztosabb* prófétai beszéd. Biztosabb, mint szemtanúnak lenni. Ez ahhoz tartozik, amit a Szentírás *elégségességének* nevezünk. A Szentírásban minden megvan, ami a hithez és az élethez szükséges.

De tudod-e, hogy miért biztosabb beszéd az Írás? Péter ezt is megmagyarázza, mikor a Szentírás ihletettségéről beszél: „Mert *sohasem ember akaratából származott a prófétai szó; hanem a Szent Lélektől indíttatva szólottak az Istennek szent emberei"* (2Pt 1:21). Másként fogalmazva a Szentírás nem azért íródott meg, mert a különböző könyvek szerzői le akarták azokat írni. Végső soron nem ők döntötték el, hogy mit és hogyan írnak le. Minden visszaemlékezésükben, forrásfeldolgozásukban, tervezésükben, írásukban és szerkesztésükben a Szentlélek *hordozta* őket. Valójában ezt jelenti az *indíttatva* szó. Hordoztattak. A Szentírás valódi szerzője a Szentlélek.

Ebből következik, hogy a Szentírás sötét helyen világító fény. Ez a világ a halál árnyékának földje, az Úr haragjától beárnyékolt föld (Ézs 9:2, 19). A Szentírás tanítása szerint az új égen és az új földön nem lesz éjszaka – de ezen a földön nincs nappal. Lelki szempontból a világ teljesen sötét. Mindig csak éjszaka van. Ezekben az utolsó napokban pedig egyre sötétebb lesz körülöttünk. A Szentírás ebben a sötétségben fénylik, és amíg Krisztus, a Hajnalcsillag fel nem kel, addig ez az egyetlen világosságunk.

Figyeljünk tehát a Bibliára! Az Írás fénye nem ragyog, ha zárva marad. Olvasd naponta, tanulmányozd azzal az imádsággal, hogy Isten ragyogtassa fel fényét a szívedben, elmélkedjél drága igazságain, és fényként kövesd életed ösvényén!

1.6. A Szentírás ihletettsége

Bizonyos tekintetben a Szentírás isteni ihletettségének tana a legfontosabb minden tanítás közül. Minden más tan, minden kegyességre és istenfélelemre való útmutatás a Bibliából fakad. A Szentírás nélkül nem ismerhetnénk Istent és Jézus Krisztust sem, akit elküldött, és akit megismerni az örök élet. Amit Isten Krisztusban kijelent önmagáról, mind a Bibliában található. A Szentírás nélkül nem tudjuk, hogyan lehetünk kedvesek Isten előtt. Ez az egyetlen útmutatónk a szentségben. Ha a Szentírás nem Isten ihletett Igéje, akkor mindent elveszítünk.

Ezt az ihletettségtant a 2Timótheus 3:15–17 tanítja. Itt Isten azt mondja az ő Igéjéről, hogy *Isten-lehelte* (ezt jelenti az *Istentől ihletett* kifejezéssel fordított görög szó). Ez meglepő módon fejezi ki, hogy a Szentírás Isten Lelkének munkája (a görög ugyanazt a szót használja a *lehelet*re és a *Lélek*re), és így a Szentírás Isten saját szájából való szó.

Mivel a Szentírást Isten lehelte, ezért szükségszerűen tökéletes és hibátlan. Ha valaki a Biblia ellen szól, akkor Isten ellen szól! Amikor a Bibliát olvassuk, akkor halljuk annak édes hangját, és érezzük annak édes leheletét, akinek *„ajkai liliomok, melyekről csepegő mirha foly"* (Én 5:13). Ki merne tehát kritikus lenni?

A 2Timótheus 3-ban a Szentírás nemcsak *ihletettséget*, hanem *plenáris* ihletettséget tanít. A *plenáris* azt jelenti, hogy *teljes*: mindenre kiterjedő, és arra vonatkozik, hogy a Szentírás minden részében ihletett, minden benne található műfajban, és minden témában, amiről csak beszél. A Biblia nemcsak tanításában ihletett Istentől, hanem földrajzi, történelmi, tudományos, kulturális kérdésekben és az élet dolgaiban is, így pedig tökéletes és csalhatatlan. Még nyelvtana is Istentől ihletett, amiből fakadóan ragaszkodnunk kell a Szentírás gondos fordításához, és nem érhetjük be kevesebbel.

Mivel a Szentírás teljesen ihletett, négyféleképpen is hasznos: a tanításra, a feddésre, a megjobbításra és az igazságban való nevelésre (2Tim 3:15–17). Anélkül, hogy mindezekről részletesen beszélnénk, jegyezzük meg, hogy itt egy gyönyörű egység jelenik meg. A Szentírás *mindenre* hasznos, ami az üdvösségünkhöz szükséges. Megmutatja nekünk az üdvösség útját (ez a *tanítás* szó alapjelentése), és odavisz úgy, hogy meggyőz minket bűneinkről (*feddés*), ami nélkül sosem értenénk meg, hogy Krisztusra és az ő keresztjére van szükségünk. Az úton tart a *megjobbítás* által helyreállítva minket, amikor gyengék és tévelygők vagyunk. Emellett táplál is minket az úton (az Ef 6:4-ben is megjelenő *nevelés* szó *táplálást* is jelent). Elvezet minket a lelki érettségre, a tökéletességre és a Krisztusban való dicsőségre. Semmi másra nincs szükségünk a keresztyén életben. A Szentírás képes minket *„bölccsé"* tenni *„az idvességre a Krisztus Jézusban való hit által"* (2Tim 3:15).

Mit kérhetnénk még? Vegyük tehát az Írásokat úgy, mint amelyeket Isten ihletett, és használjuk azokat ennek megfelelően!

1.7. A Szentírás plenáris ihletettsége

Amint azt korábban megjegyeztük, a *plenáris* szó jelentése: *teljes.* Azért beszélünk a plenáris ihletettségről, hogy hangsúlyozzuk a Szentírás teljesen ihletett voltát. Ez egy olyan igazság, amelyre ma nagy hangsúlyt kell fektetni, mert sokan állítják, hogy hisznek a Szentírás ihletettségében, de tagadják, hogy a *teljes* Írás ihletett. Lehet, hogy nem fogadják el az 1Mózes 1–3 teremtéstörténetét vagy Pál tanítását a nők helyéről az egyházban vagy a Róma 9 bizonyságtételét a szuverén, kettős predestinációról. Lehet, hogy azt állítják, a Szentírás tan- és üdvkérdésekben pontos, de földrajzi, természetrajzi, tudományos vagy történelmi kérdésekben nem. Nem hiszik, hogy a *teljes* Írás ihletés által adatott.

Az efféle állításokkal szemben mi a *plenáris* ihletettségben hiszünk, amely a következőket jelenti:

- Először is a plenáris ihletettség szerint a Szentírás minden egyes könyvét Isten ihlette (más könyveket pedig nem). Ezek közül egyiknek sem kisebb a tekintélye, és egyik sem haszontalanabb a többinél.

- Másodszor a Szentírás minden előforduló műfajában ihletett. A történelmi, költészeti részek, a levelek, a próféciák: mind *„Istentől ihletett és hasznos"* (2Tim 3:16).

- Harmadszor az Írás a tudomány, a természetrajz, a történelem és a földrajz minden kérdésében is ihletett. Van erre néhány említésre méltó példa. A Szentírás például mindig is azt tanította, hogy a föld kerek, még amikor az emberek ezt nem is hitték (Ézs 40:22). Tanította a víz körforgását, mielőtt a tudomány megértette volna (Zsolt 104:5–13). A hit, miszerint Isten a Szentírás ihletője és a hatalmas Teremtő, teljességgel kizárja annak a lehetőségét, hogy a Szentírás akár a legkisebb, legjelentéktelenebb kérdésben is hibás legyen.

- Negyedszer a Szentírás teljesen ihletett minden kérdésben, amely saját életünkhöz tartozik. Nincs olyan parancs vagy követelmény a Szentírásban, amely időhöz vagy kultúrához lenne kötve. Bár emberek által adatott, minden, amit az Írás mond, az örök Istentől származik, és nem lehet félredobni és úgy tenni, mintha nem vonatkozna ránk.

- Ötödször a Szentírásnak még a nyelvtana, szókészlete és mondatszerkezete is ihletett. Nem mindegy, hogy az 1Mózes 17:7-ben Isten a *magod*, nem pedig a *magvaid* szót használta (vö. Gal 3:16). Nagyon sokat számít, hogy hit *által* vagy hit*ből* igazulunk meg, nem pedig a hitünk *miatt*. Minden betű, minden szó, minden mondat fontos, ezért gondosan kell lefordítani. A plenáris ihletettség miatt nem fogadjuk el a Szentírás parafrázisait vagy azokat a bibliafordításokat, amelyek valahol a pontos fordítás és a parafrázis között állnak, mint a *New International Version* (NIV).

A plenáris ihletettségben való hitünk próbája, hogy csak szánkkal hirdetjük-e ezt a tanítást, vagy úgy fogadjuk-e a Szentírást, mint Isten mindenben ihletett, tévedhetetlen Igéjét, amelyben nem kételkedünk, és amelyből nem dobunk félre egyetlen részt sem, hanem meghajlunk, és engedelmeskedünk elhíve mindazt, amit Isten mondott, és aszerint cselekszünk, még ha az egész világ ellenünk is fordul.

1.8. A Szentírás verbális ihletettsége

A verbális (szó szerinti) ihletettség tana szorosan kapcsolódik a plenáris ihletettség tanához. Azt hangsúlyozza, hogy maguk a Szentírás *szavai* Istentől ihletettek. A Szentírás nemcsak Isten Szava, hanem Isten *szavai*.

Ezt tanítjuk, és hangsúlyozzuk azokkal szemben, akik kegyesen azt fecsegik, hogy a Szentírás tanításában és tanaiban ihletett, de szavaiban és részleteiben nem. Az efféle tanítás természetesen egyszerűen képtelenség, mert lehetetlen, hogy a Szentírás Isten ihletett Igéje legyen annak tanításaiban és gondolataiban, miközben maguk a tanítást megfogalmazó szavak nem ihletettek és nem tévedhetetlenek.

A verbális ihletettségben való hit az angol nyelvű keresztyéneket erősen a *King James (Authorized) Version* (KJV) bibliafordítás támogatóivá teszi. Ennek a fordításnak egyik fontos tulajdonsága, amely a modern fordításokban alig megtalálható, hogy dőlt betűvel szedi azokat a szavakat, amelyek *nincsenek* benne az eredeti héber vagy görög szövegben, és így a héberül és görögül nem tudók számára a lehető legjobban mutatja a Szentírásban megtalálható szavakat. Lehet, hogy az angol vagy más nyelvű fordítást ki kell egészíteni néhány szóval ahhoz, hogy értelmes legyen, de fontos, hogy akik olvassák, tudják, hogy a dőlt betűs szavakat emberek adták hozzá, és azok nem Isten szavai.[5]

A verbális ihletettség tanát a Szentírás olyan helyeken tanítja, mint a Zsoltárok 12:7; Példabeszédek 30:5; Jelenések 22:18–19, valamint az a sok bibliai hely, ahol azokról a *szavakról* van szó, amelyeket Isten szólt és leíratott (Zsolt 50:17; 119:130).

A Szentírásban sok figyelemre méltó példa mutatja e tanítás jelentőségét, annak fontosságát, hogy Isten pontosan milyen szavakat használt. Bizonyos esetekben a szóhasználat rendkívüli jelentőséggel bír. Ha az 1Mózes 17:7 a *magod* szó helyett a *magvaid* szót használta volna – egyes szám helyett többes számot –, akkor ez a hely nem lenne Krisztusra mutató prófécia (vö. Gal 3:16). A modern fordításokban teljesen elvész a Krisztusra való utalás, mivel az 1Mózes 17:7-ben szereplő szót így fordítják: *utódaid*.[6]

Néha az eredeti nyelv szavai nehézzé teszik egy szakasz megértését. Ilyen a Zsidók 11:11, ahol a Szentírás azt mondja, hogy Sára erőt nyert, hogy méhében *foganjon*. Az itt használt görög szó általában a férfiakra vonatkozik,

---

[5] A magyar bibliafordítások közül az 1908-as Károli hasonlítható az angol KJV-hez. (A ford. megj.)

[6] Pl. RÚF (A ford. megj.)

és máshol úgy fordítják, hogy *nemz*. Mivel a Szentírás ezt a szót használja, egyetlen feladatunk, hogy kitaláljuk, miért tesz így, és nem szabad a NIV-hez hasonlóan megváltoztatni a szakaszt, hogy összhangba hozzuk saját gondolkodásunkkal. A NIV fordítása szerint Ábrahám erőt kapott arra, hogy apa lehessen, pedig Ábrahámot egyáltalán nem is említi a vers.[7] Az efféle változtatások, amelyekből a NIV-ben nagyon sok található, tagadják a verbális ihletettséget.

Számtalan más példát is adhatnánk ugyanerre, de a lényeg, hogy gondosan figyeljünk arra, amit Isten mond. Nem elég megelégednünk azzal, hogy Isten szavából megértettük a lényeget, a főbb dolgokat. Bizonyosnak kell lennünk afelől, hogy pontosan és részletesen hallottuk-e őt, hittünk-e és engedelmeskedtünk-e neki. Ha ilyen gondosan kijelentette magát, és szólt hozzánk az írott Ige által, akkor kik vagyunk mi, hogy ennél kevesebb figyelmet fordítsunk arra, hogy meghalljuk, engedelmeskedjünk, és higgyük, hogy Isten minden egyes szava tiszta (Zsolt 12:7)?

1.9. A Szentírás organikus ihletettsége

Sokan megbotránkoznak azon, hogy a Szentírás emberek által adatott. Mivel ez a helyzet, úgy gondolják, hogy a Szentírásban van emberi elem, és nem igazán hiszik, hogy teljesen és mindenestül Isten tévedés nélküli Igéje – nincsenek benne ellentmondások, tökéletlenségek, hibák és egyáltalán semmi, ami emberi hiányosságnak lenne tulajdonítható.

Nem tagadjuk, hogy a Szentírás emberek által adatott. De ez olyan kevéssé fontos, hogy a 66 könyvből 12-nél nem is tudjuk, hogy ki volt az emberi szerző. Azonban ott is fennáll az organikus (szerves) ihletettség igazsága, ahol tudjuk, ki volt a szerző.

Az organikus ihletettség azt jelenti, hogy a Biblia egyes könyveinek ihletettsége sokkal hamarabb elkezdődött, mint hogy bármelyik könyvet leírták

---

[7] Vö. a RÚF-ban: *„Hit által kapott erőt arra is, hogy a meddő Sárával nemzetséget alapítson"*, ezzel szemben a Károli: *„Hit által nyert erőt Sára is az ő méhében való foganásra."* (A ford. megj.)

volna. Tekintsük például a Prédikátor könyvét! E könyv ihletésének munkáját az organikus ihletettség szerint Isten nem úgy kezdte el, hogy Salamont annak megírására indította (2Pt 1:21), hanem a körülmények előkészítésével, amelyek között Salamon írt, sőt Salamon, az író előkészítésével.

Isten akkor kezdte el a Prédikátor könyvének ihletését, amikor évszázadokkal, sőt évezredekkel korábban úgy rendezte a történelem körülményeit, hogy Izráelben és a környező népekben minden pontosan úgy legyen, ahogyan Salamon később látta a könyv írásakor. Isten akkor kezdte el a Prédikátor könyvének ihletését, amikor évszázadokkal korábban létrehozta a zsidó népet és a 12 törzset, amelyek közül az egyik Júda törzse volt, amely később Isai családját is magában foglalta. Isten készítette elő a Prédikátor könyvét, amikor Dávid király lett, és dinasztiát alapított, hogy utána Salamon legyen a király. Isten készítette elő ezt a könyvet még akkor is, amikor Dávid látta a fürdőző Bethsabét, paráználkodott vele, és férjét csellel megölette, hogy elvehesse feleségül. Isten rendezte Salamon életének minden körülményét úgy, hogy Krisztuson kívül ő volt a legbölcsebb élő ember, miközben még súlyos bűnökbe is esett. Így amikor Salamon megírta a Prédikátor könyvét, azzal saját bűnbánatáról készített feljegyzést, illetve az Isten nélküli élet hiábavalóságáról tett bizonyságot.

Természetesen az organikus ihletettség tanítása végső soron az örökkévalóság tanácsvégzéséhez vezet minket vissza, és rámutat arra, hogy soha semmi nem történik ebben a széles világban, amit nem Isten rendelt el előre szuverén módon, és amit nem az ő szuverén és ellenállhatatlan hatalma vitt véghez. Így tehát üdvösségünket Isten örökkévaló végzésére vezetjük vissza, és nem állíthatjuk, hogy mi vagyunk üdvösségünk szerzői még akkor sem, ha mi bánjuk meg bűneinket, mi hiszünk, és mi engedelmeskedünk. Ugyanígy Salamon sem mondhatja, hogy ő a Prédikátor könyvének igazi szerzője, bár ő írta le a szavakat, mégpedig saját tapasztalatából. Az öröktől fogva rendelkezőm, szuverén Isten és az ő Lelke az üdvösségünk szerzője az élő Ige által ugyanúgy, mint azoké a könyveké, amelyek az üdvösséget velünk megismertetik. Milyen hatalmas Isten! Milyen csodálatos könyv!

1.10. A Szentírás tévedhetetlensége

Mivel a Szentírás Isten Igéje, ezért tökéletes. Ha a Szentírásban hibát találnánk, akkor magában Istenben találnánk hibát. Aki a Szentírást nem tekinti tévedhetetlennek, tagadja Isten változhatatlanságát és szuverenitását. A János 10:35 világosan tanít a Szentírás tévedhetetlenségéről. Ebben a versben Jézus így szól: *„az írás fel nem bontható."* Egyes számban használja az *Írás* szót, ami azt mutatja, hogy a Biblia Isten *egyetlen* Szava, bár különböző emberek által különböző időkben adta. Mivel a Szentírás *egy,* ezért minden kísérlet, amely annak elferdítésére irányul, valójában az elpusztítását célozza. Nem lehet egyes részeit kivenni vagy örökérvényűségüket megtagadni anélkül, hogy csak romok maradnának utána.

Érdekes, hogy Jézus nemcsak azt mondja, hogy ne bontsuk fel az Írást, hanem azt is, hogy az *nem bontható* fel. Ezzel azt tanítja, hogy hiábavaló minden olyan emberi igyekezet, amely a Szentírásban hibát akar találni, vagy parancsait el akarja vetni. Amikor a Szentírást kritizálva az Úr ellen és az ő Felkentje ellen tanácskoznak, akkor az egekben lakozó nevet rajtuk (Zsolt 2:2–4). Nem a Szentírás, hanem ők törnek meg Isten törhetetlen Igéjén, amikor állítólag hibát találnak a Szentírás szavaiban vagy tanításaiban. Az efféle próbálkozások által ugyanis Isten ítélete alá jutnak.

A János 10:35 szövegösszefüggése is fontos, ahol Jézus az Ószövetséget idézi annak bizonyítékául, hogy ő Isten. A Zsoltárok 82:6-ra hivatkozik, amely a földi uralkodókat *isteneknek* nevezi. Azt mondja, hogy ha őket lehet *isteneknek* nevezni, akkor bizonyos, hogy ő, akit az Atya megszentelt és elküldött a világba, nem vádolható istenkáromlással, amikor így szól: *„Az Isten Fia vagyok."*[8] Anélkül, hogy belemennénk abba a kérdésbe, hogy miként nevezhetők a földi uralkodók isteneknek, meg kell jegyeznünk, hogy ez egy figyelemre méltó kijelentés. Nem is mernénk ilyet mondani, ha nem szerepelne a Szentírásban, és valószínűleg még így is nehéznek találjuk megérteni. Jézus azt feltételezi, hogy az állítás biztosan igaz és tévedhetetlen útmutatás, egyszerűen azért, mert benne van az Írásban. Maga a mód, ahogyan ő idézi

---

[8] Jn 10:36 (A ford. megj.)

és használja a Szentírást, nagy tanulság számunkra abban a témában, hogy „*az Írás fel nem bontható*".

Az is fontos, hogy Jézus a *törvény* szóval hivatkozik a 82. zsoltár szavaira. Ezzel arra utal, hogy Isten tévedhetetlen Igéjeként a teljes Szentírás egész életünk isteni mércéje. Semmi sincs a Szentírásban, ami nem Isten akarata számunkra, és nincs olyan szükséges tanács, amelyet ne találnánk meg a Szentírásban. A történeti részek, a költemények, a próféciák, a levelek – ezek mind Isten nekünk adott *törvénye*. Talán ez a legfontosabb mind között. Nem elég egyszerűen annyit mondanunk, hogy a Szentírás tévedhetetlen és csalhatatlan. Meg is kell előtte hajolnunk, minden ponton alá kell vetnünk magunkat tanításának, és ezt a tanítást Isten készséges és engedelmes szolgáiként kell fogadnunk. Máskülönben az ihletettségről és tévedhetetlenségről való hitvallásunk csupán képmutatás.

Hiszed-e, hogy a Szentírás tévedhetetlen? Akkor tedd fel magadnak ezt a kérdést: Vajon a Szentírás Isten *törvénye*-e számomra mindenben, amit hiszek és cselekszem?

1.11. A Szentírás tekintélye

A Szentírás Isten ihletett és tévedhetetlen Igéje, ezért ez a legfőbb tekintély. Nincs ennél nagyobb emberi tekintély, semmilyen ember alkotta szabály nem bírálhatja felül ennek szabályait, és semmilyen tanítás nem állhat szembe ennek tanításával.

Tekintélye van minden tankérdésben. Ez következik a 2Timótheus 3:16-ból, amely először a tanítást említi. Ez a szakasz nem a Szentírás tekintélyét, hanem annak hasznosságát hangsúlyozza. Meg kell értenünk azonban, hogy a Szentírás azért hasznos, mert tekintélye van: mindig annak a tanítása az *utolsó szó* minden kérdésben, főként tankérdésekben.

Ugyanezzel a tekintéllyel bír minden gyakorlati kérdésben és a keresztyén élet minden területén is. Ezen semmit nem változtat, hogy évezredekkel ezelőtt, más kultúrákban, más embereknek íródott. Mivel ez annak az Istennek az Igéje, aki kezdettől fogva ismeri a véget, és aki nem változik, a világ változó életkörülményei semminek sem rontják le a tekintélyét, ami a Szentírásban szerepel. Pál a miénktől különböző kultúrában írt a nők szerepéről otthon és az egyházban, de ez nem teszi szavát érvénytelenné. Nem Pál mondja, hanem maga Isten.

Valóban csodálatra ad okot a Szentírás ihletettségében hívőknek, amikor látják, hogy az Írás, az örök Isten Igéje milyen gyakran előre látja a mai tévtanításokat és hamis gyakorlatokat. Ennek jó példája található meg a 2Péter 3:1–7-ben, ahol a Szentírás aláássa és lerombolja az evolúcióelméletet az uniformizmus elvének cáfolatával, amelynek feltételezése szerint az idők kezdetétől fogva minden ugyanaz maradt.

A Szentírás tekintélye még a történelmi, földrajzi, természettudományos vagy egyéb tudományos kérdésekben is meghatározó, amennyiben mond valamit ezekről a dolgokról. Nemcsak a teológia és a keresztyén élet területén van tekintélye. Sőt olyan nagy a tekintélye, hogy a hívőnek még a tudomány ellenkezésével szemben is el kell fogadnia a tanítását.

Meg kell értenünk, hogy a Szentírás tekintélye magának Istennek a tekintélye. Hogy a Biblia Isten Igéje, azzal azt mondjuk, hogy *minden* tekintély az Írásé. Ha megtagadjuk, Istent tagadjuk meg; ha ellene mondunk, Istennek mondunk ellen.

Senki sem mondhatja, hogy az egyik ponton elfogadja, a másikon pedig elutasítja a Szentírás tekintélyét. Nem mondhatja, hogy a Jézusról szóló tanítását elfogadja, de a teremtésről szóló tanítását már nem. Az egész Írás Isten Igéje, és az egész Isten tekintélyével van megkoronázva. Istent és az ő beszédét nem fogadhatjuk vagy utasíthatjuk el kényünk-kedvünk szerint. Az ő Igéje nem bontható fel (Jn 10:35).

Egy dolog megvallani a Szentírás tekintélyét, és egy másik dolog megadni magunkat annak. Keresztyén életünk minden pontján próbára vagyunk téve, hogy alávetjük-e magunkat a Szentírásnak. Nem könnyű engedelmeskedni a Szentírás parancsolatainak, amikor azok keresztezik akaratunkat, vagy a

Biblia tanításának, amikor az minden testi elképzeléssel szembemegy, ahogyan ez általában történik. Egyedül kegyelem által engedelmeskedünk. Isten, aki a Szentírást adta, megadja a szükséges kegyelmet is. Augustinusszal együtt mondjuk: „*Add meg, amit parancsolsz, s követelj tőlem, amit csak akarsz!*"[9]

1.12. A Szentírás értelmezése

Mivel a Szentírás Isten Igéje, és annak szerzője a Szentlélek, senkinek sincs joga a Biblia értelmezéséhez. Az emberek gyakran mégis úgy beszélnek, mintha lenne ilyen joguk. Olyan kifejezéseket használnak, mint „az én értelmezésem" vagy valaki másé. Ez helytelen (2Pt 1:20). A Szentírásnak még egy vitában is csak egyetlen elfogadható értelmezése van, mégpedig a Szentírás saját értelmezése önmagáról. Ez az értelmezés Istené, nem pedig az emberé.

A reformáció egyik nagyszerű alapelve az volt, hogy a Szentírás önmagát magyarázza. Ez furcsának tűnhet ugyan számunkra, de így kell lennie, mert egyedül magának a szerzőnek, Isten Szentlelkének van joga és hatalma ahhoz, hogy megmondja, mire gondolt. Az én értelmezésem semmit sem jelent. Egyedül Isten értelmezése számít.

Ezt tanítja a 2Péter 1:20–21, amely egyértelműen kijelenti, hogy „*az írásban egy prófétai szó sem támad* saját *magyarázatból*". Először úgy tűnik, mintha ez nem ide illene, mert itt a hangsúly nem a magyarázaton, hanem az ihletettségen van. Ez is egy alkalmazása az ihletettség tanának, amelyről ezek a versek beszélnek: senkinek nincs joga az Igét magyarázni, csakis Istennek, aki azt ihlette.

A Szentírást a Szentlélek magyarázza, de nem valamiféle misztikus módon, mintha valamilyen magánkijelentés által rejtélyesen és titokzatosan kijelentené nekünk a Szentírás értelmét. Helytelen így szólnunk: „Isten megmutatta nekem", „Isten mondta nekem", vagy: „Isten ezt jelentette ki nekem."

---

[9] *Szent Ágoston vallomásai*, Szent István Társulat, Budapest, 1995. X. könyv, XXIX. fejezet.

Ez is a Szentírás tagadása, mégpedig nemcsak az elégséges, hanem az ihletett voltáé is. Aki ilyen módon szól, azt állítja, hogy olyan értelmezése van a Bibliához, amelyet Isten személyesen, az Írástól függetlenül adott neki. A Biblia helyes értelmezését akkor kapjuk meg, amikor a Szentírást önmagával vetjük össze.

Ha például meg akarjuk határozni egy bibliai szó jelentését, mondjuk a *keresztség* szóét, akkor meg kell vizsgálnunk azokat a különböző igehelyeket, amelyekben ez a szó megjelenik, mégpedig azok szövegösszefüggésében. Így tudjuk meghatározni, mit jelent ez a szó a Szentírásban, és hogyan használja azt a Biblia. A Szentírás helyes értelmezéséhez tehát alapos vizsgálatra van szükségünk, hogy magából a Szentírásból érthessük meg annak jelentését. Aki azt gondolja, hogy elővehet és tanulmányozás nélkül megérthet egy bibliai szakaszt, igencsak balga és kevély.

Figyelnünk kell tehát arra, hogy ne erőltessük rá a Szentírásra saját elgondolásainkat, hanem alázatosan és imádságos szívvel fogadjuk el annak tanítását. A Szentírás helyes értelmezéséhez kegyelemre, alázatra és imádságra van szükség.

Senki, még az evangélium hirdetője sem mondhatja, hogy Isten Igéje felett áll. Minden értelmezést, minden hitvallást, minden igehirdetést annak fényében lehet és kell szigorúan megvizsgálni, amit Isten Igéje mond, mégpedig pontosan azért, mert senkinek nincs egyéni joga a Szentírás értelmezéséhez. Ezért még az apostolok igehirdetését is gondosan megvizsgálták, és megítélték (Csel 17:10–11). Minden más igehirdetéshez hasonlóan még ennek is illeszkednie kellett abba, ahogyan a Lélek saját Szavát magyarázza.

Isten adja meg a szükséges, sőt bőséges kegyelmet ahhoz, hogy kikutassuk és megtaláljuk ezt az egyetlen értelmezést, és figyeljünk arra (Zsid 2:1)!

1.13. A Szentírás egysége

A Szentírás Isten Igéje, és egyetlen szerzője van, ezért *egy*. Isten nem hatvanhat különböző hangon szólal meg. Ezt nem tehetné meg, mert ő maga hatalmában, céljában és lényében *egy*. Mivel egy, ezért Igéje és kijelentése is egy. A Szentírás egysége kiemelkedően fontos. Ez az oka annak, hogy a Szentírás nem mondhat ellen saját magának, nem lehetnek benne eltérések. Az egyik könyv nem különbözhet a másiktól, sem az Ószövetség az Újszövetségtől. A Szentírás nem taníthat egy dolgot az Ószövetségben, miközben az Újszövetségben az ellenkezőjét írja, és az emberi írók sem írhatnak eltérőeket.

Helytelen tehát *Pál teológiájáról* beszélni, ahogyan némelyek teszik azt sugallva, hogy az eltér Jézus vagy Péter teológiájától. Arra sem utalhat senki, hogy bizonyos kérdésekben Jézus más nézeten volt, mint Mózes, Pál vagy János, például a válással vagy a nők egyházbeli szerepével kapcsolatban.

A Szentírás *egységének* tanítása különösen fontos a diszpenzácionalizmussal[10] szemben, amely nem lát egységet az Ó- és az Újszövetség, Izráel és az egyház között. Az a baptista tanítás is tagadja a Szentírás egységét, miszerint az Izráellel kötött szövetség lényegileg eltér Istennek az egyházzal kötött szövetségétől. A Szentírás egyetlen könyv, és nem taníthat két vagy több különböző, egymásnak ellentmondó szövetséget.

Ha a Szentírás egy, akkor nem lehetnek különböző kijelentések, különböző szövetségek, Istennek különböző népei vagy az üdvösségnek különböző útjai. A diszpenzácionalizmus és a hívőkeresztség[11] tanításaival szembeni ellenvetéseinket tehát nemcsak azokra az igehelyekre alapozzuk, amelyek ezen csoportok egyes tanításait cáfolják, hanem azokra a szakaszokra is, amelyek alapján a Szentírás egy, és fel nem bontható (Jn 10:35).

A Szentírás egységét tagadja annak gondolata, hogy az Ószövetség az újszövetségi keresztyének számára csak ott bír tekintéllyel, ahol az Újszövetség megismétli tanításait. Ami az Ószövetségben áll, nekünk, újszövetségi keresztyéneknek is leíratott (1Kor 10:11).

A Szentírás egysége Jézusban rejlik, amire ő maga is emlékeztet minket a János 10:35-ben. A Biblia ugyanis olyan kijelentés, amely az elejétől a végéig mindenestül Krisztusról mint Megváltóról és Isten benne megjelent

---

[10] A diszpenzácionalizmus tanítása szerint Isten a történelem különböző korszakaiban más-más módon üdvözítette az embereket. A tanítással részletesebben foglalkozunk a 6.11., a 6.13. és a 6.14. szakaszokban. (A ford. megj.)

[11] A hívőkeresztség tanítása szerint csak azokat szabad megkeresztelni, akik előtte vallást tettek hitükről. Ez kizárja a gyermekeket a keresztség sákramentumából. (A ford. megj.)

kegyelméről szól. Ahogyan Spurgeon mondta: *„Bárhol belevágsz a Szentírásba, a Bárány vére folyik belőle."*[12] Krisztust kell megtalálnunk minden szakaszban, és ha így teszünk, akkor bizonyosan meglátjuk, hogy a Szentírás egyetlen hangon beszél.

A Szentírás egységének tana nemcsak más tanításokkal szembeni védekezésünk szempontjából fontos, hanem *bibliatanulmányozásunkra* nézve is. Ha a Szentírás egy, akkor egyetlen szakaszt sem tanulmányozhatunk, hihetünk vagy éppen idézhetünk az Ige többi részétől elszakítva. Semmi nem mondhat ellent a többi résznek, amit Isten Igéjéről mondunk, vagy gondolunk. Ez természetesen azt jelenti, hogy tanulmányoznunk kell a Szentírást ahhoz, hogy az elejétől a végéig megismerjük, és tanításában is alaposan járatosak legyünk.

A Szentírás egységének tana tehát azt jelenti, hogy a teljes Írás szükséges és fontos, illetve egyetlen részét sem hanyagolhatjuk el. Ismernünk, olvasnunk és tanulmányoznunk kell, és oda kell figyelnünk rá. Te így teszel?

1.14. A Szentírás érthetősége

Talán már hallottál a Szentírás *érthetőségéről*, és elgondolkoztál rajta, hogy mit is jelenthet. Arról van szó, hogy a Szentírás *világos és könnyen érthető.*

Az érthetőség a Szentírás csodájához tartozik, különösen mert a Biblia Istent jelenti ki. Hatalmas csoda, hogy a végtelen és örökkévaló Isten nemcsak hajlandó kijelenteni magát nekünk, hanem ezt világosan és érthetően is teszi.

Természetesen nem tagadjuk, hogy a Szentírásban vannak nehezebb szakaszok, sőt nehezebb könyvek is. Ezt maga a Biblia tanítja nekünk (Zsolt 78:2; 2Pt 3:16). Mindazonáltal hisszük, hogy minden hittételt és minden olyan dolgot, amely Isten dicsőségére és üdvösségünkhöz szükséges, világosan tanít.

A Zsoltárok 119:105 tanítja az érthetőséget: *„Az én lábamnak szövétneke a te igéd, és ösvényemnek világossága."* A Szentírást nem nevezné az Ige világosságnak, ha nem lenne érthető. Ez a vers pedig azt mondja, hogy *ösvényünk,*

---

[12] Az idézet helye Charles Haddon Spurgeon műveiből nem ismert.

azaz egész életünk világossága. Biztos és megbízható vezető, amely elkísér bennünket egész életünk ösvényén – a dicsőségbe.

A Szentírás világos, ezért még a tanulatlanok és a gyermekek is megérthetik. Nem szabad tehát visszatartani tőlük! Minden nép nyelvére le kell fordítani, ahová csak eljut az evangélium, hogy olvashassák azt, és mindig velük lehessen az Ige világossága.

Meg kell jegyeznünk néhány gondolatot a Szentírás érthetőségéről, ha nem akarunk tévedésbe esni. Először is léteznek nehéz igehelyek, de ezeket a világosabb szakaszok fényében kell értelmeznünk. Egy nehéz szakasz értelmezése nem állhat ellentétben egyetlen világosan tanított igazsággal sem, legyen az a Szentírás valamely fontos tanítása vagy a háládatos élet egyik szabálya. Másodszor, a Szentírás csak a hívők számára világos. A hitetlenek nem érthetik meg a Szentírást, mert a Bibliában Isten dolgai vannak, és ezek „lelkiképen ítéltetnek meg" (1Kor 2:14). Ezt nem szabad elfelejtenünk, ha olyan emberrel beszélünk, aki tagadja a Szentírás egy fontos igazságát, például az Úr Jézus Krisztus Isten voltát. Ha egy ilyen ember nem látja a Szentírásból, hogy Jézus Isten, nem szabad kételkednünk afelől, hogy a Biblia valóban világosan tanítja ezt a fontos igazságot. A hiba nem a Szentírásban, hanem az ember szívében és értelmében van. Mielőtt valaki bármit megérthetne a Biblia tanításából, a Szentléleknek meg kell nyitnia az ember szívét, és meg kell világosítania az értelmét. Enélkül a bizonyító igehelyek, a logika és az érvelés mind haszontalan.

A Szentírás Isten saját kijelentésének világos fénye, ezért követnünk kell ezt a világosságot. Az 1János 1:6–7 figyelmeztetése és ígérete nekünk szól: „Ha azt mondjuk, hogy közösségünk van vele, és sötétségben járunk; hazudunk és nem az igazságot cselekeszszük. Ha pedig a világosságban járunk, a mint ő maga a világosságban van: közösségünk van egymással, és Jézus Krisztusnak, az ő Fiának vére megtisztít minket minden bűntől."

1.15. A bibliafordítások

Az utóbbi időben úgy elszaporodtak a bibliafordítások, hogy már alig lehet felismerni Isten Igéjét, amikor felolvassák. Az új fordítások állandó megjelenése nem csekély problémát okoz. Ha a Szentírás valóban Isten mindenre elég, ihletett Igéje, akkor nagyon fontos, hogy jó bibliafordítás legyen a kezünkben.

Mielőtt egy bizonyos fordítást ajánlanánk, jegyezzük meg, hogy a modern fordítások bősége az egyik olyan módszer, amelynek segítségével a Bibliát eredményesen kivették Isten népe kezéből. Mivel olyan sok különböző változat van használatban, nem biztos, hogy ismerősen hangzik az a szakasz, amelyet idéznek, vagy amelyről prédikálnak. A gyermekek sem tudják könnyen megtanulni és emlékezetükbe vésni a Szentírást, mert olyan sokféle fordításból tanítják őket. Hallanak egyet otthon, egy másikat az iskolában, ismét másikat az egyházban, megint másikat összejöveteleiken vagy a bibliaórákon, és egyiket sem jegyzik meg.

Az is nagyon árulkodó, hogy ez a sok, változatos fordítás a modernizmus, hitehagyás és kételkedés korában jelent meg, nem pedig olyankor, amikor az egyház erős volt, és hűséges maradt Isten Igéjéhez. Már önmagában ez is jó ok arra, hogy gyanúsak legyenek ezek a fordítások. Sok közülük nem is igazi fordítás, hanem csak parafrázis, mint a *The Living Bible*, vagy valahol a parafrázis és a fordítás között áll, mint a *New International Version* (NIV).

Valószínűleg mostanra már egyértelmű, hogy az egyetlen angol fordítás, amelyet ajánlanánk, a *King James Version* (KJV), amelyet Nagy-Britanniában *Authorized Version* (ún. *hivatalos fordítás*) néven ismernek. Több okból is ajánljuk. Ezek között a legfontosabb, hogy a héber és a görög Szentírás pontos és hűséges fordítása. Ez olyannyira igaz, hogy az 1611-es KJV angolja nem is annyira az 1600-as évek angolja – amint azzal vádolni szokták –, hanem a *biblikus angol*, amely azon erőfeszítések eredményeként jött létre, hogy a fordítók a lehető leghűségesebbek akartak maradni az eredeti görög és héber szöveghez. A pontos fordítás egyik példája, hogy a KJV-ben dőlt betűvel vannak szedve az eredeti görögben és héberben nem található szavak.[13]

---

[13] Ugyanez igaz a Károlira is. (A ford. megj.)

A KJV védelmében elmondhatjuk, hogy nem igaz, hogy a modern fordítások a KJV fordítói által nem ismert, jobb kéziratokon alapulnak. Tudtak más kéziratokról is, jóllehet nem volt kezükben mindaz, amit azóta felfedeztek. Ezek a kéziratok – amelyek között vannak nagyon régiek is – igencsak romlottak, illetve egyedi változtatások és kihagyások ezrei találhatóak meg bennük. A kéziratok többsége (80–90%-a) azonban a *Textus Receptus*t, a KJV alapszövegét támogatja.[14]

A KJV-hoz hasonló jó, hűséges és pontos fordítás szükségességét fejezi ki a fordítók előszava: *„A fordítás nyitja meg az ablakot, hogy bejöjjön a fény; az töri fel a héjat, hogy megehessük a magot; az húzza el a kárpitot, hogy betekinthessünk a szentek szentjébe; az mozdítja el a kút fedelét, hogy a vízhez jussunk."*[15] Legyünk tehát hűségesek Isten Igéjéhez, amelyet gondviselésében és kegyelmében nekünk adott, és ne érjük be Isten Igéjénél kevesebbel!

1.16. Isten ismerete

Az egész keresztyén vallás lényege Isten ismerete. A keresztyénség legfőbb célja, szándéka, erőfeszítése és legnagyobb boldogsága Isten megismerése. Amint Jézus mondja a János 17:3-ban, ez az örök élet.

Istennek ez az ismerete az egyetlen igaz ismeret. Még magunkat sem ismerhetjük nélküle vagy rajta kívül. Ez nemcsak azért igaz, mert csalárd és romlott szívű bűnösök vagyunk (Jer 17:9), hanem azért is, mert Isten arra teremtett minket, hogy kapcsolatban éljünk vele (Zsolt 30:6). Rajta kívül nem tudjuk megismerni, hogy *mi* kik és mik vagyunk.

Még cselekedeteink is Istenhez viszonyítva ítéltetnek meg. Nem tudjuk, hogy tetteink és szavaink jók-e vagy gonoszak, amíg azokat nem Isten tökéletes szentségének mércéjéhez viszonyítjuk. Ez megmagyarázza azt is, hogy miért

---

[14] A *Textus Receptus* (kapott szöveg) az Újszövetség Erasmus által publikált görög szövege. A legtöbb reformáció-korabeli fordítás ezen alapul, így az eredeti Károli-fordítás és annak 1908-as revideált változata is, amelyet a KJV-hez hasonló elvek mentén fordítottak. (A ford. megj.)

[15] *Translation Necessary, The Translators to the Reader* [Szükséges fordítás: A fordítók az olvasóhoz], London, Trinitarian Bible Society, 1998. 12.

maradt olyan kevés erkölcs a mai társadalomban. A legtöbben nem ismerik Istent, még azok sem, akik valamilyen szinten vallásosak. Mivel tudatlanok vele kapcsolatban, ezért nincsen erkölcsi mércéjük.

Isten ismerete nem pusztán Istennel kapcsolatos tanok és tények tudása, még akkor sem, ha ezek bibliai tények és igazságok. Ez nem jelenti azt, hogy a Szentírás Istenről szóló tanai és tanításai nem fontosak. Az ismeret a hit része, és anélkül a hit semmi. Senki nem állíthatja, hogy hisz Istenben, ha közben semmit nem tud róla. Isten ismerete azonban ennél több. Olyannyira igaz ez, hogy lehetséges, hogy valaki tudja, mit tanít a Szentírás Istenről, és talán gyermekként megtanulta az Istenről szóló bibliai tanítást, de mégsem ismeri őt.

Isten ismerete másrészt *tapasztalati* is. Isten olyan hatalmas, hogy őt nem lehet csupán gondolkodás vagy intellektuális erőfeszítés által megismerni. Találkozni kell vele, hallani kell őt, járni kell vele, és ugyanúgy meg kell ismerni, mint ahogyan az ember a barátját megismeri. Amikor a Szentírás Isten ismeretéről beszél, akkor az *ismer* szó valójában a *szeret* szinonimájaként szerepel. Amikor a Biblia arról beszél, hogy egy férj ismeri a feleségét, a házasság intimitására utal. Ugyanígy beszél a Szentírás Isten ismeretéről. Ha valaki nem szereti őt, akkor nem is ismeri igazán.

Aki ismeri Istent, az gyönyörködik benne, jól érzi magát vele, és engedelmeskedik neki. Isten olyan csodálatos kegyelemben, irgalomban és fenségben, hogy lehetetlen az, hogy valaki, aki nem érzi magát jól Istennel, és nem szereti őt, azt mondja, hogy ismeri. Egy ilyen ember lehet, hogy nagyon jól tudja, amit a Biblia Istenről mond, mégis elutasítja őt, hátat fordít neki, gyűlöli őt, és megmutatja, hogy valójában egyáltalán nem ismeri Istent. Értelme megvakult, és szíve megkeményedett.

Ismered-e Istent a szó valódi értelmében? Minden nap újra megmutatod-e, hogy ő a legnagyobb gyönyörűséged és kincsed? Szereted-e őt és dicsőségét teljes szívedből és teljes erődből? Jól érzed-e magadat vele, és engedelmeskedsz-e neki?

1.17. Isten nevei

Isten többek között az ő nevei által jelenti ki magát nekünk. Éppen ezért mutatja meg olyan sok különböző nevét a Szentírásban. Azért van ilyen sok neve, mert Isten nagyon hatalmas, és dicsősége végtelen. Minden neve elárul valamit róla, de együttvéve sem tudják leírni végtelen dicsőségét. E nevek tanulmányozásánál emlékeznünk kell arra, hogy Isten nevei nem olyanok, mint a mi neveink. A mi neveink csak megváltoztatható címkék, és ha megváltozik, nem változik vele együtt az is, hogy kik vagyunk.

Isten nevei megmutatják nekünk, hogy kicsoda ő. Ugyanolyan változhatatlanok, mint maga Isten. Ha e neveket gyalázzuk vagy helytelenül használjuk, ahogyan azt némelyek beszédükben teszik, akkor magát Istent gyalázzuk. Ez az oka annak, hogy Isten nem tartja bűntelennek azt, aki *hiábavalóan* használja az ő neveit, mintha azoknak nem volna jelentése, vagy nem lennének szentek.

Isten neveinek helytelen használata hatalmas bűn. Ezt a bűnt a 3. parancsolat tiltja, és büntetéssel fenyegeti (2Móz 20:7). Azt is meg kell jegyeznünk, hogy ugyanilyen nagy bűn, ha valaki egyáltalán *nem használja* Isten neveit. Ha valaki Isten nevét hiába veszi fel, méltó a kárhozatra. De akkor is méltó a kárhozatra, ha Isten nevét soha nem ejti ki.

A 3. parancsolat az egész Tízparancsolathoz hasonlóan nemcsak megtilt, hanem meg is követel valamit, mégpedig hogy Isten neveit szent, tisztelettel-jes, őt dicsőítő módon használjuk. Meg kell tanulnunk Isten neveit helyesen használni: nem összevissza, hanem azzal összefüggésben, amit Istenről tanítanak nekünk.

Imádságainkban gyakran véletlenszerűen használjuk Isten neveit, úgy szólítva meg őt, ahogyan éppen imádság közben eszünkbe jut. A Biblia azonban nem így tanít minket imádkozni, hanem gondosan használja Isten neveit. Minden egyes név valamilyen fontos igazságot emel ki Istenről, amelyek az adott személy kérésével, magasztalásával vagy hálaadásával állnak kapcsolatban.

Használhatjuk például a *Jehova* nevet, amikor Istenhez szólunk, és gyermekeinkkel kapcsolatos szövetségi ígéreteire hivatkozunk. Milyen jobb nevet használhatnánk erre? Vagy használhatjuk a *Szent* nevet, amikor megvalljuk bűneinket, és bűnbánatunkban őszintén meg akarjuk magunkat alázni Isten előtt miattuk.

A zsidók tévedtek, amikor nem akarták a *Jehova* nevet használni az ő szentsége és tökéletessége miatti félelemből. Isten azért adta nekünk a neveit, hogy amikor hozzá vagy róla beszélünk, használjuk azokat. Ha nem szólunk hozzá és róla, akkor úgy élünk, mintha nem lenne Isten – megtagadjuk és elutasítjuk őt. Ezt nem tehetjük meg!

Az a feladatunk, hogy használjuk Isten neveit, mégpedig tisztelettel és szent félelemmel. Használjuk tehát az ő neveit, amikor dicsőítjük őt, imádkozunk hozzá, beszélünk róla, és tiszteljük őt! Ekkor, és csakis ekkor élünk neki való engedelmességben, és így használjuk helyesen az ő neveit.

Ismered-e az ő neveit? Használod-e azokat?

1.18. A *Jehova* név

A *Jehova* név Isten egyik legfontosabb neve. A *King James Version* ezt ÚRnak fordítja.[16] Ez a név a *Jézus* névben is benne van. A Jézus „Jé"-je a Jehova név rövidítése. Hasonló rövidítések sokszor jelennek meg az ószövetségi nevekben (Illés: Eli-JAH, Józsué: JEHO-súa, Jósafát: JEHO-safát, JE-didja).

Isten a *Jehova* nevet annak bizonyítékául jelentette ki Mózesnek és Izráelnek, hogy megemlékezett szövetségéről, és meg fogja szabadítani az ő népét az egyiptomi szolgaságból (2Móz 3:11–15). Ugyanekkor *Jehova* nevének jelentését is kijelentette: *„És monda Isten Mózesnek: VAGYOK A KI VAGYOK. És monda: Így szólj az Izráel fiaihoz: A VAGYOK küldött engem ti hozzátok"* (2Móz 3:14).

A *Jehova* név Isten állandóságát, változhatatlanságát fejezi ki. A teremtett dolgok nemcsak *vannak*, hanem *voltak* és *lesznek* is. Változnak, de Isten

---

[16] Egyes magyar fordításokban ÚR (ÚF, RÚF, RevKár), máshol pedig Úr (Károli) szerepel. (A ford. megj.)

számára nincs múlt, jelen és jövő. Ő *van*. Ami számunkra múlt vagy jövő, az ő számára nem múlt és nem jövő, bár ezt nehéz megértenünk. Mindenek öröktől fogva az ő színe előtt vannak. Számára az évek és évezredek múlásának nincs jelentősége, azok nem hoznak változást. Ezt még elképzelnünk is nehéz, hiszen mi folyamatosan változunk, és a változásban élünk: „*Csak változást és romlást lát a szem.*"[17] Ez is azt jelzi számunkra, hogy ő Isten. Ha ugyanis felfoghatnánk vagy teljesen megérthetnénk őt, akkor nem lenne nagyobb a mi apró elménknél.

A 2Mózes 3 alapján a *Jehova* név Istent elsősorban úgy jelenti ki, mint aki népével való kapcsolatában változhatatlan. Nem elvont gondolatként beszél változhatatlanságáról, hanem szeretetének, irgalmának, ígéreteinek, kegyelmének és kívánságának változhatatlanságát állítja elénk, amely arra irányul, hogy üdvözítse és megáldja az övéit.

Ez a név arra emlékeztet minket, hogy Isten népe változhatatlan módon, öröktől fogva hozzá tartozik. Nem *elkezdenek* hozzá tartozni, hanem „*minekelőtte hegyek lettek és föld és világ formáltaték*" (Zsolt 90:2), már hozzá tartoztak. Minden időben és az örökkévalóságban is ő lesz a hajlékuk.

A *Jehova* név minden másik név felett az, amely Istent a szövetség Isteneként jelenti ki. Ez is látható a 2Mózes 3-ban, ahol Isten azért jelentette ki *Jehova* nevét és annak jelentését, mert megemlékezett szövetségéről, és megtartotta azt.

Amennyire tehát a *Jehova* név Isten változhatatlanságáról beszél, ugyanannyira azt is megmutatja, hogy ő *hűséges*. Isten hűsége az ő szövetséges népe iránti változhatatlansága: akiket szeret, és akiket kiválasztott. Soha nem hagyja el őket, sosem felejtkezik el róluk, hanem örökkévaló szeretettel szereti őket. Ebben a szeretetben önmagához veszi őket.

Használják a *Jehova* nevet gyakran és örömmel azok, akik ismerik Isten hűségét! Nincs ennél nagyobb név.

---

[17] *Magyar Református Énekeskönyv* 511. ének 2. vers.

1.19. Az *Isten* név

A Bibliában a Mindenható legtöbbször használt neve az *Isten* név. Ez a név az ő szuverenitásáról, a Szentháromságáról és végtelen tökéletes tulajdonságairól beszél.

Ez a név sok ószövetségi névnek is a részét képezi, mint például Illés (EL-ijah), EL-izeus, Dáni-EL, Nátáná-EL, ÉL-i, amelyekben az El-/Él- vagy -el/-él az *Isten* (héber: *Elohím*) név rövidítése. Ez azért szerepel ezekben a nevekben, mert tulajdonosaik közül Isten sokakat arra használt, hogy valamilyen módon megmutassanak valamit isteni dicsőségéből.

Az *Elohím* név héberül többes számban áll (szó szerint *Istenek*). Ez nem azt jelenti, hogy egynél több Isten van. Arra sem utal, hogy Isten népének vallása eredetileg politeizmus, azaz sok isten imádata lett volna. Ehelyett arra vonatkozik, hogy Isten egynél több személy (vö. 1Móz 1:26, ahol Isten úgy beszél magáról, hogy *mi*). Utal az ő számtalan és végtelen tökéletes tulajdonságára, valamint dicsőségeire (ő lényében ugyan egy, de dicsőségében, hatalmában és fenségében sok).

Az *Isten* nevet tehát a teológiában *kiválósági* vagy *királyi többes*nek hívják. Arra tanít, hogy ő Isten, nincsen hozzá hasonló, nincs mellette senki, és egyedül ő méltó az imádatra, hódolatra és engedelmességre. Nem csoda, hogy a Szentírás ezt a nevet használja a legtöbbször.

Ez a név különbözteti meg őt a pogányok bálványaitól is. Ő Isten a pogányokkal és bálványaikkal szemben. Ezeket a bálványokat csak azért nevezi isteneknek, hogy nyilvánvalóvá tegye, hogy ők semmik, és egyedül ő az igaz Isten, hiszen nem látnak, nem hallanak, nem tudnak cselekedni vagy üdvözíteni (Zsolt 115:4–8). Akik ilyen isteneket készítenek, hasonlóak az általuk készített istenekhez.

Isten az ő népével való kapcsolatában is Isten. Különösképpen nekik jelenti ki szuverén kegyelmének és irgalmának kiválóságát, illetve hatalmának és szeretetének fenségét. A többes számban álló héber név emlékeztessen minden hívőt arra, hogy végtelen sok okunk van e hatalmas Isten dicsőítésére és magasztalására. Az *Isten* nevet kell használnunk, amikor hozzá vagy róla beszélünk, és ezeket a dolgokat szeretnénk hangsúlyozni. Amikor zaklatnak az istentelenek, vagy elcsüggeszt az üldöztetés vagy valami más szenvedés, akkor emlékeznünk kell arra, hogy ő Isten. Amikor őt imádjuk, akkor ez a legalkalmasabb név. Ha az Isten lényét alkotó három személyre akarunk gondolni, ezt a nevet használjuk. Mindig ennek a névnek kell ajkunkon és gondolatainkban lennie, amikor fenségére, hatalmára és végtelen dicsőségére emlékezünk.

Ne éljünk vissza ezzel a nagyszerű névvel, hanem használjuk rendeltetésének megfelelően!

1.20. A *seregek Ura* név

A *seregek Ura* (1Sám 1:3; Zsolt 24:10; Ézs 1:9; Agg 1:2), a *seregek Istene* (Zsolt 80:8) vagy éppen a *seregek Ura, Istene* (Zsolt 59:6; 80:5; Jer 5:14; 15:16) Isten különböző neveinek összetétele, amely mellett a *seregekre* való utalás szerepel. Ez a név arról beszél, hogy Isten összes teremtményével szemben szuverén, beleértve az embereket és az angyalokat is.

Az említett seregek a teremtett dolgok sokasága beleértve az egész állatvilágot, a napot, a holdat, a csillagokat, valamint a földet és annak teljességét (1Móz 2:1; 5Móz 4:19; Neh 9:6; Zsolt 33:6). A seregek közé tartoznak az angyalok rendjei és sokasága (1Móz 32:2; 1Kir 22:19; Lk 2:13) csakúgy, mint a sötétség és a pokol seregei. Ide tartozik a földön élő sok milliárd ember, minden dolgukkal és hatalmukkal együtt (Dán 8:10–11; Ef 6:12).

Isten a seregek Ura. Ez azt jelenti, hogy minden teremtmény az ő szolgája, és akár akarja, akár nem, az ő akaratát cselekszi a mennyben, a földön és a pokolban. A *seregek Ura* tehát egy olyan név, amely Isten szuverenitásáról és az ő céljáról beszél, amint azt a teremtményei által véghez viszi. Nemcsak mindenek felett áll, hanem használja is őket akarata véghezvitelére és örökkévaló célja megvalósítására. Senki nem állhat ellene, senki nem vonhatja őt kérdőre (Dán 4:32).

Hogy minden teremtmény benne van az Úr seregeiben, azt jelenti, hogy egy nagy hadsereghez hasonlóan összhangban menetelnek, és az ő akaratát teljesítik. Minden egyes teremtménynek őt kell szolgálnia, akár akarja, akár nem, és egy nagy hadsereghez hasonlóan mindannyian *együtt munkálkodnak* az ő szándékának és tervének elvégzésében.

A *seregek Ura* név Isten haragját és igazságát is kijelenti, mert a háború és a harc Isteneként mutatja be őt (2Krón 20:15; Zsolt 24:8; Ézs 13:4). Hatalmas hadserege által ítéletet, igazságot és jogosságot gyakorol, elpusztítja ellenségeit, és üdvözíti népét.

Igen figyelemre méltó a *seregek Ura* névvel kapcsolatban, hogy a Sátán, annak seregei és az istentelenek is Isten hatalmas hadseregéhez tartoznak. Nem az Úrtól függetlenül cselekszenek. A legfeltűnőbb, hogy Isten mindenható kezében ők maguk az eszközök, amelyek által véghez viszi ítéletüket és örök romlásukat. Még amikor lázadnak ellene, akkor is csak azt tehetik, amit ő elrendelt (Csel 4:28). Ezért neveti őket, ezért gúnyolódik rajtuk, amikor lázadnak (Zsolt 2:4). Milyen hatalmas Isten!

Ezeket az igazságokat hangsúlyozza a sok bibliai szakasz, amelyben ez a név szerepel, amikor Isten népe olyan körülmények között találta magát, hogy emlékeztetni kellett ezekre a tanításokra. Aggeusnál például Isten azért használta újra meg újra a *Seregek Ura* nevet, hogy emlékeztesse őket arra, hogy ő szuverén még az ellenségekkel szemben is, akik meg akarták akadályozni a templom újjáépítését. Ő szuverén volt a teremtés dolgai, így az arany és az ezüst felett is, amelyek hiányoztak ahhoz, hogy a templom olyan szép legyen, mint Salamoné (Agg 2:1-9). Minket is ugyanerre emlékeztet.

Jegyezzük meg tehát, hogy ez a szuverén Úr, a seregek Ura a mi kegyelmes Urunk, és meneteljünk önként az ő szolgálatában!

1.21. Az *Atya* név

Az *Atya* név Isten népe számára az ő nevei közül az egyik legdrágább, hiszen irántuk való örök szeretetéről beszél. Ez a név Istennek az ő népével Jézus

Krisztus által fennálló szövetségi kapcsolatát hangsúlyozza. Isten arra tanítja az ő népét, hogy mindennél inkább ezt a nevet használják, amikor közösségben vannak vele (Mt 6:9).

Az *Atya* név nemcsak az ő népével való kapcsolatában jelenik meg, hanem a Szentháromságban is. Nem akkor *válik* Atyává, amikor fiaivá fogad minket. Ez az ő változhatatlanságát tagadná. Ő a Szentháromság első személyeként *öröktől fogva* Atya.

Istennek az irántunk, gyermekei iránt tanúsított örök szeretetében mutatkozik meg, hogy ő a Szentháromságban örök Atya. Az örökkévalóságban kiválasztott minket, és atyai szeretetét ránk árasztotta. Ő öröktől fogva az ő népének Atyja. Nem csodálatos ez?

Az Ószövetségben azonban Isten népe ritkán használta az *Atya* nevet (Zsolt 68:6; 103:13; Ézs 9:6; 63:16). Miért volt ez így? Annak az oka, hogy Isten népe ilyen ritkán beszélt Atyaként róla és hozzá, az Ó- és Újszövetség közti különbség gyökerénél húzódik meg. A két szövetség közti különbség természetesen nem lényegi, hanem az, hogy az Ószövetség az ígéret, míg az Újszövetség a beteljesedés ideje.

Az *Atya* névvel kapcsolatban Krisztus testben való eljövetele változtat meg mindent. Isten Krisztus által közeledik hozzánk, és az ő testének szent templomában lakozik velünk (Jn 2:19–21). Krisztus által kijelenti nekünk a szeretete csodáját, és eljuttat minket az üdvösség teljességére.

Talán akkor érthetjük meg ezeket leginkább, ha meggondoljuk, hogy Isten gyermekeivé fogadott minket. Az ószövetségi hívők is Isten gyermekei voltak, de csak ígéret által. Isten gyermekeivé választotta őket, és el is mondta nekik irántuk való szeretetét. Elkülönítette őket a népektől, és saját családjává formálta őket. Isten azonban lepel mögött élt, és csak előképek, illetve árnyékok által jelentette ki magát nekik.

Csak az Újszövetségben hullt le a lepel, és most már szabadon járulhatunk Isten trónjához és jelenlétéhez (Zsid 10:19–22). Isten csak az Újszövetségben hajolt hozzánk olyan közel, hogy Krisztusban egy csonttá és egy testté lettünk (Ef 5:29–30). Csak az Újszövetségben lettünk olyan gyermekek, akik megszabadultak e világ elemeinek szolgaságából, és Isten többet nem kezel minket szolgaként (Gal 4:1–5). Tehát csak az Újszövetségben kaptuk a bátorságot a feltámadott és megdicsőített Jézus Lelke által, hogy minden nyelven és minden országban szüntelenül ezt kiáltsuk: *Abbá, Atya* (Gal 4:6–7).

Ez nem azt jelenti, hogy az ószövetségi hívőknek semmijük sem volt, csak arról van szó, hogy az újszövetségi időkben jobb dolgunk van. Az ószövetségi szenteknek tett ígéretek az Újszövetségben számunkra teljesedtek be. Ezt soha ne felejtsük el!

1.22. Isten szuverenitása

Szinte minden keresztyén azt állítja, hogy hisz Isten szuverenitásában. Ez viszont a legtöbb esetben csupán üres szólam. Isten szuverenitása nagyon egyszerűen azt jelenti, hogy ő *Isten*. Arra utal, hogy Isten mint Isten azt teszi, ami neki tetszik, és akkor, amikor akarja, ahogyan arra A. W. Pink *Isten szuverenitása* című csodálatos könyvében rámutat.[18] Ez azt jelenti, hogy teljesen az ő irányítása alatt áll *minden*, ami van, és ami történik.

Isten szuverén a teremtésben. Ő mindenek szuverén Teremtője égen és földön. Rajta kívül nincs létezés, és minden csak érte létezik. Az evolúcióelmélet tagadja Isten szuverenitását, mivel kiveti Istent saját teremtett világából a vakvéletlent, a céltalanságot állítva a helyébe.

Isten gondviselő Istenként is szuverén. Ő intézi a teremtett világ minden eseményét, és saját, szuverén célja felé kormányozza és vezérli azokat. Nemcsak a jó dolgok, hanem a rosszak (betegség, fájdalom, halál, háború, hurrikánok, éhínségek, földrengések és más, úgynevezett természeti katasztrófák) is tőle jönnek, és ő használja azokat. Ezt tagadják, akik mindezeket az „anyatermészetnek" tulajdonítják; akik szerint a rossz dolgok az ördögtől, és nem Istentől származnak; valamint akik azt hiszik, hogy az imádság által *ők* megváltoztathatnak valamit. Isten *Isten*. Egyedül ő kormányoz, és semmi sem történik tőle függetlenül.

---

[18] Arthur W. Pink: *Isten szuverenitása.* Presbiteriánus Kiadó, Miskolc, 1998.

Isten az angyalok és ördögök felett is szuverén. A Szentírás világosan beszél erről. A Sátán semmit nem tehetett Jóbbal Isten engedélye nélkül (Jób 1:12; 2:6). Isten köti meg és oldja el a Sátánt (Jel 20:1-2, 7), a Sátán pedig minden gonoszságáért elszámolással tartozik Istennek, és Isten meg fogja őt ítélni (Jel 20:14-15).

Isten az üdvösség és a kárhozat kérdésében is szuverén. Látni fogjuk, hogy némelyeket üdvösségre választ, másokat pedig nem (Rm 9:21; Ef 1:4). Elküldte az ő Fiát, hogy némelyekért meghaljon, másokért pedig nem (Jn 10:15, 26; 17:2). Némelyeknek hitet ad, másoknak pedig nem (Ef 2:8-10). Ő az, aki szíveket nyit meg (Csel 16:14), aki munkálja bennünk mind az akarást, mind a munkálást az ő jó kedvéből (Fil 2:12-13). Még jó cselekedeteinket is előre elrendelte (Ef 2:10).

Isten a bűn felett is szuverén. Nemcsak öröktől fogva elrendelte a bűnt (Csel 2:23; 4:27-28), hanem uralkodik is a bűn felett, kormányozza azt, és saját céljaira használja fel. Isten szuverenitása azt jelenti, hogy *„ő tőle, ő általa és ő reá nézve vannak mindenek"* (Rm 11:36). Ennek így kell lennie, különben ő nem lenne Isten. Így kell lennie azért, hogy egyedül az övé legyen minden tisztelet, dicsőség, hatalom és uralom most és örökkön örökké.

Csak a hit fogadhatja be ezt az igazságot. Olykor még a hívők szíve is megriad ettől, mert minden büszkeség, önelégültség, függetlenség vagy más teremtményektől, emberi segítségtől vagy bölcsességtől való függés végét jelenti. A hit azonban vigasztalást talál ebben az igazságban, amelyet elhitt, mert így szól: *„Bizony ez az Isten a mi Istenünk mindörökké, ő vezet minket mindhalálig"* (Zsolt 48:14).

1.23. Az emberi felelősség

Sokan azt gondolják, hogy Isten szuverenitása és az emberi felelősség ellentmondásban áll egymással. Ha mindent Isten vezérel és irányít, ha mindent – így a bűnt is – öröktől fogva elrendelt, és minden eseményt ő intéz, akkor az ember nem lehet felelős tettéért, hanem így szólhat: „Isten okozta, ő rendelte el. Nem lehetett másként. Nem az én hibám!"

Hiszünk Isten abszolút szuverenitásában, ugyanakkor azt is hisszük, hogy az ember felelős tetteiért, gondolataiért, indítékaiért. Minden ellenvetés haszontalan, amelyet az emberek Isten szuverenitása ellen felhoznak, mert a Szentírás bizonyságot tesz Isten *szuverenitásáról* és arról, hogy ő *meg fogja ítélni* az embereket istentelenségükért, és nem fogja meghallgatni mentegetőzésüket. Még kifogásaikat is bűnként fogja beszámítani (Rm 9:20).

Emberi kapcsolatainkban igaz lehet, hogyha valaki okoz valamit, akkor azért ő a felelős. Az is lehet, hogy mások által visz végbe valamit, de mégis az övé az elsődleges felelősség. Lehet, hogy nem én húztam meg a ravaszt, de mégis felelős vagyok egy gyilkosságért, mert én terveztem meg, és én forraltam ki.

Istennel nem így van. Lehet, hogy nem tudjuk megmagyarázni a pontos kapcsolatot Isten szuverenitása és az ember felelőssége közt, de mégis az a helyzet, hogy Isten szuverén, az ember pedig felelős. Isten olyan hatalmas, hogy egyedül ő képes mindent elvégezni és irányítani anélkül, hogy felelős lenne az emberek és az ördögök gonosz tetteiért.

Erre az egyik legjobb példa a 2Sámuel 24:1-ben és az 1Krónikák 21:1-ben olvasható. A második szakasz Dávid bűnét, a népszámlálást a Sátánnak tulajdonítja. A Sátán arra indította Dávidot, hogy megszámlálja a népet. Mindazonáltal a 2Sámuel 24:1 alapján Isten is ott volt e bűn mögött, *ő* indította Dávidot arra, hogy elkövesse. Ez arra mutat, hogy Isten nemcsak megengedi, hanem szuverén módon elő is idézi a bűnt. Ebben még a Sátánt is felhasználja, és irányítja. Amikor azonban Dávid szembesül a bűnnel, mégsem szól így: „Isten vett rá erre", vagy „az ördög vett rá erre", hanem vállalja a teljes felelősséget, és ezt mondja: *„Én vétkeztem"* (2Sám 24:17; 1Krón 21:17).

A legfőbb példa mégis Krisztus keresztre feszítése. A Cselekedetek 2:23 alapján Krisztus Istennek elvégzett tanácsából és rendeléséből adatott halálra. Isten tanácsa és rendelése vitte Krisztust a keresztre. A Cselekedetek 4:26–28-ban arról olvasunk, hogy akik megfeszítették Krisztust, csak azt tették, aminek megtörténtét Isten előtte az ő tanácsában elvégezte. Nem voltak tehát felelősek, akik megfeszítették Krisztust? Mondhatták-e, hogy nem hibáztak? Nem! A Cselekedetek 2:23 azt írja, hogy kezeik gonoszak voltak, és ők voltak azok, akik megfeszítették és megölték Krisztust. Isten szuverenitása nem vette el felelősségüket.

Te vállalod a felelősséget bűneidért? Akár igen, akár nem, az ítélet napján *vállalni fogod.* Isten szuverenitása nem lesz mentség számodra. Egyedül Krisztus menthet meg Isten haragjától.

1.24. Isten tulajdonságai

A mai egyház legnagyobb gyengesége, hogy nem ismeri Istent. Sokan hasonlítanak a samaritánusokhoz, akikről Jézus ezt mondta: *„Ti azt imádjátok, a mit nem ismertek"* (Jn 4:22). A János 17:3 megmutatja Isten *ismeretének* jelentőségét: *„Az pedig az örök élet, hogy megismerjenek téged, az egyedül igaz Istent, és a kit elküldtél, a Jézus Krisztust."* Mi lehetne ennél fontosabb?

A prófétai szó ma is igaz: *„Elvész az én népem, mivelhogy tudomány nélkül való"* (Hós 4:6). E prófécia napjaiban az Úr népében nem volt meg *Isten* ismerete. A Hóseás 4:1 világossá teszi ezt: *„nincs igazság és nincsen szeretet és nincsen Istennek ismerete a földön."* Mennyire igaz ez ma is! Hóseás napjaiban az egyház elvetette az ismeretet. Különösen a lelki vezetők, a papok fordultak el attól. Elfelejtkeztek Isten törvényéről. Isten azzal fenyegette őket, hogy elfelejtkezik gyermekeikről, és dicsőségüket gyalázatra fordítja (6–7. v.). Bárcsak ma meghallaná az egyház Istennek ezt az Igéjét, és meglátná, hogy Isten rá is elhozza ezt az ítéletet! Bárcsak visszatérne az Úrhoz, hogy meggyógyuljon!

Ezeket szem előtt tartva kezdek most Isten tulajdonságairól írni. Különösen ezek által ismerjük meg őt, akit megismerni az örök élet. A tulajdonságok személyes jellemzők, mint a szemszín, a személyiségtípus és hasonlók. Isten tulajdonságai az ő egysége, Lélek volta, szuverenitása, kegyelme, jósága és mindazok a jelzők, amelyeket a Szentírás arra használ, hogy megmondja nekünk, kicsoda ő. Amikor tehát Isten tulajdonságairól beszélünk, akkor őt, az ő dicsőségét és az Igéjében róla kijelentett dolgokat írjuk le. E tulajdonságok által ismerjük meg, hogy ő kicsoda.

Soha nem szabad úgy tekintenünk Isten tulajdonságaira, mint csupán valami teológiai vita és értekezés tárgyára. Ezek létfontosságúak számunkra. A Szentírás ezt azokkal a különféle szavakkal mutatja meg, amelyekkel Isten tulajdonságait írja le.

A Zsoltárok 89:6-ban az Írás úgy beszél Isten tulajdonságairól, mint az *ő csodadolgairól*. Másként szólva az ő tulajdonságai kijelentik nekünk, milyen nagy és csodálatos az Isten, és áhítattal, csodálattal töltenek el bennünket az ő színe előtt.

A Zsoltárok 78:4 Isten tulajdonságait az ő *dicséretének* nevezi. Ebből a szóból megtanulhatjuk, hogy miért jelentette ki tulajdonságait: azért, hogy örökké dicsőíthessük és imádhassuk őt. Ha a mai egyház nem tiszteli Istent úgy, ahogyan kellene, annak egyedüli oka, hogy nem ismeri őt úgy, ahogyan kellene.

A Zsoltárok 78 azt is elmondja, hogy a következő nemzedékek Isten tulajdonságainak ismerete által vetik reménységüket Istenbe, és így nem felejtkeznek el tetteiről, hanem megtartják parancsolatait (4–8. v.). Bárcsak adna az egyháznak Isten ilyen nemzedékeket úgy, hogy helyreállítja az egyházakban az ő megismerését és kiváltképp az ő tulajdonságainak ismeretét!

1.25. Isten szentsége

Isten egyik legfontosabb tulajdonsága a szentsége. A Szentírás sokszor a Szentnek nevezi, főként Ézsaiás próféciáiban. Az ő szentsége nagyon fontos számunkra. Anélkül senki nem láthatja meg Istent (Zsid 12:14). Ha látni akarjuk őt, akkor hozzá hasonlóvá kell lennünk, különösen a szentségben kell hasonlítanunk hozzá. Mi Isten szentsége?

A szentség alapvető gondolata a szeparáció, az elkülönülés. Az ószövetségi papok szentek voltak: életük és feladatuk *el volt különítve* a többi izráelitától. Jeruzsálem szent város volt, mert *el volt különítve* a világ összes többi városától. A szentség feladata magában foglalja az istentelenektől és cselekedeteiktől való *elkülönülést* is (2Kor 6:14–18).

Jézus is szent. A Zsidók 7:26 alapján ez azt jelenti, hogy a *„a bűnösöktől elválasztott"*. Benne nincsen bűn, sem a bűnnek a lehetősége. Ha tagadjuk az ő szentségét, akkor megtagadjuk azt, amin az egész üdvösségünk nyugszik.

Isten szentsége azt jelenti, hogy ő *„a magasságos és felséges, a ki örökké lakozik"* (Ézs 57:15). Dicsőségében mindenektől *elkülönül, „hozzáférhetetlen világosságban lakozik"* (1Tim 6:16). Ezt sosem szabad elfelejtenünk.

Ezt a szentségét szent nevében jelentette ki (Zsolt 111:9), amely minden más névtől el van választva. Nekünk is el kell különítenünk: nem szabad istenkáromlóan, tisztelet nélkül használnunk. Ezt ma milyen sokszor elfelejtjük, méghozzá nemcsak a hétköznapi beszédben, hanem az imádságban is!

Isten Igéje is szent (Rm 1:2), csupán mert az *ő* Igéje. El kell különítenünk gondolatainkban és használatban is minden emberi szótól és bölcsességtől.

Az Úr napja is szent nap. Ez azt jelenti, hogy el van különítve minden más naptól. Ezt is szentnek kell tartani Isten dicsőségére és az Úr Jézus Krisztus dicsőségére, akihez a feltámadás jogán tartozik.

Az elkülönítésnek két oldala van: elkülönítés *valamitől* és elkülönítés *valamire*. Isten szentsége azt jelenti, hogy ő minden bűn*től* elkülönül, és szemei tisztábbak, hogysem nézhetné a gonoszt (Hab 1:13). Isten nem gyönyörködik a hamisságban, és nem lakhat nála gonosz (Zsolt 5:5). Nemcsak elkülöníti magát minden gonoszságtól, hanem ellene is áll annak, le is rontja azt, és mindenütt kijelenti az ő dicsőségét. Szentsége azt is jelenti, hogy önmag*ának* és saját dicsőség*ének* szenteli és szánja magát (Ézs 42:8).

Ha szentek akarunk lenni, akkor el kell különítenünk magunkat a bűn*től*, ugyanakkor el kell különítenünk magunkat Isten *részére* is. Ha egy részeges embert elválasztunk részegeskedésétől, akkor még nem lesz belőle szent. El kell különíteni, oda kell szentelni Isten részére. Így kell nekünk is mindenben Istennek szentelnünk magunkat. Csak akkor leszünk szentek, amiképpen ő is szent (1Pt 1:16). Csak akkor fogjuk őt meglátni, és vele együtt lakozni.

1.26. Isten egysége

„Halld Izráel: az Úr, a mi Istenünk, egy Úr!" Az 5Mózes 6:4 szavai saját szöveg-
környezetükben megmutatják Isten egységének (egyetlen voltának) alapvető
jelentőségét. Ez az igevers arról beszél, hogy Isten egysége központi szerepet
foglal el mindabban, amit Isten az ő törvényében parancsol, és ezen múlik
minden, amit ír a törvény és a próféták (Mt 22:35–40; Lk 10:25–28). Valójában
nincs más törvény, csak ez: Isten egy.

Isten népeként egész hivatásunk alapja, hogy Isten egy (5Móz 6:5).
Ezt az igazságot házunk ajtófélfáira kell írnunk, hogy mindig kéznél és szem
előtt legyen (5Móz 6:8–9). Ennek kell állnia a gyermekeinknek átadott taní-
tás középpontjában. Ez kell legyen a beszédünk lényege, a vezérelvünk, az
elmélkedéseink témája és az imádságaink alapja (5Móz 6:7). Ez minden áldás
forrása (5Móz 6:10–11) és Isten előtti igaz voltunk szegletköve (5Móz 6:25).
Ha elfelejtkezünk Isten egységéről, akkor arról az Úrról felejtkezünk el, aki
kihozott minket a szolgaságból, és őt hagyjuk el (5Móz 6:12).

Miért ilyen fontos Isten egysége? Először is ez a Szentháromság igazsá-
gának része. Így hozzátartozik ahhoz az igazsághoz, hogy ez az Isten az igazi
Isten. Ő három személy, de mégis egy. Ha ezen a három-egy Istenen kívül
bárki mást imádunk vagy szolgálunk, akkor az igaz Istentől bálványokhoz
fordulunk. Minden reménységünk és üdvösségünk ezen múlik. Figyeljünk
az 1Korinthus 8:5–6-ra: „Mert ha vannak is úgynevezett istenek akár az égben,
akár a földön, a mint hogy van sok isten és sok úr; Mindazáltal nekünk egy Is-
tenünk van, az Atya, a kitől van a mindenség, mi is ő benne; és egy Urunk, a
Jézus Krisztus, a ki által van a mindenség, mi is ő általa." Másodszor Isten
egysége azt is jelenti, hogy ő az egyetlen Isten. Nincs másik. Senki és semmi
sem hasonlítható hozzá (Ézs 40:18).

Éppen ezért Isten egysége életünk egészét irányító igazság. Mivel egye-
dül ő Isten, ezért senki más nincs, akit szeretnünk, imádnunk, vagy szolgál-
nunk kell, és akinek engedelmeskednünk kellene. Egyedül őt ismerhetjük,
tisztelhetjük, és félhetjük. Egyedül neki vetjük alá magunkat. Egyedül benne
bízunk. Senki mástól, csak tőle várunk mindent, és csak hozzá imádkozunk.

Ezt jelenti Isten Igéje az 1Korinthus 8:5-6-ban. *Egyedül* benne és általa vagyunk. Ez így van a munkában, a kikapcsolódásban, otthon, az iskolában vagy a templomban, ébren vagy alvás közben, evés, gondolkodás, beszéd, imádság vagy séta közben – mert mindig és mindörökké kizárólag egyetlen Istenünk van. Minden más bálványimádás.

Ennek minden ember számára így *kell* lennie, mert ez az egy Isten teremtette őket, és ő ad nekik életet, leheletet és mindent (Csel 17:25). Ez kegyelemből *van* így a hívők számára, mert ez az összehasonlíthatatlan Isten egyetlenegy Megváltójukká tette önmagát, megszabadította őket a büszkeségtől és a bűntől, és megnyitotta a szemüket, hogy megláthassák: egyedül ő az Isten.

Isten egységére nézve Mózes így szól: *„Szeressed azért az Urat, a te Istenedet teljes szívedből, teljes lelkedből és teljes erődből"* (5Móz 6:5). Te szereted őt?

1.27. Isten változhatatlansága

Gyakran gondolunk Isten változhatatlanságára vagy állandóságára, amikor véget ér egy esztendő, és elkezdődik egy új. A világban évről évre sok minden történik, és mindez életünkben is változást hoz. Folyamatosan gazdasági, társadalmi és politikai átalakulások zajlanak. Minden nap egész életünkre kiható, nagy változások híreit halljuk. A világ, amelyben élünk, aligha nevezhető ugyanannak a világnak, mint amelybe nagyszüleink születtek.

A politikai változások és a háborúk átrajzolták a nemzetek határait, elpusztítottak és létrehoztak népeket. A sötét középkorból eljutottunk az űrkorszakba, noha kérdéses, hogy az űrkorszak valóban kevésbé sötét-e, mint a régebbi korok – talán még sötétebb is, mert sokkal közelebb élünk mindenek végéhez.

Még az egyházban is történtek változások. A múló évek nemcsak az egyház nagy reformációját hozták el, hanem majdnem mindannak az elvesztését is, amit a reformáció kivívott. Sokakban meghidegült a szeretet, és a gonoszság megsokasodott (Mt 24:10–12). A hívő egyház egyre inkább olyan, mint a

„*megostromlott város*" (Ézs 1:8). A dolgok állása – legalábbis mostanában – nem sejtet jót Jézus Krisztus egyházának.

Családjainkban is sokan nagy változásokat láthatunk, és nem mindegyik kellemes. Némelyeknek boldogságot és egészséget, házasságot és gyermekeket, sikert és jólétet hoz az új év. Másoknak viszont csak veszteséget és bajt, szenvedést és fájdalmat ad. Némelyikünk még gyászolja az elmúlt években meghalt szeretteit. Vannak, akiknek fájdalmas próbát kellett elhordoznia.

Mit hoz a következő év? A következő évtized? A következő évszázad? Ezt senki sem tudja, bár sokan prófétának gondolják magukat. Csak abban lehetünk biztosak, hogy amíg a világ világ, a változó évek egyre több változást és romlást hoznak, mivel a világ, amelyben élünk, ugyanaz a régi világ: a bűn, a sötétség és a halál világa.

Isten azonban nem változik. Ezt jelenti a változhatatlansága: *nem tud* változni. Ő Jehova, aki nem változik (Mal 3:6), a világosságok Atyja, „*a kinél nincs változás, vagy változásnak árnyéka*" (Jak 1:17). Ezt így valljuk meg: „*öröktől fogva mindörökké te vagy Isten*" (Zsolt 90:2).

Isten nem változtatta meg mindent felölelő célját és tervét. Most is változhatatlanul akarja népe üdvösségét. Nem változott meg hatalma, mintha már nem ő lenne a Mindenható, a menny és föld szuverén Istene. Most is ő irányít és vezérel mindent (Zsolt 115:3) beleértve mindazt, ami velünk történik. Mindenekfelett pedig soha nem változott meg szeretetében és kegyelmében. Nem felejtett el és nem hagyott el minket, még ha úgy is tűnik számunkra. Efelől leginkább azért lehetünk biztosak, mert a mi Urunk Jézus, aki által változhatatlan Istenünk kijelenti magát, „*tegnap és ma és örökké ugyanaz*" (Zsid 13:8). Benne Isten változhatatlansága annak a biztosítéka, hogy minden a mi javunkra fog szolgálni (Rm 8:28), és a kegyelem jó munkája megfelelő időben célhoz ér (Fil 1:6).

Nem csodálatosan vigasztaló tudni, hogy a mi Istenünk nem változik? Benne nyugszunk meg a változhatatlan Jézus által.

1.28. Isten lélek volta

Amit az Újszövetség Isten tiszteletéről tanít, mind arra az igazságra épül, hogy Isten *Lélek*. A János 4:24-ben Jézus így szól: *„Az Isten lélek: és a kik őt imádják, szükség, hogy lélekben és igazságban imádják."* Mit jelent ez, és miért olyan fontos? Isten lélek volta miért alapvető fontosságú egyéni és egyházi istentiszteletünkre nézve?

Isten tiszteletében az ő lélek volta különösképpen abban nyilvánul meg, hogy ő *láthatatlan*. Nemcsak nem látjuk, hanem olyan nagy és olyan dicsőséges, hogy *nem is tudnánk* látni. Amint halandó szemünkkel nem nézhetünk a napra, úgy az ember élve nem láthatja meg Isten dicsőségét (1Tim 6:16, figyeljük meg a szavakat: *„sem nem lát*hat").

Amit Istenből valaha is *látni* fogunk: az ő dicsősége Jézus Krisztus arcán, akiben az istenség teljes dicsősége lakozott testileg (2Kor 4:6; Kol 2:9). *„Aki engem látott, látta az Atyát"* – szól Jézus a János 14:9-ben. Ez kulcskérdés Isten tiszteletére nézve.

Isten Lélek volta több dolgot von maga után. Először is semmiféle képpel nem lehet őt tisztelni: sem kézzel faragott, sem az ember szívében és elméjében alkotott képpel. Ki készíthetne képet a láthatatlan Istenről? Ha pedig egy ilyen képet készítenek, hogyan lehetne az hazugságon kívül bármi más? Ha ez így van, akkor minden hamis tanítás, minden Istenről szóló illetlen beszéd *faragott kép*, amely nem ér fel az ő dicsőségével. Legyünk tehát óvatosak, hogy mit mondunk és gondolunk Istenről istentiszteletünkben!

Másodszor csak az Igében és az Ige által szabad őt imádni, mert abban jelenti ki önmagát és dicsőségét. Erre gondolt Jézus, amikor így szólt: *„Az Isten lélek: és a kik őt imádják, szükség, hogy (…) igazságban imádják"* (Jn 4:24). Szükséges, hogy istentiszteletünk tartalma és *mércéje* egyaránt az igazság legyen. A Szentírás igazsága határozza meg, hogy istentiszteletünkben *mi* van, és *hogyan* végezzük azt. Ennek így kell lennie. Miként dönthetne az ember egy olyan Isten tiszteletének tartalmáról és módjáról, akit soha nem látott? Hogyan tudhatná, hogy mi a megfelelő?

Harmadszor pedig szívből, és nem csupán külső szertartásokkal kell őt imádni. A János 4:24-ben szereplő *lélekben imádás* nem arra utal, hogy *a Szentlélek által*, hanem arra, hogy *a mi lelkünkkel*. Ez mindannak az ellentéte, ami külső, testi és érzéki. Ma mennyire gyakran elfelejtik mindezt! Az istentiszteletben az igazságot mindenféle mással cserélik fel. A lelki imádat helyett csak valami külső formaság, vagy testi és érzéki dolgok émelyítő bemutatója látható, amely alig több világi szórakoztatásnál. Ez nem lehet kedves Isten előtt.

Az Isten számára utálatos imádat egyik példája a képek és szobrok használata. Ezeket Isten gyűlöli. Nem ábrázolják, és nem is tudják ábrázolni azt, akit egy ember sem látott. Ezek használata látáson és tapintáson alapuló imádást eredményez, amely nem egyeztethető össze azzal, hogy Isten lélek, láthatatlan és tapinthatatlan.

Könyörögjünk tehát, hogy az Atya az ő szuverén kegyelmének hatalma által sokaknak megtanítsa, hogy ő Lélek, és sok igaz tisztelőt találjon, akik lélekben és igazságban imádják őt ezekben a bálványimádó és Istentől elfordult napokban!

1.29. Isten önmagában elégséges volta

A Biblia által tanított egyik legmegalázóbb igazság, hogy Isten *független* és *önmagában elégséges*. Neki semmire nincsen szüksége önmagán kívül. Minden az övé – a barmok az ezernyi hegyeken és minden más –, de mindezek semmit sem tesznek hozzá az ő lényéhez. Ha soha nem teremtett volna semmit, akkor is teljes és mindenestül dicsőséges lenne. Ezt jelenti Isten Igéje a Róma 11:34–36-ban: *„Mert kicsoda ismerte meg az Úr értelmét? Vagy kicsoda volt néki tanácsosa? Avagy kicsoda adott előbb néki, hogy annak visszafizesse azt? Mert ő tőle, ő általa és ő reá nézve vannak mindenek. Övé a dicsőség mindörökké. Ámen."*

Senki nem ismerheti meg teljesen Isten mindentudó elméjét. Mivel Isten mindentudó, ezért senki nem mondhat neki olyat, amit már ne tudna öröktől fogva tökéletesen. Nincs szüksége arra, hogy tájékoztassuk őt, még imádságban sem.

Nem is adhat Istennek senki semmit. Még akkor sem teszünk hozzá semmit az ő dicsőségéhez, amikor hálát *adunk* neki, vagy magasztaljuk és dicsőítjük őt. Az egész egyház üdvössége semmit sem ad az ő dicsőségéhez, hanem csak annak a dicsőségnek a kijelentése, amellyel önmagában bír. Ő mindennek a forrása, eszköze és célja.

Isten önmagában való elégségességét leginkább nagy neve, *Jehova* jelenti ki. E név szerint ő a VAGYOK, aki minden mindenekben. Ez az igazság különösen fontos üdvösségünk tekintetében. Sokan azt hiszik, hogy Isten nélkülünk nem lehet könyörülő Isten, nem lehet a szeretet és a kegyelem Istene. Szerintük szüksége van ránk ahhoz, hogy a szeretet és az irgalom Istene legyen. Némelyek egyenesen azt mondják, hogy ő nem lehet a szeretet Istene, ha nem szeret minden egyes embert, és nem mutat kegyelmet mindenki felé. Ez Isten önmagában való elégségességének tagadása. Isten akkor is minden kegyelem Istene, a tökéletes szeretet Istene lenne, ha soha nem teremtett volna meg minket. Kegyelmes, szerető, irgalmas Istenként akkor sem lenne kisebb a dicsősége, ha a teremtés után látva bűnbeesésünket senkit nem üdvözítene. Mennyire megalázó ez az igazság, és milyen nagynak mutatja Isten kegyelmét és irgalmát, jóllehet azt csak némelyeknek adja. Milyen hatalmas Isten ő!

Ennél azonban többről is van szó. Isten függetlenségének másik oldala a mi függőségünk – önmagunkban nincsen semmink, nem tehetünk semmit. Nélküle semmik vagyunk. Milyen bolondok vagyunk, amikor nélküle akarunk élni! Milyen bolondok vagyunk, amikor nem tekintünk rá, és nem imádkozunk hozzá minden testi és lelki szükségletünkért!

Ne csak szavainkkal, hanem tetteinkkel is valljuk meg, hogy Isten önmagában elegendő, mi pedig tőle függünk! Vessük bizalmunkat minden tekintetben Istenbe magasztalva kegyelmének és irgalmának csodáját, amelyet olyanoknak mutat meg, mint amilyenek mi vagyunk!

1.30. Isten mindenütt jelenvalósága

Isten ismerete az örök élet. Ugyanakkor ez a nagy különbség a szent és a bűnös, a lelki békével teljes és a nyugtalan tenger háborgó hullámaihoz hasonló élet között (Ézs 57:20–21). Isten életadó ismeretének fontos része az ő mindenütt jelenvalóságának ismerete. Isten mindenütt jelenvaló, így nincsenek térbeli korlátai. A távolság és a hely semmit nem jelent Számára. Isten mindenütt jelen van. Ő mindeneket betölt, de őt semmi nem tartalmazza. Erről beszél Isten a Jeremiás 23:23–24-ben: *„Csak a közelben vagyok-é én Isten? azt mondja az Úr, és nem vagyok-é Isten a messzeségben is? Vajjon elrejtőzhetik-é valaki a rejtekhelyeken, hogy én ne lássam őt? azt mondja az Úr, vajjon nem töltöm-é én be a mennyet és a földet? azt mondja az Úr."* Micsoda igazság ez az életünkre nézve! Mi adhat nagyobb erőt a szentséghez, az alázathoz és az istenfélelemhez, mint annak az ismerete, hogy Isten mindenütt jelen van, akárhová megyünk, és akármit is cselekszünk?

Sokan azt hiszik, hogy elrejthetik istentelen cselekedeteiket. Más emberek elől valóban el is rejtik azokat zárt ajtók mögött, sötétségben, titkolózva. Isten azonban tudja, mit tesznek. Ő akkor is jelen van, amikor istentelenül cselekszenek: *„Minden helyeken vannak az Úrnak szemei, nézvén a jókat és gonoszokat"* (Péld 15:3). Milyen balga, aki azt hiszi, hogy bűne rejtve maradt, mert nem voltak tanúi. Mennyire bolondok vagyunk, amikor Isten jelenlétében vétkezünk, mint Izráel a Sínai-hegy alatt. Ő mindig jelen van, tanúja minden tettünknek, szavunknak és gondolatunknak. Ő a mindenütt jelenlévő Bíró.

Ugyanakkor vigasztalás is azt tudni, hogy Isten mindenütt jelen van – azok számára, akik megbánják bűneiket és hisznek. Számukra egy nagyon különleges értelemben van jelen: *közel* van a megtört szívűekhez, a megsebzett lelkekhez, mindenkihez, aki hűséggel hívja őt (Zsolt 34:19; 145:18). Velük van Atyjukként és Megváltójukként. Hallja kiáltásukat, látja megtört szívüket, meggyógyítja és üdvözíti őket.

Isten közel van az ő népéhez annak próbáiban és kísérteseiben is: *„Minden szenvedésöket ő is szenvedte, és orczájának angyala megszabadítá őket,* *szerelmében és kegyelmében váltotta ő meg őket, fölvette és hordozá őket a régi idők minden napjaiban"* (Ézs 63:9). Ez ma sincs másként. Krisztusban Isten közel van az ő népéhez. Krisztus Immánuel, velünk az Isten, aki Isten mindenütt jelenvalóságának üdvözítő kijelentése. Isten Krisztusban és őáltala Istenként, Megváltónkként és Atyánkként örökre velünk van. Te tudatában vagy Isten mindenütt jelenvalóságának? Elfordít-e az ő jelenlétének ismerete a bűntől? Szíved és életed megszentelődését eredményezi-e? Így szólsz-e: „Mindegy, merre visz az utam, *»Ott is a te kezed vezérelne engem, és a te jobbkezed fogna engem«* (Zsolt 139:10)"?

1.31. Isten szeretete

Isten szeretete a keresztyének között szomorú módon sok vita tárgyát képezi. Olyan kérdésekre, mint hogy Isten szeret-e mindenkit, vagy üdvözíteni akar-e mindenkit, nagyon eltérő válaszokat adnak. Ezek a kérdések fontosak. Összefüggésben állnak a predestinációval, Isten némelyek felé való örök szeretetével és Krisztus halálával, Isten hatalmának nagyszerű kijelentésével.

Nem célunk, hogy most olyan szakaszokkal foglalkozzunk, mint a János 3:16, és megvizsgáljuk a *világ* szó jelentését ebben a versben. Ha az olvasót érdekli e szakasz magyarázata, javasoljuk Homer C. Hoeksema *Úgy szerette Isten a világot...* című tanulmányát,[19] vagy Pink *Isten szuverenitása* című könyve eredeti kiadásában található függelékben adott magyarázatát.[20] Most azt szeretnénk megmutatni, hogy akkor kaphatunk választ Isten szeretetével kapcsolatban minden kérdésre, ha megértjük, mi is Isten szeretete.

Isten szeretete mindenekelőtt az önmaga, dicsősége és szentsége iránti szeretete. Ezt mutatja az 1János 4:16, amely arról beszél, hogy Isten *szeretet.*

---

[19] Homer C. Hoeksema: *God So Loved the World...* c. tanulmánya angol nyelven elérhető a Crete Protestant Reformed Church (http://www.prccrete.org) vagy a Covenant Protestant Reformed Church honlapján (https://cprc.co.uk/pamphlets/godsolovedtheworld)
[20] Arthur Pink: *Sovereignty of God.* 3. függelék. *The Meaning of the 'Kosmos' in John 3:16* [„A *»koszmosz«* szó jelentése a János 3:16-ban"]. Baker Book House, Grand Rapids, Michigan, USA. 1970. Ezt a magyar kiadás nem tartalmazza. (A ford. megj.)

Önmagában mint Atya, Fiú és Szentlélek, Isten minden szeretet foglalata. Nincsen szüksége ránk ahhoz, hogy a szeretet Istene legyen. Dicsősége mint a szeretet Istenének dicsősége nem lenne hiányos nélkülünk. Ő öröktől fogva mindörökké *szeretet*, önmagában és önmagától fogva, a Szentháromságban. A Szentírás ezt a szeretetet úgy határozza meg, mint a *tökéletesség kötelét* (Kol 3:14). Ez több mint puszta érzés, érzelem vagy indulat. Ez a kötelék, amely a Szentháromság három tökéletes személye között létezik.

Isten szereti saját dicsőségét (Ézs 42:8; Ez 39:25), és a szeretet a *tökéletesség* köteléke, ezért Isten nem szeretheti az embert, csakis Jézus Krisztusban és őáltala. Ez az oka annak, hogy a kiválasztás, Isten némelyek felé mutatott örök szeretete *Krisztusban* történik. Egyedül benne vagyunk tökéletesek. Ez az oka annak is, hogy a János 3:16 *világ* szava nem vonatkozhat minden személyre (vö. Jn 17:9; 1Jn 4:7–9 – figyeljük meg a többes szám első személyt az utóbbi szakaszban). Isten nem erősítheti meg olyanokkal a tökéletesség kötelékét, akik Krisztuson kívül vannak.

A Zsoltárok 5:5 is azt bizonyítja, hogy Krisztuson kívül Isten nem szerethet minket: *„Mert nem olyan Isten vagy te, a ki hamisságban gyönyörködnél; nem lakhatik tenálad gonosz."* Isten és a gonosz között nem jöhet létre a tökéletesség köteléke. Akiket szeret, azokat Krisztusban ki kellett választania és meg kellett váltania ahhoz, hogy szeretetének tárgyai lehessenek.

Ennek a másik oldala, hogy Isten gyűlöli a gonoszt és azt, aki bűnt cselekszik (Zsolt 5:6–7). Ez egy kemény kijelentés, de ennek ellentéte istenkáromlás. Ha azt mondjuk, hogy Isten anélkül szereti az embereket, hogy megmentené őket gonoszságukból és vétkükből, akkor azt állítjuk, hogy a szent és igaz Isten szereti a gonoszt. Ki merne ilyet gondolni?

Ne feledjük azt sem, hogy a hívők öröme és gyönyörűsége Isten szeretetének megértésében nyugszik. Ez azt jelenti, hogy Isten az ő népét minden bűnéből megmenti, és tökéletessé teszi őket. Az ő szeretete a tökéletesség köteléke. Ez arra utal, hogy felveszi őket az ő közösségébe, és isteni természet részeseivé teszi őket – szeretete tökéletessé teszi őket. *„Az Isten szeretet; és a*

ki a szeretetben marad, az Istenben marad, és az Isten is ő benne" (1Jn 4:16).
Micsoda boldogság és gyönyörűség!

1.32. Isten kegyelme

Mi a kegyelem? Gyakran beszélünk a szuverén kegyelemről vagy az üdvözítő kegyelemről, de tényleg tudjuk-e, mi a kegyelem?

Nyilvánvaló, hogy némelyek nem tudják. *Általános kegyelemről* beszélnek azt sugallva, hogy Isten mindenkihez kegyelmes. Ha valóban tudnák, mi a kegyelem, akkor nem gondolnák, hogy a kegyelem általános. Mások azt vetik fel, hogy Isten nem lehet valóban kegyelmes, ha nem üdvözít mindenkit, vagy legalább nem ad mindenkinek egy esélyt. Ha tudnák, mi a kegyelem, nem jutna eszükbe ilyesmi.

Lehet, hogy mi sem tudjuk olyan jól, hogy mi a kegyelem, mint ahogyan gondoljuk. Tudjuk-e, hogy a kegyelem Isten egy *tulajdonsága?* Tudjuk-e, hogy Isten önmagában kegyelmes, és akkor is az lenne, ha soha nem teremtett volna meg minket, és ha soha senkit nem üdvözítene? Még akkor is Isten egyik tulajdonsága, egyik szépsége lenne a kegyelem. Még akkor is kegyelmes lenne, ha nem lennénk kegyelmének tárgyai és részesei. Ezt értjük az alatt, hogy a kegyelem Isten tulajdonsága. A kegyelem nemcsak Isten velünk való bánásmódját jellemzi: hozzátartozik az ő lényéhez. Isten éppúgy nem létezhetne kegyelem nélkül, mint ahogy nem szűnhet meg mindenhatónak lenni.

Sokszor azt mondjuk, hogy a kegyelem *meg nem érdemelt jóindulat.* Ez ugyan nem helytelen, de mégsem a kegyelem teljes definíciója. Ez a meghatározás csak azt mutatja meg, hogy micsoda Isten *hozzánk való* kegyelme, és azt hangsúlyozza, hogy üdvözítő kegyelme szuverén és ingyenes – azzal senkinek nem tartozik. Azt azonban nem árulja el, hogy mi a kegyelem mint Isten tulajdonsága.

Amint a kegyelem közkeletű meghatározása is sugallja, ez Isten jóindulata. Ezek szerint amikor a kegyelmet Isten tulajdonságának nevezzük, azzal azt mondjuk, hogy Isten jóindulattal van *önmaga* felé. Ez persze egyszerűen szólva azt jelenti, hogy Isten elsősorban önmagát szereti, és mindenekfelett saját dicsőségét kívánja. Ezt a Szentírás világosan tanítja.

A *kegyelem* szó kedvességet és szépséget is jelent,[21] leginkább egyfajta belső kedvességet és szépséget, amely egy ember egész viselkedésében és beszédmódjában látható. Így beszélünk olyan emberekről, akik kegyesek, vagy beszédük és viselkedésük az (Péld 11:16; Kol 4:6). A Szentírás beszél olyan emberekről, akik kegyelmet vagy jóindulatot találtak Isten szemében (mert *kedvesek* voltak – 1Móz 6:8; Lk 1:30).

Isten kegyelmessége alatt azt értjük, hogy ő teljes dicsőségében mindennél gyönyörűbb és kedvesebb, és az ő belső tisztaságának és dicsőségének szépsége minden tettében és szavában felragyog. Ezért jóindulatra talál saját szemeiben. Három személyként egy Istenben mindenekfelett önmagát és cselekedeteit szereti, és saját munkáit összehasonlíthatatlanul kedvesnek látja. Isten tulajdonságaként ez a kegyelem.

Nem megalázó abba belegondolni, hogy Istennek nincs szüksége ránk ahhoz, hogy kegyelmes legyen? Ő örökké kegyelmes önmagában, és akkor is az lenne, ha senkit nem üdvözítene. Nagyon nagy csoda tehát, hogy üdvözít, amiért soha nem szűnhetünk meg hálát adni neki.

1.33. Kegyelem és üdvösség

Láttuk a kegyelmet Isten tulajdonságaként. Most beszélnünk kell arról a kegyelemről is, amelyet Isten a mi üdvözítésünkben mutat meg. Abból indulunk ki, hogy a kegyelem egy belső szépség vagy kedvesség, amely felragyog egy személyben és minden tettében, és hogy ez azt eredményezi, hogy mások jóindulattal tekintenek rá. Ezek alapján azt mondhatjuk, hogy amikor Isten az üdvösségünkben kijelenti a kegyelmét , akkor saját szépségét ajándékozza nekünk, mégpedig azért, hogy hasonlóak legyünk hozzá, és így jóindulatot találjunk az ő szemében. Isten kedvessége, amelyet az ő népének ad, amikor

---

[21] Az angol *grace* és a görög *kharisz* szavak jelentéséhez egyaránt hozzátartozik a kedvesség és a szépség. A *kegyes* szó a régi magyar nyelvben szintén jelenthetett kedvest, szépet. (A ford. megj.)

üdvözíti őket, egész életmódjukban és beszédükben láthatóvá lesz. Lehetetlen, hogy aki kegyelmet kapott, ne tükrözzön valamit Isten kedvességéből. Ez az egyik oka annak, hogy az általános kegyelem tanítását el kell utasítanunk. Visszataszító annak gondolata, hogy a gonoszok és a hitetlenek jóindulatot találhatnak Isten szemében, vagy bármilyen mértékben részesülhetnek az ő kedvességéből. Az sem volna lehetséges, hogy Isten megítélje és pokolra küldje őket, mert olyasvalakit küldene az örök sötétség helyére, aki kapott valamit az ő szépségéből.

Isten üdvözítő kegyelmének néhány további jellemzőjét is meg kell még említenünk. Ezek is azt mutatják, hogy miért nem lehet általános a kegyelem. Először is a kegyelem nemcsak Isten hozzáállása, hanem *ajándék* is. Ez következik az eddig elmondottakból, de hangsúlyoznunk kell. A Szentírás sokszor beszél arról, hogy Isten kegyelmet ad (Zsolt 84:12; Péld 3:34; Jak 4:6; 1Pt 5:5). A kegyelemről Isten ajándékaként beszélünk, amikor a kegyelem ingyenes és meg nem érdemelt voltát akarjuk hangsúlyozni. Nem szabad azonban elfelejtenünk, hogy a kegyelmet Isten nekünk is *adja*, amikor megmutatja nekünk azt, és nem csupán az ő hozzáállásáról van szó.

Másodszor a kegyelem *erő*. Ez valójában ugyanaz, mintha azt mondanánk, hogy a kegyelem *Istené*. Isten gondolatai, Isten tulajdonságai és Isten szava nem ugyanolyan, mint a miénk: nem erőtlenek, hanem mindig a Mindenható hatalmával teljesek. Ez is az oka annak, hogy Isten nem lehet mindenkihez kegyelmes. Az ő kegyelme nem lehet hiábavaló, nem lehet erőtlen arra, hogy megmentsen és megszabadítson, nem bukhat el. Ha arra utalnánk, hogy elbukhat, akkor tagadnánk, hogy Isten az Isten.

Harmadszor a kegyelem *üdvözítő*. A Szentírás soha nem beszél az embereknek adott másfajta kegyelemről. Amint a kiválasztás és az engesztelés speciális (partikuláris), úgy a Krisztus által előre elrendelt és megszerzett kegyelemnek is speciálisnak kell lennie, amely csak némelyeknek jelenik meg üdvözítő módon.

Csodálatos, hogy Isten szemében kegyelmet találhatunk, különösen ha ez alatt azt értjük, hogy ő kedvesnek és szépnek talál minket. Ez csak azért lehet így, mert Krisztusban és az ő munkáján keresztül lát minket. Krisztus Isten egyszülött Fiaként *gyönyörű*. Istennek való tökéletes engedelmességében és hűségében tízezer közül a legszebb, és egyedül benne találhatunk Isten előtt jóindulatot.

1.34. Isten irgalma

Isten irgalmára általában saját magunkkal kapcsolatban gondolunk, mert nekünk szükségünk van erre az irgalomra. Leginkább könyörületként tekintünk rá. Isten irgalmas hozzánk, amikor megkönyörül rajtunk, és bűneink gyötrelméből és nyomorultságából megszabadít minket (Péld 16:6).

Az irgalom azonban ennél több. Soha nem szabad elfelejtenünk, hogy az irgalom Isten *tulajdonsága*, olyasvalami, ami az ő lényét jellemzi, és amely nélkül nem létezik. Ebből az következik, hogy Isten akkor is irgalmas lenne, ha soha nem léteznénk az ő irgalmasságának tárgyaként. Akkor is irgalmas lenne, ha minden ember örökre elveszne, és senki nem üdvözülne. Akkor is irgalmas lenne, ha senkinek nem mutatná meg irgalmát. Ő önmagában irgalmas (Lk 6:36).

Ez arra is emlékeztet minket, hogy milyen helytelen azt mondani, hogy Isten nem lehet irgalmas, szerető, kedves és kegyelmes, ha nem üdvözít mindenkit. Neki nincs szüksége arra, hogy bárkit is üdvözítsen ahhoz, hogy irgalmas legyen. Nincsen szüksége egyetlen teremtményre sem ahhoz, hogy az irgalom Istene legyen (Ef 2:4). Ő független, önmagában elégséges, és nincsen szüksége semmire. Ő *Isten*.

Mi az irgalom mint Isten tulajdonsága? A kérdés megválaszolásához figyelembe kell vennünk néhány dolgot. Tudnunk kell, hogy az irgalom még velünk kapcsolatban is jóval több annak kívánságánál, hogy megszabadítson minket. Az irgalom mindenekfelett az a kívánság, hogy valakit boldognak és áldottnak lásson. A veszendő emberek iránt érzett szánalom és a megmentésükre irányuló vágy ehhez képest csak másodlagos. Ez segít minket abban, hogy

Isten irgalmát elsősorban úgy lássuk, mint annak kívánságát, hogy ő maga mindenek felett és örökre boldog legyen. Ő nem veszendő, nincs szükségben, és soha nem lehet szánalom tárgya, mindazonáltal kívánja saját örök boldogságát és dicsőségét. Ez saját lényének tulajdonságaként az ő irgalma (2Móz 34:6).

Isten irgalmához – amely az a vágy, hogy megáldjon minket – csak akkor járul hozzá a szánalom, a könyörület és üdvözítésünk vágya, amikor úgy dönt, hogy megmutatja nekünk irgalmát, mert elveszettek, veszendőek és szánalmának valódi tárgyai vagyunk (Jak 5:11). Azonban még akkor is saját nevének és lényének dicsősége és boldogsága a fő kívánsága, amikor ilyen szánalmat is mutat felénk. Ezért irgalmában nemcsak megment, hanem fel is emel minket, hogy örökre vele lehessünk, és benne gyönyörködhessünk.

Tulajdonságként Isten irgalma is erős. Az irgalom Isten részéről nem pusztán valamiféle tehetetlen szánalom érzése, amelyet mindenki felé érez, miközben nem minden esetben tud vagy akar vele célt érni, amint azt néhányan állítják. Isten többi tulajdonságához hasonlóan az irgalom szuverén, mindenható, változhatatlan és örökkévaló, így soha nem sikertelen, amikor Isten bizonyos embereknek megmutatja (Ef 2:4–5; Tit 3:5; 1Pt 1:3). Isten irgalma nem lehet üres, be nem teljesült érzés. Nem hagyja, hogy irgalma tárgyai végül pokolra kerüljenek. Az irgalom *Isten* irgalma, és az ő isteni lényének mindenható tulajdonsága, ezért nem hisszük, hogy Isten irgalma *általános* olyan értelemben, hogy mindenki felé irányulna.

Kimondhatatlanul hálásak vagyunk azonban Isten felénk tanúsított irgalmáért, különösen mert tudjuk, hogy egyáltalán nem érdemeltük meg, és nem kapja meg mindenki. Isten megszán és megáld olyanokat, mint mi. Ez hihetetlen, és közben mégis mindenki buzgón hiszi, aki az övé.

1.35. Isten igazsága

Isten igazsága (igaz volta) az ő kegyelméhez, irgalmához és szeretetéhez hasonlóan az ő *közölhető* tulajdonsága, ami azt jelenti, hogy ajándékként nekünk adja, így mi is igazak leszünk. Hatalmas csoda, hogy Isten nekünk adja saját

tulajdonságait, és így hasonlóvá tesz bennünket önmagához. Még ennél is cso-
dálatosabb, hogy ezeket az ajándékokat nekünk, bűnösöknek adja (Rm 4:5).
Isten minden ajándéka között egyik sem olyan fontos, mint az igazsága.
Azért adja nekünk ezt az ajándékot, mert önmagunktól egyáltalán nincsen
igazságunk, és igazság nélkül elkárhozunk őelőtte. Amikor saját igazságát
nekünk ajándékozza, akkor megigazítottan, ártatlanul és a kárhoztatás bár-
milyen lehetősége nélkül állunk őelőtte.

Tudod, hogy a megigazítás Isten saját igazságának ajándéka? Egy olyan
igazság ajándéka, amely nem található meg ebben a világban, hanem a menny-
ből jön. Ahogyan Luther sokszor mondta, ez *idegen* igazság (Rm 3:21), amelyet
Isten az ő saját Fia szenvedése és halála által szerzett meg, és a Szentlélek mun-
káján keresztül, hit által adott nekünk (Hab 2:4; Rm 1:17; 3:22–26).

A csoda az, hogy ez az igazság mindenestül Istentől van. Ezt hang-
súlyozni kell, mert manapság nagyon sok evangélikál elfordul az ingyenes,
kegyelemből való megigazítás református tanításától a hit *és* a cselekedetek
általi megigazulást hirdetve: egy olyan gondolatot, amely nem különbözik
túlságosan a római katolicizmus tanításától. Valójában Isten nemcsak nekünk
adja (saját) igazságát, hanem Fia személyében azt ki is érdemelte és elnyer-
te. Semmit nem tehetünk annak kiérdemléséért vagy megszerzéséért (Rm
3:24). Még a hit sem saját cselekedetünk, amely által az igazságot megkap-
juk úgy, hogy az a mi igazságunk legyen, hanem Isten ajándéka (Ef 2:8–10).
A megigazulásban nincsenek cselekedetek, csak Isten saját cselekedetei az
örökkévalóságban, Krisztusban és a Lélekben (Rm 11:6).

Isten azonban nem azért igaz, hogy adhasson nekünk valamit. Nincsen
szüksége ránk ahhoz, hogy igaz legyen. Ő önmagában igaz (Zsolt 11:7; Zsolt
116:5; Dán 9:7; Jn 17:25; Jel 16:5).

Mit jelent Isten igazsága? Az igazság a törvényhez való igazodás. De
milyen törvényhez igazodik Isten? Milyen mércéhez mérhető? A válasz, hogy
ő maga annak a mércéje, hogy mi a jó, és mi a gonosz (Zsolt 35:24). Töké-
letessége az a mérce, amelyhez minden teremtményének igazodnia kell, és

amelyhez ő is igazodik minden szavával és cselekedetével. Soha nem vádolható igazságtalansággal (Rm 9:14). Soha nem található hiba Isten egyetlen szavában vagy tettében sem (Zsolt 19:10; Rm 9:20). Amit tesz, az jó, mert ő teszi. Ez az ő igazsága.

Hogy Isten igazzá tesz bennünket, azt jelenti, hogy a tiszta kegyelem csodája által hozzáigazít minket saját tökéletességének mércéjéhez. Ezt úgy tette, hogy elküldte Fiát, hogy szenvedjen bűneinkért, és kiérdemelje számunkra az ő jóindulatát. Hála legyen neki!

1.36. Isten bölcsessége

Isten bölcs. Ezt hisszük, és sokszor mégis szem elől tévesztjük. Érdemes tehát emlékeztetni magunkat arra, amit a Szentírás Isten bölcsességéről tanít.

Számunkra az a bölcsesség, ha tudjuk, miként tegyünk mindent Isten dicsőségére. A legtöbb ember tudja, hogyan tegyen valamit saját magáért vagy saját hasznára, de nem tudja, hogyan tegyen Isten dicsőségére. Van tudásuk, de nincs bölcsességük. Ők a bolondok, akik azt mondják szívükben, hogy nincs Isten (Zsolt 14:1).

A bölcsesség Isten ajándéka. Egyedül ő taníthat meg arra, miként tegyünk mindent az ő dicsőségére. Az ő Igéje minden bölcsesség forrása, és az ő Lelke a tanító, mert semmit nem tanulhatunk addig, amíg a Lélek át nem formálja a szívünket.

Isten mindenkinek bölcsességet ígér, aki kéri. Azt mondja, hogy bölcsességét senkitől sem tartja vissza, aki azt hittel kéri (Jak 1:5–6). A bolondságra tehát nincsen mentség. Lehet, hogy fiatalságunk vagy iskolázatlanságunk miatt nincs tudásunk, de arra nincs mentségünk, ha nem vagyunk bölcsek. A bölcsesség hiánya abból származik, hogy nem keressük Istent.

Nincs mentség arra sem, ha panaszkodunk Isten velünk való bánásmódja miatt. Igéjében nemcsak azt mondja el nekünk, hogy ő mindenestül bölcs, hanem meg is ígéri nekünk a bölcsességet, hogy ezt az ismeretet nyomorúságunkban őelőtte meghajolva, jóságáért őt dicsőítve és irgalmában bízva megértsük, és az ő dicsőségére használjuk.

Az Istentől kapott bölcsességet abban is megmutatjuk, hogy az ő dicsőségére élünk, nem pedig magunkért. Kegyelemből megmutatjuk, hogy többé nem vagyunk bolondok, hanem bölcsek, akik felismerik Isten akaratát, és mindenben az ő dicsőségét keresik. Még amikor meglátjuk önmagunkban a bűn bolondságát és az igaz bölcsesség hiányát, akkor is azt tesszük láthatóvá, hogy ő bölcsességet adott nekünk, mégpedig azzal, hogy őt keressük mint a számunkra szükséges bölcsesség forrását, és bízunk abban, hogy ő azt bőségesen megadja, és nem tartja vissza.

A bölcsesség nemcsak ajándék, hanem Isten egyik tulajdonsága is. Az ő tulajdonságaként a bölcsesség azt jelenti, hogy mindent ismer, és csodálatosan képes arra, hogy mindent az ő dicsőségére tegyen. Nem csupán akkor ismeri a dolgokat, amikor azok megtörténnek, hogy azután eldöntse, miként használja fel azokat, hanem mindent öröktől fogva tud, és így bölcsességében mindent úgy végzett el és rendelt el előre, hogy igazságának és kegyelmének dicsőségét mutassák meg.

Mivel Isten bölcsen mindent az ő dicsőségére cselekszik, biztosak lehetünk abban, hogy még a velünk történő *rossz* dolgok sem választanak el az ő szeretetétől, hanem javunkra fognak válni. Isten bölcsességében öröktől fogva tudja, hogyan szolgál minden az ő dicsőségére, beleértve a bajainkat is. Mindent bölcsességében bocsát ránk a mi javunkra és az ő dicsőségére. Az ő bölcsességénél fogva bízhatunk benne, és hihetjük, hogy ő a mi Atyánk.

Micsoda tulajdonság ez a mi életünkre nézve! Amikor elfelejtkezünk Isten bölcsességéről, akkor elkezdjük megkérdőjelezni azt, ahogyan ő velünk cselekszik. Amikor nem emlékszünk arra, hogy ő bölcs, akkor morgolódunk és panaszkodunk a nekünk rendelt útjai miatt, különösen ha azok nehezek. Az ő bölcsessége a mi bizonyosságunk arra nézve, hogy minden dolognak a mi javunkat kell szolgálnia, és semmiért sem kell félnünk, semmiért sem kell panaszkodnunk.

1.37. Isten transzcendens volta

Isten következő tulajdonsága az ő transzcendens volta (magasabbrendűsége). Ez a tulajdonság sok másikhoz hasonlóan arra emlékeztet minket, hogy ő Isten, és nincs más. Transzcendenciája azt jelenti, hogy ő mindenek felett való, senki és semmi sincs, aki őfelette volna vagy egyenlő lenne vele.

Isten a teremtés *felett* áll. Ennek így kell lennie, hiszen ő a Teremtő. Amint a művész nagyobb bármely alkotásánál, Isten is nagyobb az ő alkotásainál. Isten transzcendens volta tehát válasz a panteizmusra, amely Istent a teremtéssel azonosítja. Ebben a gonosz tanításban gyökerezik sokféle modern irányzat, különösen a New Age mozgalom vagy sok környezetvédő csoport, amelyek számára a teremtés dolgai jelentenek mindent.

Isten az idő és a tér felett is áll. Transzcendens voltában örökkévalósága az időhöz képest áll fenn, mindenütt jelenvalósága pedig a térhez képest. Az idő valami, amit ő alkotott, nem olyan dolog, amely korlátozná őt. Ez számunkra nehezen megfogható, mert arra kényszerülünk, hogy múlt, jelen vagy jövő időben beszéljünk róla, de valójában ő örökké a VAGYOK[22] – a múltban csakúgy, mint a jelenben és a jövőben. Számára nincs idő. Nem is foglalja magában őt az univerzum. Annak hatalmas kiterjedése, a benne lévő teremtmények seregei mind Isten keze munkái. Jelen van bennük és velük, de mindig felettük marad.

Hozzánk viszonyítva is transzcendens. Ezért soha nem tudjuk teljesen megérteni tetteit és útjait. Az ő útjai és gondolatai mindig magasabbak a mieinknél, és úgy kell hinnünk benne, hogy nem tudjuk őt teljesen megérteni (Ézs 55:8–9). Munkái olyan hatalmasak, hogy nem tudjuk azokat kikutatni. Útjai felül vannak minden ismereten. Dicsősége kikutathatatlan. Tulajdonságai számtalanok, dicsőségei vég nélkül valók, fensége öröktől fogva örökké tart.

A hívő azonban nem nyugtalankodik Isten transzcendenciája miatt, mert Isten még transzcendens voltában sincs messze (Jer 23:23), hanem közel hajol, megismerteti magát népe hitével, valamint kijelenti minden kedvességét és jóságát. Isten népe szereti az ő transzcendens voltát, mert arra emlékezteti

---

[22] vö. 2Mózes 3:14 (A ford. megj.)

őket, hogy a senkihez nem hasonlítható, élő és igaz Isten kezéből kapnak mindent. Transzcendenciájában okot látnak arra, hogy tőle függjenek, benne bízzanak, valamint belé vessék hitüket és reménységüket. Még amikor kellemetlen dolgokat is küld nekik, amelyek szenvedéssel és bajokkal járnak, akkor is így szólnak: *„Ha elfogyatkozik is testem és szívem: szívemnek kősziklája és az én örökségem te vagy, oh Isten, mindörökké"* (Zsolt 73:26). Csak Isten képes mindenre. Csak Isten hatalmas. Csak ő múlja felül gondolatainkat, szavainkat és tetteinket. Ezért egyedül ő méltó a bizalmunkra.

1.38. Isten egyszerűsége vagy tökéletessége

A teológiai könyvekben olykor olvashatunk arról a tulajdonságról, amelyet Isten egyszerűségének nevezünk. Ez egy nehezen értelmezhető szó, és mivel nem található meg a Szentírásban, lehet, hogy jobb lenne egy másik szót használni helyette, például a tökéletességet. Isten egyszerűsége az ő egységéhez tartozik: ő minden tulajdonságában és cselekedetében *egy*. Cselekedetei és tulajdonságai között nincsen egyenetlenség, összeütközés vagy ellentmondás. Azok mind egyek. Isten tökéletes, és nincsen benne semmiféle gyengeség vagy hiányosság.

Isten tökéletességét különösen azok a szakaszok tanítják, amelyek szerint Isten szeretet, igazság vagy világosság (1Jn 1:5; 4:8; 5:6). Hogy ő világosság, azt jelenti, hogy a sötétségnek nincs benne helye. Hogy ő szeretet, azt jelenti, hogy semmi sincs őbenne, ami megronthatná az ő szeretetét. Ez azt is tanítja, hogy az ő tulajdonságai valójában nem különálló jellemzők. Olyanok, mint egy gyémánt lapjai, amelyeket nem lehet egymástól elválasztani. Mindegyik saját dicsőségében szikrázik és fénylik, de együtt alkotnak egy értékes drágakövet. Ha elválasztjuk őket, akkor megsemmisülnek.

Gondoljunk csak Isten irgalmára! Ez nemcsak a szánalom, amelyet velünk kapcsolatban érez a mi nyomorúságunkat és bűneinktől való megkötözöttségünket látva, hanem a hatalom is, amely által megszabadít minket ebből a nyomorúságból. Ez nem csupán egy vágy, hogy segítsen rajtunk, hanem egy ténylegesen meg is adott segítség. Irgalma és mindenható volta tökéletesen egy, soha nem választható el, soha nem állítható szembe.

Gondolhatunk Isten szeretetére is. Isten tökéletessége vagy egyszerűsége arról beszél, hogy szeretete nem választható el az ő igazságától, örökkévalóságától, mindenható voltától, sem bármely más tulajdonságától. Isten szeretete mindig igazságos, és a tökéletes igazságosságon kívül semmiben nem mutatkozik meg. Másként szólva ő senkit sem szeret, csak és kizárólag úgy, hogy betölti saját igazságosságának követelményeit azzal, hogy Krisztust elküldte azért, hogy meghaljon helyettük.

Isten szeretete mindig örökkévaló. Nincsen olyan isteni szeretet, amely csak a jelenre szól, de nem öröktől fogva örökké való. Akiket szeret, azokat mindig szerette, és mindig szeretni fogja. Így az ő szeretete is mindenható (hatalommal teljes). Soha nem üres érzelem, hanem olyan hatalom, amely az ő szeretetének alkalmas tárgyaivá formál minket.

Isten tökéletessége az egyik oka annak, hogy nem hisszük, hogy Isten mindenkit szeret, és mindenki felé kegyelmet tanúsít. Ha ugyanis így lenne, azt jelentené, hogy Istennek van egy olyan szeretete vagy kegyelme, amely el van választva mindenható erejétől. Következésképpen azt kellene mondanunk, hogy Istennek van egy olyan szeretete vagy kegyelme, amely ellentétben áll az ő igazságosságával, szentségével és igaz voltával, mert akkor olyanok felé mutatna szeretetet, akik Krisztusban nem igazak, nem szentek, és soha nem is lesznek azok.

Milyen nagy áldás a hívők számára, hogy ismerhetik Isten tökéletességének igazságát! Ha ezt ismerjük, akkor megértjük, hogy az ő irgalma soha nem hiábavaló, az ő kegyelme soha nem viszonzatlan, és az ő szeretete soha nem elvesztegetett.

1.39. A Szentháromság

A Szentháromság bibliai tanítása a legfontosabb, ugyanakkor a bibliai tanítások közül az egyik legkevésbé megbecsült. Bár a legtöbb hívő megérti, hogy ez a tanítás választja el a kereszténységet az összes pogány vallástól és a szektáktól, mégsem látják annak értékességét. Úgy tűnik számukra, hogy nem sok köze van életükhöz vagy üdvbizonyosságukhoz.

Azt szeretnénk különösképpen megmutatni, hogy a Szentháromság tanítása a lehető legdrágább a hívők számára. Ha valaki ismeri az Atyát, a Fiút és a Szentlelket, az ismeri Istent. Istent ismerni pedig maga az örök élet (Jn 17:3).

A Szentháromságba vetett hit nem triteizmus, azaz háromistenhit. A Jehova Tanúi és más, hasonló szekták, valamint az iszlám és más, hasonló hamis vallások azt mondják, hogy a keresztyének három istenben hisznek. Tévednek. Hisszük, hogy az Úr, a mi Istenünk *egy* Úr (5Móz 6:4). A három-egy Isten kifejezés ezt hangsúlyozza.[23]

A Szentírás tanítása alapján mi is hisszük, hogy Istenben három személy van: az Atya, a Fiú és a Szentlélek. Sőt, ők valódi *személyek*, azaz különálló, egyéni személyiségek, különböző nevekkel: Atya, Fiú és Szentlélek. Ezek a nevek személyes sajátosságaikat tükrözik.

Sokan – állításuk szerint – hisznek a Szentháromságban, de valójában tagadják, hogy az Atya, a Fiú és a Szentlélek valódi személyek. Némelyek például a Szentlélekről nem személyként, hanem egy irányítható, felhasználható erőként beszélnek. Mások egy olyan „egységtant" tanítanak, amely nagyon biblikusan hangzik, de valójában Szentháromság tagadása. Eszerint a hamis tanítás szerint az Atya, a Fiú és a Szentlélek csak három különböző *tisztség, név* vagy *mód*, ahogyan az egy Isten kijelenti önmagát. Ezt a tanítást már az újszövetségi egyház korai történelmében elvetették. Akkor monarchianizmusnak vagy szabellianizmusnak nevezték.[24]

Ezzel szemben a Biblia valódi személyek sajátosságait tulajdonítja a Fiúnak, a Szentléleknek és az Atyának is, miközben hangsúlyozza, hogy ők

---

[23] Az angolban a Szentháromságra a *Trinity* szót használják, amely a hármas egységet fejezi ki. (A ford. megj.)

[24] A monarchianusok azt tanították, hogy Isten csak egyetlen személy. Egyik irányzatuk, az adopcionizmus szerint Krisztus nem isteni természetű, Isten csak örökbe fogadta. Másik irányzatuk a szabellianizmus vagy modalizmus, amely szerint a három isteni személy ugyanazon isteni valóság három különböző megjelenési módja. (A ford. megj.)

egy Isten. Ezek nem csupán Isten nevei, erői vagy munkái. Ha nem valódi személyek, akkor mindaz, amit Jézus Krisztusról hiszünk, haszontalan. Akkor nincs a Szentháromságnak olyan személye, aki eljött a mi bűnös testünk hasonlatosságában, hogy helyünkre álljon, magára vegye a mi bűneinket, meghaljon értünk, elvégezze értünk a váltságot, és képviseljen minket az Atya előtt. Akkor a Szentlélek személye sem él a szívünkben, és nem juttat minket Istennel szoros, *személyes* kapcsolatra. A Szentháromságról való hitvallásunk a Zsoltárok 48:15 hitvallása: *„Bizony ez az Isten a mi Istenünk (...), ő vezet minket mindhalálig!"*

1.40. A Szentháromság jelentősége

A Szentháromság fontos bibliai tanítását sokszor alig értékelik azok, akik hisznek benne. Tudják, hogy ez a tanítás minden másnál jobban elválasztja a keresztyénséget minden pogány vallástól és a szektáktól, de mégsem látják, hogy az személyesen is fontos számukra. Valami elvont tanításnak tűnik, amelynek nem sok köze van az élethez vagy az üdvbizonyossághoz. Mindazonáltal ez a tan mégis nagyon fontos, még olyan gyakorlati dolgokban is, mint például a családi élet.

Először is vegyük figyelembe, hogy a Szentháromság tana kijelenti számunkra, hogy ez a három-egy Isten az egyetlen igaz Isten. Ezt úgy teszi, hogy megmutatja, hogy Isten meghaladja értelmünket. Arra indít, hogy Jóbbal együtt ezt kérdezzük: *„Az Isten mélységét elérheted-é, avagy a Mindenhatónak tökéletességére eljuthatsz-é?"* (Jób 11:7). Isten az Isten; ha teljesen meg tudnánk őt érteni, akkor nem lenne nagyobb a mi véges elménknél. Egyáltalán nem is lenne Isten, hanem csupán egy eszünkhöz és szívünkhöz szabott bálvány.

Így a Szentháromság tana minden valódi bűnbánat, alázat, tisztelet és hódolat forrása. Arra emlékeztet minket, hogy Isten az Isten, és így arra indít, hogy térdre hulljunk előtte, miközben Jóbbal együtt ezt mondjuk: *„Az én fülemnek hallásával hallottam felőled, most pedig szemeimmel látlak téged. Ezért hibáztatom magam és bánkódom a porban és hamuban"* (Jób 42:5-6).

Másodszor a Szentháromság tana arra tanít minket, hogy Isten a mi teljes üdvösségünk és minden reményünk. Minden, amire szükségünk van, őbenne van. Ő az Atya, a mi Atyánk Krisztusért. Ő az egyszülött Fiú, a mi Bátyánk. Ő a Szentlélek, aki jön és megy, mint a szél, és aki már akkor ott lehet szívünkben, és akkor munkálkodhat ellenállhatatlan erejével, amikor még nem is sejtjük jelenlétét.

Ha Isten szeretetére van szükségünk, akkor úgy gondolunk rá, és úgy imádkozunk hozzá, mint gyermekek az Atyához. Amikor azt gondoljuk, hogy senki nincs, aki ismeri szükségeinket és megérti próbatételeinket, akkor arra emlékeztet minket, hogy az ő Fia eljött testben, és meg tud indulni gyarlóságainkon (Zsid 4:15) – és az ő Fia valóban a mi Bátyánk. Amikor távol érezzük magunkat Istentől és minden békességtől, az ő Lelke a mi lelkünkkel együtt bizonyságot tesz arról, hogy Isten gyermekei vagyunk.

Mind a bajban és aggodalomban, mind a magányban és bánatban, mind az örömben és engedelmességben megtapasztaljuk, hogy ő a mi Istenünk. Nem egy távoli isten, mint az iszlám istene, hanem egy közellévő Isten, aki Atya, Fiú és Szentlélek. Ő a mi Istenünk, akit szeretünk, és akibe bizton vethetjük bizalmunkat.

Nincsen Isten rajta kívül, és senki más nem méltó tiszteletünkre és magasztalásunkra.

1.41. A Szentháromság és a család

Semmi nem mutatja meg jobban a bibliai Szentháromságtan jelentőségét, mint annak a családi élettel való kapcsolata. Ez a család és a családtagok különféle feladataink alapja. Értsük meg: azzal, hogy Istent Szentháromság Istennek nevezzük, azt is valljuk, hogy ő *család*-Isten. A Szentháromság Isten úgy jelenti ki magát, mint aki Atya, Fiú és Szentlélek. A Szentháromságban így Isten egy család. Ebben a családban a tökéletes közösség, a tökéletes harmónia és a szeretet életét éli.

Isten Igéje ezért beszél olyan sokszor családokról (Zsolt 68:7;[25] 107:41). Isten ezért üdvözít családokat (Jer 31:1; Ám 3:2; Csel 16:31–34).[26] A család mindig a Szentháromság Isten dicsőségének visszatükröződése. Ennek sok gyakorlati következménye van. Egyrészt megmagyarázza a család és a családi értékek mai megromlását. A család Isten szentháromságbeli családi életének tükörképéül lett megalkotva, ezért őnélküle nem virágozhat.

Ezenfelül a Szentháromságtól tanulhatjuk meg azt is, hogyan éljünk családként. Ha Istentől akarunk tudni a családi életről, az nem csupán azt jelenti, hogy a Bibliában az ő Igéje felé fordulunk, hanem azt is, hogy hozzá mint Atyánkhoz járulunk azért, hogy megtanuljuk, hogyan lehetünk gyermekeink apja (és anyja). Azt is jelenti, hogy gyermekeinket szent gyermekéhez, Jézushoz visszük, hogy megismerhessék saját, gyermeki feladatukat. Azt is jelenti, hogy hozzá, a Szentlélekhez járulunk, hogy megtanulhassuk a békességet, az egységet, a szeretetet, a közösséget és a családi élet minden más áldását. Csak a Lélek taníthatja meg nekünk ezeket. Ő ezeknek az áldásoknak a forrása Isten lényében és a mi családjainkban is.

Maga a Biblia állítja fel ezt a párhuzamot a Zsoltárok 103:13-ban: „*A milyen könyörülő az atya a fiakhoz, olyan könyörülő az Úr az őt félők iránt.*" Ugyanezt a hasonlóságot mutatja be az Efézus 6:1–4 és a Kolossé 3:18–21. A gyermekek szófogadása, a feleségek engedelmessége, a férjek szeretete és az apák irgalma nemcsak azért *igaz*, *illő* és *kedves*, mert ez Isten parancsa, hanem azért is, mert ő a mi Urunk Jézus Krisztus Atyja (Ef 1:5), a drága Fiú és az elsőszülött minden teremtmény közül (Kol 1:13, 15), és mert ő az egy Lélek (Ef 4:4).

Ami igaz a családra, az igaz az egyházra is. Az egyházat *családnak* vagy *háznépnek* is nevezi az Ige (Gal 6:10; Ef 2:19; Ef 3:15).[27] Az egyház családokból áll (Csel 5:42; 20:20), és tisztségviselőivel együtt a család formáját ölti (1Kor

---

[25] KJV: „*Isten az elhagyottakat családokba helyezi.*" Károli: „*Isten hozza vissza a száműzötteket.*" (A ford. megj.)

[26] A Zsoltárok 107:41, a Jeremiás 31:1 és az Ámós 3:2 helyeken a Károli a *nemzetség*, a KJV pedig a *család* szót használja. (A ford. megj.)

[27] Galácia 6:10 és Efézus 2:19: amit a Károli *cseléd*nek fordít, azt a KJV *háznép*nek. Efézus 3:15-ben a Károli a *nemzetség*, a KJV a *család* szót használja. (A ford. megj.)

4:15; Gal 4:19; 1Tim 5:1–2). Valójában az egyház Isten családja, amely elismeri Istent mint Atyát, aláveti magát Krisztus, az idősebb Fivér uralmának, és Isten házában él (2Kor 6:18; Zsid 2:13). Az egyháznak ezért saját családi életét is Istentől mint családtól kell megtanulnia: az Atyától, a Fiútól és a Szentlélektől.

Így saját családjaink és az egyház nagyobb családja számára is az a legfontosabb, hogy ismerjük Istent, mégpedig úgy, ahogyan a Szentháromságban jelenti ki önmagát. Adja meg nekünk Isten ezt az ismeretet!

1.42. A szövetség

A Szentírás gyakran beszél Isten szövetségéről. Mi ez a szövetség? Miért utal rá olyan sokszor a Szentírás? Választ kell adnunk ezekre a kérdésekre. Emlékeznünk kell rá, hogy a szövetség mindenekelőtt *Isten* szövetsége. Ez azt jelenti, hogy egy olyan szövetség, amely Isten önmagában és önmagával kötött szövetsége. Amikor tehát szövetséget köt velünk, akkor az csak valami olyasminek a kijelentése, amit nélkülünk is bír.

Ez természetesen mindenre igaz, amit Isten kijelent. Mindaz, amit kijelent nekünk, az önmagának: lényének, dicsőségének, hatalmának és cselekedeteinek a kijelentése. Ez nagyon megalázó gondolat. A szövetségre nézve ez azt jelenti, hogy Istennek nincsen szüksége ránk ahhoz, hogy szövetségi Isten legyen. Ő önmagában szövetségi Isten.

Hisszük, hogy Isten szövetsége a Szentháromság három személye: az Atya, a Fiú és a Szentlélek közti kapcsolat. Látni fogjuk, hogy a szövetség egy kapcsolat vagy kötelék. Ha ez igaz, akkor a kezdetektől fogva ez a kötelék, amely a Szentháromság három személyét egy Istenné teszi.

Vannak olyan bibliai szakaszok, amelyek a Szentháromságban Isten három személyének kapcsolatát írják le. Egy ilyen rész a Példabeszédek 8:22–31. Az ezekben a versekben szereplő „én", akit a 12. vers a *bölcsességgel* azonosít, a Fiú (vö. 1Kor 1:24). A Példabeszédek 8:30 így ír róla az Atyával kapcsolatban: *„mellette valék mint kézmíves, és gyönyörűsége valék mindennap, játszva ő előtte minden időben."* Ez Isten szövetsége, amely öröktől fogva létezik magában

Istenben: az Atya, a Fiú és a Szentlélek között. Ezt a kapcsolatot írja le a János 10:15: *"A miként ismer engem az Atya, és én is ismerem az Atyát"*, és az 1Korinthus 2:10: *"a Lélek mindeneket vizsgál, még az Istennek mélységeit is."* Milyen áldott életet él Isten önmagában!

Amikor Isten megerősíti velünk az ő szövetségét, akkor ebbe a kapcsolatba vesz fel bennünket, és részeseivé tesz minket annak. Saját családjába fogad minket, és Jézus Krisztuson és a Szentlelken keresztül Atyánkká lesz. Milyen csoda!

A Biblia a 2Péter 1:4-ben beszél erről, ahol azt mondja, hogy az isteni természet részeseivé lettünk. Ez Isten velünk kötött szövetségének megvalósulása, ami olyan csodálatos, hogy még csak gondolni sem mernénk rá, ha a Biblia nem beszélne róla. Jézus is szól erről a János 17:23-ban: *"Én ő bennök, és te én bennem: hogy tökéletesen egygyé legyenek, és hogy megismerje a világ, hogy te küldtél engem, és szeretted őket, a miként engem szerettél."*

Ebbe az áldott kapcsolatba kerülünk bele, amikor Isten megerősíti velünk szövetségét. Ebben a kapcsolatban veszünk mindnyájan az ő teljességéből kegyelmet kegyelemért (Jn 1:16). Így lakozik bennünk, és jár közöttünk, így lesz Istenünk mindörökre (2Kor 6:16). Nélküle élni tehát valóban a halál (Zsolt 73:27). Megismerni őt pedig az örök élet (Jn 17:3).

Azonban sosem szabad elfelednünk, hogy nincs szüksége ránk ahhoz, hogy szövetségi Isten legyen. Velünk kötött szövetsége mindig kegyelmi szövetség – tiszta és meg nem érdemelt jóindulat.

1.43. Az örökkévaló szövetség

A Szentírás gyakran beszél arról a tényről, hogy Isten szövetsége örökkévaló. *Öröktől fogva* való, hiszen ez a Szentháromság három személye közti kapcsolat. Másrészt *örökké* tart, mert Isten bevesz minket ebbe az áldott szentháromságbeli kapcsolatba, és az isteni természet részeseivé tesz minket (2Pt 1:4). A közösségnek és szeretetnek ez a kapcsolata soha nem ér véget. Isten lesz a mi Istenünk mindörökkön örökké, mi pedig mindig az ő népe leszünk (Jel 21:3).

Ezt hisszük, és *nem* úgy tekintünk Isten szövetségére, mint egy egyezségre vagy egy szerződésre, ahogyan azt gyakran tanítják. A szövetség nem egy egyezség a Szentháromság három személye között Isten népének üdvözítésére, és nem is Isten és az ő népe között való egyezség Ádámban vagy Krisztusban. A szövetség nem lehet *egyezség.* Egy egyezség vagy egy szerződés nem tartós. Amikor az egyezség feltételei (bármik is legyenek azok) beteljesednek, akkor maga az egyezség véget ér, és el lehet vetni. Lehet történelmi érdeklődés tárgya, de nem marad érvényben.

Kicsit másként fogalmazva egy egyezség vagy egy szerződés csupán *eszköz egy cél eléréséhez.* Egy üveg orvosság az egészség megújításának eszköze. Amikor újra egészségesek vagyunk, többé nincs szükségünk a gyógyszerre, és elhagyhatjuk azt. Ha a szövetség csak az üdvösség *eszköze,* tehát az üdvösségről gondoskodó szerződés, akkor az üdvösség elnyerését követően nincs többé szükség rá.

Azonban mivel a Szentírás arról beszél nekünk, hogy a szövetség örökkévaló, az nem érhet véget, és nem válhat feleslegessé. Ez nem az *eszköz,* hanem maga a *cél.* Nem az üdvösség *útja,* hanem *maga az üdvösség.* Nem egy egyezség, amely beteljesedésekor véget ér, hanem egy örökké tartó, áldott kapcsolat Isten és népe között Krisztusban.

Vajon nem az a kapcsolat maga az üdvösség lényege, amelyet Isten az ő népével Krisztusban felállít? Vajon a Jelenések 21:3 nem az üdvösség legnagyobb dicsőségéről beszél-e, amikor megígér egy napot, amelyen Isten lesz a mi Istenünk, mi pedig az ő népe? Hisszük, hogy ez Isten szövetsége. Ez a szövetség pedig örökkévaló.

Jézus a János 17:3-ban azt mondja: az *örök* élet az, hogy megismerjük Istent és Jézus Krisztust, akit ő elküldött. Ez is Isten örökkévaló szövetsége az ő népével. Ennél igazán semmi sem lehet csodálatosabb. Még az arany utcák sem foghatóak hozzá. Csakis az örökkévaló szövetség az üdvösség, a menny és az örök élet igazi dicsősége.

Nem mindenki fog azonban részesülni benne. Istent csak azok látják meg és ismerik meg, akik hittek Jézus Krisztusban, mert ő az út az Atya jelenlétébe. Ezért beszél a János 17:3 nemcsak Isten, hanem Jézus Krisztus megismeréséről is.

1.44. Az egyetlen szövetség

Ha Isten szövetsége örökkévaló – és ezt a Szentírás sokszor megerősíti –, akkor csak egyetlenegy szövetség lehet. Egy ideiglenes szövetség helyett lehet másikat kötni, de Isten szövetsége nem ideiglenes. Ha a szövetség felbonthatatlan, akkor is csak egyetlen szövetség lehet. Arról, hogy *valóban* felbonthatatlan, a Szentírás bizonyságot tesz a Bírák 2:1-ben, a Zsoltárok 89:35-ben, a Jeremiás 33:20–21-ben és sok más helyen. Ezért ez az egyetlen szövetség. Ha a szövetség Isten szövetsége, és ha Isten szövetsége a Szentháromság három személye közti kapcsolat, abból is az következik, hogy a szövetségnek egynek kell lennie, hiszen Isten is egy.

Egy szövetségről beszélünk a diszpenzácionalizmussal és annak sok szövetségével szemben. Egy szövetséget tanítunk a baptista állásponttal szemben is, amely különbséget tesz az ó és az új szövetség között, legalábbis ami a szövetség jelét illeti. Elutasítjuk azt a régi tanítást is, hogy van egy elválasztott, külön *cselekedeti szövetség* Ádámmal. Bizonyítja ezt az egyetlen(!) örökkévaló szövetségről szóló sok bibliai szakasz. Hadd utaljunk az olvasó számára olyan részekre, mint az 1Mózes 17:7, a 2Sámuel 23:5, a Zsoltárok 105:8–10, az Ézsaiás 55:3, az Ezékiel 16:60–62, valamint a Zsidók 13:20.

De mi a helyzet azokkal a részekkel, amelyek a szövetségekről beszélnek, többes számban (Rm 9:4; Gal 4:24 és más helyek)? És mi a helyzet azokkal a szakaszokkal, amelyek egy régi és egy új szövetségről beszélnek (Jer 31:31–33; Zsid 8:6–13)? Hacsak nem akarjuk elfogadni azt az elképzelést, hogy a Biblia ellentmondhat önmagának (így pedig Isten ellentmondhat önmagának), ezeket a szakaszokat összhangba kell hozni azokkal, amelyek egyetlen szövetségről tanítanak. A Szentírás segít nekünk ebben az általa használt nyelvezettel.

A Biblia beszél arról, hogy Isten *megemlékezik* az ő szövetségéről (3Móz 26:42; Lk 1:72), *adja* az ő szövetségét (4Móz 25:12; Csel 7:8), *kijelenti* (5Móz

4:13) és *megtartja* azt (1Kir 8:23). Ezek a kifejezések segítenek minket abban, hogy lássuk, hogy amikor Isten megerősíti a szövetségét, vagy szövetséget köt, akkor nem veti el a régit, hogy egy teljesen új szövetséget hozzon elő, hanem csak egy *új kijelentést* ad az *ő egyetlen kegyelmi szövetségéről*. Csak ebben az értelemben van régi és új szövetség, valamint egynél több szövetség.

Ez az egyetlen szövetség soha nem lehet semmi más, csak kegyelmi szövetség. Semmilyen más alapon nem élhetünk Istennel kapcsolatban, egyedül az ő felénk tanúsított, meg nem érdemelt jóindulatának alapján. Még Ádám sem érdeme miatt volt szövetségi kapcsolatban Istennel, jóllehet engedelmessége által továbbra is részesedhetett volna abban.

Így elutasítjuk a tanítást, miszerint az Ádámmal kötött szövetség érdemeken alapuló, cselekedeti szövetség volt, nem pedig kegyelmi. Kiváltképp azt a gondolatot vetjük el, miszerint abban a szövetségben Ádám engedelmessége révén kiérdemelhette volna az örök életet.

A Lukács 17:10 az érdem minden lehetőségét kizárja, amikor így szól: *„Ezenképen ti is, ha mindazokat megcselekedtétek, a mik néktek parancsoltattak, mondjátok, hogy: Haszontalan [érdemtelen] szolgák vagyunk; mert a mit kötelesek voltunk cselekedni, azt cselekedtük."* Isten örökkévaló szövetsége mindenestül kegyelemből van.

1.45. A kegyelmi szövetség

Ha Isten szövetsége egy kapcsolat vagy kötelék Isten és az ő népe között, akkor az csakis *kegyelmi* szövetség lehet. Mindenképpen Isten felénk tanúsított, *meg nem érdemelt jóindulata*, hogy az élő Istennel baráti, közösségi és szeretetkapcsolatban élhetünk. Szinte elképzelhetetlen, hogy Isten *velünk* lakozik, és a mi Istenünk lesz, de ő mégis ezt ígéri nekünk, bűnösöknek: *„Lakozom bennök és közöttük járok; és leszek nékik Istenök, és ők én népem lesznek"* (2Kor 6:16). Milyen csodálatos!

Ami igaz ránk, az Ádámra is igaz volt. Ki merné azt mondani, hogy amikor Isten úgy teremtette meg Ádámot, mint aki ismerte és szerette őt, az nem érdemtelen jóindulat volt? Ez bizonyosan nem érdemeken alapult, hiszen mielőtt Isten úgy alkotta meg őt, hogy ilyen magas pozícióban legyen, akkor még semmilyen lehetősége nem volt érdemet szereznie Isten előtt. Sőt *senki* sem szerezhet érdemet Isten előtt, amint azt a Lukács 17:10-ből megtanulhatjuk: *„Ezenképen ti is, ha mindazokat megcselekedtétek, a mik néktek parancsoltattak, mondjátok, hogy: Haszontalan szolgák vagyunk; mert a mit kötelesek voltunk cselekedni, azt cselekedtük."*

Elutasítunk tehát minden tanítást az érdemeken alapuló cselekedeti szövetségről. Nem vonakodunk attól, hogy Istennek az Ádámmal kötött szövetségét cselekedeti szövetségként jellemezzük, de nagyon óvatosan vizsgálnánk minden ilyen beszédet. Világosan látnunk kell, hogy ha a cselekedeti szövetségről beszélünk, az nem egy *másik* szövetség, hanem Isten *egyetlen* szövetségének kijelentése. Ugyanígy Ádám engedelmessége és jó cselekedetei nem a szövetség alapját vagy okát képezték, hanem csak a módot, ahogyan Ádám továbbra is részesült a szövetségben. Ez csak egy másik megfogalmazása annak, hogy a szövetséget egyedül Isten köti és tartja meg, az ember segítsége és együttműködése nélkül. Ez azt jelenti, hogy a szövetség soha nem az emberen múlik, még akkor sem, ha a szövetségben van kötelessége és felelőssége.

Egy hasonlat segíthet jobban megérteni ezt. Tudjuk, hogy ennünk kell ahhoz, hogy éljünk, miközben elismerjük, hogy az életünk nem az ételtől és az italtól *függ*. Nem is az ételből és az italból nyerjük *életünket*. Életünk Istentől függ, akitől azt minden pillanatban kapjuk. Az étel és az ital csupán *eszközök*, nem pedig az élet *okai*. Így van ez a szövetségben is. Az engedelmesség csak az eszköz, amely által részesedünk Isten szövetségének áldásaiban és kiváltságaiban, de soha nem a szövetség oka.

A szövetség kegyelemből van, ezért biztos, örökkévaló és felbonthatatlan. Ádám ugyan hűtlen lett, és vele együtt mi is, de Isten hűséges marad, és soha nem töri meg a szövetségét, és ami kijött a szájából, azt meg nem változtatja (Zsolt 89:35). Nagy az ő hűsége. Egyedül az övé a szövetség Istenéé a dicsőség.

1.46. A szövetségi ígéret

Isten szövetségének egyik legdrágább oldala az ígéret, amely által megismerteti velünk szövetségét. Ebben az ígéretben megmutatja, hogy az ő szövetsége valóban kegyelmi szövetség. Ez által az ígéret által megsokasítja irgalmasságát, és kegyelmet kegyelemre halmoz. Ez az ígéret újra meg újra felbukkan a Szentírásban mint egyfajta szövetségi formula. Kisebb eltérésekkel így mondja ezt Isten Igéje: *„Istenetek leszek, ti pedig az én népem lesztek"* (1Móz 17:7–8; 5Móz 7:6; 2Kor 6:16; Jel 21:3).

Nem tudunk elképzelni ennél nagyobb ígéretet, vagy bármi jobbat annál, hogy Isten a mi Istenünk, akit ismerhetünk, szerethetünk, és akivel közösségünk lehet. Isten azonban kegyelmet kegyelemre és áldást áldásra halmoz, mert nem ez a szövetség teljes ígérete.

Isten irgalomból azt is hozzáteszi az ígérethez, hogy ő lesz a *gyermekeink* Istene is. Bár mi magunk semmit nem érdemlünk tőle, ő nemcsak nekünk ígér üdvösséget, hanem egyszersmind gyermekeink számára is. Milyen kimondhatatlan kegyelem! Istennek a hívők gyermekeiről szóló Igéje része a szövetségi ígéretnek mind az Ó-, mind az Újszövetségben. Először az 1Mózes 17:7–8-ban találjuk meg, amikor Isten elkezdi vezetni Ábrahámot. Ismét megtaláljuk az újszövetségi egyház történetének kezdetén a Cselekedetek 2:39-ben.

Meg kell értenünk, hogy ez az ígéret soha nem volt és nem is lesz biztosíték arra nézve, hogy Isten minden egyes gyermekünket üdvözíteni fogja. Isten népének családjaiban legnagyobb szomorúságukra mindig vannak Ézsaúk és Kainok. Isten ígérete az, hogy megőrzi az ő szövetségét az ő népével és családjaikkal, és ők (sem családjaik, sem nemzedékeik) nem vágatnak ki abból.

Erre az ígéretre emlékeztet, és ezt jelképezi a hívők gyermekeinek megkeresztelése. Ez az ígéret motiválja a szövetségi oktatást és nevelést, és biztosít arról, hogy azok hatékonyak lesznek. Ezáltal az ígéret által mutatja meg nekünk Isten, hogy milyen nagy is az ő kegyelme.

Azt is kiemelnénk, hogy ez egy *ígéret*, egy eskü, amelyet Isten tett, aki nem változik és nem hazudik. Ez olyasvalami, amihez a szülők ragaszkodhatnak minden próba és nyomorúság között, amelyek a család nevelésében előfordulnak. Ez ad nekik okot arra, hogy kitartóan imádkozzanak, amikor egy fiú vagy egy leány önfejű és engedetlen.

Isten mutassa meg sokaknak az ő szövetségi kegyelmét és hűségét (Zsolt 25:14) e minden ígéretek legdrágábbikával!

1.47. Az eleve elrendelés

Az eleve elrendelés (predestináció) tana gyakran nehézséget jelent az emberek számára. Ez a nehézség abban rejlik, hogy a Szentírás semmilyen másik tanítása nem bizonyítja ennyire egyértelműen, hogy Isten az Isten, és nekünk meg kell alázkodnunk előtte, és el kell ismernünk az ő fenségét. Ez az alázat büszke és bűnös szívünk számára nagyon nehéz, mert balga gőgünkben minduntalan saját sorsunk vezérei szeretnénk lenni.

A predestináció – ahogyan a szóból is sejthető – jelentése, hogy Isten öröktől fogva meghatározta a racionális, gondolkodó és akarattal bíró teremtményeink sorsát,[28] beleértve az elbukott és az el nem bukott embereket és angyalokat is. Mindezt a világ teremtése előtt, örök tanácsából cselekedte (a *predestináció pre* előtagja azt jelenti, hogy *előtt*). Isten némelyeket öröktől fogva kiválasztott az üdvösségre, másokat pedig elvetett. Az ember örök sorsát Istennek ez a szuverén és örök döntése határozza meg, nem pedig az ember saját döntései.

Sok ellenvetés van ezzel a tanítással szemben. Azt mondják, hogy az embereket egyszerű bábokká teszi Isten kezében; kegyetlen és zsarnoki lenne Istentől, különösen hogy néhányakat eleve arra rendeljen, hogy pokolra kerüljenek; Istent teszi a bűn szerzőjévé stb. Mindazonáltal a Biblia világosan tanítja az eleve elrendelést.

A KJV-ben négyszer fordul elő a *predestináció* szó, mégpedig a következő helyeken: Róma 8:29–30; Efézus 1:5, 11 – éppen ott, ahol e tanítás említését várjuk. A *predestinál* szóval fordított görög szó jelentése, hogy *előzetesen kijelöl.*

---

[28]Erre vonatkozik a kifejezés *destináció* része, amely azt jelenti, hogy elhatároz, célul kitűz. (A ford. megj.)

Még két másik szakasz használja (Csel 4:28; 1Kor 2:7), de ott más a fordítás.[29] A predestináció gondolata számos más helyen is olvasható, de valószínűleg sehol sem annyira világos, mint a Róma 9:11–13-ban: *„Mert mikor még meg sem születtek, sem semmi jót vagy gonoszt nem cselekedtek, hogy az Istennek kiválasztás szerint való végzése megmaradjon, nem cselekedetekből, hanem az elhívótól, Megmondatott néki, hogy: A nagyobbik szolgál a kisebbiknek. Miképen meg van írva: Jákóbot szerettem, Ézsaut pedig gyűlöltem."*

Isten eleve elrendelése még az angyalokra és az ördögökre is vonatkozik. Ez világosan látszik az 1Timótheus 5:21-ből, amely a *választott angyalok*ról szól, és a Júdás 6-ból, amely a bukott angyalokról beszél, akiket az Úr *„a nagy nap ítéletére* örök *bilincseken, sötétségben"* tartott. Amint az angyalokkal, úgy van az emberekkel is: néhányan kiválasztattak az örök életre és a mennyországra, ezt nevezi a Biblia *kiválasztás*nak; mások pedig nem választattak ki vagy elutasíttattak, ezt szoktuk *elvetés*nek nevezni.

Sokan elfogadják, hogy a Biblia beszél a kiválasztásról, de nem szeretik az elutasítás, az elvetés tanát. Egyértelmű, hogy a kiválasztás és az elvetés együtt létezik, mert nem mondhatjuk, hogy Isten kiválasztott némelyeket anélkül – hogy ebből legalábbis ne következne –, hogy másokat *nem* választott ki az örök életre. Nem kiválasztva lenni ugyanazt jelenti, mint elvetettnek, elutasítottnak lenni, még ha ezeket a szavakat nem is használják. A Szentírás világosan tanítja a kiválasztást és az elvettetést is.

Mindkettő Istennek szuverén és örökkévaló cselekedete, és ez azt bizonyítja, hogy ő *„akaratja szerint cselekszik az ég seregében és a föld lakosai között, és nincs, a ki az ő kezét megfoghatná és ezt mondaná néki: Mit cselekedtél?"* (Dán 4:32).

---

[29] A Károliban a Róma 8:29–30 és az Efézus 1:11 az *eleve elrendel,* a Cselekedetek 4:28 az *eleve elvégez,* az 1Korinthus 2:7 az *öröktől fogva elrendel,* az Efézus 1:5 pedig az *eleve elhatároz* kifejezést használja. (A ford. megj.)

1.48. A feltétel nélküli kiválasztás

Miután írtunk a predestinációról, most a kiválasztás csodálatos, bibliai tanításáról szeretnénk írni. A kiválasztás a félelmetesen lenyűgöző predestináció tanításának gyönyörű oldala. Lehetetlen tagadni, hogy a Biblia tanítja a kiválasztást, hiszen olyan sokszor beszél róla. A kérdés tehát nem az, hogy van-e kiválasztás, hanem hogy mi az, és mikor történik.

Hisszük, hogy a kiválasztás Isten szuverén döntése, amellyel némelyeket üdvösségre és örök életre választ, és hogy Isten ezt a döntést az örökkévalóságban hozta meg. Nem az időben dönt válaszként arra, amit az emberek tesznek, hanem már „a világ teremtetése előtt" kiválasztott némelyeket (Rm 9:10–13; Ef 1:3–6).

Hogy megértsük, ez a kiválasztástan nem valami gyűlöletes és tagadnivaló dolog, észre kell vennünk, hogy ez nem csupán egy döntés, amelyet Isten meghoz, hanem az ő örök és változhatatlan szeretetének kijelentése. A Biblia nemcsak azt mondja, hogy Isten kiválasztott némelyeket, hanem azt is elmondja, hogy miért választotta ki őket. Amikor így tesz, a Szentírás úgyszólván bepillantást enged Isten szívének mélyére. Isten egyszerűen azért választott ki egyes embereket, mert szerette őket.

Istennek ez a szeretete örökkévaló. Mindig szerette az ő népét. Istennek ez a szeretete feltétel nélküli. Nem válasz arra, amit az emberek tesznek. Isten nem azért szereti őket, mert először ők szerették őt. Ő volt az első, aki szeretett, és öröktől fogva szeretett (1Jn 4:19). Istennek ez a szeretete szuverén és hatalmas. Soha nem lesz dolgavégezetlen, hanem Jézus Krisztus halála által teljes váltságot szerzett mindazoknak, akikért Krisztus meghalt (Jn 3:16).

Hisszük, hogy a Szentírásban az eleve ismer kifejezés Istennek erre a szeretetére utal. Nem puszta előre látásról van szó, hanem Isten időt megelőző szeretetéről. Az ismer szót, amely az eleve ismer kifejezésnek része, a Biblia más helyeken a bensőséges szeretet leírására használja, például egy férj és egy feleség egymás iránti szeretetére (1Móz 4:1, 25). Isten ezen a módon ismeri eleve az ő népét (1Móz 18:19). Nemcsak azt tudja, hogy kik ők, hanem mélyen, gyengéden, bensőségesen szereti őket Jézus Krisztus által, mégpedig öröktől fogva. Micsoda nagy indok a hálaadásra! Isten szeretete csodálatos Jézus keresztje árnyékában, és annak fényében, amit ott az elveszett bűnösökért tett. De mennyivel csodálatosabb Isten szeretete, amikor felidézzük, hogy öröktől fogva, változhatatlanul, feltétel nélkül szerette az övéit. Ez valóban egy *minden ismeretet* meghaladó szeretet, amelynek szélessége és hosszúsága, mélysége és magassága meg nem mérhető (Ef 3:17–19).

1.49. Az elvetés

Minden kálvinista hiszi, hogy Isten némelyeket kegyelmesen kiválasztott az üdvösségre – ez a *kiválasztás*. Némelyek azt is hiszik, hogy Isten öröktől fogva elvetett másokat – ez az *elvetés*. Azonban van különbség a hangsúlyokban. Egyesek keményebb szavakat használnak azt mondva, hogy Isten némelyeket a veszedelemre rendelt, mások pedig inkább passzívabb kifejezéssel élnek, amikor csak azt mondják, hogy Isten öröktől fogva „figyelmen kívül hagy némelyeket" vagy „úgy döntött, hogy bűneikben hagyja őket". Mindkét esetben az elvetésről van szó.

A kiválasztást és az elvetést együtt kettős predestinációnak nevezik. A református hitvallások világosan tanítják a kettős predestinációt. A *Dordrechti Kánonok*, amely a kálvinizmus eredeti öt pontja,[30] valamint a *Westminsteri Hitvallás* is tanítja.[31]

Tanítja-e a *Biblia* az elvetést? Figyeljük meg a következő szakaszokat! A Róma 9:10–13 szerint mielőtt Jákób és Ézsaú megszületett, Isten kijelentette, hogy egyiküket gyűlöli. A Róma 9:21–22 némelyeket becstelenségre *készített* edénynek nevez, vagy a harag edényeinek, amelyek veszedelemre *készíttettek*. Az 1Péter 2:6–8 azt mondja, hogy egyesek arra *rendeltettek*, hogy engedetlenek

---

[30] *Dordrechti Kánonok* I,15–18. A kálvinizmus öt pontját a TULIP angol mozaikszó foglalja össze: teljes romlottság (Total depravity), feltétel nélküli kiválasztás (Unconditional election), korlátozott engesztelés (Limited atonement), ellenállhatatlan kegyelem (Irresistible grace) és a szentek állhatatossága (Perseverance of the saints).

[31] *Westminsteri Hitvallás* 3.7.

lévén megbotránkozzanak. A Júdás 4 az ítéletre *régen előre beírt* emberekről beszél. Sőt a Júdás 6 a bukott angyalok (ördögök) tekintetében is beszél az elvetésről.

Figyeljük meg ezekben a szakaszokban a Szentírás erőteljes nyelvezetét is! Ha mondhatunk valamit, akkor a Biblia azt tanítja, hogy Isten valóban veszedelemre rendelt és szánt némelyeket, és nem csupán öröktől fogva figyelmen kívül vagy a bűnben hagyta őket. Mindenesetre a Biblia világosan tanítja a veszedelemre való predestinációt. Az elvetésről beszélve két dolgot kell hangsúlyoznunk: ez egyrészt nem teszi Istent a bűn szerzőjévé, és nem oldozza fel a gonoszokat a bűneikért való felelősség alól; másrészt pedig Istennek célja van az elvetéssel.

A kiválasztás és az elvetés között a legnagyobb különbség ez: mivel Isten szuverén módon választotta ki az ő népét öröktől fogva, és mindent elvégzett, ami szükséges az üdvösségükhöz, ezért minden érdem, azaz üdvösségük dicsősége az övé. Bár ugyanolyan szuverén az elvetésben, azért nem az övé a szégyen. Ebben a tekintetben a kiválasztás és az elvetés nem egyenlő. A kiválasztás miatt Isten az üdvösség szerzője, de az elvetés miatt nem ő a bűn szerzője.

A Róma 9:17–20 *Istennel való versengésnek* nevezi még csak a gondolatot is, hogy Isten rosszul cselekedne, amikor elítéli a bűnöst. Az is következik ebből, hogy a gonoszok teljes mértékben felelősek bűneikért. Ez világos a Cselekedetek 2:23-ból, amely nemcsak azt mondja el, hogy Krisztus megfeszítésének bűnét Isten előre elrendelte, hanem azt is, hogy azt *gonosz kezekkel* követték el.

Mindez nem eredményezi, hogy az elvetés önkényes volna. Nem igaz, hogy Isten ok nélkül vet el némelyeket örökre. A Róma 9:22–23 két indokot ad: egyrészt Isten megismerteti haragját és hatalmát, másrészt pedig az irgalmasság edényein az ő dicsőségének gazdagságát. Még az elvetés is azt a célját szolgálja Istennek, hogy megmutassa népe iránti irgalmát, amely világos Krisztus megfeszítéséből (Csel 4:24–28).

Az elvetést nehéz tanításnak találjuk a test számára, de hisszük, hogy tanítanunk kell, hogy az emberek megrendüljenek Isten haragja és hatalma előtt, és álmélkodjanak az ő nagy irgalmasságán (Ézs 43:4). Ó, bárcsak sokan remegnének és álmélkodnának ma!

1.50. Isten rendelései

Hiszed-e, hogy Isten *mindent* előre elvégzett? Ha nem, akkor miért történnek a dolgok? A következő néhány szakaszban ezeket a kérdéseket fogjuk átgondolni. Meg akarjuk mutatni, hogy a Biblia azt tanítja, hogy Isten mindent elvégzett. Ezért beszél Isten *rendeléseiről* (dekrétumairól).

Isten rendelései az ő szuverén, örök végzései, amelyek mindent érintenek, ami van, ami volt és ami lesz – a teremtésben, a történelemben és az üdvösségben. A Biblia a következő szavakat használja, amikor ezekről a rendelésekről beszél:

- Az ő *tanácsa* (Zsolt 73:24; Ef 1:11), amely azt hangsúlyozza, hogy ezek a Szentháromság mindhárom személyének megfontolásai és szándékai.

- Az ő *szándéka* (Ézs 14:24–27;[32] amely azt mutatja, hogy rendelései nem önkényesek, hanem mindegyiknek az ő dicsősége a végső célja.

- Az ő *jótetszése* (Ézs 44:28;[33] Lk 12:32) azt emeli ki, hogy Isten rendelései nem múlnak senkin és semmin, még az emberek vagy más teremtmények előre látott cselekedetein sem, csakis önmagán. Az ő rendelései szabadok és függetlenek. Azért rendel el mindent, mert úgy tetszik neki.

- Az ő *akarata* (Rm 1:10; Ef 1:5) azt mutatja meg, hogy az ő rendelései nem puszta sors, hanem az élő Isten szívének gondolatai.

---

[32] Károli: *„Megesküdött a seregeknek Ura, mondván: Úgy lészen, mint elgondolám, úgy megy véghez, mint elvégezém: Megrontom Assiriát földemen, és megtapodom hegyeimen, és eltávozik róluk igája, és terhe vállárol eltávozik. Ez az elvégezett tanács az egész föld felől, és ez ama felemelt kéz minden népek felett. Mert a seregek Ura végezte, és ki teszi azt erőtelenné? Az ő keze fel van emelve; ki fordítja el azt?”* Ef 3:11), (Ézs 14:24–27) *„Amaz örök eleve-elvégezés szerint, a melyet megcselekedett a Krisztus Jézusban, a mi Urunkban”* (Ef 3:11). Az elgondol, a végez és a megcselekszik szavakat a KJV a szándékozik, az eleve-elvégezés és a tanács szavakat pedig a szándék szóval fordítja. A Károliban is megjelenik a szándék szó, pl. Jer 36:3; Mik 4:12. (A ford. megj.)

[33] Károli: *„Ki Czírusnak ezt mondja: Pásztorom! ki véghez viszi minden akaratomat, és ezt mondja Jeruzsálemnek: Megépíttessék! és a templomnak: Alapja vettessék!”* A KJV az akarat szót jótetszésnek fordítja. (A ford. megj.)

- Az ő *végzése* (Ézs 19:17; Lk 22:22) azt a fontos igazságot hangsúlyozza, hogy rendelései állandóak és változhatatlanok.

- Az ő *rendelése* (Zsolt 2:7[34]) arra emlékeztet minket, hogy ő mint a nagy Király, a szuverén Teremtő, valamint a menny és föld Ura mindent elvégzett.

Már az Isten rendeléseit leíró szavak száma is megmutatja, hogy milyen fontosak. Különösen fontos ezeket a rendeléseket ismerni, ha valami reménységet vagy békességet szeretnénk ebben a gonosz, összezavart világban.

A legnagyobb vigasztalás, amelyet bárki megszerezhet, ha hiszi, hogy Isten mindent előre elvégzett vagy elrendelt. Ekkor ugyanis tudhatjuk, hogy a dolgok nem pusztán véletlenül vagy sorsszerűen történnek, hanem annak végzései folytán, aki mindenekfelett bölcs és jó. Így nem szükséges arra következtetni, hogy van egy másik hatalom: egy gonosz, amely sok mindent meghatároz életünkben és a történelemben, ez ugyanis reménység és békesség nélkül hagyna minket.

Hogy vigasztalást találjunk abban az igazságban, miszerint mindent Isten rendelt el, ahhoz az embernek *meg kell győződnie* Isten bölcsességéről és jóságáról, és ismernie kell Isten kegyelmét és irgalmát. Ez csakis a Jézus Krisztusba vetett hit által lehetséges. Ő Isten hatalma és bölcsessége (1Kor 1:24). Ha őáltala ismerjük Istent, akkor biztosak leszünk abban, hogy Isten jó.

1.51. Isten mindent átfogó rendelései

A Szentírás gyakran beszél Isten rendeléseiről, amelyek az ő szuverén, örökkévaló döntései azokra nézve, amelyek a teremtésben, a történelemben és a megváltásban vannak, voltak vagy lesznek.

De ezekben a rendelésekben vajon *minden* előre el van határozva? A Szentírás nagyon világosan tanítja, hogy Isten mindent előre elhatározott. A következőket végezte el:

---

[34]Károli: *„Törvényül hirdetem: Az Úr mondá nékem: Én fiam vagy te; én ma nemzettelek téged."* A KJV a *törvény* szót *rendelés*nek fordítja. (A ford. megj.)

- A földet és annak alapjait (Péld 8:29).
- A tengert és annak határait (Jób 38:8–11).
- Az esőt (Jób 28:26).
- A napot, a holdat és a csillagokat (Zsolt 148:3–6).
- A történelmi időket és korszakokat (Ézs 46:9–10).
- A nemzetek fizikai és etnikai határait (Csel 17:26).
- Születésünket és fizikai adottságainkat (Zsolt 139:15–16).
- Életünk útját (Jer 10:23), sőt gondolatainkat és szavainkat is (Péld 16:1).
- Az emberek hatalmát és tekintélyét, még az istentelenekét is (2Móz 9:16).
- Az emberek gonoszságát (1Pt 2:8), beleértve azokét is, akik megfeszítették Krisztust (Csel 4:24–28).
- Az eljövendő antikrisztusi királyságot (Jel 17:17).
- A gonosz emberek elkárhozását (Mt 26:24–25; Rm 9:22).
- A bukott angyalok ítéletét (Júd 6).
- Minden dolgok végét (Ézs 46:10).
- Krisztus születését (Zsolt 2:7–8), életét (Lk 22:22) és halálát (Jel 13:8).
- Az üdvösség minden részét, beleértve az elhívást (Rm 8:28), a hívők hitét (Csel 13:48), a megigazítást (igaznak nyilvánítást) (Rm 8:30), a fiúvá fogadást (Ef 1:5), a szentséget és a jó cselekedeteket (Ef 1:3–4; 2:10) és a dicsőséges örökséget (Ef 1:11).
- Mindent a mennyben, a földön és a pokolban (Zsolt 135:6–12).

Egy hívő embernek ezt nem lehet nehéz elfogadni. Mások számára jelenthet akármit, de a hívőnek azt jelenti, hogy nem a gonoszok, nem az ördög, hanem Isten az, aki mindent a kezében tart. Itt arról van szó, hogy semmi sem történik csak úgy – leginkább pedig semmi nem történik Isten népével, amit mennyei Atyjuk ne rendelt volna már el. Akik Istent szeretik, azoknak minden a javát kell munkálja, mert az ő Atyjuk végzett el mindent.

Amikor látjuk, hogy „az emberek elhalnak a félelem miatt és azoknak várása miatt, a mik e föld kerekségére következnek: mert az egek erősségei megrendülnek" (Lk 21:26), annak az oka, hogy tudatlanok arra nézve, hogy Isten szuverén módon mindent elrendelt. Egy szuverén, elrendelő Isten nélkül nincsen reménységük (Ef 2:12).

Valljuk meg a világ előtt: *"Pedig a mi Istenünk az égben van, és a mit akar, azt mind megcselekszi"* (Zsolt 115:3)!

1.52. Isten hathatós rendelései

Isten rendelései nemcsak papírra vetett tervek, amelyek egy íróasztalfiókban hevernek valahol a mennyben, hanem Isten élő és erős akarata. Rendelései nem olyasvalamik, amiket Isten újra meg újra elővesz, hogy megnézze, mit is tervezett el, hanem az ő változhatatlan elméjének gondolatai a forrása és oka mindannak, ami történik.

Amikor Isten akar valamit – és mindent ő akar –, akkor annak, amit akar, végbe kell mennie, és végbe is megy, mert ő akarja. A Szentírás nagyon világosan beszél erről. Az Ézsaiás 46:9–10-ben Isten így szól: *"Én vagyok Isten és nincsen több; Isten vagyok, és nincs hozzám hasonlatos. Ki megjelentem kezdettől fogva a véget, és előre azokat, a mik még meg nem történtek, mondván: tanácsom megáll, és véghez viszem minden akaratomat."* A Zsoltárok 73:23–28-ban Aszáf arról beszél, hogy Isten tanácsa igazgatja őt. Nem azért, mert tudja előre Isten akaratát, majd pedig követi azt, hanem mert ez a tanács rendelte el egész életét és annak körülményeit.

A Cselekedetek 2:23 ugyanezt az igazságot hangsúlyozza Krisztus halálával kapcsolatban: *"Istennek elvégezett tanácsából és rendeléséből adatott"* ellenségei gonosz kezébe. Ami igaz Krisztus halálára, az arra is igaz, ahogyan örökséget nyerünk Istentől. Az örökséget így vesszük: *"eleve elrendeltetvén annak eleveelvégzése szerint,* a ki mindent az ő akaratjának tanácsából cselekszik" (Ef 1:11).

Tehát senki nem akadályozhatja vagy változtathatja meg Isten akaratát. Vannak, akik azt hiszik, hogy megtehetik. Egyesek azt gondolják, hogy imádság által megváltoztathatják Isten gondolatait és akaratát: akár gyakori imádsággal, akár úgy, hogy elég embert összegyűjtenek imádkozni. Mások azt hiszik, hogy manipulálhatják Istent, és együgyű vallásos trükkökkel rávehetik arra, hogy megtegye akaratukat, de ez nem így van. Isten akarata mindenható és változhatatlan. A Szentírás erről is világosan tanúskodik. A Dániel 4:32-ben Nabukodonozornak, egy istentelen királynak kényszerűen el kellett ismernie, hogy senki nem mondhatja azt Istennek: „Mit cselekedtél?" A Róma 9:19–20 arról beszél, hogy senki nem állhat ellen akaratának.

Isten még gondolkozó és akarattal bíró teremtményeinek, az emberek és az angyalok cselekedeteiben is szuverén. A Példabeszédek 16:9 azt tanítja, hogy mi eltervezzük ugyan utainkat, de az Úr igazgatja lépteinket. A szívbeli előkészületek és a nyelv felelete is tőle származnak (1. v.). Még a király szíve is Isten kezében van, aki oda fordítja azt, ahová akarja (21:1).

Nagy vigasztalás a hívők számára, hogy Isten rendelése mindenható és változhatatlan. Mindenekfelett ez az oka üdvösségük bizonyosságának. Lehet, hogy akaratuk megváltozik, és elméjük elbukik, de Isten akarata és elméje sosem változik. Ezért hihetik, hogy minden javukra van (Rm 8:28). Isten szuverén és változhatatlan módon elrendelt mindent, és mivel ő rendelte el üdvösségüket, ezért nem fog kárt vallani vagy elbukni angyalok, fejedelemségek, hatalmasságok, jelenvalók, következendők, halál, élet vagy bármi más teremtmény miatt (Rm 8:38–39).

Őbenne, őáltala és őreá nézve vannak mindenek. Milyen nagy Isten és Megváltó ő!

1.53. Isten feltétel nélküli rendelései

Amikor Isten rendeléseiről, különösen pedig a predestinációról beszélünk, akkor fontos látnunk, hogy rendelései, beleértve a kiválasztás és elvetés rendelését is, feltétel nélküliek. Valóban, a kálvinizmus öt pontja közül a második a feltétel nélküli kiválasztás.

Ez mit jelent? Azt, hogy Isten az ő rendeléseiben nem függ egyetlen teremtménytől sem: az ő akarata a legfőbb, nem pedig az emberé. Isten rendelései az ő akarata, és az ő akarata az ő döntése mindenről. Isten rendelései feltétel nélkül valóak, azaz a döntései minden emberi és angyali döntés előtt vannak, és nem vár az emberek döntéseire.

Hogy Isten rendelései feltétel nélküliek, leginkább arra utal, hogy semmiben, amit elrendelt, nem vár az emberekre, hogy döntsenek, mintha nem tudna vagy nem akarna közbelépni. Egyszerűen fogalmazva, az ember döntése nem oka Isten döntésének, hanem Isten döntése az oka az ember döntésének. Ha nem így lenne, akkor az ember lenne szuverén, nem pedig Isten, és az ember akarata lenne a legfőbb, nem pedig Istené.

Isten feltétel nélküli rendelését tagadják, akik az ember szabad akaratában hisznek. Ragaszkodnak ahhoz, hogy az üdvösségben az ember akarata számít igazán, nem pedig Istené. Azt mondják, hogy Isten nem tud vagy nem akar semmit sem tenni, amíg az ember nem döntött Krisztus és az evangélium mellett vagy ellen. Ez Isten szuverenitásának nagyon nyilvánvaló tagadása, és a két tanítás sehogyan sem egyeztethető össze. Ez ugyanis Istent, az élő Istent a teremtményeitől teszi függővé.

A kiválasztás így Isten időbeli reakciója lesz az ember döntéseire. Ez a hamis tanítás azt mondja, hogy Isten azokat választja ki, akik előbb választották őt, és azokat szereti, akik szeretik őt. Ez nemcsak ellentmond a Szentírásnak – amelynek tanítása szerint azért szeretjük őt, mert ő előbb szeretett minket –, hanem tagadja a kiválasztás örök és feltétlen voltát, illetve a kiválasztás Istenének szuverenitását. Az ilyen tanítás szerint Isten nem sokban különbözik a pogányok isteneitől, akik alkotóikhoz hasonlóan csak az emberekre és cselekedeteire tudnak reagálni.

Mások felismerve a kiválasztás örökkévaló voltát, Isten előre tudására alapozva azt mondják, hogy Isten az időben előrenézve előre tudta és látta, kik fognak hinni, így kiválasztotta őket leendő cselekedetükért. Az ilyen kiválasztás is függővé teszi Istent az embertől, és inkább egy jövendőmondóhoz teszi hasonlóvá őt.

A Szentírás azt tanítja, hogy Isten rendelései feltétel nélküliek. A Róma 9:15-16 szerint Isten azon könyörül, akin *ő* akar, nem pedig azon, aki elfogadja irgalmát, és így az üdvösség *„nem azé, a ki akarja* [aki dönt]*, sem nem azé, a ki* *fut* [aki cselekszik]". Az Efézus 1:5 tanítása, hogy Isten csupán az ő akaratának jó kedve szerint választotta az ő népét – egyszerűen azért, mert ő akarta őket, nem pedig fordítva.

Milyen hálásnak kell lennünk azért, mert Isten rendelései szuverének és feltétel nélküliek, s nem függnek a mi gyarló és változó akaratunktól!

1.54. Isten bölcs rendelései

A Szentírás világosan tanítja, hogy Isten bölcs, de Isten népe gyakran elfelejti ezt, különösen amikor szenved, vagy amikor nem mennek jól a dolgok. Ilyenkor nehéz látni Isten bölcsességét, de ezekben az időkben látás nélkül kell hinni. Isten mindent bölcsességben rendelt el. Ezért munkálkodik együtt minden. Nemcsak véletlenszerűen és egymástól függetlenül történnek az események, hanem minden egymáshoz illeszkedik és együtt munkálkodik, mint egy olajozott, jól működő gépezet alkatrészei. Azért van ez így, mert Isten bölcs. Tudja, hogyan kell mindent tökéletes harmóniában működtetni az ő saját céljai szerint. Ennek így kell lennie, mert mindennek Isten dicsőségét és tisztességét kell szolgálnia. Ez az ő magasztos célja.

Az ő terve magában foglalja a mi üdvösségünket is, mert kevés dolog ad neki olyan nagy dicsőséget és tisztességet, mint az ő kegyelmének kijelentése népe üdvösségében. Így Isten bölcsessége által minden együtt munkálkodik azok javára, akik őt szeretik, és akik „az ő végzése szerint hivatalosak" (Rm 8:28).

Ezt kell hinnünk minden szenvedésünk és bajunk között. Nemcsak azt kell látnunk, hogy mindennek van célja, egy olyan célja, amelyet általában nem ismerünk fel, de hinnünk kell azt is, hogy ez a cél bölcs és jó. Ha hisszük ezt, akkor nem fogunk panaszkodni, félni, aggódni vagy csüggedni azért, ami velünk történik. A mi Istenünk bölcs, és sokkal jobban tudja nálunk, hogy mi a legjobb nekünk és mi szükséges az üdvösségünkhöz. Valóban, ha hit által tudjuk, hogy Isten bölcs, akkor végül hálásak leszünk neki mindazért, ami velünk történt, még a bajokért is. Látni fogjuk, hogy a siralom völgye, amely száraz és sivatagos völgynek tűnt, valójában élő vizek és a kegyelem forrása volt (Zsolt 84:7).

A 131. zsoltár egy versbeöntött formája szerint Isten bölcsességének ismerete békességre tanít:

Nem gőgös a szívem, nem kevélykedem,
Nem kutatom azt, amit Isten elrejtett bölcsen.

Ó, Uram, tebenned megnyugszom, mint gyermek,
Boldogan, mint anyja ölében a kisded.

Ti, az Úr népe, csak benne bízzatok,
Mert most és örökké ő bölcs pásztorotok.[35]

1.55. Isten akarata

A Szentírás sokszor úgy ír Isten rendeléseiről, mint az ő *akaratá*ról. Ez a szó arról beszél, hogy Isten rendelései nem valamiféle holt tervek, amelyeket ő valahol a mennyben tárol, hanem Isten *elméje.* Ha az ő rendeléseiről beszélünk, akkor *magáról Istenről* beszélünk. Ez különösen is fontos. Többek között azt jelenti, hogy Isten rendelései az ő összes tulajdonságát megjelenítik. A rendelései hozzá hasonlóan örökkévalók, változhatatlanok, tökéletesek és szuverén módon szabadok. Ezt hangsúlyozni kell, mert sokan azt tanítják, hogy Isten minden embert üdvözíteni akar, és üdvösségük saját döntésükön múlik. Ebben az esetben Isten akarata nem lenne szuverén.

Mások szerint Istennek két akarata van. Az első örökkévaló, változhatatlan és szuverén (ellenállhatatlan), a második pedig változékony, ellenállható és ideiglenes, és ellentmond Isten első akaratának. Azt mondják, hogy Isten *némelyeket* öröktől fogva üdvösségre választott Jézus Krisztusban, azaz *akarja* üdvösségüket. Mindazonáltal azt is hirdetik, hogy Isten *minden* ember üdvösségét is *akarja,* mert az evangélium hirdetésében egy vágyat (akaratot) fejez ki

---

[35]Psalter 366, *The Psalter with Doctrinal Standards, Liturgy, Church Order, and Added Chorale Section* [Zsoltárok, hitvallási iratok, liturgia, egyházi rendtartás énekkíséretekkel kiegészítve]. Grand Rapids, MI: William B. Eerdmans Publishing Company. 1998.

arra nézve, hogy minden ember üdvözüljön. E tanítás szerint Isten némelyek üdvösségét (az evangéliumban) akarja, és (a predestinációban) nem akarja. Amennyiben az igehirdetésben Isten minden ember üdvösségét akarja, ez az akarat sosem teljesül; csak itt és most érvényes, nem pedig az örökkévalóságban, ennélfogva tökéletlen és beteljesületlen.

Tiltakozunk ezzel a tanítással szemben, mert eszerint Isten akarata és így maga Isten is tökéletlen, beteljesületlen, változékony, ellenállható (nem szuverén) és ideiglenes. Azt mondja, hogy Istenben ellentmondás (tökéletlenség) van. Még azt is tanítja, hogy ő nem egy, hanem kettő, mert két gondolata van a dolgokról. Mindez tagadja, hogy Isten valóban Isten.

A Szentírás tanítása szerint Istennek egy akarata van, és ő mindent véghez visz, amit akar. A Zsoltárok 115:3 és 135:5–6 világosan hirdeti ezt, mégpedig a bálványimádással kapcsolatos erőteljes kijelentések szövegösszefüggésében. Ha azt állítjuk, hogy Isten nem tesz meg mindent, amit akar, így az ő akarata tökéletlen és beteljesületlen maradhat, akkor azt mondjuk, hogy ő nem is Isten, és így a bálványimádás bűnét követjük el. Ezt tanítják ezek a zsoltárok.

Mit hiszel? Azt mondod, hogy Istennek két gondolata van az emberekről és üdvösségükről? Mered azt állítani, hogy az ő akarata nem erősebb a tiednél, és akaratában meg lehet őt zavarni? Vajon nem biblikus és sokkal vigasztalóbb hinni, hogy *„a mi Istenünk az égben van, és a mit akar, azt mind megcselekszi”*?[36] Végül is ő Isten!

1.56. Isten parancsoló akarata és tanácsbeli akarata

Megvédtük az igazságot, miszerint Istennek csak egy akarata van az üdvösséget és a kárhozatot illetően. Nem tudja az emberek üdvösségét akarni (az evangéliumban) és nem akarni (a predestinációban). Mindazonáltal létezik egy helyénvaló megkülönböztetés, amikor Isten akaratáról beszélünk. A Szentírás az *akarat* szót nemcsak Isten rendeléseire, hanem az ő parancsaira nézve is használja. Parancsai is az ő akarata a mi életünkre nézve, de egy másik értelemben.

---

[36] Zsoltárok 115:3 (A ford. megj.)

Rendeléseiben Isten olyan értelemben akar bizonyos dolgokat az életünkre nézve, hogy szuverén módon *eldönti* azokat. Törvényében is akar bizonyos dolgokat, de ezt úgy kell értenünk, hogy *megparancsolja* azokat. Az Efézus 1:5 az ő *tanácsbeli akaratáról*, a Máté 7:21 pedig *parancsoló akaratáról* beszél. Tanácsvégzései azt jelentik ki, hogy ő mit akar elvégezni, parancsai pedig azt, hogy mit kell az *embernek* tennie. Tanácsbeli akarata mindent magában foglal, amit Isten eleve elrendelt, és ami valaha is megtörténik. Parancsoló akarata pedig mindent kijelent, amit az embernek kell tennie, és amilyennek lennie kell.

Ezt a megkülönböztetést sokszor annak védelmében hozzák fel, hogy Istennek van két ellentmondó akarata: megparancsolja (akarja), hogy mindenki higgyen Jézus Krisztusban, aki hallja az evangéliumot, miközben elrendeli (akarja), hogy némelyek ne higgyenek. Hisszük, hogy ez játék a szavakkal, mivel a parancs és a tanácsvégzés két különböző dolog, bár az *akarat* szó mindkettőre vonatkozhat. A tanácsvégzés esetében az *akarat* szó arra utal, amit Isten öröktől fogva elvégzett. Parancsa esetében arra utal, ami elfogadható és kedves előtte. Ez a kettő nem ugyanaz, de nincs köztük ellentmondás. Igaz, hogy Isten parancsolhat olyat, amit nem rendelt, de még akkor sincs köztük ellentmondás. Miért? Mert a parancs nem üres szó, hanem olyasvalami, amit Isten az ő tanácsvégzése beteljesítésére használ. Egyszerűbben fogalmazva amikor Isten megparancsolja valakinek, hogy higgyen, azzal vagy ellenállhatatlanul Krisztushoz hívja, és az üdvözítő hitre vonja őt (Jn 6:44), vagy megkeményíti a hitetlenségben (Rm 9:18; 2Kor 2:15–16) beteljesítve, amit Isten elvégzett. Nincs itt semmiféle ellentmondás.

A gyakorlatban sincs semmilyen ellentmondás. Amikor szembesülünk az evangélium követeléseivel, akkor csak azt kell tudnunk, hogy Isten hitet vár tőlünk. Hinnünk kell, vagy elveszünk. Nem a mi dolgunk, hogy mit rendelt, és nem is lehet az, amikor előttünk van igazságos követelése. Parancsolatai, nem pedig tanácsvégzései szerint élünk.

Amikor vigasztalást és bátorítást keresünk, akkor Isten tanácsvégzéséhez kell fordulnunk, és észre kell vennünk, hogy a hit és az engedelmesség

Isten kiválasztó rendelésének gyümölcse, így a hitben, a megtérésben és a szentségben kiválasztásunk bizonyítékát láthatjuk.

2. fejezet

Az ember és világa

2.1. Az angyalok

A Biblia még a mennynél is kevesebbet beszél az angyalokról. Ez nem hiba a Szentírásban. Minden *benne van*, amire szükségünk van az üdvösséghez. Ami csupán kíváncsiságunk kielégítésére szolgálna, arról nem mond semmit. Így az angyalokról beszélve el kell kerülnünk a spekulációkat, és meg kell elégednünk annak ismeretével, hogy az angyaloknak helye van életünkben és üdvösségünkben.

Tudjuk, hogy az angyalok lelkek, és a menny az otthonuk. A Szentírásból név szerint is ismerünk két angyalt: Gábrielt és Mihályt. Többféle angyal van: például arkangyalok, kerubok, szeráfok, sőt különböző rangúak is, amint azt az *arkangyal* (főangyal) szó sugallja (vö. Kol 1:16). Az Írás arra is utal, hogy a különböző angyaloknak különböző feladatuk van. Mihály egy fejedelem, vezér és vitéz (Dán 12:1; Júd 9; Jel 12:7); Gábriel mindig hírvivőként jelenik meg (Lk 1:19, 26); a szeráfok olyan angyalok, akik Isten jelenlétében dicsőítik őt (Ézs 6:1–4); a kerubok pedig Isten dicsőségének és tisztességének őrzőiként láthatóak (1Móz 3:24; 2Móz 25:18–22; Ez 10:1–20).

A Szentírás arról is tájékoztat minket, hogy sok angyal van. A Zsidók 12:22 angyalok megszámlálhatatlan sokaságáról beszél. Azonban közülük némelyek elbuktak a Sátánnal együtt (Jel 12:4). Az angyalok bukása az emberekhez hasonlóan Isten kiválasztó és elvető tanácsvégzése szerint történt. Így nemcsak választott angyalokról olvasunk (1Tim 5:21), hanem olyanokról is, akik az utolsó ítélet napjáig örök bilincsekben vannak (Júd 6). A választott angyalok a Zsidók 12:22 tanítása szerint részesülni fognak az új ég és az új föld dicsőségében. A bukott angyalok a gonosz emberekkel együtt pokolra fognak kerülni (Júd 6; Jel 20:10).

Ezeken túl nem sokat tudunk. Amit azonban mégis ismerünk, nagyon megnyugtató. Mindaz, amit a Biblia az angyalokról mond, összefoglalható a Zsidók 1:14 szavaival: *„Avagy nem szolgáló lelkek-é mindazok, elküldve szolgálatra azokért, a kik örökölni fogják az idvességet?"* Milyen csodálatos igazság!

Tehát az angyalok fő feladata Isten szolgálata az ő népének nyújtott segítséggel és üdvösségük őrzésével (Dán 10:13–14; 12:1; Jel 12:7–10). Ezért az angyalok megváltásunk minden nagy eseményénél jelen voltak: Krisztus születésénél (Lk 2:9–14), a pusztában való megkísértésekor (Mt 4:11), a getsemánébeli haláltusájánál (Lk 22:43), feltámadásánál (Lk 24:4–7) és mennybemenetelénél (Csel 1:10–11). Akkor is jelen lesznek, amikor Urunk ismét eljön, hogy magához vegye népét (2Thessz 1:7).

Az 1Péter 1:12 azt is leírja, hogy az angyalokat komolyan érdekli üdvösségünk és végső dicsőségünk. Itt azt mondja az Ige, hogy vágyakoznak betekinteni azokba, amiket a próféták Krisztus szenvedéseiről és az elkövetkezendő dicsőségről szóltak. Milyen csodálatos bizonyságtétel ez arról, hogy fontos számukra a mi üdvösségünk. Milyen nagy bátorítás tehát az angyalokat hinni.

Nem kell, hogy Elizeus szolgájához hasonlóan nekünk is megnyíljon a szemünk ahhoz, hogy *lássuk* magunk körül ezeket a szolgáló lelkeket lovaikkal és tüzes szekereikkel együtt (2Kir 6:17). Bár nem láthatjuk őket, mégis tudjuk, hogy ott vannak, hiszen Isten az ő Igéjében mondja ezt nekünk.

2.2. Az ördögök

Legalább annyi kérdésre nem tudunk választ adni az ördögökkel kapcsolatban a Szentírásból, mint amennyire az angyalokkal kapcsolatban. Amit tudnunk kell, azt elénk adja a Szentírás. Tudjuk, hogy az ördögök bukott angyalok. Sok szakasz még mindig angyaloknak nevezi a Sátánt és démonait (2Kor 11:14; Júd 6; Jel 12:7–9). A 2Péter 2:4 és a Júdás 6 szerint bűnük által nem maradtak meg első állapotukban, ami világos utalás bukásukra. Az Ézsaiás 14:4–23 pedig arra enged következtetni, hogy a Sátán bűne a kevélység és az Isten elleni lázadás volt.

Ézsaiás könyvében ez a rész prófécia a babiloni királlyal szemben, de általában úgy értelmezik, mint ami a Sátánra utal, hiszen ő volt a Babilon királya mögött álló hatalom, és az Ézsaiás 14 próféciájának nagy része jobban illik rá, mint a babiloni királyra. Ha a szakasznak ez a magyarázata helyes, akkor az Ézsaiás 14 azt is elárulja, hogy mi volt a Sátán neve bukása előtt: Lucifer, hajnal fia.[1]

Tudjuk, hogy a Sátán bukása megelőzte az emberét, hiszen az utóbbinak a Sátán volt a fő eszköze (Jn 8:44). A Jelenések 12:4, amelyet általában úgy magyaráznak, mint amely a Sátán és angyalainak bukásáról beszél, arra utal, hogy sok angyal bukott el vele együtt. Azonban nehéz megmondani, hogy ez a vers vajon azt tanítja-e, hogy az angyalok szó szerint vett harmadrésze bukott el a Sátánnal együtt, hiszen a Jelenések könyvében sok szám szimbolikus.

Azt is tudjuk, hogy az ördögöknek nagy hatalma van. Magát a Sátánt e világ *fejedelmének* és *istenének* nevezi az Írás (Jn 12:31; 2Kor 4:4). Hatalma olyan nagy, hogy saját erőnkből nem tudunk szembeszállni vele (Ef 6:11kk). Az 1Péter 5:8 ordító oroszlánhoz hasonlítja, aki *"szerte jár, keresvén, kit elnyeljen"*.

A Sátán hatalma különösen a hazugság, az elhitetés és a kísértés hatalma (Jn 8:44; Jel 13:14; Mt 4:1kk). Ezen eszközök által megkötözve tartja a világ fiait (2Kor 4:4), illetve ő a hívők és az egyház nagy ellensége. Maguk a nevei is erre a hatalmára utalnak. A Sátán *ellenfelet* vagy *vádlót* jelent, az *ördög* pedig emberölőt. Hazugságai és rágalmai miatt *Apollüon*ként, azaz *pusztító*ként is ismert (Jel 9:11). Hazugságai által megölte első szüleinket (Jn 8:44), és ma is folytatja a férfiak és nők gyilkolását.

A keresztyének számára fontos felismerni, hogy a Sátán hatalmas erejével szemben kegyelemből megállhatunk, és így is kell tennünk, hiszen akkor elmenekül, amint erről a Jakab 4:7 ír. Jézus megkísértése is sok útmutatást ad arra nézve, hogy miként kell ellenállnunk neki: Isten Igéjének ismeretével és megvallásával, imádsággal és böjtöléssel (ld. még a Jak 4:8-at).

Azt is tudnunk kell, hogy noha a Sátánnak nagy hatalma van, mégis Isten szuverén kormányzása és irányítása alatt áll (Mt 12:29; Jel 20:2), és a pokol örökkévaló tüzébe fog vettetni mindazokkal együtt, akik hamisságot cselekszenek (Jel 20:10). Ahogyan Luther írja az *Erős vár a mi Istenünk* kezdetű énekében: *"E világ minden ördöge / Ha elnyelni akarna, / Minket meg nem rémítene, / Mirajtunk nincs hatalma."*[2]

---

[1] A KJV szerint. A Károliban: *"fényes csillag, hajnal fia"* (12. v.). (A ford. megj.)
[2] *Magyar Református Énekeskönyv* 390. ének 3. vers.

Amit az ördögökről ismerünk, azt azért tudjuk, hogy Isten fegyverzetét felöltve szilárdan megállhassunk minden tüzes nyilukkal szemben. Tegyünk így, és ne rémüljünk meg!

2.3. A hatnapos teremtés

Ma a legtöbb ember nem hiszi el, hogy az 1Mózes 1–3 teremtéstörténete igaz. Ez nem meglepő. A megdöbbentő, hogy egyes *keresztyének* szerint nem számít, hogy az 1Mózes 1–3 beszámolóját vagy az evolucionisták elméleteit fogadjuk-e el. Valljuk, hogy a teremtésről szóló bibliai beszámolót szükségszerűen szó szerinti történelemként kell elfogadnunk. A Biblia megmutatja, miért.

Egyrészt, ha tagadjuk az 1Mózes 1–3 igazságát, akkor valójában azt tagadjuk, hogy a Biblia az elejétől a végéig Isten ihletett, tévedhetetlen Igéje, és tagadjuk a 2Timótheus 3:16-ot is: *„A teljes Írás Istentől ihletett."*

Másrészt ugyanígy tagadjuk a Szentírás egyéb részeit is, ezzel pedig hazuggá tesszük Istent és a mi Urunk Jézus Krisztust. Vegyük ezt fontolóra! A törvény negyedik parancsolatában Isten így szól: *„Hat napon át munkálkodjál, és végezd minden dolgodat; De a hetedik nap az Úrnak a te Istenednek szombatja (...) Mert hat napon teremté az Úr az eget és a földet, a tengert és mindent, a mi azokban van, a hetedik napon pedig megnyugovék"* (2Móz 20:9–11). Vajon Isten nem tudta, mit beszél?

Ha hisszük, hogy az ember *kifejlődött,* akkor vizsgáljuk meg, mit mond Jézus a Máté 19:4–5-ben: *„Ő pedig felelvén, monda: Nem olvastátok-é* [az 1Mózes 1:27-ben és 2:24-ben], *hogy a teremtő kezdettől fogva férfiúvá és asszonynyá teremté őket, és ezt mondá: Annak okáért elhagyja a férfiú atyját és anyját; és ragaszkodik feleségéhez, és lesznek ketten egy testté."* Jézus nyilvánvalóan hitte, hogy az 1Mózes első két része igaz. Nem kellene ezt nekünk is elhinnünk?

Ha azt hisszük, hogy az ember kifejlődött, és soha sem létezett egy valódi személy, akit Ádámnak neveztek, akkor nem tudunk hinni a bűnesetben és az eredendő bűnben. Erről pedig – más szakaszokkal együtt – a Róma 5 is tanít. Ebben a részben azt olvassuk, hogy élt egy valódi ember – az első

Ádám –, aki elbukott, és aki által az egész emberi nemzetségre ránehezedett a bűn és a halál. Az 1Mózes 1–3 igazságának elvetésével azt is tagadjuk, hogy valamikor létezett egy ilyen ember, és így nem lesz magyarázatunk a bűnre és a halálra. Sőt, ha nem hisszük, hogy élt egyszer egy valóságos, első Ádám, akkor hogyan hihetünk Krisztusban mint az *utolsó Ádám*ban (1Kor 15:45, 47) és az általa adott üdvösségben?

Lehetetlen, hogy valaki tagadja az 1Mózes teremtésről való beszámolóját, és közben higgyen Krisztusban mint Megváltóban. Krisztus nemcsak az utolsó Ádám, de a teremtéstörténet és a bűneset miatt szükségünk is van rá. Ha nem volt első ember – Ádám –, akkor nem volt bűneset, nem volt Ádámtól származó eredendő bűn, és nincs szükség Krisztusra. Ő biztosan nem jött volna el, és nem halt volna meg pusztán azért, hogy helyreigazítsa azokat a dolgokat, amelyek az ember evolúciós fejlődése során rossz irányt vettek.

A teremtéstan (kreácionizmus) és az evolúcióelmélet közti különbség igenis *számít*. Fontos szerepe van az üdvözítő hit kérdésében is, jóllehet nem állítjuk, hogy nincsenek félrevezetett és rosszul tanított keresztyének. Legyünk tehát bizonyosak abban, hogy hisszük a teremtést, hiszünk a Teremtőben, a teremtést tanító Igében és Krisztusban, aki Teremtője (Jn 1:3) és Üdvözítője azoknak, akik Isten kegyelméből és a teremtés története alapján megismerték nagy szükségüket!

2.4. Az evolúció

Gyakran azt sugallják, hogy a darwini vagy egyéb evolúció elmélete tudományos, így amikor ütközik a teremtésről szóló bibliai beszámolóval, akkor az utóbbinak kell félreállnia. Az evolúció *tény*, legalábbis így mondják, a teremtéstörténet azonban csak vallásos hit kérdése. Ez hazugság.

Az evolúcióelmélet alapelvei egyáltalán nem tudományos tények, hanem hit kérdései. Az evolucionizmus ugyanúgy egy vallás, mint a Bibliába és annak a világ kezdetéről szóló tanításába vetett hit. Valójában az evolúcióelmélet azok vallása, akik Isten nélkül akarják megmagyarázni ezt a világot, akik teremtő és gondviselő mivoltában is ki akarják zavarni őt a saját világából.

Az evolucionizmus tehát valójában ateizmus: egy olyan vallás, amely tagadja Istent és az ő helyét a teremtés felett. Ez a hitetlen ember kísérlete, hogy mindent Isten nélkül magyarázzon meg. Ezért sem lehet semmilyen kiegyezés a Szentírás és az evolúciós – hamisan úgynevezett – tudomány tanítása között (1Tim 6:20).

Az evolúció „tényei" közül egy példa az uniformizmus elve, amely egyáltalán nem tény, és tudományosan nem is bizonyított. Ez az elv arról szól, hogy minden rögzített, soha meg nem változó természeti törvények alapján történik. Ha az uniformizmus nem igaz, akkor az evolúcióelmélet sem. Nincs is a tudósok kezében semmilyen eszköz az evolúcielmélet igazságának bizonyítására. Csak olyasvalaki tanúsíthatná ezeknek az úgynevezett „természeti törvényeknek" a változatlanságát, aki a kezdetektől fogva mostanáig él, mint Isten.

A Biblia megmutatja az uniformizmus elvének téves voltát. Az uniformizmus tanítása szerint kezdettől fogva – bármikor is volt az – minden ugyanúgy folytatódott, így a radioaktív bomlás rátája, az üledéklerakódás, a kövületek kialakulása, az erózió és hasonló dolgok mindig rögzített természeti törvények szerint történtek. A Biblia a 2Péter 3:3–7-ben világosan megmutatja, hogy ez nem igaz. A Szentlélek előre látta ezeknek a hitetlen elméleteknek a kifejlődését, és ezekben a versekben leírta, hogy *nem* maradt minden ugyanúgy. Az özönvíz előtt egy teljesen más világ volt. Egy olyan világ, amely a nagy özönvízben elveszett, és nincs többé. Maga Isten lépett közbe egy egyetemes özönvízzel, és megváltoztatta a világ természetét is, amint majd még egyszer megteszi, amikor eljön a vég. Az emberi „tudományos" elméletek tehát csak az özönvizet követő időtől kezdve használhatóak, és semmit nem mondhatnak el az azelőtti világról.

Mindazonáltal nem akarjuk bebizonyítani a kreácionizmust. A hatnapos teremtés bibliai beszámolója nem bizonyítás kérdése, hanem az Istenbe vetett hité: „Hit *által értjük meg, hogy a világ Isten beszéde által teremtetett, hogy a mi látható, a láthatatlanból állott elő"* (Zsid 11:3). Az evolúcióelmélet *hitet-lenség*. A hit Istenre figyel, és neki engedelmeskedik, nem pedig embereknek.

2.5. A teista evolúcióelmélet

Darwin óta sok félrevezetett keresztyén próbálta meg összeegyeztetni az evolúcióelméletet és a Bibliát a két nézet közti középút megkeresésével. E próbálkozásokat *teista evolúcióelméleteknek* nevezzük. A továbbiakban néhány ilyen nézettel foglalkozunk.

- A *hézagelmélet* (*gap theory*) az evolúció és annak fejlődési folyamatai által megkívánt évmilliárdokat az 1Mózes 1:1 és 1:2 között feltételezett *hézagba* helyezi. Az evolúció *bizonyítékai* így egy korábbi, elveszett világ maradványai. A Szentírásban azonban a legkisebb utalás sincs egy ilyen világra.

- A *nap–korszak* vagy *szakaszelmélet* azon a gondolaton alapul, hogy az 1Mózes 1–2 napjai valójában hosszú időszakaszok voltak. Ez a felvetés azonban könnyen megválaszolható a 2Mózes 20:8–11 alapján, amely világossá teszi, hogy az 1Mózes 1 napjai és a mi 24 órás napjaink ugyanazok.

- A *mítoszelmélet* azt állítja, hogy az 1Mózes 1–3 nem történelem, hanem költészet, mítosz vagy valamilyen tanító példa, amelyből meg lehet tanulni egy bizonyos igazságot, de nem kell ezt a szakaszt tényként kezelni. Ezzel az elmélettel az a nehézség adódik, hogy Jézus és az apostolok szó szerint vették a történetet (Mt 19:4; Rm 5:12; 1Kor 15:45–47).

Mindezek az elméletek elbuknak annak fényében, hogy a Szentírás világosan bizonyságot tesz a hat rendes nap alatt megtörtént teremtésről, valamint az 1Mózes első fejezeteinek történetiségéről.

A 2Mózes 20:8–11-ben maga Isten beszél a hat rendes nap alatt megtörtént teremtésről. Itt olyan napokról van szó, amelyeken elvégezzük munkánkat. Jézus és Pál hitt egy valódi, történeti Ádámban, az első emberben, akit

Isten alkotott, és aki nem az evolúció terméke (Mt 19:4-6; 1Kor 15:45). Péter kreácionista volt (2Pt 3:5) csakúgy, mint János (1Jn 3:12).

Tényleg azt merjük állítani, hogy Isten a törvény adásakor nem tudta, mit beszél? Vajon Jézus zagyvaságokat mondott, amikor Ádám és Éva teremtését állította a házasság modelljéül? Vagy Pál hazudott, amikor Ádámot az *első ember*nek nevezte?

Ezért hazugság a gondolat, miszerint a világ kezdetéről alkotott hitünk nem számít. Hazugság azon elképzelés is, hogy hihetünk az evolúcióelméletben anélkül, hogy az érintené hitünk többi részét, különösen Krisztusba mint Megváltónkba vetett hitünket. Itt Jézus és Isten igazmondó volta a tét.

Az evolúcióelméletről szóló vitában azonban nemcsak Isten vagy a Biblia emberi íróinak igazmondó volta a kérdés, hanem maga a Szentírás tana is. A Biblia mindenütt bizonyságot tesz az 1Mózes 1-11 történelmi igazságáról. Vagy a Szentírás igaz, és minden ember hazug, vagy az emberek mondanak igazat, amikor előtárják elméleteiket, a Szentírás pedig vétkes a hazugságok és a megtévesztés miatt. Mit gondolsz, melyik valószínűbb?

2.6. A nap-korszak teremtéselmélet

A *nap-korszak elmélet*, amelyet néha *szakaszelmélet*nek is hívnak – miszerint az 1Mózes 1 napjai valójában hosszú időszakaszok vagy korszakok – csak egyetlen kísérlet az evolúcióelmélet és a Szentírás összeegyeztetésére. Azért foglalkozunk vele, hogy megmutassuk, milyen könnyen cáfolhatóak az efféle kísérletek. Azt is meg szeretnénk mutatni, hogy a Biblia gondos tanulmányozása által lehet cáfolni ezeket az elképzeléseket. A Szentírás, amely magát magyarázza, biztos és biztonságos vezetőnk.

Ha valaki megvizsgálja a *nap* szó bibliai használatát, két dolgot fog gyorsan felfedezni. Ez a tanulmányozás megmutatja, hogy a *nap* szó a Bibliában valóban jelenthet hosszabb időszakaszt (2Pt 3:8-10). Ehhez semmi kétség nem fér. Mindazonáltal a további vizsgálódás megmutatja, hogy a *nap* szó sosem vonatkozik hosszabb időszakaszra akkor, amikor sorszámokkal együtt jelenik meg (első, második, harmadik stb.). Sorszámokkal együtt a *nap* szó a Szentírásban mindig egy rendes, 24 órás napot jelent. Mivel az 1Mózes 1-ben a *nap* szó sorszámnevekkel jelenik meg, ezért rendes napokat kell jelentenie. Így magyarázza meg a Szentírás önmagát.

Maga Isten erősíti meg, hogy ezek rendes napok voltak. Először az 1Mózes 1-ben tesz így, amikor reggelről és estéről beszél, majd a 2Mózes 20:11-ben, ahol a teremtés napjait állandó mintaként állítja elénk, hogy így éljünk a hét napjain. Isten azt mondja, hogy az 1Mózes 1 napjai ugyanolyan napok voltak, mint amelyeken mi is elvégezzük a munkánkat. A további tanulmányozás azt is megmutatja, hogy az „este és reggel" együtt használva *mindig* ugyanazt jelenti az Írásban: egy olyan napot, mint amilyet életünk minden napján tapasztalhatunk. A Szentírás ismét önmagát magyarázza.

Ebben van egy figyelmeztetés a Biblia minden tanulmányozója felé: a Szentíráshoz kell fordulnunk, és meg kell hallanunk, amit az Írás mond. Nem szabad saját magyarázatainkat az Íráshoz vinni, hogy azokat Isten Igéjére erőltessük. Nem az a feladatunk, hogy elkészítsük saját értelmezésünket a Szentírásról, hanem hogy tanulmányozzuk a Bibliát, és gondosan vessük össze önmagával azért, hogy az Írás magyarázhassa önmagát. Utána pedig hinni kell a tanítását, és alá kell vetni magunkat annak.

A teista evolúcióelmélet nem hallgat az Írások szavára, mégpedig nemcsak az 1Mózes 1–3-ban, hanem egyetlen más helyen sem, ahol a Biblia ezt a három fejezetet világítja meg. A teista evolúcióelmélet elutasítja a Lélek szavát, aki az 1Mózes 1–3 szerzője, és aki az egész Írással együtt ezeknek a fejezeteknek is szuverén értelmezője.

Itt nemcsak a kreácionizmus és az evolúcióelmélet ellentétéről beszélünk, hanem a Szentírás ihletettségéről, tekintélyéről és elégségességéről. Ez mindig így van, és ez az oka annak, hogy az evolúcióelmélet és a Biblia összeegyeztetésére irányuló bármilyen kísérlet eredménye a bibliai igazságok térvesztése az úgynevezett tudományos tényekkel és a hitetlen evolúcióelméletekkel szemben.

Amint egyszer valaki mondta: „Ha *Isten* azt mondaná, hogy Jónás lenyelt egy cethalat, egy tudós pedig azt, hogy egy hal nem tud lenyelni egy embert, és választanom kellene, melyik igaz, akkor az elsőt választanám." Isten igaz, és minden ember hazug. Amit ő mond a teremtésről, az nem lehet hamis.

2.7. Isten gondviselése

A *gondviselés*nek megfelelő angol szó nem található a KJV-ben.[3] Ezt a kifejezést arra a biblikus tanításra használjuk, hogy Isten az egész teremtés mindenütt jelenlévő uralkodója. Isten a teremtés szuverén Uraként vigyáz minden teremtményére, és betölti azok szükségeit. A *gondviselés* szót általában olyan értelemben használjuk, hogy valaki *gondoskodik* valakiről. A gondviselés azonban nemcsak erre vonatkozik, hanem arra is, hogy Isten mindent irányít, kormányoz, és saját céljaira használ. „*Az ő akaratja szerint cselekszik az ég seregében és a föld lakosai között, és nincs, a ki az ő kezét megfoghatná és ezt mondaná néki: Mit cselekedtél?*" (Dán 4:32). Ez is az ő gondviselése.

A gondviselés tanítása szerint semmi sem csak úgy magától történik. Nincs olyan, hogy véletlen vagy szerencse (Mt 10:29–30): minden Isten munkája. Még a gonoszok bűnös tettei vagy az ördög cselekedetei is teljesen Isten irányítása alatt vannak (2Móz 4:21; 1Sám 2:25; 2Sám 16:10; 24:1; 1Kir 22:19–22; Zsolt 139:1–16; Péld 16:1, 4, 9; 21:1; Ézs 10:15; 45:7; 63:17; Jer 10:23; Dán 4:14; Ám 3:6; Mt 8:31; Csel 2:23; 17:28; Rm 9:18). Isten azonban olyan hatalmas, hogy semmilyen gonoszságért nem felelős, amit az emberek cselekszenek. Valóban, az ő útjai nem a mi útjaink, és az ő gondolatai nem a mi gondolataink (Ézs 55:8).

Amikor a Szentírás Isten gondviseléséről beszél, akkor gyakran az ő *kezét* említi (Zsolt 109:27; 1Pt 5:6). Keze által gondoskodik a teremtményeiről, életet és leheletet ad nekik. Kezével vezeti és irányítja minden dolog útját, hogy azok az ő csodálatos szándékát szolgálják. Keze az ő szuverén és mindenható ereje.

---

[3] A Károliban egyszer fordul elő Istenre vonatkoztatva (1Móz 22:14), a többi 11 alkalommal más értelemben használatos ez a szó. (A ford. megj.)

Olykor magukat az embereket is Isten kezének nevezi az Írás, amikor céljai beteljesítésére használja őket (Zsolt 17:13–14[4]), vagy amikor az ő szándékának eszközei lesznek (1Móz 49:24; Zsolt 17:13; Ézs 10:15). Sőt, ezek az emberek nem kérdőjelezhetik meg Isten tetteit (Ézs 45:9) még akkor sem, ha ők azok az eszközök, akiket Isten használ.

Ebben a gondolatban kimondhatatlan borzalom van az istentelenek számára, mert Isten kezében vannak attól függetlenül, hogy mit tesznek, vagy hová mennek, és semmit nem tehetnek nélküle, aki az ő Bírájuk és Ítélőjük. Isten gondviselésében azonban ugyanilyen módon végtelen vigasztalás van a hívők számára, mert az őket tartó kéz Atyjuk keze (Jn 10:28–29), aki öröktől fogva szerette őket, aki szuverén és kegyelmes módon gondoskodik róluk. A Szentírás arról is beszél, hogy Isten az ő markába *metszette* őket (Ézs 49:16).

Annak tudatában, hogy ő a mennyei Atyjuk, a hívők azt tanulják meg a gondviselés e tanításából, hogy Atyjuk mindenható. Mindent meg tud tenni, ami szükséges az ő üdvösségükre. Ő tartja kézben életük minden körülményét, még azokat is, amelyek látszólag ellenük vannak. Betegség, halál, szegénység, nyomorúság, üldöztetés nem véletlenül történnek, hanem mind annak a szuverén irányítása alatt, aki szereti az ő népét, és aki egyszülött Fiát adta értük. Így bizonyosan minden együtt munkálkodik azok javára, akik szeretik Istent (Rm 8:28), és semmi nem választhatja el őket Isten Jézus Krisztusban való szeretetétől (Rm 8:39).

2.8. A megtartó munka és a gondviselés

Isten gondviselésének egyik oldalát az ő *megtartó munkájá*nak nevezzük. Ez alatt azt értjük, hogy Isten ad életet és létezést minden teremtményének, és ő *tartja meg* őket és életüket. Ezt nemcsak a nem gondolkodó teremtményekkel – vadállatokkal és madarakkal, bolygókkal és csillagokkal, fűvel és fákkal – teszi, hanem az emberekkel, az angyalokkal, sőt az ördögökkel is (Zsolt 104:10–24; Lk 8:26–33). Minden teremtmény őbenne él, mozog, és létezik (Csel 17:28).

---

[4] A KJV fordítása: „*szabadítsd meg lelkemet a gonosztól, aki a te fegyvered, az emberektől, akik a te kezed.*" (A ford. megj.)

Ez egy nagyszerű igazság. Azt takarja, hogy semmi nem létezik, csak ha Isten mindenható ereje folyamatosan jelen van vele és benne, és mindig fenntartja. A dolgok tehát nem maguktól léteznek, hanem Isten miatt. Ez igaz a székre, amelyen ülök, miközben ezt írom, csakúgy, mint a napra és a holdra az ő pályájukon.

Ez azt is jelenti, hogy a teremtés rendje és összhangja nem az úgynevezett természeti törvények, hanem Isten mindenütt jelenvalóságának és mindenható erejének eredménye. Tavasz, nyár, ősz és tél nem a „természeti törvények" miatt követik egymást évről évre ugyanabban a sorrendben, hanem mert Isten hűségesen elhozza őket. A bolygók nem a természeti törvényeknek, hanem az őket irányító és vezérlő Istennek engedelmeskedve tartják meg pályájukat.

Istennek ez a teremtésben való munkája olyan eszköz, amely által minden ember előtt tanúságot tesz önmagáról (Csel 17:24–28; Rm 1:18–20). Senki nem mondhatja majd Istennek az ítélet napján: „Én nem ismertelek Téged." Így mentség nélkül fognak maradni még akkor is, ha Istennek ez a teremtésben való bizonyságtétele nem *üdvözítő* kijelentés az emberek felé.

Gyalázatos, hogy miközben az emberek úgy élnek, hogy Isten hatalmáról és hűségéről ilyen bizonyságtétel veszi őket körül, mégsem dicsérik őt (Rm 1:21). Ezt még az is súlyosbítja, hogy Isten meg is tartja őket, és gondoskodik róluk. Ahelyett, hogy dicsőítenék őt, és hálásak lennének neki, a bálványimádáshoz és a tisztátalansághoz fordulnak, amint arra Pál a Róma 1-ben rámutat.

A bálványimádás tehát nem Isten keresése, hanem a tőle való elfordulás, ugyanakkor annak a bizonyítéka, hogy még a pogányok is ismernek valamit az igaz Istenből. Miközben elfordulnak tőle, Isten a legnagyobb bűnöknek szolgáltatja ki őket, különösen a homoszexualitás bűnének (Rm 1:24–27). Azonban még ez is azt tanúsítja, hogy ismerik őt. Ezek a szörnyű bűnök igaz büntetésül szolgálnak az ilyen emberek hálátlansága miatt. Miközben Istent nem ismerő állatok módjára viselkednek, rosszabbak lesznek azoknál, mivel Isten olyan bűnöknek szolgáltatja ki őket, amelyeket még az állatok sem követnek el.

Istennek a teremtésben való jelenléte és megtartó ereje csodálatos bizonyság a hívő számára arról az Istenről, akit ismer, és Krisztusban szeret. Aki tudja, hogy Istenben él, mozog, és létezik, soha nem fog félni semmitől, és örökre hálás lesz. Nemcsak azért, mert Isten megtartja és megőrzi lelki életét, hanem azért is, mert Isten napról napra kenyeret, leheletet és mindent megad neki (Csel 17:25). Békességben hal meg, abban a bizalomban, hogy aki az életet adja és megőrzi, el is veszi azt, és Isten még a halálban is az ő népének hűséges Atyja.

2.9. A kormányzás és a gondviselés

Isten gondviselésének másik oldala az ő *mindenre kiterjedő kormányzása és uralma*. A Szentírásból világos, hogy Isten uralkodik (Zsolt 2:2–4). Mindenek uralkodójaként és gondviselő Istenként ő *„ama boldog és egyedül hatalmas, a királyoknak Királya és az uraknak Ura"* (1Tim 6:15).

Milyen Istennek ez a gondviselői uralma?

- *Mindent átfogó.* Semmi sincs, ami felett Isten ne uralkodna szuverén módon, még a Sátán vagy a bűn sem (Jób 1:12; 2:6).

- *Szuverén.* Isten nemcsak uralkodik minden felett, hanem úgy teszi ezt, hogy mindennek meg kell tennie az ő akaratát, és az ő céljait kell szolgálnia. Az emberek, az angyalok és az ördögök esetében az ő teremtményeinek akarata nem veszélyezteti az ő uralkodását, és nem is függ az ő akaratuktól (Jób 9:12).

- *Igazságos.* Isten olyan módon uralkodik mindenek felett, hogy az emberek, az angyalok és az ördögök felelősek maradnak cselekedeteikért. Ő nem vádolható azzal a gonosszal, amelyet tesznek, noha teljesen a kezében tartja, sőt véghez viszi (Rm 9:17–20).

- *Tervszerű.* Isten nemcsak uralkodik, hanem ezt egy tökéletes terv szerint teszi, amelyhez mindennek illeszkednie kell, és illeszkedik is. Semmi nem történik véletlenségből. Semmi nem lepi meg Istent, és semmi nem változtatja meg az ő gondolatát vagy akaratát (Zsolt 115:3; 135:6; Rm 9:21–22).

- *Felfoghatatlan.* Isten mindenek uralkodójaként olyan nagyszerű, hogy az ő útjai meghaladják a mi értelmünket (Jób 9:10; Ézs 55:8). Bár minden az ő népének javára és a többiek kárhozatára munkálkodik együtt, ezt nem mindig láthatjuk. Hitben járunk, nem látásban (2Kor 5:7).

- *Kegyelmes.* Isten az ő népének a javára uralkodik (Rm 8:28). A dolgok nem pusztán maguktól munkálkodnak együtt az Istent szeretők javára, hanem mert ő kormányozza és irányítja azokat Megváltónk, Jézus által.

Isten uralkodása azonban nem mindenki számára kegyelmes. Az istentelenek feletti uralma az ő népe feletti uralmának az ellentéte. Ez kárhoztató uralkodás nemcsak azért, mert elvetik az uralkodását, és megvetik az ajándékait, hanem azért is, mert az ő romlásukra és kárhozatukra aktívan uralkodik rajtuk. Ezzel nem tagadjuk, hogy ad nekik jó dolgokat – életet és leheletet, ételt és otthont, bőséges esztendőket és egyebeket –, de sosem szeretetből vagy kegyelemből.

Istennek ezt a gondviselő kormányzását hinni kell, mert amit látunk, az nem mindig tűnik úgy, mintha Isten bölcs uralkodása alatt lenne. A teremtésben és a társadalomban rend helyett rendetlenséget, a történelemben és a teremtésben pedig igazság helyett igazságtalanságot, káoszt és látszólagos zűrzavart találunk. A hit mindazonáltal hiszi és vallja, hogy Isten mindent kezében tart, és semmi nem történik véletlenségből, hanem Isten kegyelméből minden javunkra van. A hit ragaszkodik ahhoz, hogy mindennek Isten népe javára *kell* szolgálnia, és *együtt* kell munkálkodnia ezért a jóért azok számára, akik Istent szeretik.

2.10. Isten mindent átfogó gondviselése

A lehető legerősebben ki kell emelnünk, hogy Isten gondviselése mindent magában foglal a földön, a mennyen és a pokolban. Ez nem jelent mást, mint hogy Isten szuverén. A Szentírás tanítása szerint ő szuverén módon uralkodik a következők felett:

- Az angyalok (Zsolt 103:20–21).
- Az ördögök (Jób 1:12; 2:6).
- Minden ember (Jer 10:23; Csel 17:28).
- Az emberek szíve (Péld 21:1).
- Az emberek cselekedetei (Péld 16:9).
- Az emberek gondolatai és szavai (Péld 16:1).
- Minden ember bűnös cselekedete (Zsolt 33:10; Péld 16:4; Ám 3:6; Csel 2:23).
- Saját népének bűnei (Ézs 63:17).
- Az ember szívének bűnben való megkeményedése (2Móz 4:21; Rm 9:18).
- Az időjárás és az évszakok (Csel 14:17).
- A csillagok és a bolygók (Zsolt 104:19).
- A teremtés nagy dolgai (Jer 5:24; Dán 4:32).
- A legkisebb és legjelentéktelenebb dolgok (Mt 10:29–30).

- Az úgynevezett természeti katasztrófák és kellemetlen események (Zsolt 105:29; 148:8).
- A háború és a béke (Ézs 45:7).
- Az élet és a halál (1Móz 4:1; Zsolt 31:16; 104:28–29).
- Minden (Zsolt 103:19).

Isten gondviselése azonban nemcsak az ő kormányzását foglalja magában. Ne feledjük azt sem, hogy mindent ő visz véghez, ő irányít, ő ellenőriz, és mindent arra használ, hogy véghez vigye az ő célját és jótetszését (2Móz 3:19–20; Ézs 44:28; 46:9–10; Ef 1:5; Fil 2:13).

Ez egyszerre a gondviselés titka és csodája. Titok, hogy Isten mindent használ – beleértve a gonoszságot és a gonoszul cselekvőket is – anélkül, hogy ő maga felelős lenne a gonoszságért. Viszont a kegyelem csodája, hogy szuverén módon használ mindent az övéi üdvösségére, az őt szeretők javára, akik az ő végzése szerint hivatalosak. Mindezt Krisztusért teszi, aki szenvedett, meghalt, és feltámadt az ő népe bűneiért.

2.11. A gondviselés és az általános kegyelem

Isten gondviselésében minden teremtményére ügyel (Csel 17:25). Ez azt jelenti, hogy Isten sok jó ajándékot ad a gonoszoknak beleértve nemcsak az esőt és a napsütést, az ételt és a hajlékot, az életet és a leheletet, hanem a racionális elmét, az akaratot és a lelket is.

Ebből sokan arra következtetnek, hogy Isten szereti a gonoszokat, és kegyelmes hozzájuk. Szerintük ezek a dolgok Isten „általános kegyelmét" jelentik, az ő kegyelmét mindenki számára: egy olyan kegyelmet, amely nem vezeti őket az üdvösségre, de mégis tanúbizonyság számukra Isten feléjük való jóindulatáról és szeretetéről. Egy általános gondviselés azonban nem ugyanaz, mint egy általános kegyelem, és a kettőt nem szabad összekevernünk. A Biblia sem használja soha a *kegyelem* szót, hogy ezzel írja le Isten gondviselésének általános munkáját.

Ez nem jelenti, hogy tagadjuk azoknak az ajándékoknak a jóságát, amelyeket Isten a gonoszoknak ad (Jak 1:17). De amikor Isten jó ajándékokat ad nekik, nem jelenti azt, hogy szereti őket, vagy kegyelmes hozzájuk. Ha azt mondjuk, hogy Isten jó ajándékokat ad a gonoszoknak, még mindig nem mondtunk semmit arról, hogy *miért* adja Isten azokat a jó ajándékokat. A Biblia tanítása szerint a szeretettől és az irgalomtól eltérő oka van arra, hogy a gonoszoknak jó ajándékokat adjon: ezeket a jó ajándékokat haragjában adja nekik hálóként (Zsolt 11:5–6; Péld 14:35; Rm 11:9), átokként (Péld 3:33) és pusztulásukra (Zsolt 92:8); síkos földön helyezi el őket és pusztulásba veti őket ezekkel (Zsolt 73:18 a 3–7. versek kontextusában[5]). Mindez világosan látható abból, ahogyan a gonoszok ezeket az ajándékokat arra használják, hogy vétkezzenek Isten ellen, és méltóvá tegyék magukat az ítéletre.

Ez olyannyira igaz, hogy a Szentírásban Isten azt is megparancsolja, hogy utánozzuk őt az ellenségeinkkel való bánásmódunkban. Tegyünk jót velük, mégpedig annak ismeretében, hogy ha nem térnek meg és nem hisznek, akkor a mi jó cselekedeteink pusztulásukra és ítéletükre lesznek (Rm 12:20–21).

Nem kellene meglepnie bennünket, hogy Isten ilyen okok miatt ad egy önmagában ajándéknak nevezhető dolgot. Ha egy apa a kiskorú fiának egy – a konyhában nélkülözhetetlen – borotvaéles henteskést ad, akkor biztosan megkérdőjelezi bennünk, hogy ezt a „jó ajándékot" szeretetből és könyörületből adta-e. A gyermek biztosan olyan rosszul fogja azt használni a saját pusztulására, mint ahogy a gonoszok használják Isten minden nekik adott jó ajándékát.

Az általános kegyelem tanításának talán a legnagyobb veszélye, hogy lerombolja Istenben való vigasztalásunkat. Ha az eső és a napsütés, az egészség és az élet önmagában kegyelem, akkor mire kell következtetnünk, amikor Isten az ellenkezőjét küldi nekünk, nevezetesen betegséget, szegénységet, szárazságot vagy halált? Ezek a dolgok az átkai? Azért küldi ezeket, mert gyűlöl bennünket? Ha a kegyelem a *jó dolgokban* van, akkor ha Isten nem adja meg nekünk azokat a jó dolgokat, nem részesülünk kegyelemben? Nem arra kellene-e

---

[5] A KJV szerint. (A ford. megj.)

inkább gondolnunk, hogy mindazt, amit nekünk, az ő népének küld, akár egészséget vagy betegséget, szegénységet vagy gazdagságot, életet vagy halált, azt szeretetében, kegyelmében és a mi javunkra adja (Rm 8:28); viszont amit a gonoszoknak küld, az mind az ő ítéletükre szolgál még akkor is, ha önmagában *jó*? Milyen más módon vigasztalódhatnánk meg az összes fájdalmaink és nyomorúságaink közepette?

2.12. A gondviselés és a bűn korlátozása

Isten az ő gondviselésében minden dolgot irányít és vezet, ami csak megtörténik. Még az ember életének összes részlete is Isten szuverén irányítása alatt áll, amint Nabukodonozor mondta: *"az ő akaratja szerint cselekszik az ég seregében és a föld lakosai között"* (Dán 4:32). Isten tehát az ő gondviselésében az emberek bűnös cselekedeteit is irányítja és vezeti, ahogyan az Nabukodonozor és mások példájából egyértelmű (1Sám 2:25; 2Sám 16:10; 24:1; 1Kir 22:19–22; Csel 2:23; Rm 9:18). Isten szuverén és gondviselő munkája a bűn korlátozását is magában foglalja. Isten az ember gonoszságát a gondviselés által számos különböző módon korlátozza.

Az Írás sok példát hoz fel a bűn korlátozására. Az 1Mózes 6:3 az első ilyen példa a Szentírásban. Isten ott a bűnt az ember élethosszának megrövidítésével korlátozta. A bábeli torony idejében a bűnt az ember beszédének megváltoztatásával is korlátozta. Az olyan igék, amelyek arról beszélnek, hogy Isten a bűnnek embereket adott át, szintén következtetni engednek a bűn korábbi korlátozására (Zsolt 81:11–12; Csel 7:42; Rm 1:24–28).

Sokan ezeket az igéket az úgynevezett általános kegyelem példáiként idézik. Szerintük az, hogy Isten korlátozza az ember bűnét, bizonyítja Isten minden ember felé való kegyelmes hozzáállását. Sokan még azt is mondanák, hogy ez az általános kegyelem Isten nem üdvözítő munkájának az eredménye, amelyet az ember szívében, elméjében és akaratában végez. Szerintük az általános kegyelem miatt az ember nem *teljesen* romlott, és előkészíti az emberben az evangélium útját annak – mint az üdvözítő kegyelem felajánlása – elfogadásának vagy elutasításának lehetővé tételével.

Isten a bűnt korlátozza, de ez egyáltalán nem bizonyítja, hogy ez kegyelmes dolog lenne. Még mindig fel kell tennünk a kérdést: hogyan és miért korlátozza Isten a bűnt? Az Írás világosan tanítja, hogy Isten a bűn korlátozását kizárólag az ő *erejével* éri el, nem pedig azzal, hogy a Lélek valamiféle *kegyelmes* munkájával egyfajta változást okoz az ember romlott természetében. Ez sokkal inkább ahhoz hasonlít, mint amikor valaki egy veszett kutyára szájkosarat tesz megakadályozva a kutyát abban, hogy bárkit is megharapjon, de nem tesz semmit azért, hogy meggyógyuljon betegségéből. Így Isten sok mindent használ az emberek gonoszságának korlátozására szívük megváltoztatása nélkül. Ilyen a következményektől való félelem is. Az egyik legjobb példa a bűn szuverén, de nem üdvözítő korlátozására az Ézsaiás 37:29-ben található, ahol Isten így szól Asszíria királyához: *„Vetem orrodba horgomat és szádba zabolámat, és visszaviszlek az úton, a melyen jövél!"* Ebben semmi kegyelmes sincs. Ugyanez az ézsaiási szakasz emlékeztet minket a korlátozás céljára is. Ez nem más, mint hogy Isten népét a világban megvédje és megtartsa.

Isten gondviselésének általános munkálkodása *nem* általános kegyelem. A kegyelem az erő, amely által Isten üdvözíti az ő népét (Ef 2:8–10). Nincs másfajta kegyelem, mint a csodálatos, lenyűgöző és üdvözítő kegyelem. Dicsőség ezért Istennek.

2.13. Az ember teremtése

Hisszük, hogy az embert Isten teremtette, és nem evolúcióval fejlődött ki. Valóban, az ember teremtése Isten kezdetben történt műveinek koronája, erős bizonyság Isten nagyságáról és az ember Isten világában való egyedi helyéről.

Az Írás sokféleképpen megmutatja az ember egyedi voltát:

- Isten beszélt önmagával az ember teremtése előtt – ezt más dolgok teremtésénél nem tette meg (1Móz 1:26).
- Isten az embert saját képére alkotta (1Móz 1:26–27).

- Isten az embert saját, kettős cselekedetével alkotta (1Móz 2:7),[6] nem pedig egyszerűen létezésre hívta, mint a vadállatokat, a madarakat vagy a halakat.

- Isten arra teremtette az embert, hogy közösségben éljen vele (1Móz 2:15–17).

- Isten egy különleges otthont készített, ahol az ember élhetett (1Móz 2:8).

- Az ember megteremtése után Isten közvetlenül beszélt hozzá (1Móz 1:28).

- Isten uralmat adott az embernek minden más földi teremtmény felett (1Móz 1:28).

Az ember teremtéséről szóló bibliai beszámoló gyökeresen eltér az evolúcióelmélettől, amely szerint az ember csak szintjében tér el az állatoktól, nem pedig természetében és fajtájában, és semmiképpen sem abban, hogy ismerheti Istent, és kapcsolatban élhet vele. Mivel az evolucionisták nem látnak valódi különbséget ember és állat között, ezért más módokon is összezavarják a kettőt. Így például „állati jogokról" beszélnek, a magzatokat valamiféle elvetendő dolognak tartják, a pogány népekre pedig „primitívként" utalnak.

Ennél azonban sokkal fontosabb, hogy az ember egyedi teremtése emlékeztet minket arra, hogy milyen magas helye volt az első teremtésben, és mekkorát bukott a bűneset során. Csak első állapotának a dicsősége magyarázhatja meg jelen állapotának a nyomorúságát. Csak az élhet most a Sátán közösségében, aki egykor az Istennel való közösségben lévő életre teremtetett. Csak az bukhatott ilyen mélyre, akinek a teremtésben annyira magas helye volt. Csak az hozhat bűne által örök halált önmagára, aki örök életre lett megalkotva.

Az evolucionisták nem tudják megérteni az ember jelenlegi állapotát, ezért az oktatásban, a társadalmi reformokban, a politikában és egyéb efféle emberi „megoldásokban" keresik az orvosságot. Egy evolucionista nem hiszi, és nem is hiheti az ember elveszett voltát, állapota nyomorultságát, helyzete

---

[6](1) Porból formálta, és (2) lelket lehelt belé. (A ford. megj.)

reménytelenségét. Nem tudja meglátni, hogy az ember problémáira adott földi és időbeli megoldások reménytelenek. Egyedül a Szentírásból érthetjük meg helyesen az ember eredeti állapotát és nagy szükségét.

Ha megértjük, mi volt az ember, és mivé lett a bűn által, akkor látjuk, hogy lehetetlen „saját hajánál fogva" felemelnie önmagát, vagy éppen megoldást találnia szükségeire. Nem keresünk semmiféle emberi megoldást, hanem Jézust, az egyetlen, isteni megoldást és gyógyszert az ember nyomorúságára.

2.14. Az ember Isten képmása

Az ember teremtésével kapcsolatban az egyik legcsodálatosabb, hogy Isten eredetileg saját képére alkotta. Így bizonyos módokon *hasonló volt Istenhez.* Ennél semmi sem lehet nagyszerűbb.

Az ember nem fizikailag hasonlított Istenre, mert Isten Lélek, akit senki nem látott, és senki nem láthat (Jn 4:24; 1Tim 6:16). A hasonlóság tehát *lelki* volt. A Biblia az Efézus 4:24-ben és a Kolossé 3:10-ben elmondja, hogy az ember három lelki vonatkozásban hasonlított Istenre. Igaz és szent volt, valamint igaz ismerete volt Istenről. Ilyen volt az ember, mielőtt bűnbe és kárhozatba esett volna. Avégett hordozta Isten képmását, hogy Istent megismerje, szeresse, és vele boldogan éljen. Ez lehetetlen az állatok vagy az élettelen teremtmények számára, amelyek semmit nem hordoznak Isten képmásából.

Sokszor mégis megkérdezik, hogy maradt-e valami Isten képmásából a bukott, bűnös emberben. Ez fontos kérdés. Ha a bűnös állapotú emberben bármi megmaradt Isten képmásából, akkor kell benne lennie valami jónak és értékesnek, hiszen Isten mindig jó. Ha pedig semmi nem maradt benne Isten képmásából, akkor semmi jó nem lehet benne, mert egyedül Isten jó.

A Biblia nagyon világos választ ad erre a kérdésre, mégpedig azt a feleletet, hogy a bukott emberben *semmi* nem maradt Isten képmásából. Lehetetlen azt hinni, hogy a teljesen romlott bűnös még hasonló lehet Istenhez. Jézus a János 8:44-ben ezt mondja a hitetlen farizeusoknak és mindazoknak, akik nem hisznek benne: *„Ti az ördög atyától valók vagytok, és a ti atyátok kívánságait* *akarjátok teljesíteni.*" Másként fogalmazva az ember lelkileg egyedül a Sátánra hasonlít, és ez cselekedeteiben is megmutatkozik.

A Biblia akkor is választ ad arra kérdésre, hogy az emberben megmaradt-e Isten képmása, amikor az Efézus 4:24-ben és a Kolossé 3:10-ben azt írja, hogy az üdvösség annak képére való megújulás, aki minket teremtett. Amikor Isten megvált minket, akkor lerontja bennünk a Sátán képmását, és helyreállítja bennünk az ő hasonlatosságát megújítva minket Jézus Krisztus Lelke által, és újra igazságot, szentséget és igaz ismeretet ad nekünk. Az Efézus 4:24 és a Kolossé 3:10 tanítása szerint Isten képmása ebből a három részből áll: igazság, szentség és igaz ismeret. E képmás helyreállítása és újjáteremtése előtt a bukott és romlott emberben semmi sincs meg ezekből a tulajdonságokból. Csak azokban vannak meg, akik Krisztusban megújultak.

Te megújultál Isten képmására? Ha *igen*t mondasz, akkor cselekedeteid és beszéded megmutatják, hogy *hasonló* vagy-e hozzá. Micsoda szégyen, ha nem! Milyen nagy szégyen, ha azt mondjuk, hogy meg vagyunk váltva, és hordozzuk Isten képmását, de közben továbbra is az ördöghöz hasonlóan viselkedünk. Ezzel szemben Isten üdvözítő kegyelmének milyen csodálatos tanúsága, ha hasonlóak vagyunk hozzá – szeretett gyermekeiként követve őt (Ef 5:1).

2.15. Ádám és az emberi nem kapcsolata

Mivel Ádám egy bizonyos kapcsolatban volt az emberi nemmel, minden tettének következménye van számunkra. Mi volt ez a kapcsolat? Ádám a mi fejünk vagy képviselőnk volt. Ezt azért tudjuk, mert felelősek vagyunk bűnéért (Rm 5:12) ugyanúgy, mint ahogyan a szülők gyakran felelősek fiatalabb gyermekeik tetteiért, mivel képviselik őket. Tudjuk ezt az 1Korinthus 15:45-ből is, amely Krisztust, Isten előtti képviselőnket az *utolsó Ádám*nak nevezi.

Ádám volt a képviselőnk, ami azt takarja, hogy a mi helyünkön állt, ezért mindent a nevünkben tett. Így ugyanolyan felelősek vagyunk tettéért, mintha mi magunk cselekedtük volna. Ekképpen Ádám bűne a miénknek számít, és felelősek vagyunk érte, vétkesek vagyunk miatta.

Az emberek gyakran panaszkodnak, hogy ez igazságtalan, de valóban így van-e? Tudjuk például, hogy az efféle kapcsolatok szerves részét képezik földi életünknek. A szülők képviselik gyermekeiket, és eljárnak a nevükben. A politikusok mindenki nevében cselekednek, így ha hadat üzennek, az egész ország hadban áll, még ha valaki nem is ért egyet a politikusok tetteivel. Azonban a legfontosabb, hogy ha az emberek szerint nem jó és igazságos, hogy Ádám a mi képviselőnk, akkor az sem jó és igazságos, hogy Krisztus a mi képviselőnk. Sosem szabad elfelednünk, hogy Krisztus Ádám helyére állt, és az ő népe képviselőjeként cselekszik, így tehát amit Krisztus tett, beszámít nekik, és őérte találtatnak igaznak és szeplőtelennek Isten előtt.

Továbbá ugyanaz a természetünk, mint Ádámé, neki pedig ugyanaz volt a természete, mint nekünk, jóllehet még nem elbukott állapotban. Ezért nem mondhatjuk, hogy másként vagy jobban cselekedtünk volna nála. Sőt Ádám tökéletes és igaz volt, amiért még inkább biztosak lehetünk benne, hogy az ő döntése lett volna a miénk is. Amikor Ádám bűnbe esett, a vétke igazságosan szállt ránk, és a bukása tökéletesen igazságosan lett a miénk.

Ádám volt a mi atyánk is, ezért a mi – romlott, elfajult és bukott – emberi természetünket tőle örököltük. Vétkeinkben és bűneinkben halottként születtünk, mert maga Ádám lelkileg meghalt, amikor bűnbe esett. Magához hasonló gyermekeket nemzett (1Móz 5:3). Mi vétkeinkben és bűneinkben halottként születtünk már azelőtt szenvedve a bűn büntetését, mielőtt mi magunk bármi gonoszságot elkövettünk volna. Miként lehetséges ez? A felelet Ádámmal, képviselőnkkel való kapcsolatunkban rejlik. Mielőtt megszülettünk volna, és jót vagy gonoszt tettünk volna, már felelősek vagyunk a bűnéért. Ezért úgy születünk meg, hogy a bűn büntetését szenvedjük: ugyanazt a büntetést, amely rá szállt. Ő a vétke büntetéséül meghalt, és teljesen romlottá vált. Mi is vétkesek vagyunk az ő bűne miatt, így ugyanazon büntetés alá esünk.

Semmi nem tudja annyira erőteljesen szemléltetni helyzetünk reménytelenségét, mint hogy Ádámban már azelőtt vétkesek vagyunk, hogy bármilyen lehetőségünk lett volna gonoszt tenni, ezért romlottan, elfajultan születünk már szenvedve a bűn büntetését. Csak ennek megértése győzhet meg minket arról, hogy a bűn elleni gyógymódnak Istentől kell származnia. Amíg erről nincsen helyes képünk, továbbra is azt fogjuk gondolni, hogy a megoldás saját erőnkben, képességünkben vagy akaratunkban rejlik.

2.16. Az érdem

Ádám többek szerint próbaidőn volt a Paradicsomban, és ha engedelmes maradt volna, végül kiérdemelte volna az örök, mennyei életet. Hisszük, hogy ez nem biblikus. Az 1Korinthus 15:47–48-ból tudjuk, hogy az örök, mennyei életet csak a *mennyből való* Úr által kaphatjuk meg, aki a mi Urunk Jézus Krisztus. Nélküle Ádám földi maradt volna.

Ennél azonban még fontosabb, hogy az érdem egész gondolata rossz. A Szentírásban semmi helye nincs az érdemnek: sem az ember jelenlegi, romlott állapotában, sem a paradicsomi tökéletességben. Az ember soha nem szerezhet érdemet Istennél. Annak elképzelését, hogy erre mégis képes akár csak az igazság állapotában is, a gondolkozásunkból ki kell szakítanunk – gyökerestül, hajtásostul, ágastul.

Az embernek még bűntelen állapotában sincs semmije, amivel érdemet szerezhetne. Előbb lennie kell valami sajátjának, hogy bármit kiérdemeljen, vagy megszerezzen: idejének, tehetségének, erejének, amit az érdemszerzésre használhat. Azonban senkinek nincs semmije, ami tényleg az övé lenne. *„Mid van ugyanis, a mit nem kaptál volna?"* – kérdezi Pál az 1Korinthus 4:7-ben. Ádámnak még a bűneset előtt is ezt kellett volna válaszolnia: „Semmi!" Isten maga így szól a Zsoltárok 50:12-ben: *„Enyém e világ és ennek mindene."* Bármi, amit érdemünk alapjául ajánlanánk neki, már az övé. Vajon felajánlhatunk-e neki valamit úgy gondolva, hogy ez kedves lesz neki?

Az embernek ezt az érdemszerzésre való Isten előtti képtelenségét legvilágosabban a Lukács 17:10 tanítja. Itt az embert Isten Igéje egy rabszolgához hasonlítja, akinek nincs tulajdonában a saját élete, ezért nem érdemelhet ki semmit. Megtanuljuk, hogy ha *mindazokat* megcselekedtük is, ami nekünk parancsoltatott, még mindig *haszontalan szolgák* vagyunk. Jézus itt használt rövid példázata szerint semmivel sem érdemelnénk ki jobban Isten háláját, mint amennyire a példázat rabszolgája kiérdemli ura háláját azzal, hogy elvégzi annak akaratát. Azt is figyeljük meg, hogy a 10. vers nem jelenlegi, bukott állapotunkról beszél, hanem egy olyan helyzetről, amikor megcselekedtük *mindazt, ami nekünk parancsoltatott.* Ez számunkra lehetetlen, de Ádám számára lehetséges volt a bűneset előtt. Más szavakkal fogalmazva, Lukács evangéliuma ezt a verset ugyan nekünk címzi, de valójában jobban illik az igazság állapotában lévő Ádámra. Ha Ádám nem tudott érdemet szerezni Isten előtt, akkor mi hogyan tudnánk?

Szükséges tehát megszabadulnunk az érdemszerzés veszedelmes gondolatától – ki kell dobnunk tanításunkból, gyakorlatunkból és gondolkodásunkból. Csak ekkor fogjuk meglátni természetes állapotunk teljes reménytelenségét. Csak akkor láthatjuk meg, mennyire egyedül a kegyelemtől függünk, és csak akkor nem vetjük többé bizodalmunkat saját cselekedeteinkbe vagy erőnkbe, ha bizonyosak vagyunk abban, hogy soha semmit nem tudunk kiérdemelni Isten előtt. Csak ekkor fogunk így szólni: *„Assiria nem segít meg minket; lóra sem ülünk, és nem mondjuk többé kezeink csinálmányának: Istenünk! Mert nálad talál kegyelmet az árva"* (Hós 14:3).

2.17. Az első Paradicsom

Hogy Ádám Isten földi munkáinak legkiválóbbja, a teremtés koronája volt, annak az egyik jele, hogy Isten egy külön otthont készített neki egy Paradicsomnak nevezett kertben, Éden földjén. Ádám itt élt és dolgozott. Itt járt Istennel, amíg bűnbe nem esett.

Nehéz elképzelnünk, milyen volt ez az első Paradicsom. Azt sem tudjuk, hol volt, vagy milyen volt az a világ, ahova Isten ültette. Ott nem volt halál, sem szenvedés, sem fájdalom. Minden tökéletes volt, és nagyon különbözött attól a világtól, amelyben most élünk. Ádám maga is tökéletes volt ebben a tökéletes otthonban.

Ádám mindezt elvetette, amikor bűnbe esett. Elvesztett egy gyönyörű kertet, amely Isten különleges ajándéka volt, és elvesztette azt a mindenekfelett való helyet, ahol Istent szolgálhatta volna, és vele boldog közösségben lehetett volna. Ez hozzátartozik engedetlenségbe esésének tragédiájához. Amikor Isten kitiltotta Ádámot a kertből, az engedetlensége miatt büntette meg, és megmutatta neki, hogy bűnösként többé nincs joga az Istennel való közösséghez.

Ádám és Éva ebből az első Paradicsomból űzettek ki, amikor vétkeztek (1Móz 3:23–24). Jóllehet ez a Paradicsom földi volt, kizáratásuk mégis azt jelképezte, hogy a mennyei Paradicsomban nincs helye a bűnnek vagy a bűnösöknek. Vétkük által ők és leszármazottaik is elzárattak minden élettől, az Istennel való minden közösségtől és Isten mindenféle szolgálatától. Egyedül Isten kegyelme nyitja meg az utat a mennyei Paradicsomba.

Akik kegyelmet kapnak, azok számára az első Paradicsom ábrázolja ki az eljövendő Paradicsomot. A kettőnek még a neve is ugyanaz (Jel 2:7). Ugyanaz a fa nő bennük (Jel 2:7; 22:2). A második Paradicsomban sincs szenvedés, sem fájdalom, sem könny, sem halál (Jel 21:4). Az első Paradicsom egy kis betekintést ad nekünk abba, hogy milyen lesz a menny, és biztosít minket afelől, hogy amit Ádám a bűn által elveszített, azt Krisztus, a mi Urunk és Megváltónk munkája által újra elnyerjük.

Az első Paradicsom létezése emlékeztető jel arra, hogy Isten már akkor valami jobbat gondolt, amikor elültette az Éden kertjét. Ebben az első Paradicsomban kezdte meg minden az Istentől rendelt történelmét, amely majd a második, mennyei Paradicsomban fog csak véget érni. Ez hozzátartozott Isten céljához, hogy megdicsőítse önmagát a teremtés, a bűn, a kegyelem és az üdvösség által, mert semmi nem történik az ő szándékain kívül. Az első Paradicsom a második ígérete és árnyéka volt.

Krisztus által és az ő hatalmának bizonyságaként a második Paradicsom jobb, mint az első. A mennyei Paradicsomban a bűnnek még a lehetősége sem lesz meg. A legjobb az lesz, hogy Isten örökre az ő népével fog *lakozni*,

és az ő Istenük lesz (Jel 21:3). Ott majd szeretett Krisztusukat is meg fogják
látni. Ez felfoghatatlan öröm és boldogság.

2.18. A két fa

Amikor Isten megalkotta Éden kertjét Ádám és Éva otthonául, elhelyezett
benne két különleges fát: az élet fáját, valamint a jó és gonosz tudásának fáját.
E fák jelentőségét megmutatja, hogy a kert közepén álltak (1Móz 2:9).

Nehéz ezekkel a fákkal kapcsolatban minden kérdésre válaszolni, mivel
olyan kevés információ áll rendelkezésünkre. Ilyen kérdés például, hogy az élet
fája gyümölcsében volt-e erő, hogy életet adjon annak, aki megette. További
kérdések is sorakoznak: ha a gyümölcsben ilyen erő volt, akkor Ádámnak
és Évának csak egyszer vagy rendszeresen kellett-e ennie belőle ahhoz, hogy
vég nélküli életük legyen. Hogy a jó és gonosz tudásának fáján lévő gyümölcs
önmagában nem ölte meg méregként Ádámot és Évát (1Móz 3:6), az mintha
arra utalna, hogy az élet fájának gyümölcse sem adott magától életet. Az
1Mózes 3:22 azonban úgy tűnik, másként mondja. Ha viszont az élet fájának
volt ereje Ádámnak végtelen életet adni vagy azt fenntartani, akkor nagyon
különbözött a jó és gonosz tudásának fájától, amelynek önmagában nem volt
ereje az életet elvenni.

Lehet, hogy nem tudunk mindezekre a kérdésekre választ adni, mivel
a Szentírás olyan keveset mond, de valami egyértelműnek tűnik az első Pa-
radicsom e két fájával kapcsolatban: Ádám számára az *antitézist* képviselték.
Az antitézis az elkülönülés és a szembenállás Isten és a Sátán, a jó és a gonosz,
az egyház és a világ, a hívő és a hitetlen között.

Ami Isten népét illeti, az antitézissel kapcsolatban az ő feladatuk *igent*
mondani Istennek és Isten törvényének, illetve *nemet* mondani az ördögnek és
a bűnnek. Ez a lényege a bűnös világtól való lelki elkülönülésüknek, amelyben
élnek (2Kor 6:14–18). Istennel kapcsolatban mindig ez az ember feladata.

A kertben a két fa ugyanezt a feladatot állította Ádám és Éva elé. Ha az
élet fájáról esznek (ennek módja és ideje valójában nem sokat számít), akkor

*igen*t mondanak Istennek. Ha nem esznek a jó és gonosz tudásának fájáról, akkor *nem*et mondanak az ördögnek, a bűnnek és az engedetlenségnek. Ez volt az oka annak, hogy nem ehettek. Semmi más indoka nem volt számukra annak, hogy *ne* egyenek a tudás fájáról, mert Isten parancsától eltekintve jó volt az eledelre, és kedves a szemnek.

Ádám és Éva ettek, elbuktak, és bűnbe estek. Mi is folytatjuk az ő bűnüket, amikor igent mondunk az ördögnek, illetve nemet Istennek és az ő törvényének. Mindazonáltal a két fa által jelképezett feladatuk soha nem változott. Éppen ezért a megváltás csak a mi Urunk Jézus Krisztus által jöhetett el, akinek az élete egy nagy *igen* volt Istennek és az ő törvényének, és egy ugyanolyan nagy *nem* minden bűnnek és az ördögnek, ami annyira világosan látható pusztai megkísértésében. Hála legyen Istennek a második Ádámért és azért, amit tett!

2.19. Az ördög hazugsága

Isten két különleges fát helyezett az Éden kertjébe, amelyek közül az egyik a jó és gonosz tudásának fája volt. Ádámnak és Évának megtiltotta, hogy e fa gyümölcséből egyenek. Amikor mégis így tettek, akkor elestek Isten jóindulatától, mégpedig a bűnbe és a halálba.

Miért volt tehát a fa neve *a jó és gonosz tudásának fája*? Ezt a kérdést az ördög hazugsága miatt kell megválaszolni (1Móz 3:5). Az ördög ezt mondta: *„olyanok lésztek mint az Isten: jónak és gonosznak tudói"*, Ádám és Éva pedig hallgatott rá.

Amit az ördög mondott, hazugság volt. Ő mindig hazudik. *Nem* úgy ismerjük meg a jót és a gonoszt, hogy *megkóstoljuk* a rosszat, és engedetlenek vagyunk Istennel szemben. Mindazonáltal az ördög még mindig ezt hazudja, és az emberek még mindig hallgatnak rá. Azt mondja az embereknek, hogy *meg kell tapasztalniuk*, ki kell próbálniuk a gonoszt ahhoz, hogy valóban megismerjék, ők pedig gyönyörködve hallgatják.

Valószínűleg ez volt az a hazugság, amelyet Jézabel tanított a thiati-
rai egyházban (Jel 2:20-24). Erre az asszonyra úgy gondolunk, mint aki azt
tanította Isten szolgáinak, hogy paráználkodjanak, és megegyék a bálványok-
nak szentelt dolgokat (Jel 2:20) azért, hogy – amint ő és követői mondták –
megismerhessék a Sátán mélységeit (Jel 2:24).

A keresztyén szülők ezt a hazugságot hallják, amikor azt mondják
nekik, hogy nem kell őrizniük gyermekeiket attól a gonosz világtól, amelyben
élünk. Azt hallják, hogy gyermekeiknek ki kell menniük a *valódi* világba, hogy
megismerhessék, milyen is az. Meg kell tapasztalniuk ahhoz, hogy ismerjék;
de mi és a gyermekeink nem ezen az úton tanuljuk meg a jót és a gonoszt.

Valójában csak úgy ismerjük meg a jót és a gonoszt, ha *nem* kóstoljuk
meg a rosszat – azaz elhagyjuk azt, és menekülünk tőle. Gondoljunk csak a
bukott emberre! Miután evett a jó és gonosz tudásának fájáról, *többé nem volt
képes* megkülönböztetni a jót és a gonoszt. Isten úgy ismeri a gonoszt, hogy
teljesen elkülönül attól, és ugyanez a helyzet velünk is.

Mindazonáltal nem ez volt *minden*, amire az ördög gondolt. Azt is
értette ez alatt, hogy Ádámnak és Évának meglesz a joga *meghatározni maguk
számára*, mi a jó, és mi a gonosz. Ebben az értelemben úgy lesznek *a jónak
és a gonosznak tudói*, hogy esznek a fáról. Ekkor *olyanok lesznek, mint Isten*,
legalábbis ezt mondta az ördög. A bukott ember az ördögnek való engedel-
mességben hallgatott erre a hazugságra, és továbbra is azt állítja, hogy joga
van neki magának meghatározni, mi a jó, és mi a rossz.

Isten ugyanerre utal, amikor így szól: „*Az ember olyanná lett, mint mi
közülünk egy.*" Ezen azt értette, hogy az ember magának tulajdonította, ami
egyedül Istenhez tartozik, tudniillik a jó és a gonosz meghatározásának jogát.
Miután így tett, az ember többé nem ehet az élet fájáról. Isten *nem engedheti*
meg neki, hogy kinyújtsa a kezét az élet fája felé, és örökké éljen, miközben
nyíltan fellázadt Isten ellen. Ezért az Úr kiűzte őt a kertből és az élet fájától.

Minden gonosz azért érte el az emberiséget, mert először Éva, majd
Ádám hallgatott a Sátán hazugságára. Miután hallottuk Isten Igéjének igazságát,
ne figyeljünk többé az ördög hazugságára, hanem helyes módon ismerjük meg

a jót és a gonoszt: hallgassunk Isten szavára, hagyjuk el a rosszat, és különítsük el magunkat attól teljes szívvel!

2.20. A jó és gonosz tudásának fája

Megmagyaráztuk a két különleges fa jelenlétét, amelyeket Isten ültetett el az Éden kertjében, Ádám és Éva első otthonában. Most mondanunk kell valamit arról, hogy a jó és gonosz tudásának fájának mi volt a célja Isten Igéjének fényében – az 5Mózes 8:2–3 alapján. Hisszük, hogy a jó és gonosz tudásának fája azt a fontos lelki alapelvet jelképezte, amelyet ezek a versek tanítanak: *„És emlékezzél meg az egész útról, a melyen hordozott téged az Úr, a te Istened immár negyven esztendeig a pusztában, hogy megsanyargasson és megpróbáljon téged, hogy nyilvánvaló legyen, mi van a te szívedben; vajjon megtartod-é az ő parancsolatait vagy nem? És megsanyargata téged, és megéheztete, azután pedig enned adá a mannát, a melyet nem ismertél, sem a te atyáid nem ismertek, hogy tudtodra adja néked, hogy az ember nem csak kenyérrel él, hanem mind azzal él az ember, a mi az Úrnak szájából származik.”*

Kezdjük annak felidézésével, hogy maga a fa gyümölcse jó volt. Nincs okunk feltételezni, hogy nem volt igaz, amit Éva látott a fára tekintve. Jó volt az eledelre, *kedves a szemnek,* és *kívánatos (…) a bölcseségért* (1Móz 3:6), így már elkezdte megkívánni Isten parancsa ellenére. Miért tiltotta tehát meg Isten, hogy egyenek róla?

A választ az 5Mózes 8:2–3-ban találjuk. Isten megtanította Ádámnak és Évának, hogy nemcsak kenyérrel él az ember, hanem Isten Igéjével. Ezzel azt mondta, hogy az élet több a puszta létezésnél, több a test életénél, amelyet az étkezéssel lehet fenntartani. Az élet az ember számára az élő Istennel való közösség – az Isten Igéjének való engedelmesség által.

Homer Hoeksema így ír:

„Ez a fa Ádámnak kenyeret ajánlott, jó kenyeret, a föld termését. Mégis olyan kenyeret ajánlott, amelyet nem ehetett meg. Ehelyett ott volt Isten szava, amely megparancsolta, hogy (…) ettől a fától

tartóztassa meg magát (...) A jó és gonosz tudásának fájától való
tartózkodással Ádám életének ama másik, magasabb, lelki oldalát
gyakorolta volna: szerető barátságban és szolgálatban engedelmes-
kedett volna Urának, Istenének, és így valósággal élt volna."[7]

Ádám az Istennek való engedelmesség helyett a test kívánságainak
kielégítése mellett döntött. Ő volt az első (Évával együtt), akinek a hasa
lett az istene, az első, aki a földiekkel törődött (Fil 3:19). Az emberek azóta is
így élnek testük és lelkük kívánságait kielégítve, és nem tekintik jobbnak Isten
tetszését az életnél. Ma is csak kenyérrel próbálnak élni, Isten Igéje nélkül.

Azonban ahol Ádám elbukott, ott Krisztus megállt. Ő nem csupán
megismételte, hogy az ember nem csak kenyérrel él (Mt 4:4), hanem meg
is tartotta ezt az elvet még akkor is, amikor már az éhhalál szélén volt a
pusztában töltött negyven nap után. Az Istennek való engedelmességnél nem
volt fontosabb számára, hogy a kövek kenyérré változtatásával annyi kenyérrel
töltse meg a pusztát, amennyi a világ minden éhezőjének elegendő lenne.
Bárcsak ugyanígy gondolkozna ma az egyház!

Valójában Jézus egész szolgálatát az jellemezte, ami a pusztában történt.
Még halála is annak a tanúsága volt, hogy számára – mindenki mástól eltérően –
sokkal fontosabb volt az Istennek való engedelmesség, mint a földi élet és
az ahhoz szükséges dolgok. Mindhalálig engedelmes volt. Így pedig Ádám
elbukott gyermekei közül megváltotta a választottakat.

2.21. Az élet fája

A másik különleges fa, amelyet maga Isten ültetett az Éden kertjében, az élet
fája volt. Ez a fa is a lehető legnagyobb jelentőséggel bírt Ádám és Éva számára.

Ott van a kérdés, hogy vajon a fának önmagában volt-e ereje földi életet
adni. Úgy tűnik, éppen erre utalnak Istennek a szavai, amelyeket akkor szólt,

---

[7]Homer C. Hoeksema: *From Creation to the Flood. Unfolding Covenant History: An Exposition*
of the Old Testament, 1. kötet [A teremtéstől az özönvízig. A szövetség történetének kibontása:
Az Ószövetség magyarázata.] Reformed Free Publishing Association, Grandville, Michigan,
USA. 2000. 119.

amikor megakadályozta, hogy Ádám és Éva egyen a fáról (1Móz 3:22), de még akkor sem ez volt a fa legfőbb jelentősége.

Azért állt ott ez a fa, hogy jelképezze Ádám és Éva számára azt az igazságot, hogy az élet az Istennek való engedelmességben van. Erről még a törvény is bizonyságot tesz (Gal 3:21), bár önmagában nem adhat életet. Amikor Ádám és Éva az engedetlenséget választotta, akkor lehetetlen volt számukra a szó valódi értelmében továbbra is *élni*. Meg kellett halniuk, ezért Isten sok más dologgal együtt elvette tőlük annak a jogát is, hogy egyenek az élet fájáról.

Az élet fája azt a számunkra is nagyon fontos és jelentős tényt jelképezte, hogy az engedelmesség nem csupán a gonosztól való eltávozásban áll, hogy *nem tesszük meg*, amit Isten megtiltott. Ha ez igaz lenne, akkor a kijózanodó, de meg nem tért részeg Isten iránti engedelmességben élne, pedig valójában nem ez a helyzet.

Az engedelmességnek mindig van egy pozitív oldala, amelyet egy korábbi szakaszban így írtunk le: *igent* mondani Istennek. Istennek e szeretete és az ő tetszése iránti vágy nélkül a puszta, külső engedelmesség gyűlöletes. Ézsaiás beszél erről, amikor azt mondja, hogy az Isten szeretete nélkül bemutatott áldozat Isten színe előtt ugyanolyan, mintha valaki embert öl, vagy elvágja egy kutya nyakát (Ézs 66:3). Pál ugyanezt tanítja, amikor arra emlékeztet minket, hogy „*a mi pedig hitből nincs, bűn az*" (Rm 14:23).

Akik *nem* szeretik Istent, és nem mondanak neki *igent* teljes szívükből, elméjükből, lelkükből és erejükből, azok semmi jót nem tesznek. Isten törvényének való külső megfelelésük csak azt mutatja, hogy ismerik a törvényt, de nem ismerik és nem szeretik Istent. Az ilyen „engedelmesség" által csak kárhoztatásukat növelik. A valódi engedelmesség a bűn*től* való elfordulás, ugyanakkor az Isten*hez* való odafordulás teljes szívünkből és erőnkből.

Az új teremtésben csak az élet fája lesz ott (Jel 22:2), a jó és gonosz tudásának fája nem. A bűn, a halál és a Sátán sem lesz ott, és engedelmességünkhöz már nem fog hozzátartozni, hogy *nem*et kell nekik mondani. Engedelmességünk tisztán és teljesen Isten szerető szolgálata lesz. Ezért számunkra az

élet fája Krisztust jelképezi. Ő nemcsak a mi életünk örökkévaló forrása –
amint az első fa Ádám és Éva életének forrása lett volna –, hanem ő az, aki-
ben a mi Isten iránti engedelmességünk tökéletes. Ő az, aki *igent* mondott
Istennek a mi nevünkben egészen a halálig. Ő az, akiből táplálkozunk, aki
az örök életre táplálja lelkünket, hogy mi is *igent* mondhassunk Istennek
teljes valónkkal és mindenünkkel együtt. Az új teremtésben belőle táplálkoz-
va és benne örvendezve többé nem lesz lehetőség *nem*et mondani Istennek.
Csodálatos, nem igaz?

2.22. Az ember bukása

Az egész világtörténelem legtragikusabb eseménye nem a holokauszt, nem
a világháborúk, nem a nagy gazdasági válság, nem valami hasonló emberi
vagy természeti katasztrófa, hanem az ember bűnbeesése volt. Ez az egyetlen
esemény a magyarázata a világban lévő minden nyomorúságnak, bajnak és
szenvedésnek. Ha nem lett volna bűneset, akkor nem lenne halál, betegség,
háború, kórház, fájdalom, és nem lennénk elszakadva Istentől.

Jegyezzük meg, hogy mindezt az *ember* bukása hozta el! Ne panaszkod-
junk Isten ellen arra gondolva, hogy ha ő a szeretet és az irgalom Istene, akkor
nem lehetne ilyen nyomorúság! Ezeknek nem Isten, hanem az ember az oka.

Ez a nyomorúság nemcsak azért hullott ránk, mert Ádám vétkezett,
hanem azért is, mert az ő bűne mindenkinek a bűne volt. Mivel ő vétke-
zett, és vele együtt mi is, a halál és a bűn egyéb következményei mindenkit
elértek: *„akképen a halál minden emberre elhatott, mivelhogy mindenek vét-
keztek"* (Rm 5:12).

Nem szabad lerombolni a Szentírás bizonyságtételét azt állítva, hogy
a bűneset 1Mózes 3-ban szereplő története nem történelmi igazság. Ha így
teszünk, akkor nem tudjuk megmagyarázni az ember helyzetét; sem annak a
világnak az állapotát, amelyben él; sem Krisztus, a második Ádám eljövetelének
szükséges voltát.

A bűnesettel kapcsolatban ismernünk kell néhány kiemelkedően fontos részletet. Először is Éva vétkezett előbb, ezért kell az egyházban az asszonynak alárendeltnek lennie (1Tim 2:11–14), és ezért szenved a gyermekszülésben (1Móz 3:16).

Másodszor az első bűnt az ördög ösztönzésére követték el. Hazugságai és csalárdsága által megölte Ádámot, Évát és utódaikat (Jn 8:44). Mivel azonban önként hallgattak hazugságaira, ők is felelősek a bűnesetért és következményeiért.

Harmadszor az ember bukásából kifolyólag nem hibáztathatjuk Istent lelki állapotunkért. Noha mindannyian *holtan* születünk vétkeinkben, Isten az embert tökéletesnek teremtette, és Ádámban tökéletes képviselőt adott nekünk. Benne az ember önként döntött Isten ellen, és önként vetett el minden jó ajándékot, amelyet Isten adott neki.

Negyedszer a hazugság, amely által az ember elbukott, ugyanaz a hazugság, amelyet ma is hallgat, és hisz: *„olyanok lésztek mint az Isten"* (1Móz 3:5). Saját „szabad akaratát" dicsőíti, és ahhoz ragaszkodik, hogy ő saját sorsának kovácsa. Az ember ezekkel, valamint istentelen tanításaival, filozófiáival, életmódjával úgy tesz, mintha ő lenne saját maga törvénye, és tagadja Isten szuverenitását és uralmát. Ezzel megmutatja, hogy még mindig a Sátán hazugságára hallgat.

Hiszed-e, hogy *te* is elbuktál Ádámmal, és az ő bukása nemcsak az emberiségé, hanem a tied is? Ha hiszed, akkor tudod, hogy miért egyedül Krisztus szabadíthat meg, és miért kell hinned őbenne.

2.23. A bűn és következményei

A legtöbben egyetértenek azzal, hogy a világ szörnyű állapotban van. Szerte a világon burjánzik a polgári elégedetlenség. A bűnözés egyre növekszik. *Harcolunk* a drogok, a terrorizmus és az erőszak ellen. Maga a teremtett világ is egyre romlik, és a világ időjárási mintázatai is változni látszanak.

Némelyek szerint ezekre a problémákra a kormányokban vagy a kormánypolitikában, a környezettudatosságban és az oktatásban lezajló gyökeres változtatás adhat megoldást. Mások azt gondolják, hogy hatalmas pénzösszegeket kell a szükséges változások biztosítására szánni. Az embereknek biztosítani kell a megfelelő oktatást, lakhatást és egyéb életszükségleteket. Csak akkor lesz jó irányba történő változás.

Amit olyan sokan nem akarnak meglátni, hogy az embernek a szívével van baj. Ez a rendellenesség a bűnesetre és első szüleink, Ádám és Éva engedetlenségére vezethető vissza. Őket Isten tökéletesre, valamint az ő szeretetére és szolgálatára alkalmasnak, bűn nélkül teremtette őket.

Mindazonáltal Ádám vétkezett, mert evett a tiltott fa gyümölcséből (1Móz 3). Első szüleink hallgattak az ördög hazugságára, aki a kígyóban jött hozzájuk (1Móz 3:1–5; Jel 12:9). Az ember azt hitte, hogy olyanná lehet, mint Isten.

Isten fenyegetése beteljesedett Ádám bűne miatt: meghalt. Ez érintette fizikai létezését, amely a sírban végződik, és ez eredményezte a pokol örökkévaló büntetését, hacsak nem nyílik út a szabadulásra. Ádám bűnének következményei pusztító hatást gyakorolnak az egész emberiségre. Ádám volt mindenek képviselője és ősatyja. Az ő egyetlen bűne hozott mindenkire halált (Rm 5:12). A szomorú következmény, hogy mindenki lelki halottként születik, és képtelen bármi jót cselekedni (Rm 3:10–19).

Az ember szívének baját *teljes romlottság*nak nevezzük, amely azt jelenti, hogy képtelen bármi jót cselekedni Isten színe előtt. A Szentírás *kőszívről* (Ez 11:19) és *gonosz szívről* beszél (Jer 16:12). Az Istennel szembeni kőszív okozza az ember minden baját.

A bűn következményei nemcsak az ember evilági életét érintik, hanem az eljövendő világgal kapcsolatos reménységét is. Ha valaki újonnan nem születik, nem láthatja meg a mennyek országát (Jn 3:3). Ha az ember újra boldog életet akar, akkor új életet és új, *tiszta szívet* kell kapnia (Zsolt 51:12), mégpedig magától Istentől.

Csak akkor lesz reménység arra, hogy véget érnek a bűn gonosz következményei, ha Isten az ő népét újjászülve és megújítva beteljesíti kegyelmének nagy munkáját. A bűn miatt még ezt a jelenvaló világot is meg kell tisztítani, és fel kell állítani Krisztus örök királyságát. Ezt a politika, az oktatás és a társadalmi reform nem fogja megtenni.

2.24. Az eredendő bűn

A Biblia tanítása szerint még akkor is bűnösnek számítanánk Isten előtt, ha soha nem is vétkeztünk volna, azaz semmi rosszat nem tettünk volna. Ez az *eredendő bűn* bibliai tanítása. Amikor az eredendő bűnről beszélünk, akkor Ádám bűnére utalunk, és arra, hogy Isten Ádámnak ezért az első vétkéért felelősnek tart minket. Ezért az első engedetlenségért ugyanolyan vétkesek vagyunk, mint ő – annyira bűnösök, hogy ugyanabban a büntetésben részesülünk. Vétkeinkben és bűneinkben holtan születünk, szenvedve a büntetést, amelyet Isten kezdetben kijelentett (1Móz 2:17).

Az eredendő bűnnek ezt a tanítását a Róma 5:12-ben találhatjuk. Ez a vers arra emlékeztet minket, hogy amikor Ádám vétkezett, az egész emberi nemzetségre eljött a halál. Figyeljük meg, hogy ez a vers nem azt mondja, hogy akkor jön el a halál, amikor mindenki vétkezett, hanem hogy már mindenkire eljött, mert mindenki vétkezett. A múlt egy pontján mindenki vétkezett, még azok is, akik még nem születtek meg, ezért vétkeikben és bűneikben holtan születtek meg. Mikor vétkezett mindenki, hogy mindannyian vétkeinkben holtan születünk? Az egyetlen lehetséges felelet a Róma 5:12 válasza: Ádámban vétkezett mindenki.

Az eredendő bűnnek két része van. Egyrészt Ádámban mindenki vétkezett, és ezért a bűnéért mindenki felelős. Erre általában *eredendő vétek*ként utalunk, amelyben minden ember részes, mert Ádám mindenkit képviselt Isten előtt. Másrészt már születése előtt bűnösként minden ember a bűn büntetését, az örök halált szenvedve érkezik erre a világra. Vétkeikben és bűneikben holtan *születnek* (Ef 2:1). Az eredendő bűnnek ezt a részét – a büntetést, amelyben születésünktől fogva részesülünk – *eredendő szennyezettségnek* vagy *romlottságnak* nevezzük.

Ezt a tanítást a legtöbben nem szeretik, mert igazságtalannak tűnik. Valójában azonban egyáltalán nem igazságtalan. Életünk sok más területén is elfogadjuk a felelősséget mások tetteiért, és nem gondoljuk igazságtalannak. Ha a politikai vezetőink törvényeket hoznak, akkor felelősek vagyunk azokért a törvényekért. A szülők sok esetben felelősek gyermekeik viselkedéséért. Ez egyszerűen része az emberi életnek. És ez még az üdvösségre is érvényes: nem panaszkodunk, vagy nem gondoljuk igazságtalannak, hogy Krisztus Megváltónkként felelősséget vállalt helyettünk és minden bűnünkért. Üdvösségünk azonban ugyanolyan módon jött el Jézus által, mint ahogyan a bűn Ádám által.

Az eredendő bűn a Biblia nagyon fontos tanítása, és nagy a személyes jelentősége is. Megtanítja, hogy bűnösökként mennyire elvesztünk, és megmutatja, hogy nincs lehetőség az üdvösségre, csak Jézus Krisztusban. Ebből a tanból megtanuljuk, hogy akkor is Isten haragja alatt lennénk, ha semmi bűnt sem követtünk volna el, és akkor is örökre megbüntetne minket. Ezért nem mehetünk sehova sem segítségért és megváltásért, csak Krisztus keresztjéhez.

Tudod-e, hogy eredendő bűnnel születtél? Tudtad-e, hogy legkisebb gyermekeid is meg vannak vele fertőzve születésüktől fogva? Tudtad-e, hogy erre a szörnyű „betegségre" az egyetlen gyógymód Jézus Krisztus műve? Ezért szólít fel minket a Biblia arra, hogy benne, és csak benne higgyünk az üdvösségre.

2.25. Teljes romlottság

Sok olvasónk ismeri a kálvinizmus öt pontját, amelyet a *kegyelem tanai*nak is neveznek. Ez az öt igazság együttesen azt hirdeti, hogy Isten szuverén a megváltásban, tehát az üdvösség mindenestül Istené, és nem függ a mi akaratunktól vagy cselekedeteinktől.

Az öt pont közül az első a *teljes romlottság*, amely megmutatja, miért szükséges, hogy az üdvösség mindenestül Istentől és az ő kegyelméből legyen. A *romlottság* szó bűnös és gonosz voltunkra utal. Ezzel a szóval azt hangsúlyozzuk, hogy Isten színe előtt *nagyon* gonoszok vagyunk, és nagy szükségünk van az ő szabadítására.

Amikor a romlottságot *teljesként* írjuk le, azon három dolgot értünk. Először is *minden ember* romlott és gonosz, kivéve Jézust (Zsolt 14:2–3). Másodszor minden ember *minden részében* romlott. Isten szemében nemcsak tetteik, hanem gondolataik (1Móz 6:5), akaratuk (döntéseik és kívánságaik) (Ef 2:3; 4:22), érzelmeik, sőt szívük is (Jer 17:9) gonosz. Különösen fontos azt tudnunk, hogy az akarat romlott, mivel ebből következik, hogy kegyelem nélkül *senki sem dönthet* az üdvösség mellett. Az üdvösség Isten akaratán kell múljon, nem pedig az emberén. Harmadszor minden ember minden részében *teljes mértékben* romlott. Az akarat, a szív és a többi nem csupán részlegesen romlottak. Az ember minden része teljesen romlott, azaz *egyáltalán semmi jó nincs* egyik részében sem. Ezt gyakran tagadják azt állítva, hogy jóllehet az emberben sok gonosz van, mégis található benne egy kis jó is: „van egy kis gonosz a legjobbjainkban, és egy kis jó a legrosszabbjainkban is."[8] Erre különösen az ember üdvössége kapcsán utalnak. Szerintük az ember nem tudja megmenteni önmagát, de van benne elég jó ahhoz, hogy az üdvösség mellett *döntsön*.

Nem tagadjuk, hogy az ember sok cselekedetét mások jónak ítélik, Isten azonban mindet gonosznak ítéli. Az ő szemében senki nem tud, sőt nem is akar jót tenni. Isten a miénknél magasabb mérce alapján ítél azt követelve, hogy mindent hitből és az ő dicsőségére tegyünk. Ha nem így teszünk, az nem jó (Rm 14:23; 1Kor 10:31).

Istennek az emberiség felett való ítéletét a Zsoltárok 14 írja le, az egyetlen zsoltár, amelyet az Írás megismétel (ld. Zsolt 53). Ez a zsoltár világosan megmutatja Isten ítéletét felettünk: „*Az Úr letekintett a mennyből az emberek fiaira, hogy meglássa, ha van-é értelmes, Istent kereső*" (Zsolt 14:2). És mi az ő ítélete? „Mindnyájan *elhajlottak*; egyetemben *elromlottak*, nincs, *a ki jót cselekedjék, nincsen csak* egy sem" (Zsolt 14:3).

---

[8] Ezt az angol szállóigét Martin Luther Kingnek tulajdonítják. (A ford. megj.)

Az Efézus 2:1 a teljes romlottság tanítását azzal összegzi, hogy *holtak* vagyunk vétkeinkben és bűneinkben. Állapotunk nem lehet rosszabb. A bűnben halottként a lelki élet legkisebb rezdülése sincs meg bennünk. *Teljesen* romlottak vagyunk.

Amikor ezt kegyelemből elkezdjük megérteni, akkor azt is meglátjuk, hogy milyen nagy szükségünk van Jézus Krisztus keresztjére, mert semmi más nem üdvözítheti a teljesen romlott bűnösöket.

2.26. Az ember úgynevezett szabad akarata

A protestáns reformáció idején Luther Márton kiadott egy könyvet *A szolgai akarat* címmel. Ezt a könyvet Erasmusszal és tanításával szemben írta. Erasmus hirdette, hogy az ember akarata *szabad*, azaz el tudja dönteni, hogy akar-e üdvözülni vagy nem. Könyvében Luther azt írta Erasmusnak, hogy a szabad akarat kérdése volt a reformáció legfontosabb ügye. Így szólt Erasmushoz: *„nem fárasztottál azzal a sok nem ide való vitával a pápaságról, tisztítótűzről, bűnbocsánatról és ezekhez hasonlóakról, melyek inkább mulatságosak, mint komolyak (…) Egyedül te tapintottál rá a dolgok elevenjére, nyakánál ragadva meg a libát!"* [9]

Erasmus tanításával szemben Luther azt írta, hogy a bukott ember nem *szabad* azt választani, ami jó és Istennek tetsző, hanem akarata – a döntésre való képessége – a bűn szolgaságában van. Luther írása ellenére Erasmus szabad akaratról szóló tanítása vált a legtöbb mai protestáns egyház tanításává.

Lutherrel együtt hisszük, hogy az ember akarata a bűn szolgaságában van, és nemcsak nem tud jót tenni, de nem is tudja *akarni* azt (Rm 8:7–8). Az ember különösen nem tudja megtenni azt a nagy jót, hogy Isten és Krisztus mellett dönt. Ezért hisszük, hogy az ember nem hihet Krisztusban, hacsak felülről meg nem adatik neki (vö. Jn 6:44).

Azt is valljuk, hogy üdvösségünk döntő kérdése nem az ember akarata, hanem Isten szuverén és örök akarata, a predestináció (Csel 13:48; Fil 2:13). Ha az ember nem tud az üdvösség mellett dönteni, akkor Istennek kell mellette

---

[9] Luther Márton: *A szolgai akarat*. Magyarországi Luther Szövetség, Budapest. 2006. 265.

döntenie. Isten ezt meg is teszi, amikor szuverén módon elrendeli, hogy ki fog üdvözülni, és úgy határoz, hogy a megváltottaknak szuverén és mindenható kegyelme által megadja az üdvösség minden áldását.

A szabad akarat hamis tanítása így több fontos igazságot tagad. Először is *tagadja a predestinációt*. A predestináció azt jelenti, hogy Isten *akarata* (döntése) határoz meg mindent, így azt is, hogy ki fog üdvözülni (Ef 1:3-6). A szabad akarat tanítása szerint az üdvösségben az ember döntése a fontos.

Másodszor *tagadja azt a bibliai igazságot, hogy az üdvözítő hit Isten ajándéka* (Ef 2:8-10). A szabad akarat tanítása szerint a hit az ember saját döntése, amely által bízik Krisztusban.

Harmadszor *tagadja azt az igazságot, hogy Krisztus csak az ő népéért halt meg* (Mt 1:21). Akik hiszik a szabad akaratot, azok azt hirdetik, hogy Krisztus kivétel nélkül mindenkiért meghalt, és most az üdvösségük azon múlik, hogy elfogadják-e őt, azaz szabad akaratból származó döntésüktől függ.

Negyedszer *tagadja azt a csodálatos igazságot, hogy az üdvösség egyedül kegyelemből van* (Ef 2:8-10). A szabad akarat tanítása, hogy az embernek kell *valamit tennie* azért, hogy üdvözüljön. Ezzel szemben az Írás azt tanítja, hogy az üdvösség *„nem azé, a ki akarja, sem nem azé, a ki fut"* (Rm 9:16).

Az ember szabad akaratában való hit megmutatkozik az igehirdetés és az evangélizáció manapság legnépszerűbb formájában, amelyik könyörög a bűnöshöz, hogy fogadja el Krisztust, és előrehívásokat, felhívásokat, döntési időket, kézfelemelést és más hasonló taktikákat alkalmaz, hogy meggyőzze az embereket arról, hogy elfogadják Krisztust mint Megváltójukat. Mindezek azt előfeltételezik, hogy az ember üdvössége saját döntésén múlik.

Megkérdezhetné valaki, hogy akkor egyáltalán mi értelme van mindenkinek hirdetni az evangéliumot. Az evangélium azonban *Istennek hatalma* az üdvösségre (Rm 1:16). Ez a mód, amelyen keresztül Isten hitet és bűnbánatot ad mindazoknak, akiket öröktől fogva kiválasztott, és Krisztusban megváltott. Legyen ez az üdvösség hatalma sokak számára!

3. fejezet

Krisztus és az ő munkája

3.1. A Megváltónk nevei

A Biblia nagy jelentőséget tulajdonít Jézus neveinek. Ezek a teológiában olyan fontosak, hogy általában külön szakaszban vizsgálják őket.

A *Jézus* név például annyira jelentős, hogy Krisztus születése előtt Isten saját követe mondta el azt Józsefnek. Az angyal által kijelentett név jelentése maga az evangélium dióhéjban, és minden része egy-egy prédikáció (Mt 1:21). E név által üdvözülnek az emberek (Csel 4:12).

A *Krisztus* név annyira fontos, hogy amikor Péter megvallotta ezt a nevet, Jézus *boldog*nak nevezte, és elmondta neki, hogy egyedül úgy ismerhette meg azt, hogy Isten kijelentette neki (Mt 16:17). E név megvallása az egyház megmozdíthatatlan alapja (Mt 16:18), illetve az újjászületés bizonyítéka (1Jn 5:1). Aki nem vallja meg a Krisztus nevet, azt az 1János és a 2János antikrisztusnak és hitetőnek nevezi (1Jn 2:22; 4:3; 2Jn 7).

Hasonlóképpen az *Úr* névről azt olvassuk, hogy senki nem mondhatja Jézust Úrnak, csak a Szentlélek által, mivel ez a név olyan hatalmas (1Kor 12:3). Ami igaz az *Úr* névre, az Megváltónk minden nevére igaz.

Jézus nevei azért fontosak, mert a mi nevünktől eltérően megmutatják, hogy pontosan *kicsoda* és *micsoda* ő. Hozzátartoznak Isten Jézus Krisztusban nekünk adott kijelentéséhez, és így az evangéliumi üzenet, az üdvösség jó hírének nagyon fontos részét képezik. E nevek ismerete és megvallása az üdvösség. Ezért van a Szentírásban Jézusnak, Istennek és a Szentléleknek olyan sok neve. Attól függően, hogyan számoljuk, Jézusnak mintegy 150 különböző neve van a Bibliában. Milyen nagy áldás mindet a jelentésével együtt ismerni!

Azonban nem a nevek puszta ismétlése vagy értelem nélküli kántálása áldott, és nem az hoz áldást. A nevek jelentésének *ismerete* számít, amelyet Isten Igéjéből tanulhatunk meg. Ezen ismeret által lesz a hitünk erős. Tudjuk, kinek hittünk, és meg vagyunk győződve Jézus üdvözítő erejéről (2Tim 1:12). Hinni kell neveiben – hinni kell, hogy ő mindaz, amit nevei elmondanak róla. Ismeret nélkül azonban a hit nagyon gyenge. Ezt hangsúlyoznunk kell. Sokan azt gondolják, hogy e nevek puszta ismételgetése valamilyen hatalommal bír. A Szentírásban nincsen alapja ennek a hitnek. Krisztus nevei csak a nevek által megismert és szeretett Jézusba vetett hit által üdvözítő erejűek. A hitnek *tudnia* kell az ő neveiből, hogy ő kicsoda és micsoda. Te ismered Jézus neveit? Ismered-e őt nevei által – személyesen és üdvözítő módon? Szereted-e neveit, mégpedig annyira, hogy a világ előtt megvalljad őket? Ha igen, akkor Péterhez hasonlóan boldog vagy.

3.2. A *Jézus* név

A *Jézus* név különleges a mi Megváltónk nevei között: ez az ő *személyneve*. A többi neve közül sok valójában *cím*, nem személynév. Ez különösen igaz az olyan nevekre, mint a *Krisztus* vagy az *Úr*. A *Jézus* azonban az a név, amelyet az ő Atyja adott neki, és amely által őt Isten családjában ismerik és szeretik. Ez a mindenekfelett való név, amely által hozzá és róla beszélünk.

Amikor a *Jézus* név jelentésére gondolunk, akkor megláthatjuk annak csodálatos voltát. Isten családjában az ő személyneve azt jelenti, hogy *Megváltó* vagy *Jehova megszabadít*. Gondoljunk csak bele: amikor személyesen hozzá vagy róla beszélünk, mindig azt mondjuk, hogy ő, és csakis ő a Szabadító, Isten Szabadítója.

A *Jézus* név jelentését Gábriel angyal hirdette, amikor megjelentette Józsefnek Jézus születését: *„nevezd annak nevét JÉZUSNAK* – szólt az angyal, – *mert ő szabadítja meg az ő népét annak bűneiből"* (Mt 1:21). Milyen gazdag jelentése van tehát ennek az egyetlen névnek! Jézus személyes neve Jehovára utal (a *Jé-* vagy *Je-* a *Jehova* rövidítése), ezért az angyal üzenete a *Jézus* névről azt jelzi, hogy *Jehova* szabadít meg. Senki más nem menthet meg. Jézus *Isten* Szabadítója. Nemcsak azért, mert Istentől jön, hanem azért is, mert egyedül Isten szabadít meg rajta keresztül.

Jézus neve beszél a szabadítás bizonyosságáról is mindazokra nézve, akik hisznek benne. Ő *megszabadítja* az ő népét. Biztos Szabadító, mégpedig azért, mert Istentől jön, és az ő nagy szabadítását hozza. Az ő neve arról is beszél, hogy azokat, és csak azokat szabadítja meg, akiket az Atya neki adott, tehát az *ő népét*. Nem kivétel nélkül minden egyes ember Szabadítója. Némelyek számára ez félelmetes, de akik megértik, azoknak áldott és csodálatos igazság. Hogy csak némelyeket szabadít meg, azt jelenti, hogy ő nemcsak megpróbál Szabadító lenni, miközben sokaknál elbukik, hanem biztosan és tévedhetetlenül meg is szabadítja mindazokat, akiket az Atya neki ajándékozott.

Jézus neve arra is emlékeztet minket, hogy ő a *bűnből* szabadít meg. Sokan nem szeretnének ilyen Szabadítót. Csak olyasvalakit akarnak, aki megtölti a hasukat, meggyógyítja a testüket, és megoldja a jelenlegi problémáikat. Akik azonban a kegyelem által tudják, hogy Isten előtt bűnösök, és akik a templomban imádkozó vámszedővel együtt így szólnak: *„Isten, légy irgalmas nékem bűnösnek!"* (Lk 18:13), miközben még szemeiket sem merik az égre emelni, nos, ők megtalálják Krisztusban, amire szívükben vágyakoznak, és bizonyosságot nyernek arra nézve, hogy van út a menekülésre, a bűnbocsánatra és az Istennel való békességre.

Milyen nagy áldás Jézusként ismerni őt! Bizony *„nem is adatott emberek között az ég alatt más név, mely által kellene nékünk megtartatnunk"* (Csel 4:12). Bárcsak sokan megismernék ezt a nevet! Nem úgy, mint pusztán egy néhány ezer évvel ezelőtt élt ember nevét, hanem mint Szabadítójuknak, Isten Fiának a nevét.

3.3. A *Krisztus* név

A *Krisztus* név nem ugyanolyan, mint a Jézus név. Jézus a Megváltónk személyneve, de a Krisztus egy *cím*. Más címekhez hasonlóan (pl. elnök, miniszterelnök, képviselő, országgyűlési tag stb.) azt a *pozíciót és munkát* írja le, amelyet Isten országában Jézus tölt be és végez el. Ezért nevezik Jézust néha *a* Krisztusnak, ahogyan mást *az* elnöknek lehetne nevezni. A különbség az, hogy Krisztus egyedülálló. Soha nem volt, és soha nem lesz másik Krisztus.

A *Krisztus* jelentése: *felkent* (ugyanezt jelenti a *Messiás*, amely a *Krisztus* név ószövetségi megfelelője). Ez arra a különös megbízásra és tisztségre utal, amelyet Jézus Istentől kapott, hogy elvégezze Isten országának munkáját. Megkereszteléskor nyilvános módon felkenetett a Lélekkel (Mt 3:16), ahogyan az Ézsaiás 61:1–3 előre megjövendölte, amikor munkáját úgy írja le, mint a Felkentét.

Mi Krisztus pozíciója és munkája Isten országában? A *Próféta*, a *Pap* és a *Király* munkája. A *Heidelbergi Káté*, az egyik nagyszerű református hitvallás ezt a kérdést teszi fel: *"Miért nevezzük őt Krisztusnak, azaz Felkentnek?"* A felelet: *"Azért, mert őt az Atya Isten rendelte, és a Szentlélekkel felkente a mi legfőbb prófétánkká és tanítónkká, aki Istennek titkos tanácsát és akaratát a mi váltságunk felől tökéletesen kijelentette, továbbá egyetlenegy főpapunkká, aki minket testének egyetlenegy áldozatával megváltott és az Atya Isten előtt könyörgésével szüntelenül közbenjár érettünk, és örökkévaló királyunkká, aki minket igéjével és Lelkével oltalmaz és megtart."*[1]

A *Krisztus* név Urunk prófétai, papi és királyi tisztségére utal, ezért annyira fontos. Ez a név az egyház alapja (Mt 16:18), mert az egyház nem létezhet Krisztus prófétai, papi és királyi munkája nélkül. A *Krisztus* név megvallása az újjászületés bizonyítéka (1Jn 5:1), mert senki nem hihet benne, hacsak Krisztus Prófétaként nem szólt hozzá, Papként nem áldozott érte, és Királyként nem szabadította meg a Sátántól.

Ha Jézust Krisztusnak valljuk, az nem pusztán e név kimondását jelenti, hanem annak hirdetését is, hogy ő a *mi* legfőbb Prófétánk és Tanítónk, a *mi* egyetlenegy Főpapunk és a *mi* örökkévaló Királyunk. Ezzel elismerjük, hogy egyedül ő taníthat minket, egyedül ő uralkodhat rajtunk, és egyedül ő áld meg minket. Nem csoda tehát, hogy senki nem mondhatja, hogy Jézus a Krisztus, csak ha ezt a mennyből kapta ajándékba.

Jézus Krisztus volta azt is jelenti, hogy ő az egyetlen, aki viselheti ezeket a tisztségeket, és elvégezheti a velük járó munkát. Nincs szükségünk arra, hogy egy *ember* tanítson minket (1Jn 2:27). Nincs szükségünk másik papra vagy áldozatra. Nem ismerünk el más királyt, mert ő a királyok Királya és az uraknak Ura. Ő egyedülálló.

Ha megvalljuk, hogy Jézus a Krisztus, akkor egyedül benne keressük üdvösségünket.

---

[1] *Heidelbergi Káté* 31. kérdés-felelet

3.4. Az *Úr* név

Megváltónk legfontosabb neve ez a csodálatos név: *Úr*. A *Krisztus* névhez hasonlóan az Úr sem egy személyes név, hanem egy tisztséget jelző cím. Ez a cím azért fontos, mert arra emlékeztet minket, hogy Jézus Isten. Istensége bizonyításához nem kell annál több bizonyíték, mint hogy a Szentírás *Úr*ként azonosítja őt. *„Én Uram és én Istenem"* (Jn 20:28) – ez valójában egy és ugyanaz a hitvallás.

Az *Úr* cím különösen azt hangsúlyozza, hogy Jézus mindennek a szuverén *tulajdonosa*. Úrként nemcsak szuverén tekintéllyel és hatalommal uralkodik mindenek felett, hanem minden hozzá *tartozik*, és őt is szolgálja. Isten *Úr*ként szól így a Zsoltárok 50:12-ben: *„enyém e világ és ennek mindene."* Ez azt jelenti, ahogyan a zsoltáros a Zsoltárok 119:91-ben megvallja Istennek, hogy *„minden, a mi van, te néked szolgál"*. Isten ezt az uralmat adta Jézusnak (Csel 2:36).

Jézus Úr voltának azonban két oldala van. Egyrészt neki Teremtőként minden a jogos tulajdonát képezi, és szuverén hatalommal, szándéka szerint uralkodik mindenen. Krisztus uralkodásának ezt az oldalát néha *hatalma uralmá*nak nevezzük. Mindenek Uraként mindent szuverén módon használ – akár akaratuk ellenére is – a saját szándékaira.

Másrészt beszélhetünk *kegyelme uralmá*ról. Ebben az értelemben csak az ő népének Ura, mégpedig olyan jogon, hogy megvásárolta őket. Népe őhozzá tartozik. Nem csupán úgy, mint a nap, a hold és a csillagok, hanem mint megvásárolt kincs: *„És azon a napon, azt mondja a Seregeknek Ura, a melyet én szerzek, tulajdonommá lesznek és kedvezek nékik"* (Mal 3:17). Jézus uralmát nem puszta hatalommal, hanem kegyelmének szelíd befolyásával gyakorolja felettük. Nem vasvesszővel (Zsolt 2:9), hanem pásztorbottal (Zsolt 23:1) uralkodik rajtuk.

Uralmának ezt az oldalát egyedül a Szentlélek által vallhatjuk meg (1Kor 12:3). Ha így vallom meg az ő uralmát, akkor nemcsak azt ismerem el, hogy ő Úr, hanem azt is, hogy ő az *én* Uram. Akkor megvallom, hogy hozzá tartozom, és drága vagyok az ő szemében. Nem azért, ami vagyok, vagy amit tettem, hanem az ő értem kiontott véréért.

Sőt azt is elismerem, hogy mindenem hozzá tartozik. Valójában semmim nem az enyém – sem a családom, sem az időm, sem a tulajdonaim, még a testem sem: *„Mert áron vétettetek meg; dicsőítsétek azért az Istent a ti testetekben és lelketekben, a melyek az Istenéi"* (1Kor 6:20). Mivel mindenestül és mindenemmel hozzá tartozom, ezért mindent az ő szolgálatában, az ő dicsőségére és az ő országáért kell használnom.

Megvallod-e, hogy Jézus Úr – a *te* Urad? Úgy élsz, és használsz mindent, mint aki hozzá tartozol? Akkor valóban ő a te Urad és Istened.

3.5. Az *Isten egyszülött Fia* név

Isten egyszülött Fia. Milyen gazdag, dicsőséges igazság van Megváltónknak ebben a nevében! Ennek a névnek az igazságától függ minden más, amit őróla hiszünk. Ha ő *nem* Isten egyszülött Fia volna, semmit nem jelentene számunkra.

Ez a név ahhoz a bibliai igazsághoz tartozik, hogy Jézus Krisztus Isten, és mindenben egyenlő az Atyával. Ma ugyan sokan tagadják ezt, de Jézus napjaiban még a hitetlen zsidók is értették, amit állított. Amikor Isten Fiának nevezte magát, köveket ragadtak, hogy istenkáromlásért megöljék (Jn 8:59; 10:30–42). Sokkal inkább megértették, mint sok mai ember. A szekták, az „egység tanítása"[2] és más antitrinitárius tanítások olvassák ugyan az *Isten egyszülött Fia* nevet, de fel sem ismerik annak jelentését. Vagy igazságként kellene rá tekinteniük, vagy a legszörnyűbb istenkáromlásként, mert az *egyszülött Fiú* név az *Isten Fia* névnél sokkal erőteljesebben tanítja, hogy Jézus Isten. Ez azt mutatja, hogy Isten valamennyi gyermeke közül ő egyedülálló, hiszen ő Isten örök és természet szerint való Fia.

Az *egyszülött Fiú* névben kifejezett igazságot sok modern bibliafordítás meghamisítja. Az 1Timótheus 3:16-tal együtt sok fontos verset úgy fordítanak,

---

[2]E tanítás szerint Istenben nincsenek külön személyek. Jézus az emberi testben megjelent Atya, Fiú és Szentlélek. (A ford. megj.)

hogy *nem* is utalnak Krisztus istenségére. Máshol újra is fordítják ezt a nevet, általában úgy, hogy *„egyetlen fiú"* (*Revised Version, Revised Standard Version, English Standard Version*) vagy *„egyetlenegy Fiú"* (NIV), ami valójában nem is igaz. Jézus *nem* Isten egyetlen fia; ő az *„egyszülött Fiú"* (Jn 3:16, 18). Mi is Isten fiai vagyunk, de nem vagyunk *született* (vagy nemzett) gyermekek. *Örökbe fogadott* fiak vagyunk – kegyelemből, Krisztusért.

Meg kell értenünk, hogy ez a név nemcsak a görög eredeti pontos, szó szerinti fordítása, hanem *az a* név, amellyel Krisztus egyháza az ő Isten voltának igazságát védelmezi minden jöttmenttel szemben. Nem szabad tehát meghamisítanunk, mint ahogy azok teszik, akik állítólag újrafordítják Isten Igéjét, még akkor sem, ha erőfeszítéseik jogosak – mi azonban hisszük, hogy nem azok.

Ahhoz az igazsághoz, hogy Jézus Isten egyszülött Fia, az is hozzátartozik, hogy az ő fiúsága a mi fiúságunk alapja és oka. Ezért *elsőszülött*nek (Zsid 12:23; 1:6 – az eredetiben: *első nemzett*) is nevezzük. A Szentírásban az elsőszülött az, aki megnyitotta a méhet (2Móz 13:2). Mint Isten családjának elsőszülöttje, Jézus a halál és a sír *méhéből* minden testvére számára megnyitja az utat, amikor mint fiak és lányok Isten családjába újjászületnek. Nélküle olyanok lennénk, mint a gyermekek, akik eljutnak a megszületésig, de nem tudnak megszületni. Az ő elsőszülötti munkájára előretekintve az Ószövetségben minden elsőszülött különösen is Istennek volt szentelve.

Krisztus egyéb neveihez hasonlóan ezt a nevet sem lehet absztrakt módon megvallani. E név megvallásának számomra és számodra is az egyetlen módja, ha kimondjuk: *Isten egyszülött Fia* az *én* Istenem. Ha pedig azt hirdetem, hogy ő az én Istenem, akkor az ebben a névben egyedülálló módon kifejezett istenségét biztos alapnak találom arra, hogy higgyek benne, és reménykedjek irgalmában.

3.6. Az *ember Fia* név

Jézus nemcsak Isten Fia, hanem az *ember Fia* is. Az *ember Fia* név Megváltónk valódi *ember voltát* hangsúlyozza. Jézus ezt a nevet használja önmagára, és várakozásunknak megfelelően leggyakrabban Lukács evangéliumában találkozunk vele. Ahogyan János azt a csodálatos igazságot emeli ki, hogy Jézus Isten, és így leggyakrabban az *Isten Fia* nevet használja, ugyanúgy Lukács azt az igazságot hangsúlyozza, hogy Jézus mindenben hasonló hozzánk a bűnt kivéve, és így az *ember Fia* nevet alkalmazza. Lukács Krisztus ember voltát emeli ki, és ez az oka annak is, hogy Krisztus születésének és gyermekségének történetét Lukács mondja el legrészletesebben.

Hogy Jézus az ember Fia, azt jelenti, hogy ugyanúgy született meg erre a világra, mint mi; itt élt és halt meg; *egy test és egy csont* velünk; hozzánk hasonlóan valóságosan és valóban az emberi nemzetség része. Az is hozzátartozik, hogy *„megkísértetett mindenekben, hozzánk hasonlóan, kivéve a bűnt"* (Zsid 4:15).

Jézus teljes és valóságos ember volta ugyanolyan fontos igazság, mint az ő istensége. Ha nem lenne mindenben hozzánk hasonló ember, akkor nem lehetne a mi Megváltónk. Emberként Ádám helyére áll (1Kor 15:45–47), és Isten előtt képvisel minket. Képviselőnkként magára veszi bűneinket, teljes felelősséget vállal értük, és engesztelést mutat be értünk.

Ha *nem* lenne ember, akkor nem szenvedhetett és nem halhatott volna meg. Ha nem lenne teljesen ember, akkor nem léphetett volna igazságosan a helyünkre a kereszten, és nem bűnhődhetett volna vétkeinkért, mert az ember bűnéért egy embernek kell szenvednie. Ha nem lenne mindenben hasonló hozzánk, akkor nem lehetne irgalmas és együttérző Főpap, és *„nem tudna megindulni gyarlóságainkon"* (Zsid 4:15).

Emberként Jézus az, akiben az istenségnek egész teljessége lakozik *testileg* (Kol 2:9). Így tehát őáltala és őbenne ismerhetjük meg a láthatatlan és mindenekfelett dicsőséges Istent, mert Krisztus arcán *„Isten dicsősége ismeretének"* világossága ragyog (2Kor 4:6). Jézus így szól: *„A ki engem látott, látta az Atyát"* (Jn 14:9).

Az *ember Fia* névben tehát nagy vigasztalása van a hívőknek. Ezzel a névvel Jézus azt tanítja nekünk, hogy amikor ezen a földön élt, ugyanazokat szenvedte, mint mi, hozzánk hasonlóan mindenben megkísértetett, meghalt a mi halálunkkal, és feltámadt az örök dicsőségre. Arról is biztosít minket, hogy ő ismeri szükségeinket, nemcsak mint aki mindent tud, hanem úgy is, mint aki ugyanazokat a szükségeket látta *„az ő testének napjaiban"* (Zsid 5:7). Arról győz meg minket, hogy segíthet minden gyengeségünkben és gyarlóságunkban, mert első kézből ismeri azokat. Ebben van a bizonyosságunk, hogy ember tett engesztelést az ember bűnéért, és Krisztus halála üdvözítő erejű. Az ember Fiaként Jézus valóban a mi Bátyánk.

3.7. Az *Immánuel* név

Az *Immánuel* nevet csak kétszer találjuk meg a Szentírásban: az Ézsaiás 7:14 ígéretében, illetve annak beteljesedésében, a Máté 1:23-ban. E név jelentése, hogy *velünk az Isten*, mivel a héber szó *-el* végződése azt jelenti, hogy *Isten*, az első része pedig azt, hogy *velünk*. Ez tehát a magyarázata annak a névnek, amelyet Isten által Gábriel angyal ad a Máté 1:23-ban.

Ezt a nevet először az Ószövetségben jelentette ki Akház királynak a próféta az Ézsaiás 7:14-ben. Ahhoz a jelhez tartozott, amelyet Isten adott Akháznak, hogy biztosítsa Júda hívő tagjait arról, hogy Isten nem hagyta el őket abban a nagyon nehéz időben, és soha nem is fog elfordulni tőlük. Később, amikor Ézsaiás próféciája beteljesült Krisztus születésében és elnevezésében, Isten megmutatta, hogy milyen módon lesz az ő népével, és miért nem fogja őket soha elhagyni: *Immánuelben* és *Immánuelért*.

Az *Immánuel* név tehát azt jelenti, hogy Jézus Isten és ember egy személyben. Benne Isten a lehető legközelebb van hozzánk, mivel emberi természetünket eggyé tette önmagával. Így az *Immánuel* név Isten minden szövetségi ígéretének beteljesedése, miszerint népének Istene lesz, és velük fog lakozni.

Valójában maga Jézus mint Immánuel a barátság és a közösség szövetségének beteljesedése. Jézus isteni és emberi természetének egysége által az isteni természet részeseivé tesz minket (2Pt 1:4), Isten egyszülött Fiaként pedig velünk és bennünk lakozik, felbonthatatlan egységben (Gal 2:20), így egy test és egy csont vagyunk ő vele (Ef 5:30).

Immánuelként Jézus Isten valódi szentélye vagy temploma. Így teljesíti be a Jelenések 21:3 ígéretét: *"És hallék nagy szózatot, a mely ezt mondja vala az égből: Ímé az Isten sátora az emberekkel van, és velök lakozik, és azok az ő népei lesznek, és maga az Isten lesz velök, az ő Istenök."* Ezért nem lesz templom az új Jeruzsálemben, *"mert az Úr, a mindenható Isten annak temploma, és a Bárány* [mint Immánuel]*"* (22. v.).

Az *Immánuel* név Krisztus *munkájára* is utal, mert Isten nem lehet a bűnösök*kel*, kivéve a bűnért való engesztelés által. Így ez a név arra emlékeztet, hogy Isten *"Krisztusban megbékéltette magával a világot"* (2Kor 5:19). Isten velünk van Immánuelben, aki eljön hozzánk elveszett voltunkban, magára veszi bűneinket, és minden vétkünket eltörli, hogy megváltson, és megszabadítson minket azoktól.

Micsoda áldás tehát az *Immánuel* név mindazoknak, akik hisznek benne! Itt áll egy szóban a teljes evangélium üzenete Megváltónkról és a benne lévő üdvösség boldogságáról.

3.8. Mindenek felett való név

A Szentírás lapjai Megváltónk sok nevét jegyzik fel. Mindegyiket azért adta nekünk Isten, hogy Jézus, a Megváltó dicsőségéről és hatalmáról tanítson minket. A legfontosabb nevek közül néhányat már megvizsgáltunk: Jézus, Krisztus, Úr, Isten egyszülött Fia, az ember Fia, Immánuel.

A többi neve is fontos. Különböző dolgokat hangsúlyoznak vele kapcsolatban. Az olyan nevek, mint a *Sáronnak rózsája* és *a völgyek lilioma* (Én 2:1), Megváltónk szépségét emelik ki. Az olyan nevek, mint *a Júda nemzetségéből való oroszlán* (Jel 5:5) vagy *a föld királyainak fejedelme* (Jel 1:5), az ő királyi hatalmára emlékeztetnek minket.

Más nevei, mint a *Dávid Fia* (Mt 1:1), a *Dávid gyökere* (Jel 22:16), a *Fő* (Kol 2:19) vagy a *Vőlegény* (Mt 9:15), az egyházzal való kapcsolatában mutatják be őt mind az Ó-, mind az Újszövetségben.

Megint más nevei Megváltónk megaláztatásáról beszélnek, például a *gyökér a száraz földből* (Ézs 53:2), ismét mások pedig az ő felmagasztaltatásáról, például a *dicsőség Ura* (1Kor 2:8). Egyes nevei Isten voltát hirdetik: *képe a láthatatlan Istennek* (Kol 1:15), *Csodálatos, Tanácsos, erős Isten, örökkévalóság Atyja* (Ézs 9:6), *az Ige* (Jn 1:1) vagy *az Alfa és az Omega* (Jel 1:8). Más nevei ember voltát hangsúlyozzák: *elsőszülött* (Kol 1:15), *a halottak közül az elsőszülött* (Jel 1:5) és *Dávid Fia* (Mt 21:9).

Megváltónk több neve az ő munkáját írja le: az *Isten Báránya* (Jn 1:29), a *békesség fejedelme* (Ézs 9:6), a *jó Pásztor* (Jn 10:11) és a *fejedelem* (Mt 2:6). Más nevei pedig azt mutatják meg, mit jelent ő számunkra az ő munkáiban: *az igazság napja* (Mal 4:2), *a szövetség követe* (Mal 3:1), *az út, az igazság és az élet* (Jn 14:6), *az élet kenyere* (Jn 6:48), valamint *a hű tanúbizonyság* (Jel 1:5).

Jézusnak e neveiből azt tanulhatjuk meg, hogy ő örökkévaló, mindenható, változhatatlanul hűséges, mindenekfelett dicsőséges; mindent lát, mindent tud, és mindenek felett uralkodik; ő Isten, aki megjelent testben; ő a népének egyetlen Megváltója. Valójában amit csak tudunk róla, azt mind megfogalmazza egyik vagy másik neve. Ezért képezik olyan fontos részét Isten nekünk adott kijelentésének.

Minden egyes nevében látjuk, hogy az ő neve „*minden név felett való*" (Fil 2:9). Neveiből megérthetjük, hogy nincs más Megváltó, és így arra bátorodunk, hogy egyedül belé vessük hitünket és bizalmunkat. Így mi, akik ismerjük neveit, mindenestül szeretetreméltónak, tízezer közül a legszebbnek találjuk őt, és megtanuljuk, hogy így szóljunk róla: „*Ez az én szerelmesem, és ez az én barátom*" (Én 5:16).

3.9. Krisztus *valódi* emberi természete

Az Urunkról szóló egyik legdrágább igazság, hogy ő a bűnt kivéve mindenben hasonló hozzánk (Zsid 4:15). Hozzánk való hasonlósága azt jelenti, hogy isteni természete mellett a mi emberi természetünkben is részes. Ő *egyszerre,* egy személyben Isten és ember.

Amikor Krisztus emberi természetéről beszélünk, akkor kiemelünk néhány – szám szerint öt – fontos igazságot. Emberi természete *valódi, teljes, bűntelen* és *erőtlen,* a szövetség vonalára nézve pedig *központi.* Ezen igazságoknak mindegyike a lehető legnagyobb jelentőséggel bír üdvösségünkre nézve.

Krisztus *valódi* emberi természetét hangsúlyoznunk kell, szemben a korai egyház egyes tanítóival, illetve néhány mai szekta tanításával, miszerint Krisztus csak emberi formában *látszott,* de nem volt a miénkhez hasonló, valódi, emberi hús-vér teste és valódi, emberi lelke. Ember volta így csak látszatnak tűnt, mintha egy angyal jelent volna meg emberi alakban.

Azonban ha Krisztusnak nem volt valódi emberi természete, akkor a megváltásunk sem valódi. Ha az emberi természete csak látszat volt, akkor a szenvedése és a halála is, így pedig az üdvösségünk is csak látszat. A megváltásunk valósága az ő emberi természetének valóságán múlik. A Zsidók 2:14–15 így szól: *„Mivel tehát a gyermekek testből és vérből valók, ő is hasonlatosképen részese lett azoknak”,* utána pedig azt is megmutatja, hogy megváltásunk szempontjából erre miért volt szükség, így folytatva: *„hogy a halál által megsemmisítse azt, a kinek hatalma van a halálon, tudniillik az ördögöt, és megszabadítsa azokat, a kik a haláltól való félelem miatt teljes életökben rabok valának."*

A Biblia nemcsak úgy tanítja Krisztus emberi természetének valóságát, hogy mindenben hasonlóvá lett hozzánk, sőt meg is kísértetett (Zsid 4:15), hanem sok más módon is. Emberi természetének valóságát mutatja be az összes olyan szakasz, amely arról szól, hogy Jézus megszületett, növekedett, tanult, engedelmeskedett, evett, ivott, elfáradt, sírt, szenvedett és meghalt. Ezek mind arról beszélnek, hogy ő tényleg mindenben hozzánk hasonló ember volt. Ha kételkedünk a gecsemáné-kerti haláltusájában, Péter tagadása és Júdás árulása feletti fájdalmában vagy a kereszten való kínzó elhagyatottságában, akkor nemcsak az ő hitelességét kérdőjelezzük meg, hanem e szenvedések által szerzett megváltásunkat is.

Krisztus ezért csontunkból való csont és testünkből való test (Ef 5:30), aki képviselhet minket Isten előtt, és leteheti életét bűnünkért áldozatul. Ő ember, hogy megfizessen az ember bűnéért, és önmagában Istenhez vigyen minket.

3.10. Krisztus *teljes* emberi természete

Megmutattuk, hogy Krisztus emberi természetéről öt igazságot kell elhinnünk: valódi, teljes, bűntelen, erőtlen, és a szövetség vonalának központjából származó. Most azt a csodálatos igazságot vizsgáljuk, hogy Krisztusnak *teljes* emberi természete volt. Ez azt jelenti, hogy amikor Krisztus megszületett a miénkhez hasonló testben, akkor nemcsak emberi teste volt, hanem emberi lelke (Lk 23:46; Jn 12:27), gondolkodása (Fil 2:5[3]), akarata (Jn 6:38) és szíve is (Mt 11:29) minden mással együtt, ami a mi emberi természetünkhöz tartozik.

Ő nem félig ember és félig Isten, hanem teljesen ember és teljesen Isten, ugyanakkor ő az *egyetlenegy* Krisztus. Ez az ő testté lételének csodája, titka és dicsősége. Ezt az igazságot az egyháztörténelem során többen tagadták. Volt, aki úgy próbálta magyarázni a testté lételt, hogy Krisztusnak csak egy emberi teste volt, és az emberi elme vagy lélek helyét isteni természete foglalta el. Így – egy analógiát használva – olyan lett volna, mint egy teremtmény, amelynek állati testben emberi elméje van. Ebben az esetben Krisztusnak nem lett volna teljes, csupán részleges emberi természete.

Mégis mindennél fontosabb hinnünk, hogy Krisztusnak teljes emberi természete volt. Ezen múlik a megváltásunk. Krisztusnak az emberi természet minden részét magára kellett vennie, mert *minden rész* megváltásra szorult. A teljes romlottság bibliai igazsága szerint *minden részünkben* romlottak és elfajultak vagyunk.

---

[3] A Károli *indulat* kifejezése is a gondolkodásmódra utal. (A ford. megj.)

A testünk nyomorúságos (Fil 3:21), a lelkünk elveszett (Mt 16:26), az akaratunk szolgai (Rm 6:16), a gondolkodásunk testi, telve az Istennel szembeni ellenségeskedéssel, és így nem engedelmeskedhet Isten törvényének (Rm 8:7–8), a szívünk pedig mindennél csalárdabb, és kétségbeejtően gonosz (Jer 17:9). Emberi természetünknek egyetlen része sincs, ami jó.

Krisztus ezért teljes emberi természetünket vette fel, hogy abban szenvedjen, és annak minden részében engesztelést tegyen a bűnért. Ilyen módon megváltott minket, a szívünket, az elménket, a lelkünket és az erőnket a bűn uralmából és hatalmából, és mindenestül fogva az élő Isten szolgáivá és fiaivá tett minket.

Krisztus *teljes* Megváltó. Istennek legyen érte hála! Bizony nincs más rajta kívül.

3.11. Krisztus *bűntelen* emberi természete

Bemutattuk az első kettőt abból az öt igazságból, amelyeket hinnünk kell Krisztus emberi természetéről. Láttuk azokat a csodálatos tanításokat, miszerint *valódi* és *teljes* emberi természete van. Most pedig rátérünk arra a fontos igazságra, hogy Krisztusnak *bűntelen* emberi természete van.

Az ő bűntelen voltát legvilágosabban a Zsidók 4:15 tanítja, de az Ézsaiás 53:9, a Lukács 1:35 és a 2Korinthus 5:21 is beszél róla. A Zsidók 4:15 azonban felveti a kérdést, hogy képes volt-e Krisztus vétkezni, hiszen ő hozzánk hasonlóan mindenben megkísértetett. Másként fogalmazva, csak azt jelenti-e Krisztus bűntelensége, hogy ő *nem vétkezett*, vagy azt is, hogy *nem is tudott vétkezni?*

Egyesek szerint Krisztus megkísértetése csak akkor lehetett valódi, ha emberi természetében képes lett volna vétkezni. Csak azért nem vétkezett, mert Isten is volt. Egy ilyen tanítással szemben hangsúlyoznunk kell az igazságot, miszerint neki *nem volt lehetséges* vétkeznie. Ne feledjük, hogy nem a *természet* vétkezik, hanem a *személy*, és Krisztus csak *egyetlen* személy, az Isten Fia! Isteni személyként nem tudott vétkezni. Ha azt mondjuk, hogy emberi természetében vétkezhetett volna, azzal azt is állítjuk, hogy *Isten* képes lett volna vétkezni, merthogy Jézus *személyesen* még a mi emberi természetünkben is Isten örök Fia. Hisszük, hogy ezt az igazságot tanítja a 2Korinthus 5:21, amely szerint ő nem *ismert* bűnt. A Zsidók 7:26 is arról beszél, hogy ő *„szent, ártatlan, szeplőtelen, a bűnösöktől elválasztott"* volt.

Krisztus bűntől való mentessége azt is jelenti, hogy nem volt része az eredendő bűnben sem, amely Ádámtól fogva a miénk (Rm 5:12). Ő ebben a tekintetben is szeplőtlen volt. Jézus szűztől való születése, továbbá hogy emberi természete szerint is Isten volt az ő Atyja, biztosította, hogy Ádám összes utódja közül egyedül Krisztus szülessen tisztán és szentül.

Nemcsak eredendő, de elkövetett bűne sem volt. Krisztus egész élete során születésétől fogva sosem szegte meg Isten parancsolatait, nem hibázott a legkisebb dologban sem, és soha nem mondott egyetlen hiábavaló szót sem, amely nem dicsőítette Istent. Ő tökéletes volt.

Az ő bűntelensége összefoglalva azt jelenti, hogy nem volt része az eredendő bűnben, nem volt elkövetett bűne, és nem is tudott volna vétkezni. A Zsidókhoz írt levél azt tanítja, hogy ezért lehetett a mi Megváltónk. Neki bűntelenként nem volt szüksége arra, hogy előbb saját bűneiért vigyen áldozatot, hanem tökéletes áldozatot mutathatott be helyettünk (Zsid 7:27). Ezért bűnné lehetett értünk, hogy őbenne Isten igazságává lehessünk (2Kor 5:21).

Így Krisztus bűntelensége a biztosíték arra, hogy az ő igazsága tökéletes, és értünk van. Nem szorult rá semmire azok közül, amiket halála által kiérdemelt; azt nekünk szerezte meg, akiknek olyan nagy szükségünk van rá.

3.12. Krisztus *erőtlen* emberi természete

Most Krisztus emberi természetének negyedik nagy igazságát vizsgáljuk: akinek most dicsőséges emberi természete van, annak a földön *erőtlen* emberi természete volt. Emberi természete amellett, hogy *valódi, teljes* és *bűntelen*, még *erőtlen* is volt. Mivel Krisztusnak erőtlen emberi természete volt, ezért földi élete alatt ki volt téve a bűn összes gonosz következményének, jóllehet magának a bűnnek nem. Ki volt téve a betegségnek, az éhségnek, a szomorúságnak, a fájdalomnak, az erőtlenségnek, sőt a halálnak is éppúgy, ahogyan mi. Ő részese volt az emberi gyarlóságunknak (Zsid 4:15[4]).

A Róma 8:3 is ezt az igazságot tanítja, amikor azt mondja, hogy Krisztus a bűnös test hasonlatosságában jött el. Mivel ez nem jelentheti azt, hogy ő maga bűnös volt, csak arra utalhat, hogy ki volt téve mindannak a gonosznak, amelyet a bűn hozott ránk, azaz bűnös testünk gyarlóságainak. Krisztus tehát nem a *bűntelen* test hasonlatosságában jött el. Nem olyan volt, mint Ádám, aki kezdetben, a teremtésekor, első állapotának minden dicsőségében és ragyogásában élt. Olyanná lett, mint mi, akik elveszítettük ezt az állapotot, magunkra véve a romlottság és a bűn terhe mellett Isten átkát is.

Ez fontos igazság. A betegség, a szenvedés, a bánat és a halál mind a bűnünknek és Isten bűnért való átkának következménye. Krisztus azért hordozza gyarlóságainkat, mert ő átokká lett érettünk. Magára vette minden gyarlóságunkat azáltal, hogy magára vette és eltávoztatta tőlünk a mi átkunkat. Micsoda vigasztalás tehát számunkra minden gyarlósága!

Ézsaiás beszélt minderről, amikor jövendölt Krisztusról, és *"fájdalmak férfiának és betegség ismerőjének"* nevezte őt (Ézs 53:3). Ézsaiás így magyarázza Urunk fájdalmait: *"Pedig betegséginket ő viselte, és fájdalmainkat hordozá (...) És ő megsebesíttetett bűneinkért, megrontatott a mi vétkeinkért."* Bánata, fájdalma, szomorúsága révén a mi *"békességünknek büntetése"* volt rajta (Ézs 53:4–5). Nemcsak Krisztus halála volt engesztelő erejű, hanem az egész földi élete során elviselt szenvedése is. Ezt vallja meg, amikor így szól: *"Mert bánatban enyészik életem, és sóhajtásban múlnak éveim; bűnöm miatt roskadoz erőm, és kiasznak csontjaim"* (Zsolt 31:11).

Krisztus nyomorúságaiban és szenvedéseiben további vigasztalást is találunk: ezek azt jelentik, hogy saját tapasztalatból ismeri próbatételeinket és szenvedéseinket. Keresztülment rajtuk, és így nem mondhatjuk, hogy senki nem érti meg valójában a mi próbatételeinket. Krisztus megérti. Így a mi Megváltónk erőtlensége, fájdalma, szomorúsága és szenvedése mind hozzátartozik

---

[4] A KJV szerint: *"megérintette gyarlóságunk érzése."* (A ford. megj.)

üdvösségünkhöz. Ne csak nézzük és lássuk, hogy nincs oly bánat, mint az övé (JSir 1:12), hanem higgyünk is!

3.13. Krisztus megkísértetése

A Zsidók 4:15 tanítása alapján Krisztusnak *erőtlen* (meg tud indulni gyarlóságainkon, és *„megkísértetett mindenekben, hozzánk hasonlóan”*), egyszersmind *bűntelen* emberi természete volt (*„kivéve a bűnt”*). Ezeket az igazságokat már kifejtettük, azonban kérdéseket vetnek fel Krisztus megkísértetésével kapcsolatban. Ha bűntelen volt, akkor hogyan lehetett őt megkísérteni? Miként lehettek valóságosak a kísértések, ha *lehetetlen* volt, hogy vétkezzen? Ha tényleg nem tudott vétkezni, akkor valóban erőtlen, hozzánk mindenben hasonló emberi természete volt?

A Szentírásból világos, hogy Krisztus megkísértetése *valódi* volt. Amikor véget ért, akkor az angyalok szolgálatára volt szüksége (Mt 4:11). Erőtlen emberi természete volt, amely hozzánk hasonlóan szenvedett a kísértésben. Ez azonban nem ad választ arra a kérdésre, hogy miként lehetett valóságos a megkísértetése, ha nem tudott vétkezni.

Némelyek szerint Krisztus emberi természetében tudott volna vétkezni, isteni természetében viszont nem. Hisszük, hogy ez elfogadhatatlan válasz. Úgy végződik, ahogyan *nem szabadna* szólnunk: ő nem volt tökéletes. Még ha igaz is volna, hogy csak emberi természetében tudott vétkezni, akkor is ő, Isten egyszülött Fia lenne az, aki tudott volna vétkezni. Az effajta beszéd istenkáromlás.

Nem teszünk úgy, mintha képesek volnánk megmagyarázni a nagy titkot, miszerint *„Isten megjelent testben”* (1Tim 3:16). Hisszük azonban, hogy a Szentírás segít megértenünk Krisztus megkísértetését. Tudnunk kell, hogy az Újszövetség valójában csak egy szót használ arra, amire a magyar a *kísértés*t és a *próbá*t. Ezzel a Biblia azt tanítja, hogy a kísértés és a próba, amelyek számunkra oly különbözőnek tűnnek, valójában ugyanannak a Sátán és a bűn ellen való lelki küzdelemnek a két oldala. Amikor a Sátán *megkísért*, Isten ezzel egy időben *megpróbál* minket. Ez hatalmas bizonyíték amellett, hogy Isten szuverén Úr a bűn és a Sátán felett. Mindig erről tanúskodunk, amikor így könyörgünk Istenhez: *„Ne vígy minket kísértésbe."* Ez is segít Krisztus megkísértetésének megértésében.

Arról van szó, hogy amikor Krisztust kísértette a Sátán, akkor Isten is próbára tette őt. Ha így gondolunk megkísértetésére, akkor kicsit könnyebb megértenünk, hogy kísérthető volt, miközben nem tudott vétkezni, és miért kísértetett meg ennyire. Krisztus megkísértetése a Sátán és a bűn elleni nagy, lelki harc volt, egy olyan próba, amelyet Isten küldött azért, hogy bebizonyítsa számunkra Krisztus valódi bűntelenségét. Innen nézve nem szükséges még csak gondolkoznunk sem azon a lehetőségen, hogy ő vétkezhetett volna, hogy lássuk, megkísértetése valódi és nehéz volt – azaz mindenben hozzánk hasonlóan megkísértetett.

Fontos, hogy ezt megértsük. Krisztus bűntelensége bátorít minket is a Sátán elleni küzdelemben. Rá kell tekintenünk, hogy ne csüggedjünk lelkünkben elalélván (Zsid 12:2–3).

3.14. Krisztus *központi* emberi természete

Eddig megismertük Krisztus *valódi, teljes, bűntelen* és *erőtlen* emberi természetét. Néhány teológus ezeken kívül még egy ötödik jellemzőt is említ: az *ő központi* emberi természetét. Ez alatt semmi mást nem értünk, mint hogy Krisztus Mária testéből és véréből született, Dávid házából való zsidó volt, és test szerint Ábrahám magvából származott. Ugyanígy Ádám valódi utóda, a mi testünk és vérünk volt.

Ez magától értetődőnek tűnik, de az egyháztörténelem során némelyek tagadták. Egyesek azt tanították, hogy Krisztus emberi természetét a mennyből hozta magával, és születése, illetve fogantatása által csupán keresztülhaladt Mária méhén, mint a víz a csapon. Mások azt hirdették, hogy emberi természete különös módon Mária méhében lett megteremtve, és így genetikailag és fizikailag nem az ő fia volt.

Ezt a reformáció idején egyes anabaptisták képviselték, később pedig a neoorthodox teológus, Karl Barth[5] tanította. Barth és az anabaptisták azért vallottak egyaránt ilyen nézeteket, hogy megőrizzék Krisztus bűntelenségét. Úgy érveltek, hogy ha Jézus nem emberi ősöktől született, akkor nem volt lehetőség arra, hogy az emberi romlottság megfertőzze. Nem szükséges ezeket a nézeteket vallanunk, ha hinni akarjuk, hogy Krisztus teljesen bűntelen volt. A Szentlélektől való fogantatása biztosítja bűntelenségét, ahogyan azt a Lukács 1:35 tanítja.

Valójában ha valaki az anabaptisták vagy Barth nézetét vallja, akkor tagadja, hogy Krisztus a bűn kivételével mindenben hasonló lett hozzánk (Zsid 2:14; 4:15), még fogantatásában és születésében is. Berkhof így ír: „Ha Krisztus emberi természete nem ugyanonnan származott, mint a miénk, hanem csak emlékeztetett arra, úgy nem áll fenn köztünk és közte olyan kapcsolat, mely ahhoz szükséges, hogy az ő közbenjárása a mi javunkra válhasson."[6]

Ha azt mondjuk, hogy Krisztus nem volt Ábrahám fia genetikailag és szervezetében valódi fogantatása és születése által, akkor elvágjuk őt az Ábrahámmal és magvával kötött szövetségtől, valamint a szövetség ígéreteitől. Ezek az ígéretek akkor nem rá vonatkoznak, és nem teljesedhetnek be őbenne. Sőt, a hit által benne lévő újszövetségi keresztyéneknek sincs semmilyen lehetőségük részesedniük ezekben az ígéretekben. Krisztust Ábrahámtól és Dávidtól elszakítva mind őt, mind magunkat elszakítjuk az Ószövetségtől és annak ígéreteitől.

Ragaszkodjunk tehát ahhoz a drága igazsághoz, hogy Krisztus a testté létel által az emberi nemzet valódi tagja, természetes leszármazása által Mária, általa pedig Ábrahám és utódainak valódi fia! Ezen múlik üdvösségünk, valamint a szövetségben Ábrahám gyermekeiként elfoglalt helyünk.

---

[5]Karl Barth (1886–1968) modern svájci teológus volt, aki a két világháború idején Németországban munkálkodott. Teológiáját dialektikus vagy krízisteológiának nevezik, jellemzői a paradoxonok, illetve szinte minden alapvető református tanítás újrafogalmazása. Eretnek tanításai között kiemelendő az, hogy Isten nem megismerhető; a találkozás gondolata mint Isten önkijelentésének módja; valamint a Szentírás történetiségének elutasítása.

[6]Louis Berkhof: Rendszeres teológia. http://www.refkossuthter.hu/sites/default/files/fajlok/berkhof.pdf. Eredeti: Systematic Theology, Part 3. The Doctrine of the Person and Work of Christ. Grand Rapids, MIchigan, USA. William B. Eerdmans Publishing Company, 1996. 334.

3.15. Krisztus örök nemzése

Krisztus teljes istenségének (miszerint ő mindenben egyenlő az Atyával) védelméhez tartozik *örök nemzésének* védelme is. A *nemzés* arra utal, amikor egy apa fiút nemz. Az anya fogan, az apa pedig nemz. Krisztus nemzése azt jelenti, hogy ő a Szentháromság második személyeként Isten *Fia*, az első személy pedig az ő *Atyja*. A *nemzett* és a *szülött* szavak ugyanazt jelentik. Az Atyával való viszonyában Krisztus az *egyszülött* Fiú.

Emberi tapasztalatunk szerint a nemzés azt jelenti, hogy a fiú az apja után következik, és így elkezdődik az élete. Az örök nemzés arra utal, hogy Krisztust mint a Szentháromság második személyét a Szentháromság első személye nemzette, de *öröktől fogva*, vagyis kezdet nélkül. Mivel nemzése örökkévaló, ezért a Szentháromság második személye nincs hátrébb a rangsorban, mint az első személy, és nem kisebb az ő Atyjánál.

Itt nem Krisztus testben való születéséről beszélünk. Ebben az értelemben is Isten Fia, aki a Szentlélek megárnyékozó ereje által született emberi természetünkben. A miénkhez hasonló testben született Fiúként van kezdete, és kisebb az Atyánál. A Szentháromság második személyeként *öröktől fogva* nemzett.

Az *Athanasiusi Hitvallás* ezt mondja: „*Annakokáért az az igaz hit, hogy higgyük és valljuk: miszerint a mi Urunk Jézus Krisztus, Istennek Fia, Isten és ember; Isten, aki az Atya lényéből örök idők előtt nemzetett: és ember, aki anya lényegéből időben született. (…) Egyenlő az Atyával istenség szerint: kisebb az Atyánál emberség szerint.*"

Krisztus örök nemzése olyan igazság, amelyet ma hangsúlyozni kell. Úgy tűnik ugyanis, hogy némelyek között divatos tagadni ezt. Akármilyen okuk is legyen erre, valójában a Szentháromságot tagadják. Ha Krisztus Fiúként nem öröktől nemzett, akkor van kezdete. Ha van kezdete, akkor nem örökkévaló. Ha nem örökkévaló, akkor nem teljesen és valóságosan Isten. Ha ő nem teljesen Isten, akkor nem is Megváltónk.

Krisztus örök nemzésének tagadása az arianizmus régi eretnekségéhez tartozik. Az egyház korai történelmében ez a tévtanítás azt hirdette, hogy

Krisztus *egy isten*, de nem egyenlő az Atyával; éppen úgy, ahogyan azt ma a szekták tanítják. Az ariánusok ahhoz ragaszkodtak, hogy az *egyszülött Fiú* névből az következik, hogy Krisztusnak van egy kezdete, és az Atyától eltérően nem öröktől fogva való, azaz nem egyenlő az Atyával.

Az örök nemzést világosan tanítja a Példabeszédek 8:22–30, ahol a megszólaló Bölcsesség Krisztus, az Isten Fia. Így szól: „*Örök időktől fogva felkenettem, kezdettől, a föld kezdetétől fogva (...) Mellette valék mint kézmíves*" (Péld 8:23, 30). Hasonló gondolatokat találunk a Mikeás 5:2-ben, az 1Korinthus 1:24-ben és a Kolossé 1:15-ben. Ragaszkodjunk tehát a Szentíráshoz, és ne engedjük, hogy az igazság ellenségei elrabolják hitvallásunkat, miszerint Krisztus a mi Urunk és a mi *Istenünk*!

3.16. Krisztus szűztől való születése

Hitünk egyik alapja Krisztus szűztől való születése. Krisztus ember voltának valósága és jelentősége elválaszthatatlanul kapcsolódik a szűztől való születésébe vetett hithez. Ez kulcsfontosságú igazság, ezért sokszor tagadják. A korai egyházban a gnosztikusoknak nevezett emberek tagadták Krisztus szűztől való születését. Még ma is támadják ezt a tanítást.

Egyes modern bibliafordítások – például az angol *Revised Standard Version* – Krisztus szűztől való születését úgy támadják, hogy az Ézsaiás 7:14 *szűz* szavát *fiatal nő*nek fordítják.[7] A mormonok úgy tagadják, hogy istenkáromló módon azt tanítják, hogy Krisztus az Atya és Mária közti szexuális kapcsolatból született. Ma sokan azt hiszik, hogy a szűztől való születés csak egy Jézusról szóló legenda, amelyet a korai egyház elhitt, de többé már nem hihető. Ezek a támadások csak ennek a tanításnak a jelentőségét mutatják meg. Az ördög nem veszti el az idejét arra, hogy teljesen értelmetlen dolgokat támadjon.

Krisztus szűztől való születése mindenekelőtt azért fontos, mert az Krisztus valódi emberségének bizonyítéka. Noha Krisztusnak nem volt emberi

---

[7]Hasonlóképpen az ÚF és a RÚF is. (A ford. megj.)

apja, mégis ugyanúgy született, ahogyan mi. Ha nem így lett volna, nem lett volna a bűnt kivéve mindenben hasonló hozzánk (Zsid 2:17; 4:15).

A szűztől való születés a *szűz* szó hangsúlyozásával arra is rámutat, hogy miközben Jézus Máriától jött világra hús-vér emberként, mégsem *"vérből, sem a testnek akaratából, sem a férfiúnak indulatjából, hanem Istentől"* született (Jn 1:13). Amint Ézsaiás már régen rámutatott (Ézs 7:14), a szűztől való születés annak a jele, hogy Jézus valóban Immánuel, *velünk az Isten*.

A szűztől születésben való hithez nem szükséges Mária *örökös* szüzességének hite, amint Róma tanítja, vagy a svájci reformátor, Zwingli hirdette. Krisztus bűntelenségét nem az biztosítja, hogy Mária – akár Krisztus születése előtt, akár utána – szűz volt, hanem hogy a Szentlélek erejéből fogant. A Lukács 1:35 világosan tanítja ezt: *"A Szent Lélek száll te reád (...)* azért *a mi születik is szentnek hivatik, Isten Fiának."*

Ne csodálkozzunk azon, hogy a szűztől való születést nehéz megérteni! Ez a kegyelem csodájához tartozik. Ha a megszokott emberi fogantatás és születés is titokzatos marad, hogyan várhatjuk, hogy teljesen megértjük Krisztus világra jövetelének csodáját? Azt sem kell meglepetésként vennünk, hogy ezen gúnyolódnak. Krisztus szűztől való születése az ő megváltó munkájához tartozik, és egyedül a hit fogadhatja el őt és a róla szóló igazságot.

Krisztus szűztől való születése vezessen el minket ahhoz a még nagyobb csodához, amelyet ő testben tett, amikor szenvedett, vérzett és meghalt mindazok bűneiért, akiket az Atya neki adott!

3.17. Krisztus két természetének egysége

A testté létel titka nem annyira az, hogy a mi Urunk valóságos Isten vagy valóságos ember, hanem hogy ő *mindkettő*. Az 1Timótheus 3:16 szerint az, hogy *"Isten megjelent testben"*, a kegyesség nagy titka. Mivel titok, ezért nem tudjuk teljesen megérteni.

Néhány hasonlat azonban segíthet megérteni, hogy Krisztus két természete miként egyesült egy személyben. Ezek nem tökéletesek (ahogyan egyetlen hasonlat sem), de amint Charles Hodge mondta: *„van (...) elég hasonlóság a hit megerősítéséhez és a hitetlenség feddéséhez."*[8]

A legjobb a lélek és a test egységének hasonlata. Még az *Athanasiusi Hitvallás* is ezt használja, amikor így szól: *„Mert valamint az okos lélek és a test egy ember: úgy az egy Krisztus Isten is, ember is."* Ez a hasonlat a következő pontokon kapcsolódik Krisztus két természetének egységével. Először is, ahogyan a lélek és a test az ember két alkotóeleme – az egyik anyagi, a másik pedig anyagtalan –, ugyanúgy Krisztusnak is két természete van – az egyik véges és teremtett, a másik pedig végtelen és isteni.

Másodszor, amiképpen a lélek és a test egy személyt alkot, úgy Krisztus két természete is egy személyben egyesül. A lélek és a test cselekvéseiben egyaránt az egy ember cselekszik, gondolkozik és akar, Krisztusban pedig szintén egyetlen személy cselekszik a két természetben és azok által.

Harmadszor, amint a lélek és a test különböző marad, úgy Krisztus két természete is megkülönböztethető, és nem elegyedik egyfajta keverékbe, amely se nem valódi Isten, se nem valódi ember. Nem úgy kapcsolódnak, mint a réz és a cink ötvözete, a sárgaréz – valami teljesen új. Krisztus teljesen és valóságosan Isten, illetve teljesen és valóságosan ember marad, nem pedig félig Isten, félig ember.

Negyedszer, a lélek és a test tulajdonságai ugyanahhoz a személyhez tartoznak (pl. egy *személy* lehet lélekben bölcs, testben pedig magas), így személyesen Krisztusnak tulajdoníthatjuk mind isteni, mind pedig emberi természetének jellemzőit. Ahogyan egy személyről tehetünk látszólag ellentmondó állításokat – pl. ő lélek és ő por –, ugyanúgy Krisztusról elmondhatjuk mind az isteni természet tökéletességeit, mind pedig az emberi természet korlátait. Ő mindentudó, ugyanakkor nem tudja második eljövetelének napját és óráját; ő örökkévaló, de kezdete van az időben; ő mindenható, de erőtlen volt.

Az *Athanasiusi Hitvallás* gyönyörűen fejezi ki ezt az utolsó gondolatot, amikor úgy szól, hogy Krisztus *„Isten, aki az Atya lényéből örök idő előtt nemzetett: és ember, aki anya lényegéből időben született. (...) Egyenlő az Atyával*

---

[8] Charles Hodge: *Systematic Theology* [Rendszeres teológia], 2. kötet. London, James Clarke, 1960. 380.

istenség szerint: kisebb az Atyánál emberség szerint. Aki noha Isten és ember, mindazáltal nem kettő, hanem egy Krisztus", egyetlen Krisztus, akit dicsőíteni és imádni kell.

3.18. Krisztus két természetének elválaszthatatlan egysége

Amikor a mi Urunk Jézus Krisztus testet öltésének titkáról beszélünk, többek között azt is szükséges hangsúlyoznunk, hogy ő *továbbra is* valóságos Isten és ember marad. Az isteni és az emberi közötti egység *elválaszthatatlan* egység.

Egyes komoly keresztyének azt a bizonytalan és nem biblikus gondolatot hiszik, hogy a feltámadás után Krisztus megszűnt embernek lenni. Úgy gondolják, hogy emberi természetünket Betlehemben megszületve magára vette, majd pedig a halálból feltámadva letette. Azonban a halottakból való feltámadása valójában azt bizonyítja, hogy még mindig ugyanolyan ember, mint mi vagyunk. Amennyiben ő Isten, nem tud meghalni, és nincs szüksége a halottakból való feltámadásra.

Emberi természetében ment fel tehát a mennybe is. Istennek nincs szüksége a mennybemenetelre, hiszen ő mindenütt jelen van. *Emberként* ül az Isten jobbján, így jár közben értünk, és így fog ítéletre visszatérni az idők végén. Meg kell jegyeznünk, hogy ha ő már nem hozzánk hasonló ember, akkor semmi részünk nincs benne. Akkor most már nem igaz, amit a Szentírás mond róla, hogy hasonlatos lett az atyafiakhoz, és *„könyörülő (…) és hív főpap az Isten előtt való dolgokban"* (Zsid 2:17). Valójában ha már nem hasonlatos hozzánk, akkor többé nem vagyunk az ő testvérei.

Krisztus emberi természete a feltámadás által nem változott istenivé. Ha ez volna a helyzet, akkor ő nem lenne a mi Bátyánk, aki örökké él, hogy közbenjárjon értünk. Gyengeségeinket ismerő és átérző személyként végzi ezt a közbenjárást mégpedig úgy, mint aki a bűnt kivéve mindenben hasonlatos hozzánk. Emberként képvisel minket Isten előtt, és minden áldást megszerez számunkra.

Krisztus emberi természete a feltámadás által megdicsőült, és elváltozott, ahogyan a miénkkel is történni fog, amikor az utolsó napon feltámadunk a halottak közül, és találkozunk vele. Amikor meghalt, nem hagyta hátra emberi természetét, és az nem változott istenivé. Ő még mindig az *embernek* Fia.

Mivel Krisztusnak még mindig van emberi természete, a világ végezetén ebben az emberi természetben fog eljönni, ahogyan abban is ment el tőlünk, amikor felment az ő Atyjához. Istenként természetesen mindenütt jelen van, és most is velünk van a világ végezetéig. Emberként azonban nem láthatjuk őt, és nem találkozhatunk vele színről színre, amíg vissza nem tér.

Nehéz megérteni? Valóban, de csak mert Krisztus testté létele és két természetének egysége Isten munkája, akinek az útjai mindig túl magasak számunkra. Ez a kegyelemből való váltságunk csodájához tartozik. Valóban nehéz megérteni mindezt, azonban dicsőségesen vigasztaló, mert azt jelenti, hogy *„a mi testünk a mennyben biztos zálog nekünk afelől, hogy ő, mint a mi Fejünk, minket tagjait szintén fel fog venni oda".*[9]

3.19. Krisztus két természetének személyes egysége

Krisztus két természetének egysége *személyes egység.* Ez is hozzátartozik a mi Urunk Jézus Krisztus titkához. Amikor személyes egységről beszélünk, azon először azt értjük, hogy ő egyetlenegy személy. Nincs két Krisztus, egy emberi és egy isteni, hanem csak egyetlen, aki Betlehemben született, szenvedett, meghalt a kereszten, és harmadnapon feltámadt.

Arra is utalunk, hogy személy szerint Krisztus az Isten egyszülött és örökkévaló Fia. Ő nem egy külön emberi személy és egy külön isteni személy, hanem egy isteni, örökkévaló személy, aki eljött a miénkhez hasonló testben, és sajátjaként vette fel emberi természetünket. Ő nem is emberi személy. Emberi *természetét* sajátjaként vette fel, de ő személyként a Szentháromság második személye. Ezt gyakran tagadják, különösen akik azt hiszik, hogy ő csak istenivé *vált.*

---

[9] *Heidelbergi Káté* 49. kérdés-felelet

A Krisztusról szóló tanításnak ezt a részét a legnehezebb megérteni. Ez azt jelenti, hogy az egyszülött Fiú *személyesen* szenvedett, és halt meg a kereszten, és az a *személy*, aki így szólt: *„Én Istenem, én Istenem! Miért hagyál el engemet?"*[10], maga Isten volt. Milyen megdöbbentő igazság! Ezt a titkot nem magyarázhatjuk meg azzal, hogy Krisztus ezeket emberi természetében vagy emberi természete szerint tette, mert *ő*, Isten egyszülött, örökkévaló Fia tette azokat. Mennyire felfoghatatlanok Isten útjai!

Fontos hinnünk, hogy Krisztus személy szerint a Szentháromság második személye, mert egyedül így tudott engesztelést bemutatni a bűnért, és örök igazságot szerezni számunkra. Egyedül Isten Fia fizethetett meg népe minden bűnéért a kereszthalál által. Egyedül Isten Fia szenvedhette el Isten bűn ellen való teljes, örök haragját hat rövid óra alatt. Egyedül Isten Fia szerezhetett nekünk örök igazságot, magának Istennek az igazságát (Rm 3:21–22), olyan igazságot, amelyet nem lehet megrontani vagy újra elveszíteni. Csak azért van üdvözítő ereje számunkra Krisztus munkájának és halálának, mert ő személyesen Isten Fia. Amire az ember képtelen, azt *Isten* megteszi Fia személyében.

Az is fontos, hogy Krisztus személyesen a Szentháromság második személye, aki a szűz Mária által lett testté. Ha más nem is, ez biztosan emlékeztet minket arra, hogy a testté létel és megváltásunk csodája az, hogy Isten emberré lett, nem pedig az ember Istenné. Az 1Korinthus 8:6 szavai mindezt nagyon gyönyörűen foglalják össze: *„Mindazáltal nekünk egy Istenünk van, az Atya, a kitől van a mindenség, mi is ő benne; és egy Urunk, a Jézus Krisztus, a ki által van a mindenség, mi is ő általa."* Bárcsak adna Isten nekünk kegyelmet, hogy sajátunkként vallhassuk ezt, és mindig ez maradhasson hitvallásunk!

3.20. Krisztus két természetének különbsége

Ha Krisztusról mint Istenről és emberről beszélünk, vigyáznunk kell arra, hogy ne keverjük össze két természetét. Ez már előfordult az egyháztörténelem folyamán. Némelyek például Istenembernek nevezték Krisztust azt

---

[10]Máté 27:46 (A ford. megj.)

tanítva, hogy ő többé nem valódi Isten, sem valódi ember, hanem mintegy a kettő keveréke. Egy hasonlat erre a fém nátrium és a mérgező klórgáz elegye, amelyből nátrium-klorid (konyhasó) lesz, amely se nem fém, se nem gáz.

Ezzel a régi eretnekséggel az a baj, hogy eltörli az emberi és az isteni közti különbséget. Ma is jelen van ez a tévelygés, bár nem ugyanúgy hívják. Sokan elhomályosítják az emberi és az isteni közti különbséget, amikor azt tanítják, hogy Krisztus csak abban az értelemben volt Isten, hogy jó emberként istenivé vált. E nézet szerint Krisztus úgy érte el az istenséget, hogy emberségének minden lehetőségét megvalósította. Isaac Watts, sok dicséret szerzője is ezt hitte.

Azok is az emberi és az isteni közti különbség elhomályosításának tévelygésébe esnek, akik az úgynevezett „pozitív gondolkodás" és a modernizmus evangéliumát hirdetik, miszerint az embereknek félre kell tenniük a bűn és a vétek minden gondolatát, meg kell tanulniuk pozitív módon gondolkozni önmagukról, és így emberként meg kell valósítaniuk minden lehetőségüket éppúgy, mint ahogyan Krisztus tette. A megváltás tehát az ember tökéletessé válását jelenti, ami szerintük ugyanaz, mintha istenivé lenne.

Krisztus emberi és isteni természetének megkülönböztetéséhez ragaszkodva nagyon óvatosnak kell lennünk a szóhasználatunkban, és nem szabad azon túllépni, amit maga a Szentírás tanít Krisztus két természetéről. Így például mondhatjuk, hogy Krisztus meghalt a kereszten, vagy *emberi természete szerint* szenvedett és meghalt, de azt már nem, hogy *Isten* halt meg a kereszten. Vagy mondhatjuk, hogy Krisztust Isten *emberi természetére nézve* elhagyta, de azt nem, hogy Isten elhagyta Istent. Az effajta szóhasználatra bibliai példát is látunk olyan helyeken, mint például a Róma 9:5, ahol az Írás azt mondja, hogy Krisztus *test szerint* a zsidók közül való.

Ragaszkodnunk kell tehát ahhoz, hogy Krisztus, a mi Urunk egy személyben örökkévaló, mindentudó, mindenható, a menny és a föld Teremtője, ugyanakkor teljesen és valóságosan ember az emberi természet minden korlátjával. Ez a testté létel csodája, a kegyesség nagy titka és üdvösségünk reménysége (Ef 4:9–10).

Meg tudjuk érteni, hogy két anyag keveredéséből egy harmadik lesz, de az meghaladja értelmünket, hogy miként egyesülhet örökre egy személyben Krisztus két természete, miközben mégis külön marad. Ez azt mutatja, hogy Krisztus testté létele Isten csodálatos műve.

3.21. Isten szövetsége Krisztusban

Krisztus két természetének egysége nagyon fontos, mivel a Szentírás legdrágább ígéretei közül érint némelyeket. Ő ezeknek az ígéreteknek a beteljesedése, mert ő *Immánuel: velünk az Isten.*

Hadd utaljunk az olyan ígéretekre, mint a 2Péter 1:4: *„azok által isteni természet részeseivé legyetek"*; 2Korinthus 6:16: *„Lakozom bennök és közöttük járok"*; Efézus 3:19: *„ekképen beteljesedjetek az Istennek egész teljességéig"*; Efézus 5:30: *„Mert az ő testének tagjai vagyunk, az ő testéből és az ő csontjaiból valók"*; Galácia 2:20: *„Krisztussal együtt megfeszíttettem. Élek pedig többé nem én, hanem él bennem a Krisztus; a mely életet pedig most testben élek, az Isten Fiában való hitben élem, a ki szeretett engem és önmagát adta érettem."*

Mindezek az ígéretek előfeltételezik, amit Kálvin János a Krisztusban megjelent Isten és az ő népe közti *misztikus egységnek* nevezett. Magukból az idézett szakaszokból is világos, hogy ez az egység több egyszerű szófordulatnál, de abból is látható, ahogyan a Szentírás a hitet jellemzi. A hit szó szerint Krisztus*ban* való, sőt Krisztus*ba* vetett hit.

Ezek a szakaszok tehát Isten és az ő népe között a lehető legszorosabb közösséget írják le, amelyben Isten népe ténylegesen összekapcsolódik és eggyé lesz az Úrral, részesülve az ő áldott életében. Családjába fogadja őket, és kegyelem által isteni természet részeseivé lesznek. Nem csodálatos ez?

Ez az egység magában Krisztusban valósul meg. Ő egyrészt a mi testünk és vérünk, másrészt pedig valóságos és teljes Isten egy személyben. Benne összetalálkozik és eggyé lesz Isten és ember, mert hit által vagyunk *őbenne*, miközben testileg az istenség egész teljessége is benne lakozik (Kol 2:9–10).

Krisztus az ő testté létele által Immánuel (velünk az Isten), de nemcsak azért, mert Isten látogatott meg minket őbenne, hanem azért is, mert maga Isten jött el, hogy velünk lakozzon, és általa a legszorosabb közösségben éljen velünk.

A keresztyén házasság ennek kiábrázolása, mivel a házasságban a férfi és a nő *egy test* lesznek. Valóban, az Efézus 5-ben, ahol Pál a keresztyén házasságról szól, és azt mondja, hogy a férfi és a nő egy testté lesz, hozzáteszi: *„Felette nagy titok ez: de én* a Krisztusról és az egyházról *szólok"* (32. v.).

Isten házassága az ő népével Krisztusban, amely által egy testté lesznek, az ő kegyelmi szövetségének megvalósulása. Isten szövetsége a barátság és közösség szövetsége, amelyben Isten azt ígéri, hogy Istenünk lesz, minket pedig az ő népévé tesz. Ez akkor valósul meg, amikor Krisztusban egyek leszünk Istennel.

Így várjuk a Bárány menyegzői lakomáját, amely nemcsak a mennyei örömök képe, hanem Krisztusban Istennel való egységünk beteljesedése. Ez lesz minden reménységünk megvalósulása és minden örömünk kezdete.

3.22. Krisztus hármas tisztsége

Krisztus tisztségeiről szólva azt tanítjuk, hogy ő a mi legfőbb *Prófétánk* (Csel 3:22–26), a mi egyetlenegy *Főpapunk* (Zsid 7:24–28) és a mi örökkévaló *Királyunk* (Jel 17:14). Krisztus ezzel a három tisztségével egyedülálló a Szentírásban. Senki más nem viselte ezt a három tisztséget, kivéve Melkisédek (Zsid 7). A királyság évei alatt Izráel és Júda királyai számára tilos volt egyszerre papként és királyként is szolgálni. Júda egyik királya, Uzziás leprás lett, mert királyként megpróbálta a pap feladatait elvégezni (2Krón 26:16–21; vö. 1Sám 13:8–14).

Egy ember lehetett pap és próféta, mint Sámuel, vagy király és próféta, mint Dávid, de nem lehetett egyszerre király és pap. Egyedül Melkisédeknek volt meg mind a két tisztsége, aki Krisztus egyedülálló képe volt. Senki nincs, aki olyan, mint Krisztus.

Mivel nincs olyan, mint Krisztus, ezért nem lehet senkink rajta kívül – sem földi papunk vagy prófétánk, sem királyunk, csak Krisztus. Az ő igényei megszégyenítik azok igényét, akik ma Jézus Krisztus egyházában prófétának, papnak vagy legfőbb uralkodónak mondják magukat. Az egyháznak nincs feje, csak Krisztus; nincs prófétája, csak Isten élő Igéje; nincs papja, csak Isten irgalmas Fia, aki áldozatul ajánlotta fel önmagát népe bűneiért. Ezekről még később fogunk szólni.

Mielőtt azonban rátérnénk Krisztus prófétai, papi és királyi tisztségére, meg kell értenünk, mi a tisztség. Először is a tisztség *szolgai pozíció*. Krisztust az ő tisztségével a Szentírás Jehova Szolgájának nevezi, különösen Ézsaiás próféciájában (Ézs 52:13; 53:11). Jehova Szolgájaként jön, hogy megcselekedje Isten akaratát és munkáját (Lk 2:49; Jn 4:34).

Másodszor a tisztség *tekintéllyel bíró pozíció* is. Hármas tisztségében Krisztusé minden hatalom mennyen és földön (Mt 28:18). Prófétaként mondott szavai olyan tekintélyűek, hogy aki nem hallgat rá, el fog veszni. Királyként mindenek felett való az uralma. Papi munkája üdvözítő munka mind áldozatbemutatásában, mind a mi megáldásunkban, mégpedig azért, mert Istentől felhatalmazást kapott arra, hogy bemutassa a bűnért való egyetlen áldozatot, és üdvössége minden gazdagságával megáldja azokat, akiket Isten neki adott.

Végül pedig a tisztség *közbenjárói pozíció*. Krisztus a mi közbenjárónk mint Próféta, Pap és Király. Isten és köztünk áll. Nemcsak azért, hogy papi áldozatot mutasson be a bűnért, amellyel eleget tesz Isten igazsága követelésének, hanem Prófétaként Isten Igéjét hozza nekünk, és szuverén Királyként Isten nevében uralkodik rajtunk. Mindezt megmutatja nekünk az ő neve, *Krisztus*, amely ugyanaz, mint az ószövetségi *Messiás* név. E név azt jelenti, hogy *felkent*, és arra utal, hogy Krisztust az Atya Isten a Szentlélek által felkente, és kijelölte arra, hogy Prófétánk, Papunk és Királyunk legyen.

Valóban nincs hozzá hasonló. Ne figyeljünk senki másra, ne hajoljunk meg senki más előtt, és ne bízzunk más áldozatban, csak az övében! Akkor valóban elmondhatjuk, hogy számunkra ő a Krisztus, az élő Isten Fia.

3.23. Krisztus, a mi legfőbb Prófétánk

Néha elfelejtjük, hogy Krisztus nemcsak a mi nagy Főpapunk, aki a bűnért való egyetlen áldozatot mutatja be, hanem a mi Prófétánk és Királyunk is. Ezek a tisztségek papi tisztségével egyenlően fontosak. Ő az, aki Prófétánkként Isten Igéjét adja nekünk. Ezt elsősorban úgy teszi, hogy ő Isten élő Igéje (Jn 1:1kk). Élő Igeként kijelenti nekünk Istent (Jn 1:14; 14:9) – Istennek minden kegyelmét, irgalmát és szeretetét, de szentségét, igazságát és haragját is.

Krisztus Prófétánkként munkálkodik akkor is, amikor Isten Igéjét szólja nekünk. Ezt az evangélium hirdetésében teszi. Amikor hűséges igehirdetőket bíz meg és küld el, akkor hallhatóvá teszi önmagát népe számára (Jn 5:25; 10:27). Így jóllehet nem látták őt, mégis szeretik, és engedelmeskednek neki (Jn 20:29). Az igehirdetésre vonatkozóan ez a Szentírás egyik legfontosabb igazsága: abban Isten népe a Szentlélek munkája által Krisztus hangját hallja. Ez teszi az igehirdetést Isten valódi erejévé az üdvösségre (Rm 1:16). Ezért van a hit hallásból (Rm 10:17).

Mivel Krisztus ilyen hatalommal szól, ezért nincs szükségünk más prófétára, és nem is szabad kívüle mást keresnünk vagy követnünk. Akik napjainkban prófétának állítják magukat, akik azt hirdetik, hogy képesek tévedhetetlenül szólni vagy kijelenteni Isten akaratát, azok tagadják az ő egyedüli prófétai tisztségét, és Krisztus jelenlétében megszégyenülnek. Krisztus előtt szükség volt más prófétákra. Azonban most, amikor Urunk Isten élő és maradandó Igéjeként eljött, nem lehet más próféta.

Mivel Krisztus prófétai munkája ilyen fontos, Mózes sokkal az ő születése előtt beszélt eljöveteléről (5Móz 18:15; Csel 3:22–25). Mózes így szólt Krisztus prófétai munkájáról: *„azt hallgassátok mindenben, a mit csak szóländ néktek"* (Csel 3:22). A nép nem mindig hallgatta és követte Mózest, ezért beszélt Mózes egy jobb, eljövendő prófétáról. Aki eljön, *elvégzi,* hogy hallják őt. Isten Fiaként olyan hatalommal szól, hogy amikor hívja a bűnöst, az csak engedelmeskedni tud. Amikor hitre és bűnbánatra hív, erős hangja hitet és bűnbánatot teremt a népe szívében. Amikor szól, a halottak meghallják Isten

Fiának hangját, és élnek (Jn 5:25). Ezért mondta Mózes: „*azt hallgassátok mindenben*" (Csel 3:22).

A bűnösök *halottak*, és nem tudják Krisztust meghallani, amíg nem szólítja meg őket ilyen hatalommal. Ez azonban nem szünteti meg azok felelősségét, akik bűneikben elvesznek: „*Lészen pedig, hogy minden lélek, valamely nem hallgatánd arra a prófétára, ki fog irtatni a nép közül*" (Csel 3:23).

Csak akkor tudjuk meghallani Krisztust, amikor hatalmas, teremtő szavát szólja szívünkben. Valóban hallanunk *kell* őt, hogy ne vesszünk el. Mint *a* Próféta igényli figyelmünket. „*Annakokáért annál is inkább szükséges nékünk a hallottakra figyelmeznünk, hogy valaha el ne sodortassunk*" (Zsid 2:1).

3.24. Krisztus, a mi egyetlen Főpapunk

Egyetlen Főpapunkként Krisztus hatalmas munkája, hogy a bűnért való áldozatként mutatta be saját magát. Ő az áldozatbemutató Pap, egyszersmind maga az áldozat is. A bűnért való áldozat nem Krisztus egyetlen Papunkként végzett munkája. Ha így lenne, akkor a papi feladata véget ért volna. Azonban a Zsidók 7:28 szerint ő örökre felszentelt. Amikor bemutatta az egyetlenegy engesztelő áldozatot, a munkája ugyanúgy nem ért véget, mint ahogyan az ószövetségi papé sem, amikor a templom nagy oltárán bemutatta az égőáldozatot. Ennélfogva a Jelenések 1 úgy ábrázolja őt, mint felmagasztaltat és megdicsőültet, aki *még mindig* végzi papi munkáját. Arany övvel felövezett ruhája papi ruha.

Krisztus főpapi munkája különösen két módon folytatódik. Az egyik a közbenjárás, amelyet Isten előtt végez népéért. Ezt jelképezte az Ószövetségben, amikor a pap a nagy oltárról vett tűzzel bement a templomba, hogy a kárpit mögött álló arany oltáron füstölő áldozatot mutasson be. Az Isten jelenlétébe felszálló, jó illatú füst Krisztus édes imádságainak képe volt, amelyek a mi imádságainkkal együtt felszállnak Isten jelenlétébe, ahol Isten elfogadja azokat, és válaszol rájuk.

Mivel a füstölő áldozat Krisztus közbenjárását mutatta be, ezért a papnak a nagy oltárról vett tűzzel kellett elvégeznie, amelyen közvetlenül előtte végezte el az engesztelő áldozatot. Ez a füstölő áldozat Isten népe imádságainak elfogadható voltát jelképezi, amint azok az imádságok Krisztus közbenjárása által Isten elé kerülnek. Az égőáldozati oltárról vett szén jelképezi az egyetlen okot, amelyért imádságaink elfogadhatóak – Krisztus áldozatát.

Krisztus papi munkája azokban az áldásokban is folytatódik, amelyeket a népére áraszt. A Lélek kitöltetése és a Lélek áldásai a mi mennyei Főpapunk, Krisztus munkája. Ezt jelképezte az Ószövetségben, amikor a pap befejezte az áldozatbemutatást és a közbenjárást, és az Istentől megnyert áldást a nép közé vitte (4Móz 6:22–27). Ezt a szent sátor vagy a templom kapujában tette, amikor az Úr nevében megáldotta a népet (Lk 1:22). Krisztus ezt a mennyei szentélyből teszi meg, ahonnan Isten nevében megáld minket.

Ehhez Krisztusnak először be kellett lépnie a mennybe. Ezt jelképezte az Ószövetségben, amikor a főpap évente egyszer belépett a Szentek Szentjébe, hogy a kegyelem széke előtt bemutassa az engesztelés vérét. Amikor Krisztus értünk Isten jelenlétébe lép (Zsid 9:24), a saját vérét viszi Isten elé. Ez az ő folyamatos közbenjárásának és a népe számára folyamatosan megnyert áldásnak az alapja.

Ilyen Főpapja van azoknak, akik hisznek Krisztusban – aki tökéletes áldozatot mutatott be, tökéletesen közbenjár, és képes számukra Istentől áldásokat nyerni. Ne bízzunk más papban, csakis benne!

3.25. Krisztus, a mi örökkévaló Királyunk

Krisztus harmadik tisztsége a királyi tisztség. Királyi tisztségéről és munkájáról meg kell tanulnunk jó néhány dolgot. Tudnunk kell, hogy királyi tisztségének két oldala van: az istentelen világ feletti uralma és népe feletti uralma. Az elsőt a *hatalma uralmának*, a másodikat pedig a *kegyelme uralmának* nevezzük.

Hatalma uralmával szuverén módon irányítja az istentelen emberek minden tettét, sőt gondolatait és szívét is, hogy saját céljaira és országáért használja fel őket. Ezt a hatalmát gyakorolta, amikor királyi tekintéllyel így szólt Júdáshoz: „*A mit cselekszel, hamar cselekedjed*" (Jn 13:27). Elküldte Júdást a sötétség cselekedetének elvégzésére, hogy Jézust megfeszítsék, és népe üdvösségéért a vérét ontsa. Ugyanezt a hatalmat mutatta meg, amikor azt cselekedte, hogy elfogói a kertben hátravonuljanak, és a földre essenek (Jn 18:6). Ezt azért tette, hogy megmutassa: önként megy a keresztre. Ezt a királyi hatalmat az ellene lázadók akaratával *szemben* és *ellenére* is gyakorolja. Felkelnek, és tanácskoznak ellene (Zsolt 2), de ő neveti és megcsúfolja őket, és még lázadásukban is saját jótetszése szerint használja őket.

Ő azonban kegyelme által is uralkodik, így kormányozza egyházát és népét. Ezt az uralmát a népe akaratá*ban* és *által* gyakorolja. Kegyelmével megváltoztatja az akaratukat, és arra indítja őket, hogy szeressék, és önként szolgálják őt. Uralmának ezt az oldalát legszebben a Zsoltárok 110:3 írja le: „*A te néped készséggel siet a te sereggyűjtésed napján.*"

A Krisztus uralmának két oldala közti különbség legvilágosabban abban látható, hogy az istenteleneken vasvesszővel uralkodik, és azzal szétzúzza őket (Zsolt 2:9), népén azonban pásztorbottal uralkodik, és békességre vezeti őket (Zsolt 23:4). Arra is emlékeznünk kell, hogy Királyként nemcsak népe *felett* uralkodik, hanem népé*ért* is. Így *küzd* értük, és csatába vezeti őket. Királyként ő minden ellensége felett győztes és diadalmas. Ő döntötte meg a sötétség teljes erejét és királyságát, és őbenne felettébb diadalmaskodunk (Rm 8:37).

Ezt a győzelmet már megszerezte. Már nem kell diadalt aratnia, hiszen keresztje által mindent elvégzett (Jn 19:30; Kol 2:14–15). „*E világnak országai a mi Urunkéi és az ő Krisztusáéi* lettek [azaz most is azok], *a ki örökkön örökké uralkodik*" (Jel 11:15). Övé „*az ország és a hatalom és a dicsőség mind örökké*" (Mt 6:13).

Ahhoz, hogy a győzelem a miénk is lehessen, el kell ismernünk Krisztust Királynak. Ezt úgy tehetjük meg, ha szívünkben tiszteljük kegyelmének uralmát. Csókoljuk tehát a Fiút, akit Isten tett Királlyá, hogy meg ne haragudjék, és el ne vesszünk az úton (Zsolt 2:12)!

3.26. Krisztus állapotai: megaláztatása és felmagasztaltatása

A jó református teológia általában tárgyalja a közbenjáró Jézus Krisztus *állapotait*. A *Westminsteri Kiskáté* például így fogalmaz: *„Krisztus mint a mi Megváltónk a prófétai, főpapi és királyi tisztségeket tölti be mind a megaláztatás, mind a felmagasztaltatás állapotában."*[11] Mi ez a megaláztatás és felmagasztaltatás?

Az *állapot* szó *jogi helyzetünkre* vonatkozik, miszerint a törvény előtt vagy bűnösök, vagy ártatlanok vagyunk. Itt Krisztus munkájával van kapcsolatban. Munkája első szakasza során, megalázott állapotában Isten előtti jogi státusza a vétkes, bűnös emberé volt. A második szakaszban, felmagasztalt állapotában jogi helyzete Isten előtt megigazított volt.

Jézusra megalázott állapotában – születésétől fogva haláláig – Isten bűnösként tekintett, felmagasztalt állapotában pedig (ide tartozik a feltámadása, a mennybemenetele, a dicsősége Isten jobbján, valamint az ítéletre való visszatérése) megigazítottként, ártatlanként tekint rá.

Maga Krisztus soha nem volt vétkes semmilyen bűnben, és személyesen soha nem volt szüksége megigazításra. Azonban mint vétkeink hordozója, akire az Úr mindnyájunk vétkét rávetette (Ézs 53:6), vétkesnek és bűnösnek *számított*, és Isten így *viszonyult hozzá*. Elszenvedte a bűn teljes büntetését. Ezután szintén a mi helyünkben Isten megigazítottnak és ártatlannak tekintette őt.

Az Ézsaiás 53 utal erre, amikor így fogalmaz: *„életét halálra adta, és a bűnösök közé számláltatott"* (12. v.). A Zsoltárok 69:5-ben maga Krisztus szólal meg: *„Oh Isten, te tudod az én balgatagságomat, és az én bűneim nyilván vannak te előtted"* – nem mintha személyesen bármilyen bűne lett volna, hanem a mi vétkeink elhordozójaként.

Krisztus azért verettetett és kínoztatott Istentől (Ézs 53:4), mert *„a gonoszok közé számláltatott"* (Lk 22:37). Az Úrnak mint Bírónak tetszett, hogy megrontsa őt betegség által (Ézs 53:10). Szenvedésében, perében és

---

[11] *Westminsteri Kiskáté* 23. kérdés-felelet

kereszthalálában Atyja úgy kezelte, mintha ő lenne az a bűnös, akinek a helyére állt, míg végül Jézus így kiáltott: *„Én Istenem, én Istenem! miért hagyál el engemet?"*[12]

Bűneink hordozójaként Krisztusnak is meg kellett igazulnia, de nem önmagáért, hanem értünk, akiknek a vétkeit magára vette. Erről az Ige az Ézsaiás 53:11-ben beszél, amely Isten *igaz* szolgájának nevezi, mert az igazság és a megigazítás ugyanaz. Ő *„lőn nékünk (...) igazságul"* (1Kor 1:30).

Ez az evangélium szíve és a Szentírás egyik legcsodálatosabb igazsága: Isten Fia értünk hajlandó volt arra, hogy a bűnösök közé számláltassék (Ézs 53:12), és saját Atyja hajlandó volt ekképpen viszonyulni hozzá, hogy mi megszabadulhassunk. Valóban csodálatos Megváltó, és csodálatos a szeretet, amely elküldte őt!

3.27. Krisztus alacsony sorba való születése

Krisztus életének elejéről lényegében csak születésének a körülményeit ismerjük. A hangsúly a szegénység, az elvetettség, a szenvedés és az üldöztetés közé való születésén van. Betlehem, az istálló, a jászol, a pólya, a pásztorok, az Egyiptomba való menekülés – mind ugyanarról beszél.

Vajon miért ilyen részletes az ő születésének története, és miért esik olyan nagy hangsúly a *szerény* születésére? Azért, mert az ő egyszerű születése megaláztatott állapotának az első lépése. Isten legelőször Jézus születése során fordul felé úgy, mint aki vétkes és bűnös a mi nevünkben.

A Biblia nem azért tartalmazza ezt a történetet, hogy együttérzést ébresszen bennünk, vagy meggyőzzön minket arról, hogy soha senki nem szenvedett olyan szegénységtől és elutasítástól, mint Krisztus. Ez a történet nem egy társadalmi vagy erkölcsi tanulságot hordoz, és nem a szociális reformokra vagy a szegénység és a szenvedés felszámolására való felhívás. Ez az evangélium része, amit azért jegyez fel az Írás, hogy megmutassa nekünk, hogy Jézus a Megváltó.

---

[12]Máté 27:46; Márk 15:34; Zsoltárok 22:2 (A ford. megj.)

Maga a Szentírás mondja meg nekünk szerény születésének az okát, amikor így szól: *„Mert azt, a ki bűnt nem ismert, bűnné tette értünk, hogy mi Isten igazsága legyünk ő benne"* (2Kor 5:21). Alacsony származása, megalázottsága és szegénysége mindenestül ahhoz tartozott, amit az övéi vétkeinek elhordozásával népe megváltásáért szenvedett.

A Biblia nagyon világosan tanítja ezt a 2Korinthus 8:9-ben: *„Mert ismeritek a mi Urunk Jézus Krisztusnak jótéteményét, hogy gazdag lévén, szegénnyé lett érettetek, hogy ti az ő szegénysége által meggazdagodjatok."* Nincs kétség afelől, hogy szegénnyé létele a testté lételére és annak minden körülményére utal. Isten Igéje azt mondja, hogy ez azért történt, hogy a szegénysége által meggazdagodjunk, de nem földi gazdagsággal, hanem az üdvösség minden gazdagságával, amely benne van (Ef 1:3).

Szenvedése *mindenestül* a mi üdvösségünk. Megaláztatása a mi felmagasztaltatásunk, alacsony sorsa a mi dicsőségünk. Nemcsak a kereszten, hanem egész életében is Megváltónk volt. Micsoda Megváltó!

Szükséges volt, hogy születésétől fogva Megváltónkká legyen. Ahogyan mi bűnös, romlott, elfajult emberként *születünk* (Zsolt 51:7), ugyanúgy neki is a bűn büntetését hordozva kellett megszületnie. Mivel születéstől a halálig egész életünk a bűn uralma alatt van, egész életünket az ő szenvedéssel teljes életével kellett megváltania. Ez a szenvedés a kereszt szégyenében és fájdalmában, illetve az ott kiontott vérében tetőzött.

Születésének története tehát nem csupán egy megindító történet, nem csupán kegyes érzelmek dolga, hanem az evangélium. Születését hallva megismételjük a Krisztust gyermekségében meglátó, idős Simeon szavait: *„Mostan bocsátod el, Uram, a te szolgádat, a te beszéded szerint, békességben: Mert látták az én szemeim a te üdvösségedet, A melyet készítettél minden népeknek szeme láttára; Világosságul a pogányok megvilágosítására, és a te népednek, az Izráelnek dicsőségére"* (Lk 2:29–32).

3.28. Krisztus szenvedéssel teljes élete

Krisztus megalázott állapotának második lépcsője az ő szenvedéssel teljes élete. A mi Urunk Jézus Krisztus földi élete során olyan sokat szenvedett, hogy sokszor úgy tűnik, mintha az élete semmi más nem lett volna, csak szenvedés. Valóban, életét nem írhatjuk le jobban, mint ezzel a szóval: *szenvedett*.

Eltűrte a szegénységet olyannyira, hogy egy leendő tanítványához így szólt: *„A rókáknak vagyon barlangjok és az égi madaraknak fészkük; de az ember Fiának nincs hová fejét lehajtani"* (Mt 8:20). A végén elvették tőle még azt a kicsit is, amije volt, ruháit elosztva és köntösére sorsot vetve. *„Útált és az emberektől elhagyott volt"* (Ézs 53:3), akit *„ok nélkül gyűlöltek"* (Jn 15:25), atyjafiai előtt idegenné lett (Zsolt 69:9), a bűnösök szembeszálltak vele (Zsid 12:3), az övéi kivetették maguk közül (Jn 1:11), tanítványai elhagyták és megtagadták (Mt 26:56, 74), és *„a bűnösök közé számláltatott"* (Ézs 53:12).

Vádolták azzal, hogy a vámszedők és a bűnösök barátja, istenkáromló, a Sátán szövetségese és a nemzeti biztonság veszélyeztetője (Jn 11:47–50). Királyi igényeit megvetették, helyette a császárt választották királyuknak, sőt még a hitvány gonosztévőt, Barabbást is jobban kedvelték nála. Sokszor saját népe, a zsidók is megpróbálták megölni. Végül ellenségei leköpték az arcát, megverték, kigúnyolták és kinevették, megostorozták és megfeszítették. Mennyire szenvedett!

Mindebben a szenvedésben azonban nem a szégyen, a megaláztatás, az elutasítás, a fájdalom számított a legtöbbet, hanem hogy a mi bűneinkért, Isten haragja alatt szenvedett. Ezt tanítja nekünk Isten Igéje az Ézsaiás 53:3–6-ban. Krisztust nemcsak azért vetették meg és utasították el, nemcsak azért ismerte meg közelről a fájdalmat, mert *mi* nem becsültük őt meg, hanem azért is, mert *Istentől* verettetett és kínoztatott (4. v.). Így ő *minden* szenvedésében *„megsebesíttetett bűneinkért, megrontatott a mi vétkeinkért"* (5. v.). Isten *„mindnyájunk vétkét ő reá veté"* (6. v.) minden szenvedésében. Ebben a tekintetben senkinek a bánata nem fogható az övéhez (JSir 1:12).

Ez szükséges volt a megváltásunkhoz. Krisztusnak nemcsak meg kellett fizetnie bűnünk büntetését kereszthalála által, hanem mivel egész életünket bűnben éljük, egész élete során szenvednie kellett. Mivel egész szenvedése során bűntelenül engedelmeskedett, eleget tett megfizetve mindazt, amit mi nem tudtunk kifizetni, az engedelmesség nagy adósságát, amellyel Isten dicsőségének tartozunk. Erről így szól maga Krisztus a Zsoltárok 69:5-ben: *„a mit nem ragadtam el, azt kell megfizetnem!"*

A Zsidók 5:7–9 mindezt így foglalja össze: *„Ki az ő testének napjaiban könyörgésekkel és esedezésekkel, erős kiáltás és könyhullatás közben járult ahhoz, a ki képes megszabadítani őt a halálból, és meghallgattatott az ő istenfélelméért, Ámbár Fiú, megtanulta azokból, a miket szenvedett, az engedelmességet; És tökéletességre jutván, örök idvesség szerzője lett mindazokra nézve, a kik neki engedelmeskednek."*

3.29. Krisztus kereszthalála

Krisztus megaláztatásának harmadik lépcsője a halála volt. Jézus kereszthalála, az ő vére hullása a történelem központi eseménye, az evangélium szíve. Erre utal Pál, amikor az 1Korinthus 2:2-ben így szól: *„Mert nem végeztem, hogy egyébről tudjak ti köztetek, mint a Jézus Krisztusról, még pedig mint megfeszítettről"*, vagy ismét, a Galácia 6:14-ben: *„Nékem pedig ne legyen másban dicsekedésem, hanem a mi Urunk Jézus Krisztus keresztjében."*

A kereszt nagyon sokat jelent. Ez volt e világ ítélete. Erről maga Jézus beszél a János 12:31-ben, de ezt mutatja a sötétség, a földrengés, a templom kárpitjának kettéhasadása is. Istennek a kereszten kijelentett ítélete olyan nyilvánvaló volt, hogy az ott lévők mellüket verve tértek haza (Lk 23:48). A kereszt a megütközés köve és a botránkozás sziklája azok számára, akik nem hisznek. A kereszten Krisztus nemcsak szegletkő, hanem megütközés köve is lett (1Pt 2:6–8). A kereszt tehát elválasztja a hitet a hitetlenségtől, a kiválasztást az elvetéstől. A kereszt és a másik két elítélt között Jézus (Jn 19:18) világosan megmutatja, hogy annak az oka, hogy valaki hisz, másvalaki pedig nem, nem az emberben van, hanem Krisztus keresztjében és Isten Krisztusban kijelentett szándékában.

A kereszt vére a mennyekben és a földön *mindenek* békessége (Kol 1:20), de a kereszt mindenekfelett Istenhez való megbékéltetésünk, bűneinkért való fizetség, engesztelés és váltság (Kol 1:21–22). A kereszten Jézus minden szenvedése és megaláztatása elérte csúcsát, különösen a sötétség három órája alatt. Ezen idő alatt bűneinket hordozva Istennel, a Bíróval állt szemben. Ami ebben a néhány órában történt, messze meghaladja értelmünket.

Csak egy rövid fohász hangzik felénk ebből a sötétségből: *„Én Istenem, én Istenem, miért hagyál el engemet?"*[13] Ezen idő alatt Isten Fiát elhagyta az ő Atyja, és így elszenvedte mindazt, amit bűnünk megérdemel. Azért hagyatott el, hogy Isten elfogadjon, és soha ne hagyjon el bennünket. Elszenvedte Isten bűneinkért való teljes haragját, és így megszabadított minket attól, hogy soha ne kelljen megtapasztalnunk azt, ami a sötétség ama három órájában történt, és ne kelljen Istennel mint haragos és kérlelhetetlen Bíróval szembenéznünk.

Végül pedig Jézus Krisztus kereszthalála a megszentelésünk forrása, amint azt Pál tanítja a Galácia 6:14-ben: *„a ki által nékem megfeszíttetett a világ, és én is a világnak."* Ezért szenvedünk üldöztetést (Gal 6:12). Ez a Krisztusért gyakorlandó önmegtagadás jelképe is (Mt 10:38). Ez a forrása minden áldásnak, amelyet ebben és az elkövetkezendő életben kapunk. Ne ismerjünk tehát mást, csak Krisztust, mégpedig mint megfeszítettet!

3.30. Korlátozott engesztelés

A kálvinisták hiszik a korlátozott engesztelést, miszerint Krisztus nem minden emberért, hanem csak a választottakért halt meg. A *korlátozott* engesztelés azonban nem azt tanítja, hogy Krisztus halálának és vérének értéke, ereje korlátozott, hanem csak egy *korlátozott* számú emberért halt meg. Jobb, ha nem is *korlátozott*, hanem *különös* engesztelésről beszélünk. A *különös* szó azt a bibliai igazságot hangsúlyozza, hogy Krisztus csak bizonyos emberekért halt meg, nem pedig kivétel nélkül mindenkiért.

---

[13] Máté 27:46 (A ford. megj.)

Hisszük a különös vagy korlátozott engesztelést, mert sok bibliai szakasz tanítja, hogy Krisztus nem *mindenkiért*, hanem *sokakért* halt meg (Ézs 53:11; Mt 20:28; 26:28; Zsid 9:28), azaz *az ő népéért* (Ézs 53:8; Mt 1:21), *az ő juhaiért* (Jn 10:14-15, 26-28) és *az egyházért* (Csel 20:28).

Nem hisszük, hogy a *mindenkiről* vagy a *világról* szóló helyek bármilyen ellentmondásban állnának azokkal, amelyek egy korlátozott számról beszélnek. Isten Igéje nem mondhat önmagának ellent. Ezek a szakaszok azt tanítják, hogy Krisztus minden emberért *megkülönböztetés nélkül*, nem pedig *kivétel nélkül* halt meg. Ezek a helyek másként fogalmazva arról beszélnek, hogy Krisztus *mindenféle* emberért meghalt (1Tim 2:1-6), akik őbenne vannak (1Kor 15:22), vagyis saját népének *világáért*, azaz a minden népek közül való választottakért (hasonlítsuk össze a Jn 3:16-ot és 17:9-et).

Egyedül a korlátozott engesztelés dicsőíti Krisztust Megváltóként. Annak gondolata, miszerint Krisztus minden emberért meghalt, de sokan mégsem üdvözülnek, értéktelenné teszi Krisztus üdvözítő munkáját. Ez a tanítás valójában azt állítja, hogy Krisztus szenvedése és halála által nem tett eleget üdvösségünkért, és még szükség van valamire (általában egy ember szabad akaratának döntésére); Krisztus mindenkiért meghalt, de némelyek mégis pokolra kerülnek. Ha ez igaz, akkor Krisztus vére hiába hullott némelyekért, és halála haszontalan volt számukra. Akkor az ő halála nem igazi váltság, engesztelés vagy bűnért való elégtétel, és nem is békített meg minket Istennel.

Ha Krisztus minden emberért meghalt, és némelyek mégsem üdvözülnek, ha a különbség szabad akaratból való döntésükben van, akkor az üdvösségünkben nem Krisztus halála, hanem saját döntésünk számít igazán, és üdvösségünk nem rajta, hanem rajtunk múlik. Isten óvjon attól, hogy ilyeneket gondoljunk Krisztus haláláról vagy saját magunkról!

Hogy Krisztus az ő választott népéért halt meg, akiket az Atya neki adott, ez a tanítás azt jelenti, hogy szenvedése és halála által mindent megtett, ami üdvösségükhöz szükséges volt, és semmi másra nincs szükség. Akkor az ő halála valóban engesztelés, megbékéltetés, a bűnért való teljes fizetség, váltság és elégtétel. Akkor valóban és teljességgel üdvözíti azokat, akikért meghalt.

A korlátozott engesztelés azt tanítja, hogy Krisztus nemcsak elérhetővé teszi az üdvösséget, hanem ő Fejedelem és *Üdvözítő* is. Istennek legyen hála érte!

3.31. Krisztus pokolra szállása

Krisztus megaláztatásának következő lépcsője a pokolra szállása. Az *Apostoli Hitvallás*ban a korai egyház megvallotta, hogy Krisztus *„szálla alá a poklokra"*. Erről a hitcikkelyről mindig vita folyt, főként mert a *„szálla alá a poklokra"* azután szerepel a hitvallásban, hogy *„megfeszítteték, meghala és eltemetteték"*.

Sokan azt tanítják, hogy Krisztus a halála és a feltámadása között valósággal elment a pokolnak nevezett helyre. Bizonyítékul az 1Péter 3:18–20-ra hivatkoznak. Ezek a versek azonban valami olyasmiről beszélnek, ami a feltámadás után és a *Lélekben* történt. Sőt, hogy Krisztus a halála után a pokolban volt, ez a gondolat ellentmond annak, amit Urunk a haldokló latornak mondott: *„Ma velem leszel a paradicsomban"* (Lk 23:43).

Mások szerint ha a pokolra szállás bármit is jelent, akkor arra az időre vonatkozik, amikor Krisztus a sírban volt. Ez a magyarázat leginkább a Zsoltárok 16:10-nek felel meg, arról az egyetlen helyről, ahol a Szentírás úgy beszél Krisztusról, mint aki a pokolban van: *„Mert nem hagyod lelkemet a Seolban; nem engeded, hogy a te szented rothadást lásson."* A 10. vers második fele, amely a rothadásról szól, valamint az előző vers, amely Krisztus testére utal, arra enged következtetni, hogy a Zsoltárok 16:10 Krisztus temetéséről beszél.

A *Westminsteri Nagykáté*ban ezt olvassuk: *„Krisztus megaláztatása halála után abban állt, hogy eltemették és a holtak állapotában maradt, a halál hatalma alatt a harmadik napig. Ezt másképpen így fogalmazták meg: »szálla alá poklokra«."*[14]

---

[14] *Westminsteri Nagykáté* 50. kérdés-felelet

Azonban a Zsoltárok 16:10-et idéző Cselekedetek 2:31-ben szereplő *pokol* szó olyan kifejezés, amely az Újszövetség *minden más helyén* az örök büntetés helyére vonatkozik. Bizonyos értelemben tehát Krisztus nemcsak a sírban volt, hanem a pokolban is, jóllehet nem szükségszerűen éppen azon a helyen.

Hogyan és mikor történt ez? Hisszük, hogy Krisztus a következő értelemben volt a pokolban: a kereszten való szenvedése során, amikor helyettünk megtapasztalta, amit a *Heidelbergi Káté* a pokol kínjainak és gyötrelmeinek nevez.[15]

Bizonyosan ezt fejezte ki, amikor így szólt a kereszten: *„Én Istenem, én Istenem! miért hagyál el engemet?"* (Mk 15:34). A pokol arról szól, hogy valaki kivettetik Isten jelenlétéből, és Isten elhagyja őt. Ezt szenvedte el Krisztus.

Vonatkozzon Krisztus pokolra szállása akár a temetésére, akár a kereszten való kínjaira, akár mindkettőre, mindenképpen az ő kifejezhetetlen szenvedésére emlékeztet minket, valamint arra, hogy szenvedése és halála által lelkünket a legmélyebb pokolból szabadította meg. Ugyanezen kínjai által helyet szerzett az ő népének az örökkévaló dicsőségben, Isten és a szent angyalok jelenlétében. Ott ő és vele együtt mi is örökkévaló dicsőségben és boldogságban fogunk gyönyörködni.

3.32. Krisztus temetése

Krisztus temetésére általában a megaláztatása részeként tekintünk. A Cselekedetek 2:24-ből megtudjuk, miért. Amíg nem támadt fel, addig nem voltak megoldva *a halál fájdalmai.* Addig *„a holtak állapotában maradt, a halál hatalma alatt".*[16] A temetése az ő munkájának szükséges része volt, mert ezáltal megmutatta, hogy teljes halálunkat elszenvedte, és legyőzte. Csak azért mondhatjuk: *„Pokol! hol a te diadalmad?"* (1Kor 15:55), és csak azért hihetjük, hogy nem maradunk elfeledve a sírban (Zsolt 31:13), mert őt eltemették, és a sírban volt.

Krisztus temetésében kezd el megmutatkozni a bűn és halál feletti győzelme is. A Cselekedetek 2:31 erre mutat rá, amikor így szól: *„sem az ő*

---

[15] *Heidelbergi Káté* 44. kérdés-felelet
[16] *Westminsteri Nagykáté* 50. kérdés-felelet

teste rothadást nem látott." Ezek a szavak egyedül azt jelenthetik, hogy amikor Krisztus a sírban volt, teste a miénktől eltérően nem kezdett el bomlani és rothadni. A Cselekedetek 13:36-37 Dáviddal – és mindenki mással – szemben ezt mondja Krisztusról: *„Mert Dávid, minekutána a saját idejében szolgált az Isten akaratának, elaludt, és helyheztették az ő atyáihoz, és rothadást látott. De a kit Isten feltámasztott, az nem látott rothadást."*

Ebből a szemszögből nézve Krisztusnak a sírban töltött három napja azt mutatja, hogy kereszthalála által legyőzte a halál minden erejét. Ezt úgy tette, hogy megfizetett a bűnért, amely *a halál fullánkja* (1Kor 15:56). A bűn nélkül sem a halálnak, sem a sírnak nincs semmilyen hatalma. Ezért nem tudta a halál sem fogva tartani Krisztust (Csel 2:24). Olyan tökéletesen győzedelmeskedett, hogy a halál nem is tudta eljuttatni őt a szokásos rothadásba.

A Cselekedetek 13:37-38-ban Pál apostol azt írja, hogy mivel Krisztus nem látott rothadást, ezért tudhatjuk, hogy őáltala van a bűnbocsánat. Nem kell tehát a feltámadásig várnunk, hogy megtanuljuk, hogy az ő munkája elvégeztetett, és teljes engesztelést végzett értünk. Már a temetése is ezt hirdeti.

Krisztust eltemették, és a sírban nem látott rothadást, ezért bizonyosak lehetünk afelől, hogy egy napon mi is romolhatatlanok leszünk: *„Mert szükség, hogy ez a romlandó test romolhatatlanságot öltsön magára"* (1Kor 15:53). Amikor ez megtörténik, beteljesül a mondás: *„Elnyeletett a halál diadalra"* (1Kor 15:54).

Soha nem szabad elfelejtenünk, hogy Jézus meghalt a kereszten, és a harmadik napon feltámadt. De arra is emlékeznünk kell, hogy *„megfeszítteték, meghala* és eltemetteték". Ebben is megmutatja, hogy ő a mi Megváltónk. Micsoda Megváltó ő, aki még a sír rontó hatalmát, a bűzt, a romlást és a csúfságot is legyőzte mindazzal együtt, amit ezek jelképeznek! Teljesen lerombolta számunkra a bűn lelki rothadását, így a halálban testünk csak „elalszik Jézusban".

3.33. Krisztus feltámadása

Krisztus feltámadása az ő felmagasztalt állapotának az első lépcsője, ugyanakkor megváltásunk nagy munkájához tartozik. A feltámadás nélkül még a kereszt sem teljes. Isten Igéje az 1Korinthus 15:17-ben emlékeztet minket erre: *„Ha pedig a Krisztus fel nem támadott, hiábavaló a ti hitetek; még bűneitekben vagytok."* A feltámadás nélkül még mindig bűneinkben lennénk, kétféleképpen és két okból kifolyólag. Még mindig bűneinkben lennénk jogilag és valóságosan is.

Először is, ha *jogilag* még mindig a bűneinkben lennénk, akkor a feltámadás nélkül nem igazíttatnák meg, és nem lennének megbocsátva bűneink. Miért? Mert a megigazítás magának Istennek mint Bírónak a cselekedete. Neki kell meghoznia a minket megigazító ítéletet. Ezt abban teszi meg, hogy Krisztust feltámasztotta a halottak közül, és így elfogadta és jóváhagyta Krisztus értünk elvégzett munkáját. A feltámadás tehát a menny és a föld örökkévaló és változhatatlan Bírájának ítélete, amely megpecsételi megigazításunkat.

Gondoljunk erre így: a kereszten Krisztus szólt: „Elvégeztetett"; Isten pedig akkor szólt: „Elvégeztetett", amikor Krisztust halottaiból feltámasztotta. Ekképpen Isten meghozza az ítéletet, amely jogilag megigazít minket őelőtte. Ezt jelenti a Róma 4:25: *„és feltámasztatott a mi megigazulásunkért."* Ezért hangsúlyozza a Biblia olyan sok helyen, hogy *Isten* támasztotta fel Krisztust a halottak közül.

Másodszor a feltámadás nélkül még mindig *valóságosan* a bűneinkben lennénk. Ha Krisztus nem támadt volna fel, senkink nem lenne, aki a hit ajándékát, a hit által a bűnök bocsánatát és minden bűnünktől való szabadulásunkat megadta volna nekünk. Még mindig úgy élnénk, ahogyan egykor, azaz bűneinkben. Krisztus a mi élő Urunkként mind a bűnök bocsánatát, mind a bűnünktől való szabadulást megadja. Ő ad nekünk békességet és szentséget is.

Ez azonban nem árulja el Krisztus feltámadásának összes áldását. Maga a feltámadás a módja annak, ahogyan Istenhez juthatunk. Krisztus az, aki mint a halottak közül az elsőszülött (Jel 1:5) *megnyitja az utat* Isten jelenlétébe és Isten jóindulatába. Ez volt mindig az elsőszülött, az elsőként megszületett gyermek munkája: ő nyitotta meg az utat a többi gyermek számára (2Móz 13:2; Ez 20:26). Krisztus nyitja meg az utat számunkra a halálból az életre és Isten jelenlétébe.

Harmadszor Krisztus feltámadása annak bizonyos záloga, hogy mi is fel fogunk támadni. Az ő feltámadása és a mi feltámadásunk elválaszthatatlan, amint ezt Pál megmutatja az 1Korinthus 15:16-ban. Ő él, ezért mi is élni fogunk.

Krisztus feltámadása tehát az egész váltságmű középpontjában áll, és nem tagadhatjuk anélkül, hogy mindent félre ne dobnánk, amit hiszünk. Hidd tehát ezt, és örvendezz őbenne, aki örökké él! Aki hisz a megfeszített és feltámadt Krisztusban, soha meg nem hal.

3.34. Krisztus mennybemenetele

A *mennybemenetel* Krisztus felmagasztalt állapotának a második lépcsője. Az üdvözítő munkájához tartozó mennybemenetelének jelentőségét legjobban az erre előremutató ószövetségi eseményben láthatjuk. Ez az esemény az volt, amikor Dávid felvitte a ládát Jeruzsálembe.

Legalább négy zsoltár, mégpedig a 24., a 47., a 68. és a 132. ünnepli Izrael történelmének ezt a fontos eseményét. Ezek a zsoltárok azt is világossá teszik, hogy a láda felvitele Krisztus mennybemenetelére mutat előre. Ez különösen érdekes, hiszen a Zsoltárok könyve csak nagyon röviden tesz említést Krisztus feltámadásáról, miközben mi a feltámadást valószínűleg nagyobb jelentőségűnek tartanánk a mennybemenetelnél. Milyen módon mutatott előre Krisztus mennybemenetelére a láda Jeruzsálembe vitele, amit a zsoltárok is ünnepelnek? Négyféleképpen.

Először is a ládát *felvitték* Jeruzsálembe, amint Krisztus is felvitetett a mennybe (2Sám 6:12; Zsolt 68:19; 132:8; Ef 4:8). Másodszor Dávid korában a láda – amely Krisztus előképe abból a szempontból, hogy Isten őbenne lakozik az ő népével, és kijelenti magát nekik – egy hosszú vándorlás végén belépett arra a helyre, ahol véglegesen megnyugodhatott. Ugyanígy Krisztus a mennybemenetelével belépett a mennyei nyugalomba, miután földi élete és munkája véget ért (Zsolt 132:8, 13–14; Zsid 4:10).

Harmadszor a láda felvitelével Dávid megerősödött királyságában, mivel győzelmet aratott Izráel minden ellensége felett. Hasonlóképpen menny- bemenetelekor Krisztus dicsőséggel és méltósággal koronáztatott meg, így nyilvánvaló lett, hogy ő a királyok Királya és az uraknak Ura, hiszen legyőzte minden ellenségét és a miéinket is (Fil 2:9–11; Zsolt 24:7–10; 68:2, 19, 24).

Negyedszer Dávid győzelmei, utána pedig Salamon békességes uralkodá- sa által Isten beteljesítette azokat az ígéreteket, amelyeket az Ószövetségben a zsidóknak adott Kánaánt illetően (1Kir 8:56). Isten ugyanilyen módon teljesíti be nekünk adott ígéreteit a mennybe ment Krisztus által, aki a mennyből Lelke által részesít minket elvégzett munkája minden javában (Zsolt 68:20; 132:15–16).

A mennybemenetel tehát *teljessé teszi* a feltámadást. Mennybemene- telében Krisztus maga megkapja elvégzett munkája javait és jutalmait, és feltámadott Urunkként elkezdi kiárasztani ránk ugyanezeket a javakat. Ugyan- így tett Dávid is, amikor a láda Jeruzsálembe vitelénél ajándékokat adott egész Izráelnek (2Sám 6:19; Zsolt 68:19; Ef 4:8–13).

Így a mennybemenetel Isten ígérete, miszerint mi is vele együtt leszünk majd a mennyben. Mivel Krisztus a mi képviseletünkben ment a mennybe, Isten őbenne és vele együtt már a mennyei helyekre ültetett bennünket (Ef 2:6). Urunk mennybemenetele az üdvözítő munkának nem valami csekély része, hanem annak szükséges és lényeges eleme. Arra indít minket, hogy örvendez- ve szóljunk: *„Felvonul Isten harsonaszónál, kürtzengés közt az Úr. Énekeljetek Istennek, énekeljetek; énekeljetek királyunknak, énekeljetek! (...) magasságos ő igen"* (Zsolt 47:6–7, 10).

3.35. Az Isten jobbjára ültetett Krisztus

Krisztus felmagasztaltatásának harmadik lépcsője, hogy az Isten jobbjára ült. A Biblia elmondja, hogy ez a mennybemenetelekor történt (Ef 1:20). Ez is hozzátartozik Megváltónkként és közbenjárónkként elvégzett váltságművéhez. Mivel isteni természete szerint Krisztus *Isten*, ezért szükségképpen az emberi természetére vonatkozik, hogy Isten jobbján ül. *A miénkhez hasonló testben, emberként* támadt fel a halálból, ment fel a mennybe, és így van most az Atya jobbján.

Tudjuk, hogy Isten *"test vagy részek nélkül való, szenvedélytől (...) mentes"*.[17] Így nem lehet fizikai vagy testi értelemben vett *jobb keze*. A Szentírásból megérthetjük, hogy egy nagy, hatalmas személy jobbján lenni magas tisztességet, nagy hatalmat és áldást jelent (1Móz 48:8–22; 1Kir 2:19; Mt 25:33–34). Így amikor Krisztust Isten jobbjára ültette, az bizonyosan arra utal, hogy ő a legnagyobb tisztességre, dicsőségre és hatalomra magasztaltatott fel. Isten jobbján ő a királyok Királya és az uraknak Ura.

Szükségszerűen királyi dicsőségére és hatalmára utal, hogy őt Isten oda *ültette*. Isten az ő jobbján nagy fenségben *ültette trónra*. Maga Isten helyezte őt oda Királyként, és hatalma ott Isten ereje. Egy helyen Krisztusról úgy olvasunk, mint aki Isten jobbján *áll* (Csel 7:55), ami egyértelmű leírása annak, hogy ő kész ismét eljönni dicsőségben, hogy befogadja övéit, és megbosszulja vérüket. Általában mégis azt olvassuk, hogy ő ott *ül*. Ülve marad mindaddig, amíg ismét fel nem áll, hogy eljöjjön az övéiért, és magához vegye őket.

Mindez a tisztesség és dicsőség Krisztus jutalma elvégzett munkájáért, a jutalom, amelyet az Atya a kezdetektől fogva megígért neki (Fil 2:9; Zsid 1:3). Fontos azonban látnunk, hogy mindezt *emberi természetében* kapja, így magasztaltatik fel, és így nyer méltóságot. Isten Fiaként nincs szüksége arra, hogy megdicsőüljön, és nem is tud megdicsőülni, emberként viszont megdicsőült értünk.

A tisztességet, a dicsőséget, a hatalmat és az áldást, amelyben részesül, számunkra, az ő népe számára nyeri el, és Lelkének kitöltetése által adja nekünk. Erre gondolt Péter is pünkösdkor, amikor így szólt: *"Annakokáért az Istennek jobbja által felmagasztaltatván, és a megígért Szent Lelket megnyervén az Atyától, kitöltötte ezt, a mit ti most láttok és hallotok"* (Csel 2:33).

Ugyanezen dicsőség és hatalom által ő nemcsak kitöltötte, amit kapott, hanem elő is készíti a szívünket annak befogadására, az egyházába gyűjt minket,

---

[17] *Westminsteri Hitvallás* 2.1.

helyet készít számunkra Atyja házának sok lakóhelyén, és legyőzi minden ellenségünket, Atyja jobbján pedig szüntelenül közbenjár érettünk nála. Kit hallgatna meg az Atya, ha nem az ő szerelmes Fiát, aki az ő jobbján ül?

Krisztusunk mennybemenetelére tekintve így kell szólnunk: *„Ezt az Isten fejedelemmé és megtartóvá emelte jobbjával, hogy adjon az Izráelnek bűnbánatot és bűnöknek bocsánatát"* (Csel 5:31).

3.36. Krisztus második eljövetele

Krisztus felmagasztaltatásának utolsó lépcsője az ő újbóli eljövetele. Krisztus visszatérésének ideje és körülményei sok vita forrását jelentik a keresztyének között. Nem férhet azonban kétség ahhoz, hogy visszatérése mindenki számára reménység, aki szereti őt, és aki üdvösséget nyert tőle.

Visszajövetele azt jelenti, hogy színről színre fogjuk látni őt, akit szeretünk. Már mintegy kétezer év óta távol van, és csak akkor látjuk őt ismét, amikor újra eljön. Amikor Krisztus újra eljön, kiteljesedik a vele való kapcsolatunk. Akkor megkezdődik a Bárány és a menyasszonya, az egyház nagy esküvői vacsorája, és ő magához veszi egyházát (Jel 19:6–9). Akkor az egyház mindenféle megosztottság nélkül egyesül, és nem lesz tenger, amely elválasztana minket egymástól (Jel 21:1). Mindenek egybeszerkesztetnek – őbenne (Ef 1:10).

Azon a napon minden megújul, és elváltozik, mert új ég és új föld lesz ott, amelyeken igazság lakozik (2Pt 3:13). Eltűnnek a bűn hatásai és az átok, és a Paradicsom ismét a miénk lesz – de ekkor majd egy *mennyei* Paradicsom. Akkor Istennek az ő népével kötött szövetsége is véglegesen és örökre megvalósul. Krisztusban *„az Isten sátora az emberekkel van, és velök lakozik, és azok az ő népei lesznek, és maga az Isten lesz velök, az ő Istenök"* (Jel 21:3). Ez a tökéletes, szövetségi élet.

Amikor Krisztus visszatér, minden jelenlegi szomorúságunk és megpróbáltatásunk megszűnik. *„És az Isten eltöröl minden könyet az ő szemeikről; és a halál nem lesz többé; sem gyász, sem kiáltás, sem fájdalom nem lesz többé"* (Jel

21:4). Még fontosabb, hogy amikor Krisztus visszatér, nem lesz többé bűn. Az ördög és mindazok, akik őt szolgálják, kivettetnek, és minden jelenvaló vétkünk megszűnik. Micsoda nagy nap lesz az! Sőt a bűn lehetősége is megszűnik Isten népe számára. „Amikor ő megjelenik, hasonlókká leszünk ő hozzá; mert meg fogjuk őt látni, a mint van" (1Jn 3:2).[18] Még nyomorúságos testünk is elváltozik, és átalakul, hogy hasonló legyen az ő dicsőséges testéhez (Fil 3:21).

Ekkor beteljesül Isten célja is: önmaga megdicsőítése keze minden munkáiban. Akik szeretik Istent, azok Krisztus visszatérésére gondolva nemcsak magukra és saját dicsőségükre tekintenek, hanem Isten dicsőségére is. Amikor Krisztus eljön, és átadja az országot az Atyának, akkor Isten lesz minden mindenekben. Micsoda reménység! Van-e részed ebben?

---

[18] A KJV szerint. (A ford. megj.)

4. fejezet

A szövetség és az üdvösség

4.1. A szövetség természete

Mi a szövetség? A Szentírás gyakran beszél róla, ezért szükséges tudnunk, hogy miről is ír a Biblia. Sokan úgy határozzák meg a szövetséget, mint egy szerződést vagy egy egyezséget. Szerintük Istennek az emberrel kötött szövetsége hasonló egy emberi szövetséghez, például Ábrahám és Abimélek szövetségéhez (1Móz 21:27–32), és különféle kötelességek, ígéretek és büntetések járulnak hozzá. Egy ilyen szövetség két fél, két oldal között jön létre, valamilyen mértékben mindkettőn múlik, és bárki megszegheti. Eszerint Ádám volt az első, aki szövetségre lépett Istennel, de Ádám bukását követően Krisztus állt a helyére.

Istennek az emberekkel kötött szövetsége *nem* ez a fajta szövetség. Az ember sosem lehet az élő Isten egyenrangú fele egy ilyen szövetség megkötésében. Isten az Isten, az ember pedig teremtmény, aki egész létezését Istennek köszönheti, ezért nem is vállalhat semmilyen kötelezettséget valamiféle egyezség keretében azokon kívül, amiket addig ne lett volna köteles teljesíteni. A teremtmény nem léphet szerződésre a Teremtővel.

Egy ilyen szövetségben az ember soha semmit nem érdemelhet ki Isten előtt saját cselekedetei vagy egyes feltételek teljesítése által. Még ha meg is tett mindent, amit Isten megkövetel tőle, akkor is csak *haszontalan szolga* (Lk 17:10). Az ember így bizonyosan nem tudja kiérdemelni a szövetségben az örök életet sem, ahogyan azt némelyek tanítják. Az örök életet csak az által kapjuk, aki a *mennyei Úr*, a mi Urunk Jézus Krisztus (1Kor 15:47–48).

A Szentírás arra tanít, hogy a szövetség nem egy egyezség, hanem egy szuverén módon, Krisztusban felállított *kötelék* vagy *kapcsolat* Isten és az ő népe között. Ez világosan látható a Szentírás gyakran ismétlődő szavaiból, amelyek által Isten kijelenti a szövetségét: *„A ti Istenetek leszek, ti pedig az én népem lesztek"* (1Móz 17:8; 2Móz 6:7; 2Kor 6:16; Jel 21:3). Ez a több változatban is megjelenő kifejezés egyfajta szövetségi formula a Szentírásban. Azt mutatja meg, hogy egy bizonyos szakasz a szövetségről beszél. Sok igehely kifejezetten egy ilyen kapcsolatról ír, amely Isten és az ő népe között áll fenn. Néhány ilyen hely: 1Mózes 5:22–24; 6:9; 18:17–19; Zsoltárok 25:14; János 17:23; Jakab 2:23; 1János 1:3. Mindegyik megmutatja, hogy Isten szövetsége a közösség és barátság áldott kapcsolata, amelyet egyedül kegyelemből, Jézus Krisztus üdvözítő munkája által köt velük.

Ezt a kapcsolatot Isten szuverén módon köti: ő hozza létre, és ő biztosítja. A szövetség semmilyen értelemben nem függ az embertől mint második féltől, hanem teljes mértékben Isten munkája, teljesen kegyelemből, azaz meg nem érdemelt jóindulatból. A szövetség mindig *kegyelmi* szövetség.

4.2. Az Ádámmal kötött szövetség

Csak egyetlenegy bibliai szakasz beszél kifejezetten az Ádámmal kötött szövetségről, mégpedig a Hóseás 6:7: *„De ők, mint Ádám, áthágták a szövetséget; ott cselekedtek hűtlenül ellenem."* Ebben a versben az *Ádám* szó jelenthet *ember*t is és *Ádám*ot is (ez a két szó a héberben ugyanaz). Akárhogyan is fordítjuk, ez a vers az Ádámmal kötött szövetségről beszél, akár egy olyan szövetségre utal, amelyet Ádám személyesen megszegett, akár olyanra, amelyet az emberiség szegett meg Ádámban.

Hisszük, hogy ez az Ádámmal kötött szövetség nem egy külön szövetség volt, hanem az egyetlen, örökkévaló kegyelmi szövetség első kijelentése. Ha a szövetség örökkévaló, akkor bizonyosan csak egyetlen szövetség lehet, és Ádám is ennek volt részese. A szövetség első kijelentése megmutatta, hogy miről is szól a szövetség. Ebben Isten kijelentette, hogy ő a népe isteni Barátja, és boldog közösségben él velük. A szövetség első kijelentésében Isten megmutatta az ember feladatát is a szövetségben, ami a hálás, nem pedig az érdemszerző engedelmesség.

Világos, hogy ez az egyetlen szövetség kijelentése volt, mert a Szentírás arról beszél, hogy miután Ádám vétkezett, Isten *megbékéltetett* minket magával (2Kor 5:18–21). A *megbékéltetés* szó kifejezetten szövetségi szó, és nemcsak egy korábbi, megromlott kapcsolatra utal, hanem arra is, hogy ez a kapcsolat *nem veszett el teljesen.* Csak akkor beszélhetünk megbékélésről, ha a korábbi kapcsolat nem lett teljesen rommá, hanem helyreáll és megújul. Ha nem így volna, azt kellene mondanunk, hogy Isten kudarcot vallott, és változtatnia kellett. Első szövetsége és célja teljesen tönkrement volna, ő kudarcot vallott volna, rákényszerült volna célja megváltoztatására, és kénytelen lett volna újrakezdeni egy új szövetséggel.

Miként lehetett – Ádám bűnbeesése előtt – a vele kötött szövetség *kegyelmi* szövetség? Nem szabad elfelejtenünk, hogy a kegyelem meg nem érdemelt jóindulat. Ádám Isten meg nem érdemelt jóindulatából nyerte mindazt, ami ő maga volt, és amije volt. Mit tett Ádám azért, hogy bármit kiérdemeljen, amikor Isten megkötötte vele szövetségét? Mit tehetett volna *valaha is* azért, hogy valamit kiérdemeljen Istentől, miközben egész létezését neki köszönhette?

A szövetségi kapcsolatot is ez a kegyelem tartotta meg, és biztosította, hogy ne vesszen el Ádám bukása által. Amint Ádám bűnbe esett, Isten eljött hozzá, és ellenségeskedést támasztott az ördög és az asszony között. Így újította meg a barátság szövetségi kapcsolatát önmaga és Ádám között (1Móz 3:15). *Első szüleink* az ördög barátságát választották, de Isten, aki sajátjának választotta őket, nem engedte meg, hogy továbbra is a Sátán barátai maradjanak. Állatok bőrébe öltöztette őket, hogy megmaradjon velük kötött szövetsége. Ezzel ő maga mutatta be az első áldozatot kiábrázolva az eljövendő Krisztust (1Móz 3:21).

Isten mindig és csakis kegyelemből lép kapcsolatba az ő népével. Az örökkévaló Isten csak ezen az alapon foglalkozik velünk.

4.3. A Noéval kötött szövetség

Hisszük, hogy az Ótestamentum különböző szövetségei valójában az *egyetlen*, kegyelmi szövetség különböző kijelentései. Ha a szövetség örökkévaló, akkor csak egyetlenegy szövetség lehet (1Móz 17:7). Ezek közül minden egyes kijelentésben Isten valami újat és csodálatosat mutatott meg kegyelmi szövetségéből. A szövetség első kijelentésében Isten megmutatta Ádámnak, hogy szövetsége a *barátság* szövetsége.

Ádám után a szövetség következő nagy kijelentését Noé kapta. Isten az ő szövetségének e kijelentésében annak *egyetemes* jellegét mutatta meg, miszerint a szövetség az egész általa teremtett világot átöleli. Láthatjuk, hogy a szövetség nemcsak az emberrel, hanem *minden testből való élő állattal* is megköttetett (1Móz 9:15). Ez a nappallal és az éjszakával kötött szövetség (Jer 33:25). Isten szövetségének egyetemes volta tehát nem olyan egyetemesség, amely mindent vagy mindenkit *kivétel nélkül* tartalmaz, hanem mindent *megkülönböztetés nélkül* magában foglal, így végül mindenféle teremtett dolog meg fog újulni, és jelen lesz az új égen és az új földön.

Ezt a szövetséget jól jelképezi a szivárvány, amely Isten egész teremtett világa felett átível. Ez a szövetség végül az új égen és az új földön fog kiteljesedni, és ebben a szövetségben *„a teremtett világ is megszabadul a rothadandóság rabságától az Isten fiai dicsőségének szabadságára"* (Rm 8:21).

A szövetségnek ezt a kijelentését Isten Noé napjaiban adta, mert akkor pusztította el a földet. Mindazonáltal mind ítéletében, mind Noéval kötött szövetségében világossá tette, hogy a föld elpusztítása sem akkor, sem a jövőben nem jelenti a föld végét, hanem csak annak megtisztítását, valamint megújulásának kezdetét. Ugyanez lesz a helyzet az idők végén is, amikor Isten tűzzel pusztítja el ezt a jelenlegi világot.

Hisszük, hogy ez az egyik oka annak, hogy amikor a Biblia Isten céljáról beszél, akkor a *világról* (a kozmoszról) szól (Jn 1:29; 3:16–17). Isten egész világa megváltatik és megmenekül, jóllehet nem minden egyes teremtmény és személy. Ennek így kell lennie. Isten nem engedi meg, hogy az ő szándékai meghiúsuljanak. Nem fogja megengedni, hogy az ember a saját bűne által ellopja tőle azt a világot, amelyet ő alkotott saját dicsőségére. Isten megmenti az ő világát.

Mindez nagyon fontos az Ézsaiás 11 és a hasonló szakaszok megértésében. Egy ilyen részt olvasva sokan arra következtetnek, hogy Krisztus visszatérése előtt lesz egy jövőbeli, *földi* királyság, amelyben a bűn egyes következményei legyőzetnek, a Szentírás azonban nem ígér effélét. Az új égről és az új földről beszél, amelyekben igazság lakozik – egy olyan országról, ahol a farkas valóban együtt lakozik a báránnyal, egy olyan királyságról, amelyben

„*maga a teremtett világ is megszabadul (...) Isten fiai dicsőségének szabadságára*"
(Ézs 11:6; Rm 8:21). Milyen dicsőséges lesz az a nap!

4.4. Az Ábrahámmal kötött szövetség

A Szentírás világosan megmutatja, hogy az Ábrahámmal és az Izráellel kötött
szövetség ugyanaz. Amikor Isten szövetségre lépett Ábrahámmal, akkor az
ő magvával is így tett (1Móz 17:7), és amikor Isten megkötötte szövetségét
Izráellel, akkor világossá tette, hogy csupán megerősíti azt a szövetséget, ame-
lyet már korábban Ábrahámmal, Izsákkal és Jákóbbal kötött (2Móz 3:15–16).
Ez fontos, mivel azt jelenti, hogy ami a szövetségben igaz volt Ábrahámra, az
Izráelre is éppúgy igaz. Sőt, mivel *mindenki, aki hisz,* Ábrahám valódi magva
és gyermeke, ezért ami Ábrahámra igaz, az ránk is.

Az Ábrahámmal kötött szövetségnek számos figyelemre méltó tulaj-
donsága van. Az első és legfontosabb, hogy az Ábrahámmal és így az Izráellel
kötött szövetség kifejezetten kegyelmi szövetség volt. Az 1Mózes 15-ben leírt
szövetség nagyszerű kijelentése ezt mutatja meg.

Az 1Mózes 15 megértéséhez tudnunk kell, hogy azokban a napokban
az emberek nem úgy pecsételtek meg egy szövetséget, hogy írtak egy törvé-
nyesen hitelesített szerződést, hanem úgy, hogy a szövetségre lépő felek együtt
mentek át egy vagy több állat szétvágott darabjai között. A Jeremiás 34:18 is
leírja ezt az ünnepélyes szertartást, amelyet csak fontos esetekben használtak.
Ez figyelmeztetés volt: bárki, aki megszegi a szövetséget, megérdemli, hogy
darabokra vágják, és testét a vadállatok és a madarak eledeléül vessék. Isten
ezzel fenyegette Izráelt, amikor megszegtek egy olyan szövetséget, amelyet
maguk között kötöttek (Jer 34:19–20).

Mivel egy emberi szövetség egyenlő felek között áll fenn, ezért az
egyszersmind egy szerződés is – egy kölcsönös vagy kétoldalú szövetség –,
ezért együtt mentek át az állatok darabjai között mindazok, akiket érintett
a szövetségkötés. Isten szövetsége más, mert Isten és az ember soha nem le-
hetnek egyenlő felek a szövetségben. Isten és Ábrahám szövetsége az 1Mózes

15 szerint kifejezetten egyoldalú szövetség, amelyet *egyedül Isten* hozott létre. Amikor Isten szövetségre lépett Ábrahámmal, és átment az állatok darabjai között, Ábrahám mélyen aludt. Ábrahámnak semmi köze nem volt a szövetségkötéshez. Az semmilyen értelemben nem függött tőle. Ez valóban *kegyelmi* szövetség volt.

Isten azzal, hogy átment az állatok darabjai között, jelképesen kijelentette, hogy egyedül ő fogja elszenvedni minden szövetségtörés következményét, és valóban így tett Fia halálában (Ézs 53:8; Gal 3:13). A szövetségben a bűneinkért Isten Krisztusban szenvedte el a büntetést azzal, hogy kivettetett és kivágatott. Krisztus ezt fejezte ki, amikor így kiáltott: *„Én Istenem, én Istenem! Miért hagyál el engemet?"*[1] Így az Ábrahámnak kijelentett kegyelmi szövetség Krisztusban teljesedett be.

4.5. A szövetség és a föld ígérete

Az 1Mózes 15 világosan megmutatja, hogy Isten Ábrahámmal – általa pedig a valódi Izráellel és velünk – kötött szövetsége kegyelmi szövetség. Mindazonáltal ugyanez a fejezet emlékeztet minket az ábrahámi szövetség egy másik figyelemre méltó tulajdonságára is: összekapcsolódott *a föld* ígéretével.

A föld ígéretét azonban igen gyakran félreértik. Emiatt az ígéret miatt sokan Izráel nemzetének egyfajta eljövendő helyreállítását várják Kánaán földjének területén. Hitünk szerint ez hiábavaló reménység. Az Ábrahámmal kötött szövetség megmutatja, hogy mennyire hiábavaló ez a reménység. Ha az Ábrahámmal kötött szövetség a földre vonatkozó szövetségként egy földi területre vonatkozó ígéret, akkor ez az ígéret *soha* nem teljesült be Ábrahám számára.

Az Ige a Cselekedetek 7:5-ben azt mondja, hogy Isten *nem* adott Ábrahámnak örökséget a földön, még egy lábnyomnyit sem. Eközben ez a vers azt is mondja, hogy Isten nemcsak Ábrahám magvának, hanem *neki* is megígérte azt. Felfogásunk szerint nem lehet ennél világosabb bizonyíték arra, hogy a föld ígérete és az Ószövetség minden hasonló ígérete *lelki* módon teljesült

---

[1] Máté 27:46 (A ford. megj.)

be. A föld ígérete lényegében mindig a *mennyei* örökség ígérete volt, nem pedig valami földi területé vagy öröksége.

A Zsidók 11:8–16 is megerősíti ezt. Amikor Ábrahám hit által elhagyta Ur városát, hogy *arra a földre menjen, amelyet Isten megígért neki, „az alapokkal bíró várost"* várta, *„melynek építője és alkotója az Isten"* (10. v.). Izsák és Jákób is mindig arról tettek vallást, hogy ők *„idegenek és vándorok a földön"* (13. v.), és kijelentették, hogy jobb haza *„után vágyódnak, tudniillik* mennyei *után"* (16. v.). Valójában ha földi örökséget kerestek volna, akkor visszatérhettek volna arra a földre, ahonnan kijöttek (15. v.), de nem ez volt a reménységük. A miénk sem ez.

Az Ábrahámnak adott ígéret, amely a földről szólt, valójában a lelkiekre és a mennyeiekre vonatkozott. Ezért Ábrahám minden valódi gyermeke örvendezhet (Rm 3:28–29; 4:16–17; Gal 3:29), aki hisz Ábrahám Istenében – legyen zsidó vagy pogány –, amikor beteljesedik ez és az összes többi szövetségi ígéret, amelyet Isten Ábrahámnak és magvának adott. Mindegyikük elnyeri, amit Isten megígért. Maga Ábrahám is, a fogság után szétszóratott hívő zsidók is, akik soha többé nem tértek vissza Kánaánba, és a pogány hívők is, akik hit által szintén Ábrahám igazi gyermekei.

Így Ábrahám minden gyermeke vele együtt sokkal jobbat örököl egy földi ország hegyeinél, folyóinál és városainál. Abba az áldott örökségbe lépnek be, amelyről a Zsidók 12:22–24 beszél, és ennél nincs jobb.

4.6. Az Izráellel kötött szövetség

A Szentírásból világos, hogy Isten szövetségben volt Izráellel. Ennek a szövetségnek az értelmezése sok vita tárgyát képezi. A nagy kérdés, hogy az Izráellel kötött szövetség más-e, mint amelyet Isten az ő népével az Újszövetségben kötött; illetve mi az Ótestamentum (a régi szövetség) és az Újtestamentum (az új szövetség) kapcsolata. Vajon a kettő olyan értelemben *régi* és *új*, hogy *különféle szövetségek*, amelyek két különböző embercsoporttal lettek megkötve, vagy *egy szövetség* régebbi és újabb kijelentései?

A diszpenzácionalizmus az efféle kérdésekre válaszul azt tanítja, hogy a régi és az új szövetség teljes mértékben különbözik egymástól, különböző embercsoportokra vonatkozik, különböző ígéretei és különböző beteljesedései vannak. Legszélsőségesebb formáiban azt is tanítja, hogy más az üdvösség útja a régi szövetségben Izráel számára, valamint az új szövetségben az egyház számára. A *Scofield Magyarázatos Biblia* jegyzetei jó példát adnak erre a tanításra.[2]

Némelyek elutasítják a diszpenzácionalizmust, miközben vonakodnak teljesen egynek tekinteni a két szövetséget. Mások a régi és az új szövetség ígéreteiben és azok beteljesülésében találnak különbséget (premillennizmus és posztmillennizmus). Szerintük az ószövetségi ígéretek legalább egy részének földi beteljesedése van, eltérően az újszövetségi ígéretektől, amelyek lelkiek és mennyeiek.

A baptisták több szempontból is megkülönböztetik Izráelt és az egyházat, különösen a szövetség és *annak jele* tekintetében. Azt mondják például, hogy Izráel nem az egyház, csak annak előképe, illetve tagadják, hogy a körülmetélkedés és a keresztség a régi és az új szövetség jeleként egy.

Mások a törvény és a kegyelem között tesznek különbséget. Valamilyen módon azt tanítják, hogy a törvénynek nincs helye az újszövetségi hívő életében. Ez a tévelygés az antinomianizmus.

Mindezekkel szemben a református hit ragaszkodik ahhoz, hogy egyetlenegy szövetség van; egyetlenegy szövetségi nép van, és Izráel az Ótestamentum egyháza (Csel 7:38); a szövetségnek egyetlen jele van, a körülmetélkedés és a keresztség lényegében egy (Kol 2:11–12); egyetlen Megváltó, és az üdvösségnek egyetlen útja van (Csel 4:12); az örök életnek egyetlen ígérete van Krisztusban (Csel 2:38–39); valamint az ígéret minden részének egyetlen, lelki beteljesülése van (Zsid 11:9–10, 13–16). Azt is tanítja, hogy mindkét szövetségben egység van a törvény és a kegyelem között (Rm 7:12).

---

[2] C. I. Scofield (1843–1921) (eredeti szerkesztő), Doris W. Rikkers (későbbi szerkesztő): *Scofield Study Bible, King James Version* (New York, Oxford University Press, 2003). Scofield munkáját először 1909-ben adták ki. (Magyar kiadása jelenleg nincs, Scofield *Magyarázó jegyzetek a Bibliához* c. könyve tartalmazza az 1967-ben az Oxford University Press által revideált jegyzetek fordítását. A ford. megj.)

A református hit ragaszkodik a két testamentum (szövetség) teljes egységéhez, amely végső soron Isten egységének tükröződése. Amint Istenben nem lehet megosztottság, ugyanúgy nem lehet lényegi különbség a régi és az új szövetség között.

4.7. Isten egyetlen népe

Sokan hevesen vitatják azt a tanítást, miszerint Izráel az Ószövetség egyháza, és így Isten Izráellel kötött szövetsége megegyezik az Újtestamentumban az ő egyházával kötött szövetséggel. Éppen ezért tanításunkat a Szentírásból kell gondosan megmutatnunk. Világos, hogy Izráel és az egyház ugyanaz. Az igazi Izráel a Szentírásban nem egy földi nép, nem egy testi nemzet, hanem *Isten lelki népe*, ahogyan az egyház is.

A Róma 9:6–8-ban Isten Igéje azt mondja, hogy *„nem mindnyájan izráeliták azok, kik Izráeltől valók"*. Az Írás tehát világos különbséget tesz azok között, akik *Izráeltől valók*, és akik valóban *izráeliták*. Mindenki *Izráeltől* származott, aki a néphez tartozott, de csak azok számítottak magnak – azaz Ábrahám fiainak és Isten gyermekeinek –, akik az ígéret ereje által születtek (tehát Isten élő Igéje által újjászülettek), és a lelki néphez tartoztak.

A Róma 2:28–29 figyelemre méltóan erősíti ezt meg. Világosan kimondja, hogy *nem zsidó*, aki csak külsőképpen az. Az a személy zsidó, aki belsőképpen az, tehát aki szívében és lelkében van körülmetélve (vö. Kol 2:11).

Ez a zsidó bibliai definíciója szerint azt kell jelentse, hogy még a hívő pogányok is Ábrahám gyermekeinek és izráelitáknak számítanak. A Szentírás ezt is tanítja. A Róma 4:11–16 világossá teszi, hogy Ábrahám nemcsak a hívő zsidók atyja, hanem a hívő pogányoké is. Ő *mindnyájunk*nak, tehát az egy lelki népnek atyja. A Galácia 3:7 világosan fogalmaz: *„Értsétek meg tehát, hogy a kik hitből vannak, azok az Ábrahám fiai."*

Az Újszövetség tehát világossá teszi, hogy a hívő pogányok valódibb zsidók és körülmetéltek Ábrahám hitetlen utódainál. Akik csak a test szerint zsidók, azokat a Filippi 3:2 *megmetélkedés*nek vagy egyszerűen *csonkítás*nak nevezi, mert jóllehet külsőleg körülmetélkedtek, mégsem lelki emberek. Jézus is világosan beszél arról, hogy a zsidók közül némelyek nem Ábrahám valódi gyermekei és nem Isten fiai (Jn 8:33–41kk). Ezzel szemben a filippieket, akik pogányok voltak, az Írás *a körülmetélkedés*nek nevezi, mert lélekben szolgálnak az Istennek, és a Krisztus Jézusban dicsekednek, és nem a testben bizakodnak (Fil 3:3).

Ugyanezt tanítja több másik szakasz is. A Galácia 4:1–7 szerint az ószövetségi és az újszövetségi egyház egy, hiszen *egy személyhez* hasonlítja őket, aki gyermekből felnőtté növekszik. A Galácia 3:16, 29 megmutatja, hogy *egyetlenegy* Mag van: Krisztus, és akik őbenne vannak. A Zsidók 12:22–24 Jeruzsálemet, Sion hegyét és az elsőszülöttek egyházát egynek tekinti. Az egyikhez járulni annyit tesz, mint mindegyikhez járulni.

Izráel Isten lelki népeként való azonosítása sarkalatos pont. Ezen múlik, hogy részesedünk-e a szövetség minden áldásában és ígéretében. Csak a valódi zsidóknak van joga az ígéretekhez és ahhoz, amit Isten megígért. Ezek az ígéretek nem mindenkire vonatkoznak, akit zsidónak vagy keresztyénnek neveznek, hanem csak azokra, akik hisznek. A valódi zsidó az, aki hisz – bárki, aki hisz. Te hiszel-e?

4.8. A törvény és a szövetség

Az Izráellel kötött szövetség egyedi jellemzője természetesen a sínai-hegyi törvényadás volt. Mi a kapcsolat a törvény és a szövetség között? Ennek a kapcsolatnak a megértéséhez alapvető jelentőségű a Galácia 3:17–21. Ez a szakasz először megmutatja, hogy az a szövetség, amelyet Isten 400 évvel a törvényadás előtt Ábrahámmal kötött, ugyanaz, mint amelyet Isten „megerősített a Krisztusra nézve" (17. v.), azaz Isten egyetlen, örökkévaló szövetsége; másodszor pedig arról szól, hogy a törvényadás nem tudta megsemmisíteni ezt a szövetséget. Valójában a törvény nem is a szövetség *ellen* van (21. v.).

A 2Mózes 24:7 egészen odáig megy, hogy a törvényt *a szövetség könyvének* nevezi, amely könyvben Isten megismerteti szövetségét népével. Ha az a szövetség, amelyhez ez a törvény tartozott, ugyanaz, mint amelyik Krisztusban megerősíttetett – amelynek mi is részesei vagyunk –, akkor a törvény még mindig a szövetség könyve, jóllehet azóta sok mindennel kiegészült.

A Galácia 3:19 szerint ez az írott törvény a bűnök miatt adatott a szövetséghez, amíg Krisztus el nem jön. Ez azt jelenti, hogy a törvény bűneink leleplezése által megmutatja, hogy szükségünk van Krisztusra. „Krisztusra vezérlő mesterünkké lett, hogy hitből igazuljunk meg" őbenne (24. v.). A Róma 10:4 gyakorlatilag ugyanezt mondja. Nem azt tanítja, hogy Krisztus a törvény vége olyan értelemben, hogy eltörli azt, hanem úgy, hogy ő a törvény célja és szándéka. A törvény úgy adatott, hogy Krisztus volt a célja, és akkor éri el szándékát, ha a bűnt leleplezve megmutatja az igazi Izráelnek, hogy szüksége van Krisztusra, illetve a belé vetett hit által való megigazításra.

Pál világosan megmutatja a Róma 7:7-ben, hogy a törvénynek még mindig megvan ez a haszna: „a bűnt nem ismertem, hanem csak a törvény által." A Galácia 3 is bizonyítja ezt, amikor azt mondja, hogy a törvény nemcsak a zsidók mestere volt, hanem a miénk is (23-24. v.). Nem nehéz tehát kijelentenünk, hogy a törvény a szövetség részét képezte egykor és ma is. Bizonyosan a szövetséghez tartozott az Ótestamentumban, ahogyan arra a Galácia 3:19 emlékeztet minket. Abból látható, hogy most is a szövetséghez tartozik, hogy ugyanez a törvény továbbra is a mi Krisztusra vezérlő mesterünk. Egyedül a törvényhez való viszonyunk változott szövetséges népként, de ez teljesen más kérdés, a Galácia 4:1–7 témája.

Nem tagadjuk ezzel, hogy a törvényhez hozzátartozott e világ néhány elemi tanítása, illetve tisztán ceremoniális részek is (Kol 2:20–23). Ezek ugyan megszűntek, de az Ószövetségben még ezek is Isten szövetségének részét képezték, mivel Krisztusra mutattak, és Izráel Krisztusra vezérlő mestereként szolgáltak.

A lényeg, hogy csupán egyetlen szövetség van, amely nem áll ellentétben a törvénnyel. Ez a Krisztusban való kegyelmi szövetség, és ehhez tartozik az egész valódi Izráel. Isten törvénye és szövetsége soha nem állt, áll és állhat egymással szemben.

4.9. A törvény szerepe a szövetségben

A Galácia 3:17-21-ből megmutattuk, hogy a törvény Isten szövetségének részeként adatott, és továbbra is annak része. Ez természetesen azt is jelenti, hogy a törvény és a kegyelem nem állnak egymással szemben. A törvény nincs ellentétben a szövetséggel vagy annak ígéreteivel (21. v.). Azt is megmutattuk, hogy a szövetségben a törvény első haszna a bűn leleplezése (19. és 24. v.). Ezekkel kevesen vitatkoznának.

Azonban a törvénynek mint a *szövetség könyvé*nek (2Móz 24:7) nem ez az egyetlen haszna . A szövetségben a törvénynek az is a rendeltetése, hogy útmutatást adjon a hálás, engedelmes élethez, amelyet a keresztyének Isten szövetséges népeként hivatottak élni. A törvénynek ezen haszna miatt a hívő a törvényt így nevezi: *„Az én lábamnak szövétneke a te igéd, és ösvényemnek világossága"* (Zsolt 119:105; Péld 6:23). Bizonyos és biztos vezére életünk ösvényének.

Ugyanezért a törvényt *a szabadság tökéletes törvényé*nek, illetve *királyi törvény*nek is nevezzük (Jak 1:25; 2:8, 12). Ez a királyi törvény nem valami új törvény, hanem a Tízparancsolat, amint azt a Jakab 2:8, 11-ből látjuk. A szabadság királyi törvényeként – amelyet a királyok Királya adott – meghatározza és felállítja Krisztusban kapott szabadságunk korlátait, ezzel megőrizve szabadságunkat attól, hogy szabadossággá váljon (Gal 5:13-14).

Már az Ószövetségben is egy olyan népnek adta Isten először a törvényt, akiket már megszabadított, és kihozott az egyiptomi szolgaságból (2Móz 20:1-2). Nem azért tette ezt, hogy újra szolgaságba juttassa őket, hanem azért, hogy határokat állítson fel saját szövetséges népe számára, és úgy szervezze meg életüket, hogy jobban szolgálhassák őt, és megmutathassák iránta való hálájukat e nagy szabadításért.

Mindig ez a helyzet. Egy szabad országban a szabadságot törvény őrzi. A törvény az, ami felállítja a szabadság korlátait, hogy ne szűnjön meg a szabadság azzal, hogy mindenki azt teszi, ami saját szemében jónak látszik. Amikor a törvényt félredobják, és mindenki tetszése szerint él, ahogyan az manapság gyakran megtörténik, a végén az embernek még arra sem lesz szabadsága, hogy kilépjen a házából, és félelem nélkül sétáljon az utcán.

Tehát a törvény az, ami megadja Isten szövetséges népe életének szerkezetét és rendjét. Meghatározza a vele való viszonyukat, hogy életükben megdicsőíttessék. A törvény képes erre, mert kijelenti Isten természetét és tulajdonságait, így pedig megmutatja nekünk az Istent dicsőítő élet természetét.

A törvény *nem* juttatja az embereket szövetségi kapcsolatba Istennel, és nem adja meg a szükséges kegyelmet ahhoz, hogy Istent dicsőítő életet éljenek. Ezt Krisztustól nyerik (Gal 3:24). Mindazonáltal a törvény ma is a szövetség könyve, és kijelenti, miként lehet Isten tetszésére az ő szövetséges népe, és milyen módon lehet hálás neki szavakban és tettekben egyaránt.

Ezzel azonban nem tagadjuk, hogy Krisztus eljövetelével megváltozott a hívő ember és a törvény kapcsolata. Többé már *nem a törvény*, hanem *a kegyelem alatt* van.

4.10. A Dáviddal kötött szövetség

Isten szövetségének utolsó nagy ószövetségi kijelentése Dávidnak adatott (2Sám 7). A szövetség ezen kijelentésének sok fontos tulajdonsága van. Ismét itt áll a szövetségi formula, amely megmutatja, hogy a Dáviddal kötött szövetség az eltérő körülmények ellenére is Isten egyetlen, örökkévaló szövetsége. Ebben a szövetségben Isten megígéri, hogy Istene lesz az ő népének, és övéiként tekint rájuk (2Sám 7:24). Mindig ez a szövetség célja.

A Dáviddal kötött szövetség kijelentése azonban néhány tekintetben egyedülálló. Összeköti ugyanis a szövetséget a királysággal, és megmutatja, hogy ez a kettő nagyon szoros kapcsolatban áll. Isten megígéri, hogy örökre megerősíti Dávid királyságát és trónját (2Sám 7:12–13). Ez az ígéret Krisztusban, a királyok Királyában teljesedett be (Lk 1:32–33).

Isten néhány fontos igazságot tanít Dávidnak és nekünk a szövetség és a királyság összetartozásának megmutatásával. A szövetség és a királyság kapcsolata kijelenti a szövetség rendezett szerkezetét. Ebben a szövetségben

Isten népe egy királyság polgársága, akiknek megvan a saját helyük Isten uralma alatt. A *trón*, amelyről Isten beszél (2Sám 7:13), valójában mindig Isten trónja, még akkor is, amikor egy olyan ember ül rajta, mint Dávid.

A szövetség és a királyság közti kapcsolat a királyság lelki természetét is kijelenti. Ma sokan ugyanolyan földi és testi módon gondolkoznak a királyságról, mint Jézus szolgálatának korában a farizeusok. Szerintük az egész világ Isten királysága, vagy az lesz; a királyság Krisztus visszatérése előtt, ezen a földön lesz, és a keresztyének fogják uralni annak társadalmát. Vagy azt gondolják, hogy a királyság az ószövetségi Izráel királyságához hasonló földi zsidó állam lesz, és Krisztus visszajövetele előtt fog létrejönni.

Amikor Isten a királyság eljövetelét összekapcsolja a szövetség ígéretével, világossá teszi, hogy ezek az elképzelések rosszak. A királyság nem egy zsidó állam, nem is egy keresztyén társadalom, hanem Isten rendes közösségben való lakozása az ő népével. A királyság közepén ezért áll ott Isten hajléka, a templom (2Sám 7:13), amely az egyháznak mint Krisztus testének a nagyszerű, ószövetségi előképe (Jn 2:18–21).

Krisztus munkájában láthatjuk meg a Dávidnak adott szövetségi ígéretek beteljesedését. Ő nem tört világuralomra, nem is állított fel valamiféle zsidó államot, hanem szenvedése és gyalázata útján állította fel és szerezte meg királyságát (2Sám 7:14; Zsolt 89:30kk). Nem hadseregeket, fegyvereket és kormányokat kell legyőzni, hanem a bűnt.

Így a kereszten a Krisztus feje fölé akasztott szavak a Dávidnak tett ígéretek beteljesülését jelezték, jóllehet akik odatették, csak gúnynak szánták azokat. Szenvedésében Krisztus volt a zsidók, azaz Ábrahám minden valódi gyermekének *Királya*. Krisztus az, aki megszabadítja őket lelki ellenségeiktől, és helyet szerez számukra mennyei királyságában, a Paradicsomban.

4.11. Az új szövetség

Az Újtestamentumot a Zsidók 8:6–13 új szövetségnek nevezi. Valójában a *testamentum* és a *szövetség* szó ugyanaz. A Zsidók 8 szerint az új szövetség lép a régi helyébe. A Zsidók 8:6–13-ból sokan arra következtetnek, hogy a régi és az új között valami lényegi különbség van – ezek különböző szövetségek. A baptisták erre a következtetésre jutnak a hívőkeresztség védelmében azt mondva, hogy a körülmetélkedés által megpecsételt szövetség nem ugyanaz, mint a keresztség által megpecsételt. A premillennisták hasonló következtetésre jutnak hitük védelmében, miszerint még várható egy különleges földi jövő Izráel számára (van egy szövetségi ígéret Izráelnek, és egy másik az újtestamentumi hívőknek).

Hisszük, hogy az új szövetség csak annyiban lép a régi helyére, hogy Isten egyetlen, örökkévaló szövetségének újabb és teljesebb kijelentése. A különbségek csak az alkalmazásban vannak. A Zsidók 8 maga is világossá teszi ezt. Először is a Zsidók 8:10 a szokásos szövetségi formulát használja – *„leszek nekik Istenök és ők lesznek nekem népem"* – megmutatva, hogy az új szövetség lényegében nem különbözik a régitől. A kapcsolatok a régi és az új szövetségben is ugyanazok.

Másodszor a fentieket megerősíti az is, hogy a Zsidók 8:10 az *én törvényem*re utal. Az új szövetségben a törvény nem tétetik félre, hanem *újra íratik* más táblákra: a szív hústábláira (2Kor 3:3). A törvény és a szövetség most is összetartoznak. Valójában a törvényadás – bár most másként íratik le – maga a szövetségkötés, illetve annak kijelentése mind az 5Mózes 4:13-ben, mind a Zsidók 8:10-ben.

Harmadszor a Zsidók 8:11 szerint mind a régi, mind az új szövetségben az Úr ismerete a lényeg, bár ennek *módjában* különbség van. Ez a vers úgy beszél az Újtestamentumról, mint a megvalósulás és beteljesülés idejéről. Ez tehát az idő, amikor Isten népe többé nem a papok és a léviták közbenjárása által, hanem közvetlenül ismerheti őt (Mal 2:5–7). Az új szövetség így nem valami teljesen más, hanem ugyanolyan módon új, mint ahogyan az ég és a föld új lesz, amikor Krisztus visszatér. Az ég és a föld nem *megsemmisül*, hanem *megújul*.

A régi szövetség elmúlása tehát nem egy teljesen új szövetséget vezet be, hanem annak az egyetlen szövetségnek a jobb kijelentését, amelyben Isten az ő népe Istene, és sajátjává teszi őket. Ez a szövetségnek az utolsó, legteljesebb kijelentése: nem a régi szövetség képei és típusai, hanem a megígért dolgok eljövetele által. Az új szövetséghez a törvény nem egyfajta szolgaságként tartozik, hanem segítségként, amely megmutatja, hogyan tudjuk jobban dicsőíteni szabadításunk nagy Istenét, és hogyan adhatunk neki hálát szavakban és *cselekedetekben.*

Az új szövetség a Zsidók 8:6 kifejezésével *jobb* és dicsőségesebb, mert nem csupán Krisztus előképeihez, hanem magához Krisztushoz visz minket. Csak a szövetség végső beteljesedése lesz dicsőségesebb.

4.12. A régi és az új szövetség összehasonlítása

A Zsidók 8:6–13-ból megmutattuk, hogy a régi és az új szövetség nem két elkülönített, egymástól különböző szövetség. Minden lényeges ponton *megegyeznek.* A különbségek csak abban vannak, amit *adminisztráció*nak (rendtartásnak) vagy adminisztratív részleteknek nevezünk. Csak e részletek tekintetében igaz, hogy az egyik *régi,* a másik pedig *új,* és hogy a régi elavul és elmúlik. Egy új elnök változás az *adminisztrációban,* így csak ebben a korlátozott értelemben jelent új kormányzást, nem pedig a kormányzás típusában vagy az alkotmányban való változás értelmében.

Miben különbözik tehát a régi és az új szövetség? A Zsidók 8 szerint három tekintetben. Először is változás van a közbenjáróban (Zsid 8:6). Krisztus lép Mózes helyére. Ez azonban nem lényegi különbség, mert Mózes Krisztus egyik *előképe* volt. A Zsidók 3:5 Mózest *a hirdetendők bizonyságának* nevezi. Az 5Mózes 18:15-ben maga Mózes úgy beszél Krisztusról, mint prófétáról, aki *olyan, mint én.* Ez a különbség tehát csak adminisztratív.

Másodszor változás van a törvény leírásának módjában is (Zsid 8:10). Amint már rámutattunk, maga a törvény nem vétetik el, csak kőtáblák helyett szívünk hústábláira íratik újra. Ez is csak adminisztratív változás, jóllehet nagy jelentőséggel bír az újszövetségi hívő számára. Amit újraírnak, az nem olyasvalami, ami teljesen eltérő az addigiaktól. Ez a második gondolat különösen fontos, mert mind az 5Mózes 4:13, mind a Zsidók 8:10 szövetségadásnak nevezi a törvényadást. Nem érvelhetünk tehát azzal, hogy noha a törvény ugyanaz, a szövetségek mégis különbözőek. Az 5Mózes és a Zsidókhoz írt levél is *azonosítja* a kettőt.

Harmadszor az új szövetség teljesebb, tökéletesebb kijelentést is hoz. Erről szól a Zsidók 8:11. Ez a teljesebb kijelentés olyan, hogy Isten egész népe *közvetlenül* ismerheti a Közbenjárót, és nincs többé szükség földi közbenjárókra. Az új szövetségben nincs szükség az ószövetségi papokhoz és lévitákhoz hasonló tanítókra (ld. Mal 2:6–7 annak bizonyítására, hogy főként ők voltak az Ószövetség tanítói). Ez is adminisztratív változás. Az új szövetség nem Istennek egy *új* (különböző és különálló) kijelentését hozza el, hanem egy jobb kijelentést (Zsid 8:6), amely teljes, és megmutatja azokat a valóságokat, amelyekről a régi szövetségben csak prófétáltak.

Istennek csak egyetlenegy, örökkévaló szövetsége van.

4.13. A szövetség beteljesedése

Többek között a szövetség beteljesedése az oka annak, hogy nem hisszük, hogy a szövetség egy olyan egyezség vagy szerződés, amely által Isten üdvözíti az ő népét. A szövetség beteljesedése annak végső megvalósulása és a dicsőség Krisztus, a mi Urunk örökkévaló, mennyei országában. Ha a szövetség egy üdvösségre való szerződés vagy egyezség lenne, akkor annak beteljesedésekor – azaz amikor elnyerjük az üdvösség teljességét – félre kellene állítani vagy meg kellene szüntetni ugyanúgy, ahogyan bármely szerződés véget ér, amikor minden pontját teljesítették. Ez azonban lehetetlen. A szövetség ugyanis *örökkévaló*. Nem olyasvalami, ami csak egy ideig hasznos, majd pedig egy szerződéshez vagy egyezséghez hasonlóan félre lehet tenni.

Ezért hisszük, hogy a szövetség egy kapcsolat vagy kötelék Isten és az ő népe között Krisztusban. Ezt a kapcsolatot a Szentírásban a szövetségi formula írja le: *„A ti Istenetek leszek, ti pedig az én népem lesztek."* Ha valóban ez a szövetség lényege – tudniillik az, hogy Isten a miénk, mi pedig az övé –, akkor a mennyben a szövetség nem lesz félretéve vagy elhagyva, hanem teljesen megvalósul. Éppen erről szól a menny: Istennel leszünk, hogy őt dicsőítsük, és örökké gyönyörködjünk benne.[3]

Pontosan így írja le a Jelenések 21:3 az új ég és az új föld dicsőségét. Amikor minden újjá lesz, akkor nem lesz több könny, sem halál, sem kiáltás, sem gyász, sem fájdalom. Milyen csodálatos lesz! Ennél még csodálatosabb lesz, amiről a mennyből jövő szózat jövendöl: „*Ímé az Isten sátora az emberekkel van, és velök lakozik, és azok az ő népei lesznek, és maga az Isten lesz velök, az ő Istenök*" (Jel 21:3).

Érdemes megfigyelni, hogy ebben a szakaszban ugyanaz a szövetségi formula jelenik meg, mint végig a Szentírásban: „*A ti Istenetek leszek, ti pedig az én népem lesztek.*" Ennél semmi sem kívánatosabb vagy csodálatosabb. Azt is figyeljük meg, hogy a szakasz Isten sátoráról beszél. Az Ótestamentumban ez volt a szövetségének a helye, ahol népével lakozott, és kijelentette nekik önmagát Istenükként (2Móz 29:42–46). Ez az ószövetségi sátor a jobb dolgok előképe és árnyéka volt, mert magát az Úr Jézus Krisztust jelképezte, akiben és aki által Isten velünk lakozik és a mi Istenünk, és aki által kijelenti nekünk önmagát teljes dicsőségében. Krisztusban ő találkozik velünk, és ő szól hozzánk. Krisztusban ő lakozik közöttünk. Ez Isten szövetségének örökkévaló boldogsága.

4.14. A szövetségek összefoglalása

Úgy gondoljuk, hogy megmutattuk a Szentírásból, hogy a Bibliában említett különböző szövetségek nem teljesen különállóak, hanem Isten egyetlen, örökkévaló szövetségének különböző kijelentései. Most szeretnénk összefoglalni az eddig leírtakat, ezért felsoroljuk a különböző szövetségeket és azt, hogy milyen kijelentéseket tesznek az egyetlen szövetségről.

---

[3] A *Westminsteri Kiskáté* 1. felelete ez: „*Az ember végső célja, hogy dicsőítse Istent és örökké gyönyörködjön benne.*"

A szövetség első kijelentését Ádám kapta a Paradicsomban. Ezt a szövetséget *az élet szövetségének* nevezhetjük, mert kijelentette a szövetség lényegét. Megmutatta, hogy micsoda a szövetség, Istent a szövetség szuverén Uraként jelentette ki, és világosan körvonalazta az ember helyét a szövetségben (1Móz 1–2; Hós 6:7).

A szövetség második nagy kijelentését Ádám a bűneset után kapta. Ezt a szövetséget *az ígéret szövetségének* nevezhetnénk. Ez a szövetség Istent hűséges, szövetségét megtartó Istenként mutatta be, aki szuverén, üdvözítő kegyelme által megőrzi népével kötött szövetségét (1Móz 3, különösen a 15. v.). Ez Krisztust a megígért Magként és a nagy Áldozatként állítja elénk (1Móz 3:15, 21).

A harmadik fontos kijelentés Noénak adatott. Leginkább *a teremtés szövetségeként* emlékezhetünk rá. Ebben Isten kijelentette szövetségének egyetemes voltát, miszerint nemcsak az embereket, de az egész teremtést is magában foglalja (1Móz 9:1–17). Ez Krisztust az egész teremtett világ Megbékítőjeként és Uraként jelenti ki (1Móz 9:15–16; Kol 1:20).

A negyedik kijelentést Ábrahám nyerte el. Ezt a szövetséget *a család szövetségének* is hívhatnánk, mert az eddigieknél sokkal világosabban megmutatta, hogy Isten szövetsége családi szövetség (1Móz 15, 17). Az Atya kijelenti Ábrahámnak a Fia által, hogy ő, az Isten, a hívők és gyermekeik Istene lesz.

Az ötödik nagy kijelentés Izráelnek adatott. Mivel ennek a kijelentésnek a törvényadás volt a fő jellemzője, ezt a szövetséget *a törvény szövetségének* kell neveznünk. Ebben Isten kijelentette, hogy a törvény és a szövetség nem állnak szemben egymással, hanem összetartoznak (2Móz 19–20; Gal 3–4). Megmutatta Izráelnek, hogy Isten szövetséges népeként a törvény határozza meg és állítja fel a határokat életünkben.

Az Ótestamentumban a szövetség hatodik, egyben utolsó kijelentése Dávidnak szólt, és úgy gondolhatunk rá, mint *a királyság szövetségére*. Ebben Isten különösen az ő szövetségének rendezett szerkezetét jelentette ki (2Sám 7; Zsolt 89), valamint Krisztus egyedi helyét a szövetség szuverén Fejeként és Uraként.

A Szentírás az egész Újtestamentumot *új szövetségnek* nevezi, nem mintha egy teljesen más szövetség volna, hanem mert ez a szövetség új kijelentése, nem előképekben és árnyékokban, hanem azokban a valóságokban, amelyekre ezek az előképek mutattak (Zsid 8). Itt végre eljön Krisztus minden áldásával együtt, és beteljesíti az előképeket és az árnyékokat.

Még ma is várjuk a szövetség kiteljesedésének napját, amikor a szövetség a maga teljességében valósul meg. Akkor Isten sátora az emberekkel lesz; velük fog lakozni, Istenükként lesz velük, ők pedig az ő népe lesznek (Jel 21:3).

4.15. Az üdvösség rendje

Amikor a teológiában az *üdvösség rendjéről* (üdvrendről) beszélünk, akkor az üdvösség különböző részeire gondolunk, ahogyan azokat a Szentlélek Isten népére alkalmazza és nekik adja. Másként fogalmazva, az *üdvösség rendje* Isten Lelkének *bennünk* való munkáját írja le.

Az üdvösség rendjéhez legközelebb eső dolgot a Szentírásban a Róma 8:30-ban találjuk, azonban ez szigorú teológiai értelemben nem üdvrend. Például beszél a predestinációról, amely nem tartozik Isten *bennünk* végzett munkájához, hanem a világ megalapozása előtt végezte el *értünk*.

Egy tipikus üdvrend az, amelyet a *Westminsteri Nagykáté* követ: Krisztussal való egység, hathatós (hatékony) elhívás, megigazulás, fiúvá fogadás, megszentelődés és megdicsőülés.[4] Mások másfajta sorrendet javasolnak. Sokan például idesorolják az újjászületést és a hitet is. Az ilyen sorrend célja minden esetben az, hogy megpróbáljuk megérteni a kapcsolatot üdvösségünk különböző részei közt, amelyek mind le vannak írva a Szentírásban.

Néhány dolgot figyelembe kell vennünk, amikor egy ilyen rendről beszélünk. Szem előtt kell tartanunk, hogy ez csak egy kísérlet az említett bibliai fogalmak megértésére, és semmilyen tekintetben nem gépiesen értendő sorrend, mintha először az első áldást kapnánk meg, utána a következőt és így tovább. A tapasztalatok szerint valójában egyszerre nyerünk el sok áldást

---

[4] *Westminsteri Nagykáté* 67–90. kérdés-felelet (A ford. megj.)

ezek közül. Több közülük nem is egyszeri lelki esemény. A megszentelődés például olyasmi, ami egy ember megtérésekor kezdődik, és a halál végső pillanatáig tart. Az üdvösség alkalmazása nem egyszerre történik, hanem egy egész életen át – csak akkor fejeződik be, amikor végül Krisztussal leszünk a mennyben. Ezt természetesen tagadják azok, akik a perfekcionizmust és a teljes megszentelődést hiszik, mert arra hajlanak, hogy az üdvösség alkalmazása inkább egyszeri esemény.

Egy református üdvrendben van néhány olyan dolog, amelyet hangsúlyoznunk kell, és amelyen nem változtathatunk. Az újjászületésnek és a hathatós elhívásnak meg kell előznie a hitet, különben a hit már az ember cselekedete, az pedig már arminianizmus. A hitnek meg kell előznie a megigazulást, ragaszkodva a hit által való megigazulás nagyszerű protestáns igazságához. Végül a megigazulásnak meg kell előznie a megszentelődést, különben a cselekedetekből való megigazulás római tanához jutunk.

Mindezzel csak azt akarjuk mondani, hogy minden üdvrendnek tanítania kell azt, hogy az üdvösség annak *alkalmazásában* is teljesen Isten munkája a Szentlélek szuverén munkái által. Mindez egészen kegyelemből van, ezért *az Úré* (Jón 2:9).

4.16. Az ellenállhatatlan kegyelem

Az üdvösség rendjének tanulmányozásában azt látjuk, hogy a *kegyelem* aranyfonalként húzódik végig az egészen. Az üdvrend minden egyes lépését létrehozó és biztosító kegyelem *ellenállhatatlan*. Ezt hangsúlyozni kell. Nem szabad azt gondolnunk, hogy az üdvrend első része egyedül kegyelemből van, de az utolsó része már cselekedetekből. Nem az a helyzet, hogy az újjászületés Isten munkája, a megszentelődés pedig a miénk.

Az sem igaz, hogy az üdvrend első része egyedül kegyelemből, az utolsó része pedig kegyelemből és cselekedetekből van. Miközben igaz, hogy a hit, a megtérés és a megszentelődés során aktívakká válunk, ezek nem rajtunk múlnak, és Isten előtt nem érdemszerzőek. Ezek is mind Istentől és kegyelemből vannak (Rm 9:16). *"Isten az, a ki munkálja bennünk mind az akarást, mind a munkálást jó kedvéből"* (Fil 2:13).

Azt sem szabad gondolnunk, hogy az üdvrendnek csak egy *része* van ellenállhatatlan kegyelemből. A megtérésben és a megszentelődésben való *cselekvésünk* nem vonja maga után azt, hogy ellenállhatunk a Lélek munkájának és a kegyelemnek, amely által megtérünk és megszentelődünk. Az *egész* üdvösség ellenállhatatlan kegyelemből van.

A kegyelem annak természetétől fogva ellenállhatatlan, hiszen *Isten* kegyelme. Mivel ő mindenható, az ő kegyelme is az. Nemcsak a gondviselésben, hanem az üdvösségben sincs senki, *"a ki az ő kezét megfoghatná és ezt mondaná néki: Mit cselekedtél?"* (Dán 4:32). Ezt a nagy igazságot ma sokan figyelmen kívül hagyják, és félreteszik. Az általános kegyelem tana – miszerint létezik egy bizonyos kegyelem minden ember felé – valójában arról beszél, hogy létezik egyfajta kegyelem, amely ellenállható. Így tesz az evangélium jó szándékú ajánlatának tana[5] azt hirdetve, hogy Isten kegyelmesen felkínálja az üdvösséget mindazoknak, akik hallják az evangéliumot, bár sokan elutasítják ezt a kegyelmet, és ellenállnak annak. Az ellenállhatatlan kegyelem drága tanításának védelme érdekében semmi közünk nem lehet e tanításokhoz.

Mindazonáltal az ellenállhatatlan kegyelem nem azt jelenti, hogy Isten a mennybe vonszolja a mindvégig rugdalózó, küzdő és ellenálló embereket. Az ellenállhatatlan kegyelem nem *kényszerít,* hanem *átformál.* Másként szólva Isten megváltoztatja a szívünket, az elménket és az akaratunkat, hogy szeressük és keressük őt, engedelmeskedjünk neki, illetve az engedelmességben kitartsunk a végsőkig.

A *Dordrechti Kánonok* – a kálvinizmus eredeti öt pontja – azt tanítja, hogy Istennek ez a kegyelme az embert *"nem kezeli úgy, mint érzéketlen tuskót vagy követ. Nem is veszi el az ember akaratát és tulajdonságait, nem is tesz rajta erőszakot, hanem lelkileg megeleveníti, megjobbítja, feddi, és kedvesen, egyszersmind hatalommal vezérli, hogy ahol egykor a testi lázadás és ellenállás*

---

[5] Az angol kifejezés: *well-meant offer.* (A ford. megj.)

érvényesült, ott kész és őszinte lelki engedelmesség kezdjen uralkodni."[6] Ez az *ellenállhatatlan kegyelem*nek egy csodálatos jellemzése.

Csak az ellenállhatatlan kegyelem győzedelmeskedhet természetes romlottságunkon. Csak ez a kegyelem őrizhet meg minket biztosan *„hit által az idvességre, a mely készen van, hogy az utolsó időben nyilvánvalóvá legyen"* (1Pt 1:5). Így csak az ellenállhatatlan kegyelem adhat nekünk jó reménységet abban, hogy elhiggyük és vigasztalásunkra megismerjük, hogy *semmi* nem szakíthat el minket Isten szeretetétől, amely Krisztus Jézusban, a mi Urunkban van. Az ellenállhatatlan kegyelem bizonyosságot adó kegyelem.

4.17. Az újjászületés

A tulajdonképpeni *üdvösség rendjé*nek vizsgálatát az újjászületéssel kezdjük. Az újjászületésről – nevéből fakadóan – hisszük, hogy keresztyénként való új életünk kezdetét írja le, és így az üdvösség rendjének első eleme. A Szentírás azt az igazságot hangsúlyozza azzal, hogy a kegyelemnek ezt az első munkáját *újjászületésnek* (Jn 3:3) nevezi, hogy az teljesen Isten cselekedete anélkül, hogy mi bármit is segítenénk benne – sőt, az elején még észre sem vesszük. Egy újszülött csecsemő semmit nem tehet azért, hogy erre a világra megszülessen. Ugyanígy mi sem tehetünk semmit, hogy újjászülessünk Isten országába. Sőt erre a Szentírás nemcsak utal, hanem egyértelműen tanítja is: *„A kik nem vérből, sem a testnek akaratából, sem a férfiúnak indulatjából, hanem Istentől születtek"* (Jn 1:13). Figyeljük meg, hogy sem a bűnös akaratnak (a test akarata), sem bármiféle emberi akaratnak (férfiúnak indulata) nincs szerepe ebben az újjászületésben.

A kegyelem első munkája, az újjászületés nélkül senki még csak meg sem *láthatja* Isten országát (Jn 3:3). Jézus nem azt mondja, hogy senki nem *fogja* meglátni, hanem hogy senki nem *láthat*ja meg. Az újjá nem született bűnös számára ugyanolyan lehetetlen, hogy bármilyen köze legyen Isten országához, mint a tengeri hal számára, hogy a szárazföldön éljen.

---

[6] *Dordrechti Kánonok* III/IV,16.

A Szentírás a kegyelem első munkáját úgy írja le, mint újjászületést, de olyan kifejezéseket is használ, mint az *új szív* ajándéka (Ez 36:25kk); a *szív körülmetélése*, azaz a szív bűnének kivágása (Kol 2:11–13); a *keresztség*, amely a bűnök lemosása (Tit 3:5); a *lelki megelevenedés*, az életre keltés, a lelki halálból való feltámadás (Ef 2:1); a Krisztus Jézusban való *új teremtés* (Ef 2:10); vagy *átvitel a sötétség hatalmából Isten szerelmes Fiának országába* (Kol 1:13).

Mindezek arra figyelmeztetnek minket, hogy az újjászületés a Mindenható szuverén munkája, és csodálatos. Ki más támaszthatna fel halottakat és teremthetne bármit? Ez a *Dordrechti Kánonok* tanítása szerint „*egyértelműen egy természetfeletti tett, mindennél hatalmasabb, és ugyanakkor mindennél csodálatosabb, lenyűgöző, titokzatos és kibeszélhetetlen* [felfoghatatlan]. *Hatékonyságában* [hatalmában] *nem kisebb a teremtésnél vagy a halálból való feltámadásnál.*"[7]

Az újjászületésnek azonban talán az a legcsodálatosabb leírása, amikor azt olvassuk, hogy az elveszett bűnös Krisztus életét kapja (Gal 2:20; Kol 1:27). Az újjászületésben kapott új élet magának Krisztusnak az új, feltámadott élete, olyan élet, amely többé meg nem halhat (Jn 11:25–26). Ez *új* élet. Aki ezt megkapta, nem élhet és beszélhet továbbra is úgy, ahogyan addig. Lelkileg többé nem halott, hanem élő. A halál csak fekszik és rothad, míg az élet lélegzik, mozog és beszél. Mi tehát, akik újjászülettünk, a bűneink és a régi természetünk folyamatos jelenléte ellenére úgy kell tekintenünk magunkra, mint akik a mi Urunk Jézus Krisztus által Istennek élünk, és a halálból életre keltekként oda kell szánnunk magunkat Istennek (Rm 6:11–13).

4.18. Az elhívás

Ha a (lelki) újjászületés ahhoz hasonlítható, hogy Jézus Krisztus feltámadott élete magvát szívünkbe ülteti, akkor az *elhívás* hasonló a magra hulló esőhöz és az azt érő napsugárhoz, amelytől a mag növekszik és gyümölcsöt hoz. Az

---

[7] *Dordrechti Kánonok* III/IV,12.

elhívást gyakran *hathatós elhívás*ként említjük. Ez csak azt jelenti, hogy az elhívás Isten hatalmas munkája, amely mindig eléri kívánt *hatását*, az üdvösséget. A hathatós elhívás valójában az *ellenállhatatlan kegyelem* része.

Amikor az üdvösség rendjében az elhívásról beszélünk, akkor nem az evangélium hirdetésére gondolunk, amely által ez a hívás sok emberhez eljut, és azt sokan meghallják *anélkül*, hogy számukra üdvözítő ereje lenne. A Máté 22:14 ebben az értelemben használja a *hivatalos* szót: *„Mert sokan vannak a hivatalosok, de kevesen a választottak."* Ehelyett a Lélek munkájára gondolunk azok szívében, akiket Isten kiválasztott. Az evangélium hirdetése e munka által üdvösségre juttatja, és abban meg is tartja a választottakat.

Ezt hangsúlyoznunk kell. A hathatós elhívás nemcsak elkezdi, hanem *teljesen* véghez is viszi üdvösségünket. Erőteljesen és ellenállhatatlanul hív minket a bűnbánatra (Mt 9:13), a hitre (Rm 10:17), a szentségre (1Thessz 4:7), a Krisztussal való közösségre (1Kor 1:9), a szabadságra (Gal 5:13), az üdvbizonyosságra (Ef 4:4) és végül a Krisztussal való dicsőségre (1Pt 5:10; Jel 19:9). Az elhívásban tehát egész életünk során folyamatosan részesülnünk kell. Nemcsak szentségre és üdvbizonyosságra, hanem bűnbánatra és hitre való hívásként is el kell érnie bennünket. Amíg csak vétkezünk és gyengék vagyunk a hitben, bűnbánatra és hitre kell hívnia minket. Ezt egy általános elképzeléssel szemben állítjuk. Sokan azt gondolják, hogy a hívás csak a meg nem váltottaknak szól, így a lelkipásztor nem hívja – nem szólítja meg – azokat, akik már üdvösségre jutottak; pedig nekik is éppen olyan fontos a hívás, mint a többieknek.

Különösen azt szeretnénk hangsúlyozni, hogy *Krisztus* az, aki hív (Jn 10:3, 16, 27) a mindenható Isten szavával (Rm 4:17). A Lélek munkája által ez a hívás hat némelyek szívére, és így meghallják Krisztus hívását, megismerik hangját, és őhozzá mennek, mint bárány a Pásztorához. Nem csodálatos ez? A János 10:3 így fogalmaz: *„a maga juhait nevökön szólítja."* A hívás nem általános, hanem nagyon is konkrét. Ebből következik, hogy Krisztus már ismeri juhait. Ez valóban így van, mert az Atya neki adta őket már a világ teremtése előtt (Ef 1:4–6).

Amikor Krisztus a maga juhait a nevükön szólítja, akkor nem természetes nevüket hallják, mint például Mária vagy Vilmos. *Lelki neveiket* hallják: a nevet, amelyet Isten kegyelmének legelső munkája szívükbe adott. Ilyen neveket: *szomjazó* (Jel 22:17), *éhes* (Ézs 55:1), *megfáradt és megterhelt* (Mt 11:28). Valójában ez a hívás *teszi* a bűnöst éhessé, szomjassá, bűntől és vétektől megterheltté, és végül késszé arra, hogy Krisztushoz jöjjön. Ezért nevezzük *hathatós* elhívásnak. Krisztus szava az elhívásban az a teremtő szó, amely létrehozza, amit hív. Milyen nagy áldás és öröm tehát meghallani Krisztus hívó szavát, és tudni, hogy önmagához hív minket!

4.19. Az elhívás és az igehirdetés

A hathatós elhívásról néha *belső* hívásként beszélünk, mert magában foglalja a Szentlélek szuverén és ellenállhatatlan munkáját Isten népének *szívében.* Megkülönböztetjük a külső hívástól, az Ige hirdetésétől.

A Szentírás világossá teszi, hogy Krisztust nem mindenki hallja belsőleg, a Szentlélek szívbeli munkája által még akkor sem, ha hallja Krisztus hívását az evangélium hirdetésében. Tehát nem mindenkit üdvözít az evangélium hirdetése. Másként fogalmazva, egyeseket üdvözít az evangélium hirdetése, másokat pedig nem, de a különbség nem bennük rejlik, hanem Isten munkájában. Ezért mondja a Máté 20:16 és a Máté 22:14, hogy „*sokan vannak a* [külsőleg] *hivatalosok, de kevesen a választottak".* A szakasz nem azt állítja, hogy „sokan vannak a hivatalosak, de kevesen válaszolnak", mert ez azt a benyomást keltené, hogy a különbség bennünk van. Ehelyett a különbség abban áll, hogy Isten némelyeket kiválaszt, másokat pedig nem. E választás szerint némelyeket külsőleg és belsőleg is hív, másokat pedig nem.

A Szentírás a *hívás* szót használja a külső és a belső hívásra is, de nem szabad elfelejtenünk, hogy a belső hívás a *külső hívás,* tehát az igehirdetés által szólal meg. Ezért használja a Biblia mindkettőre ugyanazt a szót. Ezt látjuk a Róma 10:17-ben: „*Azért a hit hallásból van, a hallás pedig Isten ígéje által."* Ez a vers összefoglalja a 10–14. verseket. Elválaszthatatlan kapcsolat van az *üdvösségre való hit* és az *igehirdető hallgatása* között. Ezért kell az egyháznak a föld végső határáig hirdetnie az evangéliumot. Ez az eszköz, amely által Isten üdvösségre hívja az ő választottait, és amelyen keresztül Lelke által bennük belsőleg munkálkodik.

Kiemeljük azt is, hogy mivel a Szentlélek az igehirdetésen keresztül munkálkodik, az evangélium *saját ereje* annak hirdetése. *"Istennek hatalma az minden hívőnek idvességére"* (Rm 1:16, ld. még 1Kor 1:18, 24). Nincs szükség ékesszólásra, könyörgésre vagy egyéb trükkökre ahhoz, hogy az evangélium hatékony legyen. Az igehirdetésben Krisztus szól, és a Lélek munkálkodik azáltal, ezért az evangélium hirdetése mindig *hatalom*, bár nem mindig üdvösségre való hatalom. Lehetetlen, hogy az embert ne érintse meg, ha Krisztus megszólal, és a Lélek munkálkodik. Az evangélium hirdetését hallva az ember vagy üdvösségre jut, vagy megkeményedik (2Kor 2:14–17). Senki nem maradhat semleges.

Így az evangélium hirdetése által megvalósul Isten célja, és Krisztus érdemei kifejtik hatásukat. Egyetlen választott sem vész el, Krisztus drága vérének egyetlen cseppje sem folyt hiába. Az igehirdetés azok felé sem hiábavaló, akik nem üdvözülnek. Ezért nagyon komoly dolog az evangéliumot hallani. Akik közülünk már üdvösségre jutottak általa, azok számára is szükséges *„a hallottakra figyelmeznünk, hogy valaha el ne sodortassunk"* (Zsid 2:1–3). Az evangélium mindig illat lesz: vagy élet illata életre, vagy halál illata halálra.

4.20. Nem ajánlat, hanem hívás

Az evangéliumról sokan inkább *ajánlat*ként, nem pedig *hívás*ként beszélnek. Hogy mást ne mondjunk, érdekes, hogy a Szentírás *sosem* használja az *ajánlat* szót az evangélium leírására. Maga az *ajánlat* szó ellen nincs kifogásunk. Régebbi értelmében csak azt jelentette, hogy az evangélium *bemutatja* Krisztust.[8] A *Westminsteri Nagykáté* például úgy írja le Krisztus ajánlatát, mint amely *„arról* tanúskodik, *hogy bárki, aki hisz őbenne, üdvözül"*.[9]

---

[8] Az angol *offer* szó mindkét jelentést hordozza. (A ford. megj.)
[9] *Westminsteri Nagykáté* 63. kérdés-felelet

Modern jelentésében azonban a *felajánl* szó arra utal, és annak tanítására használják, hogy Isten minden embert szeret, mindenkit meg akar menteni, sőt az evangéliumban mindenkit meg is próbál üdvözíteni, és a bűnös üdvössége annak az embernek az akaratától függ. Ezek a tanítások ellentmondanak az Írásnak.

A Szentírás nem tanítja, hogy Isten minden egyes embert szeret (Zsolt 11:5; Jn 13:1; Rm 9:13). Azt sem tanítja, hogy Isten minden egyes embert megpróbál üdvözíteni (Ézs 6:9–11; Rm 9:18; 2Kor 2:14–16). Természetesen azt sem tanítja, hogy a bűnösök üdvözítésében Istent megzavarhatja azok tiltakozása, vagy levett kalappal a kezében várja, hogy *elfogadják* tőle az üdvösséget (Zsolt 115:3; Jn 6:44; Rm 9:16; Ef 2:8–9). Ezek miatt inkább nem szeretünk az evangéliumról *ajánlat*ként beszélni.

Egy hívás különbözik egy ajánlattól. Ez Isten szuverenitására emlékeztet minket. Ő mint Király felszólítja a bűnösöket az evangéliumban való hitre és az engedelmességre. Még arra is utal, hogy szuverén hívása által valójában ő juttat el némelyeket az üdvösségre. Ha emlékezünk arra, hogy *Isten* az, aki hív, akkor ezt nem nehéz megértenünk. Ő az, aki *„azokat, a melyek nincsenek, előszólítja mint meglevőket"* (Rm 4:17).

Ezt a hívást az evangélium hirdetésében hallhatjuk. A Szentlélek belső munkája teszi hatékonnyá az üdvösségre, és így némelyek nemcsak meghallják a hívást, hanem engedelmeskednek is annak. A Lélek munkája által *Isten* hív *Krisztusban*, nem pedig az igehirdető. Az igehirdető csupán eszköz.

Az istentelenek ezért kárhoztathatóak az engedetlenség miatt, amikor nem hajlandóak engedni a hívásnak. Hitetlenségük miatt nem csupán egy embert, hanem magát az élő Istent utasítják el, aki egyszülött Fián keresztül beszél. Ez nagyon súlyos bűn.

Ez az oka annak is, hogy az igehirdető semmit nem hozhat, csak az Írást. A hallgatóknak Isten Igéjét kell hallaniuk, nem az igehirdető gondolatait, elméleteit, politikai megjegyzéseit stb. Az igehirdetőnek arra is figyelnie kell, hogy ne tompítsa el Isten szuverén hívását mindenféle felesleges könyörgéssel vagy *marketingmódszerrel* azt a benyomást keltve, hogy Isten a bűnösök akaratára várakozik.

Az evangélium hirdetésében világosnak kell lennie, hogy Isten szuverén módon hitet és bűnbánatot követel a bűnösöktől – ő, a Mindenható, a menny és föld Bírája engedelmességet vár, és az engedetlenséget meg fogja büntetni. Az ilyen igehirdetés által a bűnösök üdvözülnek, Isten pedig megdicsőül.

4.21. A hit lényege

Amikor a hitről beszélünk, akkor általában az Istenbe és az ő Fiába, az Úr Jézus Krisztusba vetett hit és bizalom *aktivitására* gondolunk. A hithez ezek is hozzátartoznak, de mindenekelőtt még valami más is. A hit legmélyebb valóságában és lényegében a *Krisztussal való egység*. Erre utal a *Heidelbergi Káté* is, amikor úgy beszél az igaz hitről, mint Krisztusba oltatásról,[10] valamint a *Westminsteri Nagykáté*, amikor azt mondja, hogy a hit nemcsak annak beismerése, hogy az evangélium ígérete igaz, hanem egyszersmind *Krisztus elfogadása és a benne való megnyugvás* az üdvösségre.[11] A hit aktivitásától megkülönböztetve ezt a Krisztusba oltatást, a benne való részesedést és megnyugvást a teológia időnként a *hit erejé*nek vagy a *hit lényegé*nek nevezi.

A Szentírás olyan helyeken tanítja, hogy a hit Krisztussal való egység, mint például a János 17:20–21-ben, a Galácia 2:20-ban vagy az Efézus 3:17-ben. Ezt az egységet megmutatja maga az, ahogyan az Írás beszél a hitről. Az Újszövetségben például a görög több különböző kifejezést használ, amelyek legtöbbje arra utal, hogy a hit élő kapcsolatra és egységre juttat minket Krisztussal. A Szentírás leggyakrabban a Krisztus*ban* való hitről beszél. Mi másra utalhatna ez, mint arra, hogy hit által csontjából való csont és testéből való test vagyunk (Ef 5:30)? A Szentírás a görögben a Krisztus*ba* (Jn 3:16,

---

[10] *Heidelbergi Káté* 20. kérdés-felelet. (Az a kifejezés, hogy „*ővele eggyé válnak*", így is fordítható: „*őbelé oltatnak.*" A ford. megj.)

[11] *Westminsteri Nagykáté* 72. kérdés-felelet

18; Kol 2:5), a Krisztus*ra* (Rm 9:33; 10:11) vetett vagy a Krisztus*on* (Csel 11:17; 16:31) való hitről is beszél.

A fenti szakaszok az Isten Fiával való szoros, személyes egységre és közösségre utalnak. Még azok a részek is, amelyek egyszerűen a Krisztusban való hitről beszélnek, maguk után vonják, hogy hit által elég közel vagyunk hozzá, hogy végül hallhatjuk őt beszélni, tudhatjuk, mit mond, és bízhatunk abban (Jn 14:11; 2Tim 1:12). Ez az igaz hit természete. Ez különbözteti tehát meg az igaz hitet minden hamisítványtól. A hamis hit sok más tekintetben utánozza az igaz hitet, de van valami, amit nem tud utánozni, mégpedig a hit által *Krisztusban* való létet.

Ha a hitet Krisztussal való egységnek látjuk, akkor azt is értjük, hogy a hit *szükségszerűen* Isten ajándéka. Ha csak a hit *aktivitásáról* beszélünk, akkor azt fogjuk gondolni, hogy a hit belőlünk és saját akaratunkból fakad. Ha viszont emlékszünk arra, hogy a hit mindenekelőtt Krisztussal való *egység*, akkor világos, hogy a hitnek Isten munkájának és ajándékának kell lennie. Képesek vagyunk egyesíteni magunkat Krisztussal? Nem jobban, mint ahogyan egy vessző beolthatja magát a fába.

A hitnek ez a felfogása sok más dolgot is megmagyaráz. Megmutatja például, hogy a megigazulásban Krisztus igazsága miként lesz a miénk *hit által*. Megmagyarázza, hogy a hit hogyan lehet az a győzelem, amely győzedelmeskedik a világ felett, ugyanis nem a hitben rejlő valamilyen erő győz, hanem a hit Krisztusba helyez minket, és így eggyé tesz minket Krisztusnak a bűn, a halál, a világ és a Sátán feletti győzelmével.

Milyen csodálatos tehát, ha azt mondhatjuk, hogy van hitünk. Ezzel megvalljuk, hogy Isten csodálatos és szuverén munkája által Krisztusban élünk, ő pedig bennünk, és soha többé nem szakadhatunk el egymástól.

4.22. A hit és az ismeret

A hit aktivitásával kapcsolatban hisszük, hogy a hithez hozzátartozik az *ismeret*. Mindig voltak olyanok, akik el akarták választani egymástól a hitet

és a tudást, és a hitre *vak* elfogadásként vagy bizalomként tekintettek. Ez
ma különösen gyakori.

A római katolicizmus mindig azt tanította, hogy a hit és az ismeret
elválasztható, különösen a rejtett hitről szóló tanításában, amely mindenféle
értelmes tartalom nélküli hitet jelent. Róma szerint ez sok vagy éppen a
legtöbb laikus hite. Ugyanezt tanítja a modernizmus és a neoorthodoxia,
valamint a karizmatikus és más dogmaellenes mozgalmak. Nem tagadják
kifejezetten, hogy a hit magában foglalja az ismeretet, de elkülönítik a kettőt
a tanok és a tanítások befeketítésével és gúnyolásával. Sajnos ez az elhajlás
több református teológusnál és tanítónál is megtalálható. Ők sem tagadják
kifejezetten, hogy a hit ismeret, mindazonáltal mégis erre jutnak, amikor a
teológiájuk részeként paradoxonokról és ellentmondásokról beszélnek.

A fent nevezett emberek azok, akik szerint Isten az evangéliumban
minden embert szeret, de a kiválasztásban nem; kijelentett akaratában minden-
kit üdvözíteni akar, de titkos akarata szerint nem; jó szándékúan üdvösséget
ajánl mindenkinek, miközben nem döntött úgy, hogy mindenkinek hitet ad.
Ez a fajta beszéd irracionális és az értelem ellen való. Senki nem *értheti meg*
az efféle ellentmondásokat. Ezeket csak hallgatólagosan lehet elfogadni, így
pedig a hit vak ugrássá válik, nem pedig ismeret kérdésévé. A Szentírással is
ellentétes, ha ellenkezünk az ismerettel és a tannal. A János 17:3-ban Jézus
úgy határozza meg a hitet, mint Isten és Jézus Krisztus *megismerését*, akit ő
elküldött. Jézus azt mondja, hogy ez az *ismeret* az örök élet: nem csupán a
bizalom, hanem a tudás is.

A 2Timótheus 1:12-ben Pál saját hitéről *meggyőződésként*[12] beszél, de
azt mondja, hogy azért győződött meg, mert először tudásra tett szert. Tényleg
lehetetlen meggyőződni arról, hogy Jézus Krisztus meg tud tartani minket,
amíg nem tudjuk, hogy ő Isten egyszülött Fia, aki eljött testben, szenvedett,
és meghalt a kereszten a mi bűneinkért.

Nem vethetjük meg az ismeretet. A tudás önmagában haszontalan;
szükség van *bizalomra* is. A Szentírás azonban világossá teszi, hogy a tudás

---

[12] A KJV szerint; a Károli *bizonyosság*nak fordítja. (A ford. megj.)

jó dolog. A 2Korinthus 4:6–7 szerint „*az Isten dicsősége* ismeretének *a Jézus Krisztus arczán való világoltatása*" a mi kincsünk (ld. még Lk 1:77; Ef 1:17; 4:13; Fil 3:8; Kol 2:3; 2Pt 1:2–3). A *nem tudásban* nincs bizonyosság. A hit ismeret nélkül valóban egy ugrás a sötétségbe. Isten azonban nem a sötétségben van. Ő világosságban lakozik. A mi Urunk Jézus Krisztust sem lehet a sötétségbe való ugrással megtalálni. Ő a *világ Világossága*, és világosságra kell jutnunk ahhoz, hogy higgyünk benne. Ez a világosság az Isten dicsősége ismeretének világossága Jézus Krisztus arcán (2Kor 4:6).

4.23. A hit és a bizalom

Egyértelmű abból a sokféle jellemzésből, amellyel a Szentírás a hitet leírja, hogy az üdvözítő hit különböző *aktivitás*okat tartalmaz. Ezekben a leírásokban láthatjuk, hogy a hívőknek adatott és általuk gyakorolt hitnek van egy bizonyos fejlődése és növekedése. A Lukács 17:5 például így ír: „*És mondának az apostolok az Úrnak: Növeljed a mi hitünket!*"

Jóllehet Krisztus mindig a hit tárgya, a hit magában foglalja azt is, hogy reá *tekintünk* (Ézs 45:22[13]), hozzá *jövünk* (Mt 11:28), hozzá *menekülünk* védelemért (Zsid 6:18), *befogadjuk* őt (Jn 1:12), *felöltözzük* őt (Rm 13:14), illetve *átadjuk* vagy *átengedjük magunkat* neki (2Kor 8:5).

A fentebbiek leginkább az üdvözítő hit második aktivitását írják le, mégpedig a Krisztusba vetett *bizalmat*. Már elmondtuk, hogy az üdvözítő hit egyik fő része az ismeret. A bizalom egy másik rész. Az üdvözítő hitnek ezt a két elemét a 2Timótheus 1:12 egymással kapcsolatban említi: „tudom, *kinek hittem, és* bizonyos *vagyok benne, hogy ő az én nála letett kincsemet meg tudja őrizni ama napra.*" Ahogyan ez a vers rámutat, a bizalom vagy meggyőződés a tudásra alapul. Maga a *meggyőződés* szó is erre utal. Az embert az igazság és a logikus, józan érvek győzik meg. Tudás nélkül nem bízhatunk, és nem lehet meggyőződésünk. Nem bízhatunk Krisztusban az üdvösségre, amíg nem

---

[13] KJV: „*Tekintsetek rám, hogy megtartassatok.*" (A ford. megj.)

tudjuk, hogy ő Isten, aki megjelent testben (1Tim 3:16), aki életét váltságul adta sokakért (Mt 20:28).

Az üdvözítő hitnek ez a második eleme (a Krisztusban való bizalom) az üdvözítő hit *személyes* természetét emeli ki. Ez a bizalom az, ami a hit ismeretét egyszerű tudásból Isten valódi, személyes ismeretévé teszi, amint ő Jézus Krisztus által kijelenti magát. E bizalom nélkül nem lenne különbség az üdvözítő hit és az ördögök *hite* között, hiszen ők is *hiszik*, hogy az Isten egy, és rettegnek (Jak 2:19). Nemcsak az ördögök hisznek ebben az értelemben. Sokaknak megtanították az Ige igazságát, és nem találnak azzal szemben semmilyen érvet, de soha nem *bíztak* Istenben vagy Krisztusban.

A bizalom az üdvözítő hit részeként megengedi, hogy az ember ne csak az Ige igazságát lássa, hanem azt is, hogy ez rá is vonatkozik. A bizalmat tehát úgy írhatjuk le, mint önmagunk Krisztusnak való átadását vagy benne való megnyugvást (Mt 11:28). Ez magában foglalja önmagunk teljes megtagadását és a lélek neki való megadását a Lélek ereje és kegyelme által.

Némelyek a hitről kizárólag mint ismeretről vagy értelmi szinten való igaznak tartásról beszélnek. Mi is hisszük, hogy szükséges a tudást hangsúlyozni a manapság olyan népszerű, *érzésekre* való hagyatkozással és az igaz tanításnak való ellenállással szemben. Mindazonáltal hitünk szerint és a Szentírás tanítását alapul véve a hitről nem elég csupán intellektuális aktivitásként beszélni. Ez ugyanis – ahogyan Pál mondja a 2Timótheus 1:12-ben – magában foglalja azt, hogy elkötelezzük önmagunkat Krisztus mellett, és így békét és nyugalmat találunk őbenne. Enélkül semmik vagyunk és semmink nincsen.

4.24. A megigazulás

Mi a megigazulás (megigazítás, igaznak nyilvánítás)? Sajnos ma kevesen tudják, mit is jelent ez a szó, és még kevesebben ismerik a megigazultak boldogságát, noha a megigazulás tana a keresztyén hit alapelemei közé tartozik. A megigazulás megértéséhez először is tudnunk kell, hogy ez a szó az *igazság* szinonimája. Megigazultnak és igaznak lenni ugyanazt jelenti. Másodszor látnunk kell, hogy a megigazulás egy *jogi* kifejezés. A megigazulásban Istennel mint *Bíróval* állunk szemben (Zsid 4:13). A megigazulás a legfőbb Bíró *ítélete*, amely ellen nincs fellebbezés (Jób 40:3). Harmadszor és ebből kifolyólag a megigazulás érinti *jogi státuszunkat* (helyzetünket, állapotunkat) a törvény és Isten előtt (Zsolt 130:3). Ez a jogi helyzet vagy állapot meghatározza, hogy élvezni fogunk-e bizonyos jogokat és kiváltságokat, vagy büntetésben lesz részünk.

Amikor egy bíró ítéletet hirdet, csak két lehetséges *kimenetel* van: ártatlan vagy vétkes, igaz vagy hamis. A bűnösök igaznak nyilvánításában Isten, a Bíró *ártatlannak* hirdeti ki őket minden gonosztettől vagy bűntől (4Móz 23:21; 2Kor 5:19). A megigazítás csodája az, hogy Isten ártatlannak nyilvánítja a *bűnösöket*. Akik igaznak nyilváníttatnak, azok minden vétket elkövettek és elkövetnek, mégpedig éppen a Bíró ellen (Zsolt 51:6; Rm 5:18, 21). Az ítélet, amellyel Isten igaznak nyilvánítja őket, a médek és perzsák törvényéhez hasonlít: megváltoztathatatlan, mert Isten nem változik. Isten azonban nem hazudik egy ilyen ítélet meghozásánál (4Móz 23:19). Az ő ítélete igaz és igazságos.

A fentiek azt jelentik, hogy a bűnös saját érdemei vagy cselekedetei alapján nem igazulhat meg, és nem lehet ártatlan Isten előtt (Rm 3:28; 4:6). Az igaznak nyilvánítás alapja – egy ilyen alapra mindenképpen szükség van – Jézus Krisztus tökéletes engedelmessége, szenvedése és halála.

Jézus azok helyetteseként lép fel, akiket az Atya neki adott. Szenvedése és halála az ő bűneik büntetése (Ézs 53:5), és tökéletes engedelmessége által jóvátételt fizet, megfizetve azt, amit nem ő ragadott el (Zsolt 69:5).

Gondoljunk egy tolvajra, akinek vezekelnie kell bűnéért, nemcsak elszenvedve a büntetést, hanem visszafizetve azt, amit ellopott! Krisztus nemcsak elszenvedi bűneink büntetését, hanem meg is fizeti Istennek az Istent dicsőítő engedelmesség adósságát, amelyet mi nem fizettünk meg.

Krisztus mindezt az övéiért teszi. Engedelmessége, szenvedése és halála nekik számít be, vagy amint a Szentírás mondja, nekik tulajdoníttatik (2Kor 5:19). Isten előtt így olyanok lesznek, mintha sohasem vétkeztek volna, és soha nem követtek volna el semmilyen bűnt.

Milyen csodálatos tehát megigazítottnak lenni! Semmi nem fogható ahhoz, ha tudjuk, hogy Istennél nincs kárhoztató ítélet ellenünk. Ezen múlik minden más áldás, kiváltság és ezek gyönyörűsége. Ahogyan Pál mondja: *„mindent kárba veszni hagytam és szemétnek ítélek, hogy a Krisztust megnyerjem, és találtassam ő benne, mint a kinek nincsen saját igazságom a törvényből, hanem van igazságom a Krisztusban való hit által, Istentől való igazságom a hit alapján"* (Fil 3:8–9).

4.25. Megigazulás hit által

Amikor a Szentírás a *hit által* való megigazulásról beszél, akkor számos fontos igazságot tanít. A hit által való megigazulás azt mutatja meg, hogy a bűnös hogyan nyilváníttatik *ténylegesen* igaznak Isten előtt. Megmagyarázza, hogy Isten mint Bíró hogyan alkalmazza a megigazító ítéletét a bűnösre, hogy az a vétkes állapotból ártatlanná váljék. Amikor hit által megigazulunk, a hitünk igazságul számít be (tulajdoníttatik) nekünk (1Móz 15:6; Rm 4:5). Isten Bíróként igazságul vagy ártatlanságul fogadja el a hitet.

Ezt azonban nem azért teszi, mert a hit önmagában értékes, vagy a hit és a hitben való engedelmessége valamilyen módon elfogadható a törvénynek való tökéletes engedelmesség helyettesítőjeként, hanem magának a hitnek a jellemzői miatt. Amint láttuk, a hit annak legmélyebb valóságában a Krisztussal való *egység köteléke*. Ez megmagyarázza, hogy miként igazulunk meg hit által. A hit nem azért számít a mi igazságunknak, mert egy helyettes cselekvés vagy mert önmagában értékes, hanem mert kapcsolatba hoz minket Krisztussal és az ő tökéletes igazságával.

Valójában tehát Krisztus igazsága, engedelmessége, szentsége és cselekedetei által igazíttatunk meg, amelyek hit *által* lesznek a mieink. Egyedül hit által igazulhatunk meg. Semmi más nem ragadhatja meg Krisztust és az ő igazságát, csak a hit, és semmi más nem találhat elfogadásra Isten előtt megigazulásunkért, csak Krisztus igazsága.

A hit nem is egy másféle cselekedet. A hit által való megigazulás nem azt jelenti – ahogyan azt sokan hiszik –, hogy Isten Bíróként úgy döntött, hogy a törvény minden cselekedete helyett csak egyetlen dolgot – egyetlen cselekedetet – fog megkövetelni tőlünk, mégpedig a hitet.

A hit nem olyasvalami, amit mi mutatunk fel, aminek bennünk van az eredete, ahogyan sokan tanítják. A hit nem egy döntés, amelyet a bűnös hoz meg, hiszen nem is hozhat ilyen döntést, amíg el van veszve bűneiben. Maga a hit, amely által igaznak nyilváníttatunk, szintén is Isten ajándéka. Ő nemcsak az igazságról gondoskodik azért, hogy megigazulhassunk, hanem arról az eszközről vagy módról is, amely által ez az igazság a miénk lesz.

Megigazulásunk tehát teljes mértékben Isten munkája. Tőle van minden, ami szükséges a mi igazságunkhoz. Isten ajándéka a minket megigazító igazság, a személy, aki adja, és az eszköz, amely által elnyerjük azt.

Azt jelenti tehát a *hit által* való megigazulás, hogy *nem cselekedetekből* nyilváníttatunk igazzá. Jó cselekedetekre hívattunk el, sőt ezek el is vannak rendelve számunkra (Ef 2:10), de ezeket az elnyert üdvösség bizonyítékaként és az azért való hálából tesszük, nem pedig az üdvösség megszerzéséért vagy kiérdemléséért. Cselekedeteinknek *semmi* köze nincs Isten előtti állapotunkhoz. Egyedül Krisztus munkája változtathatja meg állapotunkat és igazíthat meg minket.

Ahogyan az Írás mondja: *„Hol van tehát a dicsekedés? Kirekesztetett"* (Rm 3:27). *„Mert ő tőle, ő általa és ő reá nézve vannak mindenek* [beleértve megigazulásunkat is]. *Övé a dicsőség mindörökké"* (Rm 11:36). Micsoda áldás a hit ajándéka által elnyert, ingyenes, kegyelmes megigazítás, és milyen kegyelmes Isten, aki így igazítja meg az érdemtelen bűnösöket.

4.26. A megigazulás és a kiválasztás

Miközben nem hisszük, hogy Isten népe *ténylegesen* és teljesen igaznak nyilváníttatott az örökkévalóságban (a világ megalapítása előtt), hisszük, hogy nagyon szoros kapcsolat áll fenn a kiválasztás és a megigazulás között. Isten népe *hit által,* nem pedig *kiválasztás által* igazul meg. Megigazulásuk azonban elválaszthatatlan a kiválasztásuktól.

Először is, amikor Isten elrendelte, hogy az ő népe az övé legyen, azt is *elrendelte, hogy megigazítja őket,* és csakis őket. Elrendelte, hogy szentek és *feddhetetlenek* legyenek (Ef 1:4). Ez a megigazításukról szóló tanácsvégzés.

Másodszor, mivel Isten örök szeretete szerint Krisztusban kiválasztotta őket, Isten az örökkévalóságban megigazítottnak és bűntelennek *látta* és tekintette őket. Mivel Isten bűn nélkülinek látta őket, rájuk helyezte az ő szeretetét is. Isten úgy adta őket az örökkévalóságban Krisztusnak, mint akiket öröktől fogva bűn nélkül lát.

Itt a 4Mózes 23:21 különösen is fontos. Figyeljük meg a múlt időt: *„Nem vett észre Jákóbban hamisságot."* Ugyanez a múlt idő jelenik meg a Róma 9:13-ban: *„Jákóbot szerettem."* A szuverén kegyelemben hívők ezt a szóhasználatot mindig úgy értették, mint ami Isten örök tanácsvégzésére utal.

A 4Mózes 23:21 a válasz Bálák és Bálám azon kísérletére, amikor meg akarták átkozni Isten népét. Ugyan Krisztus még nem jött el, és az engesztelés vére még nem ontatott ki, de Isten népét már nem lehetett megátkozni azért, amit Isten öröktől fogva elvégzett.

Egyedül ebben az értelemben vagyunk hajlandóak az *örök megigazításról* vagy inkább az *öröktől fogva való megigazításról* beszélni. Nagyon fontos a megigazulásnak ezt az örökkévaló hátterét hangsúlyozni.

Ha elválasztjuk egymástól a megigazulást és Isten örök, kiválasztó tanácsát, akkor egy olyan megigazulást kapunk, amely mindenki számára elérhető, ha hisz. Ez egy feltételes megigazulás, amely valamilyen módon a bűnösnek az evangéliumra adott válaszától függ. Ez nem az ingyenes, kegyelemből való megigazulás, amelyről a Szentírás beszél.

Így a megigazulás Jézus halálában a kiválasztás tanácsa alapján válik elérhetővé a választottak számára, és csak nekik. A kiválasztás ugyanezen tanácsa által ők, és egyedül ők részesednek a hit ajándékában, amely által a megigazulás az övék lesz.

A nem választottak számára nem lehetséges a megigazulás és az igazság. Számukra nincs bocsánat. Ami sem Isten tanácsvégzésében, sem Krisztus keresztjében nem létezik, az nem ajánlható fel nekik, hacsak nem teszünk erőszakot azon, amit a Szentírás Isten igazmondásáról és változhatatlanságáról tanít.

Azért létezik ilyen szoros kapcsolat a kiválasztás és a megigazulás között, hogy megigazulásunk által megismerjük kiválasztásunkat. A bűnök bocsánatát hit által megtapasztalva tudjuk, hogy azt tőle nyertük, aki „nem vett észre *Jákóbban hamisságot, és* nem látott *gonoszságot Izráelben"* (4Móz 23:21).

Dicsőség az ő nevének, aki szuverén módon megigazítja népét.

4.27. A megigazulás és az engesztelés

Amint már láttuk, a megigazulás nem választható el sem a kiválasztástól, sem a kereszttől. A megigazulás, amely Jézusnak a kereszten végzett engesztelő művén alapul, az örökkévalóságra tekint vissza. Ez rendkívül fontos. Amit Isten nem végzett el, az időben egyáltalán nem történhet meg, mint például a nem választottak megigazulása. Amit Krisztus kereszthalála által nem vásárolt meg és nem nyert el mindenki számára, az nem is elérhető mindenkinek.

Így tehát nincs a nem választottak számára *felajánlható* megigazulás (igazság vagy bűnbocsánat). Az evangéliumot mindenki felé prédikálni kell, Isten Krisztusban való igazságát hirdetni kell (Rm 3:25–26). Minden hallgatót hitre kell felszólítani azzal a biztos ígérettel, hogy aki hisz, Isten előtt igazságot nyer. Az időben azonban nyilvánvaló lesz, hogy ez az ígéret csak azoknak szól, akiket Isten kiválasztott, és akikért Krisztus meghalt a kereszten. A megigazulás ígérete tehát kizárólag a választottaknak szól, és bizonyosan teljesül is számukra, amikor Isten kegyelmesen megadja nekik azt a hitet, amely által megigazulnak (Ef 2:8–9).

Az, hogy Krisztus *csak* a választottakért halt meg, a partikuláris (speciális) megváltás (korlátozott engesztelés) tana. Ez a Szentírás egyértelmű tanítása. Krisztus halála *biztosítja* Isten választottainak megigazulását (Ézs

53:11; Rm 3:24; 5:9, 19). Ez azért lehet így, mert Krisztus az ő szenvedése és halála által tökéletes engedelmességet állított engedetlenségük helyére, és elviselte a bűneikért való büntetést.

Ezen a módon Krisztus tökéletes igazságot (ártatlanságot) szerzett számukra, amely elfogadható a Bíró, Isten előtt. Ez az igazság hit *által* lesz az övék, Isten így törli el vétküket, és így fogadja be őket ismét jóindulatába és jelenlétébe. Krisztus munkája tehát megigazulásuk *alapja*.

Krisztus haláláról beszélhetünk úgy is, mint Isten népének objektív értelemben vett megigazulásáról (Rm 5:19). Halála által mindazt félretette az útból, ami elválasztotta őket Istentől, és olyan igazságot szerzett nekik, amelyet Isten elfogad, és amelyben kedvét leli (Ézs 53:11). Krisztus tehát nem valamiféle általános, hanem bizonyos személyek számára elrendelt és megvásárolt igazságot szerzett. Ez az igazság azon az áron tartozik hozzájuk, amelyet Krisztus a kereszten kifizetett. Nincsen egyéb igazság, csak ez (Rm 10:1–4).

A szuverén, kegyelmes, partikuláris kiválasztás és a partikuláris engesztelés együttesen biztosítják mindazoknak a tényleges, hit által való megigazulását, akiket Isten Krisztusnak adott. Egy feltételesen mindenki számára elérhető megigazulás el van szakítva a kiválasztástól és a kereszttől – és senkit nem igazít meg.

4.28. A fiúvá fogadás

Az üdvösség rendjében sokszor nem találjuk meg a fiúvá fogadást. Ennek az oka nem az, hogy a Szentírás nem beszél róla, hanem hogy ez a megigazulás gyümölcse. Ezért úgy vesszük, mint ami a megigazuláshoz tartozik. A fiúvá fogadás valóban a megigazulás első és legnagyobb gyümölcse. Amikor bűneinkre ingyen bocsánatot nyerünk, és Krisztusban igazakká leszünk, Isten nemcsak befogad minket, hanem mint *saját, kedves gyermekeit* fogad be.

A Szentírás sokszor beszél fiúvá fogadásunkról, arról, hogy kegyelemből vagyunk Isten gyermekei, és ő a mi Atyánk. Ezért nem helytelen a fiúvá fogadásról külön is beszélni. A fiúvá fogadás a megigazuláshoz hasonlóan több lépésből áll. Visszavezethető az örökkévalóság tanácsára, és az új égen és új földön fog beteljesülni. A lépések a következőek.

Először is Isten öröktől fogva szeretetébe fogadott és kiválasztott minket arra, hogy az ő gyermekei legyünk (Rm 8:29; Ef 1:5). Emlékezzünk arra, hogy Isten nem azért választ minket, mert alkalmasak vagyunk vagy leszünk arra, hogy az ő gyermekei legyünk, hanem azért, hogy az ő gyermekei lehessünk. Eleve el vagyunk rendelve a fiúvá fogadásra.

Másodszor Krisztus szenvedésében és halálában Isten jogi alapot ad fiúságunknak, e jogi alap nélkül ugyanis nem lenne jogunk atyai szeretetéhez és gondoskodásához, valamint ahhoz, hogy az ő házában lakjunk (Gal 4:4–5; Ef 2:13). Gondolhatunk erre így: örökbefogadási papírjainkat Krisztus az ő vérével írta és pecsételte meg.

Harmadszor valójában a Lélek munkája által fogadtatunk be Isten közösségébe és családjába, hogy megtapasztalhassuk az ő hozzánk való szeretetét és gondoskodását (Gal 4:6–7). A Szentlélek eljöveteléről a János 14:18 szó szerint ezt mondja: *„Nem hagylak titeket árvákul; eljövök ti hozzátok."*

A fiúvá fogadásnak ezen a pontján Isten olyan csodát tesz, amely meghaladja az örökbefogadás földi gyakorlatát. Isten a Lélek által újjászül minket az ő képmására és hasonlatosságára, hogy hozzá hasonlóak legyünk. Ez egy olyan dolog, amely sosem lehet igaz a mi örökbefogadott gyermekeinkre (Ef 4:24; 1Jn 3:1–2).

Negyedszer, mivel *„még nem lett nyilvánvalóvá, hogy mivé leszünk"* (1Jn 3:1), az ítélet napján meg fog történni, amit a Szentírás Isten fiai megjelenésének nevez (Rm 8:19). Akkor mindenki meg fogja látni, mik vagyunk Krisztusban, és befogadtatunk örök otthonunkba, hogy ott örökre Atyánkkal lakozhassunk. Isten azon a napon a testünket is örökbe fogadja, azaz megszabadítja a bűn jelenlététől és hatalmától (Rm 8:23). Ezt várjuk.

Öröktől fogva elrendelte, Krisztusban elkészítette, a Lélek által részesít benne, az örökkévalóságban tökéletessé teszi – Istennek milyen csodálatos és kegyelmes munkája a mi fiúvá fogadásunk. Amint János mondja: *„Lássátok milyen nagy szeretetet adott nékünk az Atya, hogy Isten fiainak neveztetünk"* (1Jn 3:1).

4.29. A békesség

Az istentelen világ, amelyben élünk, sokat beszél a békéről: béke a Közel-Keleten, béke ott, ahol küzdelem és háború van. Senki nem örül a vérontásnak, az öldöklésnek, a harcnak; mindenki a békét választaná. Mégsem felejthetjük el, hogy a Biblia mond valamit a békességről. A valódi békesség a megigazulás egyik gyümölcse (Rm 5:1).

A Biblia azt mondja, hogy nincs békesség a gonoszaknak (Ézs 57:21). Azt mondják, hogy *„Békesség, békesség, és nincs békesség"* (Jer 6:14). *„Olyanok, mint egy háborgó tenger, a mely nem nyughatik, és a melynek vize iszapot és sárt hány ki"* (Ézs 57:20). Nem is ismerik a békesség útját (Ézs 59:8).

Mindez azért igaz, mert az egyetlen, valódi békesség az Istennel való békesség Jézus Krisztus által. Ő a békesség Fejedelme (Ézs 9:6). Az ő békessége az a békesség, hogy rendben vagyunk Istennel, tudjuk, hogy Isten nem kárhoztat minket, és megtapasztaljuk a bűnök bocsánatát az ő kereszten bemutatott áldozata és kiontott vére által.

A valódi békesség a szív, a lélek és a lelkiismeret csendessége, amely annak ismeretéből fakad, hogy Isten nem haragszik ránk, és Krisztus elvette bűneinket, így már semmi nem választhat el minket Isten szeretetétől: *„És lesz az igazság műve békesség, és az igazság gyümölcse nyugalom és biztonság mindörökké"* (Ézs 32:17).

Ezt a békességet a Krisztusba mint Megigazítóba vetett hit által nyerjük el: *„Megigazulván azért hit által, békességünk van Istennel, a mi Urunk Jézus Krisztus által"* (Rm 5:1). Ez azoké, akik engedelmesen járnak mindazokban, amiket Isten parancsolt: *„Annakokáért szeretteim, (...) igyekezzetek, hogy szeplő nélkül és hiba nélkül valóknak találjon titeket békességben"* (2Pt 3:14).

Enélkül a lelki békesség nélkül semmi más nem számít. Az emberek közti békesség csak ámítás, amíg nincsenek békességben Istennel. Nem is állhatnak valódi békességben egymással, amíg Jézus Krisztus által meg nem békélnek Istennel.

A politikusok, a tárgyalások, a tűzszünetek soha nem adhatnak valódi és tartós békét, mert még ha teljesítik is a céljukat, nem változtatják meg az emberek szívét. Amíg Isten Jézus Krisztusban való kegyelme el nem jön hozzájuk, az emberek *„gonoszságban és irígységben élők, gyűlölségesek, egymást gyűlölők"* (Tit 3:3) lesznek.

Ha nincs valódi békesség Istennel, akkor nem lehet teljesen véget vetni a világunkban folyó küzdelmeknek és háborúknak, így a keresztyének nem bíznak az emberi erőfeszítésekben, ígéretekben és szervezetekben, hanem Krisztus eljövetelét, a jelenvaló világ végét és a Jelenések 21-ben leírt új eget és új földet várják. Az egyházra vagy éppen saját családtagjaikra nézve a keresztyén ember könyöröghet a háborúk és küzdelmek ideiglenes végéért, de az a békesség, amelyet valóban keres, nem ezen a világon van, hanem az elkövetkezendőben.

Ezért mondja Jézus mindazoknak, akik hisznek benne: *„Békességet hagyok néktek; az én békességemet adom néktek: nem úgy adom én néktek,* a mint a világ adja"* (Jn 14:27). Isten adja meg a valódi békességet neked és nekem is! Bárcsak sok embernek megadná!

4.30. A megtérés

A megtéréssel foglalkozhatnánk az újjászületéssel együtt is, mert akkor kezdődik a megtérés. Valóban, a legtöbb keresztyén Isten kegyelmének ennek a *legelső munkájára* utal az ő népének szívében és életében, amikor a megtérésről beszélnek, vagy ezt kérdezik: „Mikor tértél meg?"

Mi a megszentelődéssel kapcsolatban azonban inkább a megtéréssel szeretnénk foglalkozni hangsúlyozva, hogy ez a keresztyének életében egy folyamatos, naponkénti aktivitás. Ezt láthatjuk, ha arra gondolunk, hogy a *megtérés fordulást* jelent. Ez a bűntől való *el*fordulásra (Ez 33:11), illetve az Istenhez való *oda*fordulásra utal (Lk 1:16). *Mindkettőnek* meg kell lennie. Némelyek elfordulnak egy bizonyos bűntől, például a részegeskedéstől, de nem fordulnak oda Istenhez. Ők nem tértek meg. Mások pedig állítólag odafordultak Istenhez, de nem fordultak el bűneiktől. Ők sem tértek meg.

A bűntől való elfordulás magában foglalja a bűnbánatot (Csel 26:20), valamint a bűn, a Sátán és a test elleni folyamatos harcot (1Kor 9:26–27; Gal 5:17). Ezeket a Szentírás az *ó ember levetkőzésének* nevezi (Kol 3:9). Az Istenhez való odafordulás a szent életet tartalmazza (Csel 26:18), ezt pedig a Szentírás az *új ember felöltözésének* hívja (Kol 3:10).

Ezen a ponton nagyon sokan tévednek. Szerintük a megtérés bizonyítéka egy összejövetelen való kézfeltartás vagy egy „Krisztus melletti döntés", és magukat vagy másokat ezen az alapon tekintik „megtértnek". Azonban bűnbánat és szentség nélkül a megtérés csupán színlelés, és az emberek távol maradnak a mennyek országától (Mt 18:3).

A megtérés fordulata akkor kezdődik, amikor Isten először jelenti ki életünkben szuverén kegyelmét. Ezzel azonban még nem ér véget. Életünk minden napján el kell fordulnunk bűneinktől. Amíg vétkezünk, addig bűnbánatot kell tartanunk (1Jn 1:8–9), és folyamatosan Isten félelmében kell véghez vinnünk megszentelésünket (2Kor 7:1).

Hangsúlyoznunk kell a naponkénti megtérés szükségét. Az igazán fontos kérdés nem az, hogy „Mikor tértél meg?", hanem az, hogy *„Most* meg vagy-e térve?"* Az úgynevezett „Krisztus melletti döntések" vagy évekkel ezelőtti tapasztalatok semmit nem jelentenek egy olyan ember esetében, aki ma is régi bűneiben él és jár. Ezt olyannyira elfelejtették, hogy egyes körökben egy újfajta keresztyént találtak ki, akit „testi keresztyénnek" hívnak. Ez egy olyan embercsoportot takar, akik hitvallást tettek, vagy volt valamilyen „megtérésélményük", de még mindig ugyanazt a bűnös életet élik.

Nem számít, hogyha valaki nem tudja megjelölni üdvössége kezdetének napját és óráját. Nem mindenki úgy tér meg, mint Pál (2Tim 3:15). Ha a keresztyének Isten csodálatos kegyelme által most megtért életet élnek – olyan életet, amelyet Isten Szentlelkének ereje *megfordított* –, akkor megtért emberek.

Ne feledjük azt sem, hogy a megtérés a Szentlélek munkája! Nem a mi döntésünkön vagy választásunkon múlik. Amint a próféta mondja: *„Téríts meg engem és megtérek, mert te vagy az Úr, az én Istenem"* (Jer 31:18).

4.31. A megszentelődés

A megszentelődés az üdvösség rendjének az egyik utolsó, de semmiképpen sem legkevésbé fontos eleme. A megszentelődésben üdvösségünk isteni célja, Isten dicsősége kezd beteljesedni. A megszentelődés a szentséggel kapcsolatos, hiszen a szó jelentése: *szentté válni*. Isten népe szent életével *elkezdi* megmutatni Isten és az ő kegyelme dicsőségét.

A megszentelődés a Szentlélek *egész életen át tartó* munkája a hívők szívében és életében, amely által szentté teszi őket, megszabadítja a bűn szennyétől és hatalmától, továbbá amelynél fogva Istennek és az ő Igéjének való engedelmességben kezdenek élni. Az újjászületéssel kezdődik, majd pedig a halállal és a megdicsőüléssel végződik.

A megigazulástól eltérően a megszentelődés Krisztus *bennünk* végzett munkája (a megigazulás Krisztus *értünk* végzett munkája); egy egész életen át tart (a megigazulás egyszeri); mi is aktívak vagyunk benne (a megigazulásban passzívak vagyunk); eltávolítja a bűnünk szennyét (a megigazulás a bűn terhét veszi le).

Ha valaki megigazul, az olyan, mint amikor egy bevándorló *törvényesen* az új országa állampolgára lesz. Állampolgár lett, és ekkor elkezdi megtanulni új országa nyelvét, viseli annak ruháit, eszi az ételét, és alkalmazkodik annak szokásaihoz – azért, hogy annak az országnak állampolgáraként éljen. A megszentelődés ugyanilyen. Isten népe ennek során tanulja meg a mennyei életet élni.

A megszentelődés azonban teljesen kegyelemből van. Semmit nem tanulunk magunktól, hanem *Isten tanít* minket a megszentelődésben. Jóllehet a szentségben és a jó cselekedetekben aktívak leszünk, mindig Isten az, aki munkálja bennünk „*mind az akarást, mind a munkálást jó kedvéből*" (Fil 2:13). Amikor megszentelődünk, üdvösségünk nem kerül a mi kezünkbe, mintha csak mi lennénk azért felelősek. A megszentelődés során nem kezdünk Istennel hirtelen *együttműködni*, mintha üdvösségünk már nem teljesen kegyelemből lenne.

Jóllehet a megszentelődésünk során végzünk jó cselekedeteket, ezekben még mindig nincs érdem (Ef 2:8–10). Engedelmeskedünk ugyan, de még mindig nincs okunk a dicsekvésre. Szentségünk is Isten ajándéka, és megszentelődésünkért őt illeti minden dicsőség és hála. A megszentelődés nem választható, bár úgy tűnik, némelyek így gondolják. Beszélnek *testi keresztyénekről*, és tagadják, hogy Krisztus az Úr a keresztyén ember életében. Tévednek.

A megszentelődés különbözik a megigazulástól, de szükségszerűen következik belőle. Amikor valakit ártatlannak találnak egy bűnben, ki kell engedni a börtönből. Miután megigazulásunk által Isten ártatlannak talált minket, Isten igazsága miatt ki kell minket engedni a romlottság és a bűn börtönéből. Ez történik a megszentelődésben.

A Zsidók 12:14 megmutatja annak lehetetlen voltát, hogy egy keresztyén ember ne szentelődjön meg: szentség nélkül *„senki sem látja meg az Urat”*. Ne higgyük tehát, hogy a szentség választható vagy lényegtelen! Ez a kegyelemnek azon munkája, amely által Isten megdicsőíttetik az ő népében. Az Ézsaiás 43:21-ben ezt olvassuk: *„A nép, a melyet magamnak alkoték, hirdesse dicséretemet.”* Ezt a kegyelem biztosítja.

4.32. A szentség

A *megszentelődés* szó jelentése: *szentté válni*. Ez a jelentés önmagában azt mutatja, hogy a megszentelődés nem saját munkánk, bár annak során aktívak vagyunk, hanem Isten munkája bennünk. Szentté *formáltatunk*. Ahogyan arról korábban beszéltünk, ez a szentség nem választható, hanem létfontosságú. Enélkül senki nem láthatja meg Istent (Zsid 12:14). Isten a Szent (Ézs 40:25; 41:14), és senki nem állhat meg szent jelenlétében, ha nem szent (Zsolt 24:3–5).

De mi a szentség? A *szentség* szó lényege az *elkülönülés*. Ha valaki vagy valami szent, az elkülönített. Az Ószövetségben Izráel így volt szent nép, minden más nemzettől *elkülönítve* (3Móz 20:24–26). Az izráeliták között pedig a papok *„szentség* [voltak] *az Úrnak”* (2Móz 28:36–38), mert egész életük *el volt különítve* Isten szolgálatára a templomban (1Krón 23:13). Ma az egyház egy elkülönített, szent nemzet és papok nemzete (1Pt 2:9). Ezért tagjainak szenteknek kell lennie (1Pt 1:15–16). A szentségnek azonban mindig két része van. A szentség ugyanis elkülönülés *valamitől*, és elkülönülés *valamire*. Mindkét rész fontos. A hívők arra hívattak el, hogy elkülönüljenek a gonoszság*tól* és a gonosz emberek*től* (2Kor 6:14–18; Ef 5:11–12). Nem mehetnek ki a világból (1Kor 5:9–11), azonban amennyire csak lehetséges, el kell különíteniük magukat az istentelenek társaságától, közösségétől, cselekedeteitől és életétől. Mindezeken túl tisztán kell tartaniuk magukat, *„szeplő nélkül (…) e világtól"* (Jak 1:27).

Az egyház és a világ, a hívő és a hitetlen, a világosság és a sötétség közti elkülönülést időnként *antitézis*nek nevezzük. Erről ír a 2Korinthus 6:14–15. Ez a fejezet azt is elmondja, hogy Isten *számára* vagyunk elkülönítve (16–18. v.). Enélkül a szentség nem lenne teljes. Az Istennek való elkülönítés azt jelenti, hogy neki vagyunk szentelve és odaszánva éppen úgy, ahogyan az Ószövetségben a papok. Azt jelenti, hogy egész életünk Isten szolgálatára van elkülönítve: időnk, tulajdonunk, sőt testünk is.

Ez az elkülönítés nem valami részidős dolog. A szentség, az Úrnak való elkülönítés és az odaszánás nem csak az Úr napján vagy annak néhány órájában érvényes. Krisztus egész életünket megvásárolta, így Istenhez tartozik, neki van szentelve, és szentségben kell leélnünk.

Erre *hívattunk el*. Isten szent (1Pt 1:15–16), szentségre vagyunk választva és megváltva (Ef 1:4; 1Pt 1:18–19), és Isten elküldte nekünk az ő Szentlelkét (1Kor 3:16–17), ezért a szentség számunkra követelmény. A szentségre való felhívást újra meg újra megismétli a Szentírás. William Law szavaival élve ez egy *komoly* elhívás.[14] *Hallottad*-e ezt? *Engedelmeskedtél*-e ennek?

---

[14] William Law: *A Serious Call to a Devout and Holy Life* [Komoly elhívás egy odaszánt, szent életre]. William B. Eerdmans, Grand Rapids, Michigan, USA, 1966.

4.33. Az antitézis

Néhány református időnként ír az *antitézisről*. Ilyenkor a sötétség és a világosság, a hívő és a hitetlen, az egyház és a világ között fennálló *elkülönülésre* és *szembenállás*ra utalnak. Ez az antitézis Isten üdvözítő kegyelmének eredménye, és a Szentírás sokszor utal rá, jóllehet magát a szót nem használja.

Az antitézisről legvilágosabban a 2Korinthus 6:14–18 beszél. Itt az Ige nemcsak leírja az antitézist, hanem azt is elárulja, hogy mit jelent a gyakorlatban. Ezek a versek úgy mutatják be az antitézist, mint az igazság és a hamisság, a világosság és a sötétség, Krisztus és Béliál, a hit és a hitetlenség, vagy Isten és a bálványok temploma közötti ellentétet. Ez a gyakorlatban azt jelenti, hogy *„menjetek ki közülök, és szakadjatok el"* (17. v.).

Ez az elkülönülés lelki. Nem az a feladatunk, hogy fizikailag vonuljunk ki a világból (1Kor 5:10). Ezt a hibát követik el, akik szerzetesek vagy apácák lesznek, vagy megtiltják a házasodást, illetve bizonyos ételek fogyasztását. Az antitézis nem azt jelenti, hogy fizikailag kell elkülönítenünk magunkat a körülöttünk lévő világtól vagy a világ dolgaitól.

Ehelyett *azt* jelenti, hogy nincsen közösségünk az istentelenek *cselekedeteivel* (Ef 5:11–12), sőt nem a gonoszok között keressük barátainkat, és nincs velük közösségünk (2Kor 6:17; Jak 4:4). Ott kell lennünk társaságukban, hiszen feladatainkat a világban kell végeznünk, és életünket ott kell élnünk (1Kor 5:9–11), de akkor is el kell különülnünk azzal, hogy szentek vagyunk.

Itt rejlik az egyik ellenérvünk az általános kegyelem tanításával szemben. Az a gondolat, hogy Istennek van egy általános kegyelme a gonoszok és elvetettek számára, egyfajta közös alapot képez Isten népe és a világ számára. Így legalább néhány tekintetben a hívőknek lehetnek közös ügyeik az istentelenekkel, lehet velük közösségük, barátkozhatnak velük. Hiszen – így érvelnek – mindannyian részesülnek egy közös kegyelemben.

A Biblia nagyon világossá teszi, hogy a gonosz világtól való elkülönülésnek a megőrzése az egyháznak és Isten népének biztonsága és jólléte. Ez igaz volt az Ószövetségben is. Az 5Mózes 33:28 ezt mondja: *„És bátorságban lakozik Izráel, egymaga."* Ez az Újszövetségben is igaz marad. Isten ígérete –

"én magamhoz fogadlak titeket, és leszek néktek Atyátok, és ti lesztek fiaimmá, és leányaimmá" – azokra vonatkozik, akik engedelmeskednek Isten parancsának: *"Annakokáért menjetek ki közülök, és szakadjatok el"* (2Kor 6:17–18). Milyen nagy szükségünk van arra, hogy ezt ma is halljuk!

Mindannyiunknak el kell különülnünk. El kell különülnünk Istenért és az egyházért. Ha nem különülünk el, Isten nem dicsőíttetik általunk, és az egyház olyan lesz, mint a világ.

4.34. A megtartatás

Az üdvösség rendjének utolsó lépései közt szerepel a megtartatás. A *megtartatás* szó azt hangsúlyozza, hogy a hívők Isten erejéből és kegyelméből kifolyólag nem veszíthetik el üdvösségüket. Isten *megőrzi* az ő népét (Zsolt 37:28; Jer 32:40; 1Pt 1:5). Ez a szó arra emlékeztet minket tehát, hogy az üdvösség *mindenestül* kegyelemből van. Nem a hívők engedelmességének, hűségének és erőfeszítéseinek köszönhető, hogy a hívők nem veszítik el üdvösségüket, hanem kizárólag Isten kegyelmének, aki megőrzi és megvédi őket a végleges eleséstől.[15]

Mit tart tehát meg Isten? Az újjászületés új életét őrzi meg, amely teljes üdvösségük magvaként van bennük (1Jn 3:9). Ennek megőrzésében hitüket és engedelmességüket is megőrzi, hogy továbbra is higgyenek és megtartsák Isten parancsolatait, noha tökéletlenül. Egyszerűen szólva, Isten saját kegyelmének munkáját őrzi meg az ő népében (Zsolt 90:17; 138:8; Fil 1:6).

Isten *nem* a testet és a test cselekedeteit tartja meg. A hívőben a test el kell vesszen annak cselekedeteivel és uralmával együtt (Gal 5:24). A hívő nem akarhatja, hogy ezek megtartassanak, és nem próbálhatja meg megőrizni azokat.

Jól tesszük, ha nem felejtjük el, hogy e tanítás szerint Isten választottai azok, akik megtartatnak. Azért őrzi meg őket, mert Krisztusban kiválasztotta őket (Ef 1:3–4, 11). A választottak mégsem hitüktől függetlenül tartatnak meg.

---

[15] Tudniillik az üdvösség végleges elvesztésétől. (A ford. megj.)

A hit mindig az üdvösség útja, jóllehet sosem az üdvösség oka. Az 1Péter 1:5 azt tanítja, hogy a hívőket „*Isten hatalma* [őrzi] hit által *az üdvösségre*". Mitől őrzi tehát meg Isten a hívőket? *Nem* a kísértéstől, a gyengeségtől vagy a bűnbeeséstől. Milyen fontos erre emlékeznünk! A hívőket Isten nem az elbukástól őrzi meg, hanem a végleges eleséstől, nem a kísértéstől védi, hanem attól, hogy a kísértés elpusztítsa őket, nem a bűntől tartja meg, hanem a halálos bűntől. Teljes mértékben saját gyengeségüknek és bűnös voltuknak köszönhetik a hívők, ha kísértésbe és bűnbe esnek, és ez meg is történik. A Zsoltárok 37:24 azonban így bátorít: „*Ha elesik, nem terül el, mert az Úr támogatja kezével.*"

A Szentírás olyan emberek példáival mutatja meg, hogy a hívők elbukhatnak és el is buknak, mint Dávid vagy Péter. A helyreállításuk mutatja meg, hogy nem eshetnek el végképp. Valóban, az Úr Péter esetében például előre biztosítja őt arról, hogy nem fog végleg elesni: „*Monda pedig az Úr: Simon! Simon! ímé a Sátán kikért titeket, hogy megrostáljon, mint a búzát; De én imádkoztam érted, hogy el ne fogyatkozzék a te hited: te azért idővel megtérvén, a te atyádfiait erősítsed*" (Lk 22:31–32).

Milyen csodálatos kegyelmi munka a megtartás!

4.35. A szentek állhatatossága

A kálvinizmus ötödik pontját általában *a szentek állhatatosságának* szokták nevezni. Ez a név abban tér el a többi négy ponttól, hogy látszólag a mi feladatunkat és felelősségünket hangsúlyozza, nem pedig Isten munkáját és a kegyelmének erejét. Ezért egyesek inkább a *szentek megtartása* elnevezést részesítik előnyben. Ez a név Isten szuverén szeretetét hangsúlyozza.[16] Mindazonáltal amikor megtartás helyett állhatatosságról beszélünk, akkor nem tagadjuk, hogy üdvösségünk útján *egyedül kegyelemből* maradunk meg. Kegyelem nélkül semmilyen más módon nem lehetnénk állhatatosak.

---

[16] A kálvinizmus 5 pontját összefoglaló angol mozaikszó, a TULIP P betűje lehet a *perseverance* (állhatatosság) és a *preservation* (megtartás) kezdőbetűje is. (A ford. megj.)

A *megtartatás*hoz hasonlóan az állhatatosság is azt a csodálatos igazságot tanítja, hogy Isten népe miután egyszer megváltatott, nem tudja elveszíteni és nem is veszti el üdvösségét. Mindvégig *kitartanak* az üdvösség útján. Ebből azonban az is következik, hogy az üdvösség útja tele van nehézségekkel és próbákkal. Nem egy könnyű út, hanem a keresztviselés, a Krisztusért való szenvedés, az ördög, a világ és a test elleni küzdelem, valamint a nyomorúságok eltűrésének útja. Isten népe azonban biztonságosan átmegy mindezeken a bajokon, és belép a dicsőségbe, hogy Krisztussal legyen.

Az *állhatatosság* elnevezést azok ellenvetéseivel szemben használjuk, akik azt hiszik, hogy Isten népe elveszítheti üdvösségét. Szerintük a megtartatás tana előmozdítja a világiasságot és a gondatlanságot, és lerombolja a kegyesség minden indítékát. Ez a két szó: *állhatatosság* és *szentek* egyaránt azt mutatja, hogy ez nem így van. Isten az ő népét a kegyelme ereje által szentté – megszenteltté – *tette,* így a *szentségnek ezen az útján* haladnak a menny felé – nem pedig a szentségtelenség útján (Zsid 12:14). Az üdvösség útja a szentség útja, és nincs más út a dicsőségbe. Lehetetlen, hogy akiket Krisztus vére által megváltott, Isten Lelke megújított és újjászült, akikben a Lélek lakozik, azok továbbra is a romlás útján járjanak (Rm 6:1–2).

Azonban némelyek tagadják ezt. Azt sugallják, hogy egy ember üdvözülhet anélkül, hogy élete bármiben megváltozna, és továbbra is élheti ugyanazt a bűnös életet, amelyet üdvösségre jutása előtt élt. Ez a tanítása például azoknak, akik szerint valaki elfogadhatja Jézust Megváltóul anélkül, hogy Úrként is elfogadná, azaz anélkül, hogy Krisztus az egész életére igényt tartana és az ő uralma alá kerülne.

Ezért nem szeretjük az „örök bizonyosság" kifejezést. Ez a kifejezés önmagában nem rossz, de gyakran azok használják, akik ezt hirdetik: „aki egyszer üdvözült, az örökre üdvözült"[17] arra utalva, hogy nem igazán számít, hogyan él az ember. Azonban számít, mégpedig nagyon sokat.

---

[17]Talán Magyarországon nem annyira ismert az angol *once saved, always saved* elnevezésű tanítás, amely arra bátorítja a keresztyéneket, hogy ne törődjenek azzal, milyen életet élnek, mert úgyis üdvözülni fognak. Az effajta lelkiség azonban sajnos annál inkább ismerős. (A ford. megj.)

A szentek állhatatossága nagy vigasztalás. Nemcsak arról biztosít minket, hogy Isten egész népe dicsőségben lesz Krisztussal az eljövendő életben, hanem arról is, hogy *szentek* lesznek ebben az életben. Egyetlen hívő sem szeretheti bűneit, nem akarhatja azokat megtartani. Gyűlölnie kell azokat, és azt kell kívánnia, hogy teljesen megszabaduljon tőlük. A szentek állhatatosságának tana szerint a hívő most és a jövőben is megszabadul a bűntől.

4.36. A szentek

Az imént a szentek állhatatosságát tárgyaltuk. Mielőtt ezt befejezzük, mondanunk kell még néhány szót arról, hogy ebben a tanításban kik a *szentek*. A szó *megszentelt embereket* jelent, és Isten népének megszentelődésére utal.

A *szent* szó helyes megértése létfontosságú. Ha a szentekre másokkal együtt úgy gondolunk, mint lelkileg *önmegvalósított*, saját cselekedeteik vagy akaratuk által szentté lett emberekre, akkor nem lenne biztos, hogy állhatatosak. Ha a szentek saját magukat szentelik meg, akkor szentségtelenné is tehetik és teszik magukat.

Itt a *szabad akarat* tanítását látjuk, amely szerint egy ember saját döntéséből üdvözül, és a megszentelődése, valamint a kegyelemben való növekedése is rajta múlik. Ha szent akar lenni, akkor úgy kell döntenie, hogy használja az elérhető kegyelmet. Azonban ha valóban ez volna a helyzet, akkor soha, senki nem lenne szent.

Hisszük, hogy a szentek kegyelemből lesznek szentté, és csak kegyelemből lehet egyáltalán bármilyen szentség bennük. Másként fogalmazva ők *Krisztus Jézusban* szentek és hűségesek (Ef 1:1; Fil 1:1; Kol 1:1–2).

A szentek szentsége nem saját, szabad akaratukból származó döntésük eredménye, hanem Isten szuverén kiválasztása és mellettük való döntése. Így olvassuk az Efézus 1:4-ben: *„A szerint, a mint magának kiválasztott minket ő benne a világ teremtetése előtt, hogy legyünk mi szentek és feddhetetlenek.”* Szentségük forrása Isten kegyelmes kiválasztása.

Ráadásul a szentek a szentségüket nem saját cselekedeteik által nyerték el, hanem Krisztus az ő vére által vásárolta meg számukra. Erről olvasunk a Kolossé 1:21–22-ben: *"Titeket is, kik hajdan elidegenültek és ellenségek valátok gonosz cselekedetekben gyönyörködő értelmetek miatt, most mégis megbékéltetett. Az ő emberi testében a halál által, hogy* mint szenteket, *tisztákat és feddhetetleneket* állasson titeket *ő maga elé."* Szentségük alapja Krisztus kiontott vére.

A szentek szentsége nem rajtuk múlik, mintha Isten így szólna: „Mindent megadtam neked; rajtad áll, hogy ezzel hogyan élsz, és parancsom szerint szent leszel-e." A szentek a Szentlélek munkája által lesznek szentté viselkedésükben és beszédükben. A megszentelődés *a Lélek megszentelése* (1Pt 1:2). A Szentírás ezért beszél úgy a hívőkről, mint akik *elhívott szentek* (Rm 1:7; 1Kor 1:2). Isten hívásának hatalmas Igéje juttatja őket szentségre.

A Szentlélek nem csupán elkezdi szentté tenni az embert, hogy azután magára hagyja, hogy továbbra is kitartson a szentségben. A szentségben való megmaradásuk teljesen a Szentlélek folyamatos jelenlétén és erején múlik. Nem saját erőfeszítéseinkből tanulunk meg szentek lenni. Isten kegyelme hoz üdvösséget, arra tanítva minket, hogy *"megtagadván a hitetlenséget és a világi kívánságokat, mértékletesen, igazán és szentül éljünk a jelenvaló világon"* (Tit 2:11–12). A szentség ereje a Szentlélek kegyelme.

Nem szabad elfelejtenünk, hogy *csak a szentek* látják meg az Urat (Zsid 12:14). Milyen csodálatos tehát tudnunk, hogy Isten megadja nekünk azt, ami szükséges ahhoz, hogy dicsőségben lássuk őt.

4.37. A megdicsőítés

Az üdvrend utolsó lépése a megdicsőítés, amelynek során Isten a választottakat magához veszi a mennyei dicsőségbe. Megdicsőítésünk során Isten befejezi bennünk az üdvösség munkáját, amelyet az újjászületéssel kezdett. Népét nemcsak minden szenvedéséből és a halálból szabadítja meg, hanem összes bűnéből is.

A megdicsőítés tárgyalása ezért voltaképpen az utolsó dolgokról szóló tanításhoz tartozik. Az utolsó fejezetben részletesebben foglalkozunk majd a köztes állapottal, a testben való feltámadással és hasonló témákkal, de itt is szólnunk kell a megdicsőítésről. Isten nagyszerű munkája megdicsőítésünkben ér véget, és így leszünk teljesen alkalmasak Isten dicsőségére Jézus Krisztusban, a mi Megváltónkban.

Megdicsőítésünknek három lépése van. Az első az örök élet ajándéka, amelyet újjászületésünkkor kapunk. Ennek az ajándéknak eredményeképpen Isten Krisztussal együtt feltámasztott, és az ő jobbjára ültetett minket (Ef 2:5–6); a mi életünk a mennyekben van (Fil 3:20[18]); és Krisztus új élete van bennünk (Gal 2:20). A második az örök élet ajándéka, amelyben akkor részesedünk, amikor a halál után a lelkünk tudatos boldogságba és dicsőségbe kerül a mennyben (2Kor 5:1–8). A harmadik az örök élet ajándéka, amelyet akkor nyerünk el, amikor testünk is feltámad, és hasonló lesz Krisztus dicsőséges testéhez, végül belépünk az új égre és új földre (Fil 3:21).

Ki kell tehát emelnünk, hogy az örök dicsőség kezdete *már most* a miénk éppen úgy, mint majd az utolsó napon is. Engedelmességünknek ez az egyik legnagyobb motivációja: mintha már most részben a mennyben lennénk. Pál erről beszél a Kolossé 3:1–4-ben. Feltámadtunk Krisztussal, és a mi életünk vele együtt el van rejtve Istennél, ezért az odafelvalókkal kell törődnünk, azokhoz kell vonzódnunk.

Az örök élet kezdete már most megvan bennünk, ezért sokszor kívánkozunk a mennybe, és sokszor vágyakozunk arra is, hogy megszabaduljunk ebből a világból és ebből a testből. Pál azt mondja, hogy ez sokkal jobb lenne, mint itt maradni (Fil 1:21–24).

A Szentírás csillogó jelzőkkel írja le a mennyei dicsőségünket. Sokszor használ képeket és mintákat, ugyanis olyan dolgokról van szó, amelyeket szem nem látott, fül nem hallott, és embernek szíve meg sem gondolt (1Kor 2:9). Olyan dolgok ezek, amelyeket Isten készített az őt szeretőknek.

Mi magunk csodálatos módon el fogunk változni, megszabadulunk a bűntől és annak következményeitől, és megkapjuk mindazt, amit Isten ígért nekünk. A mennyei élet valódi dicsősége mégis az, hogy Isten és Krisztus

---

[18] Ahol a Károli az *ország*, ott a KJV az *életvitel* szót használja. (A ford. megj.)

ott van. Ez a mennyei élet boldogsága, öröme, dicsősége és békessége (Jel 21:3, 7, 22–23; 22:3). Ezért akikben megvan a megdicsőítés reménysége, azok megtisztítják önmagukat, készek elveszíteni az egész világot, és valóban el is hagyják azt a mennyek országáért. Hitben járnak, nem látásban, és így várják ezt a dicsőséget.

5. fejezet

Az egyház és a sákramentumok

5.1. Az egyház

A Szentírás olyan gyakran beszél az egyházról, hogy az erről szóló tanításának vizsgálata a teológia tudományának külön ágát képezi. Számos újszövetségi könyv középpontjában az egyház áll. A Cselekedetek könyve az újszövetségi egyház összegyűjtéséről számol be; az 1. Korinthusi levél leginkább Isten egyháza iránt érzett hűségéről beszél (1:9); az Efézusi levél témája az egyház mint Krisztus teste (1:22–23; 5:30–32); a Kolosséi levél azt a dicsőséges igazságot emeli ki, hogy Krisztus az egyház Feje (1:18; 2:10); a Timóteushoz írt 1. levél arra tanít minket, hogy miként viselkedjünk helyesen az egyházban (3:15); a Titushoz írt levél pedig az egyház jó rendjét hirdeti (1:5). Az egyháztant tehát nem szabad elhanyagolni, afelett nem szabad átlépni. Ma mégis kevesen vannak, akik tudják, mit tanít a Biblia az egyházról, vagy értik, miért olyan fontos az egyház.

Az *egyházként* fordított görög szó jelentése: *kihívottak*. Az *egyház* a szó legnemesebb értelmében az üdvözültekre és csakis rájuk vonatkozik. Ez a név arra utal, hogy azok az egyház valódi tagjai, akiket Isten *„a sötétségből az ő csodálatos világosságára hívott el"* (1Pt 2:9). Arra is emlékeztet, hogy kegyelemből vannak ott az egyházban. Nem saját döntésük vagy cselekedeteik révén, hanem Isten *hívása* alapján lettek tagok.

Az egyház tagjainak *kihívottsága* nemcsak azt jelenti, hogy Isten megmentette őket a bűnből (*sötétségből* hívattak el), hanem utal a világtól és annak istentelenségétől való lelki elkülönülésre is (2Kor 6:14–18). Az *egyház* névből következik tehát az egyháztagok szentsége és engedelmessége is. Egy olyan egyház, amelynek tagjai nem szentek, nem érdemli meg az *egyház* nevet.

A szentség alapvető fontosságú az egyház létezéséhez. Tagjai szentségre hívattak el és választattak ki (Ef 1:4), erre váltattak meg (Kol 1:21–22). Az egyház szentsége fontos, mert összefügg Istennek az egyházzal kapcsolatos céljával. Az egyház létezésének célja Isten dicsősége (Ef 1:6, 12). Ez a cél az egyház és tagjai szentségében valósul meg. Egy szentségtelen egyház, amelynek *tagjai* nem szentek, nem képes Istent dicsőíteni, és nem is tesz így. Az egyház szentségében leginkább Isten dicsősége ragyog fel.

Ma az egyház szégyene és gyalázata, hogy annak tagjai nem úgy élnek, mint a *kihívottak*. Ha az egyház semmiben nem különbözik a világtól tanításában, tagjainak életmódjában, valamint gyakorlataiban, akkor bizonyságtétele hatástalan lesz. Az egyház dicsősége, illetve az elveszett világ felé való bizonyságtételének dicsősége abban rejlik, hogy kihívott, elkülönített és szent – különbözik a gonosz világtól.

Könyörögjünk tehát, hogy Krisztus egyházának minden tagja legyen szent és feddhetetlen őelőtte *„kegyelme dicsőségének magasztalására"* (Ef 1:4, 6)! Csak így virágozhat az egyház bizonyságtétele és munkája.

5.2. Test és gyülekezet

Amikor a Biblia az egyházról beszél, nem mindig ugyanabban az értelemben használja az *egyház* szót. Sosem azt az épületet nevezi meg így, ahol egy gyülekezet összegyűlik. Ehelyett vagy a helyi gyülekezetről beszél (1Kor 1:2; Jel 2:1, 8, 12), vagy a választottak és a történelem során üdvözültek által alkotott testről (Ef 1:23).

Több módon is megfogalmazhatjuk, hogy miben különbözik az egyház mint *Krisztus teste* és az egyház mint *helyi gyülekezet*. Amikor az egyházról helyi gyülekezetként beszélünk, akkor néha *intézményes egyháznak* vagy *látható egyháznak* hívjuk, mert a világban látható, intézményes formában jelenik meg. A megváltottak által alkotott testet néha az *egyház szervezetének* vagy *láthatatlan egyháznak* nevezzük, mivel Krisztusban él (a *szervezet* egy élő teremtmény), valamint lelki és láthatatlan (nem tudjuk meghatározni a határait).

Az egyház mint test kizárólag Isten választott és megváltott népét foglalja magában (1Pt 2:9), míg a helyi gyülekezetekben mindig vannak képmutatók (Jel 2:14–15; 3:17–18). Az egyházhoz mint testhez hozzátartoznak azok, akik már meghaltak és akik most élnek csakúgy, mint a Krisztusban kiválasztott emberek, akik még nem születtek meg, vagy még nem jutottak üdvösségre. Az egyház mint gyülekezet csak azokat foglalja magában, akik a történelem egy bizonyos időszakában a földön vannak.

Fontos különbséget tenni a gyülekezet és a test között. Miközben sok gyülekezet van (Jel 2–3), Krisztusnak csak *egyetlenegy* teste van (1Kor 12:12). Ennek a testnek nem árthatnak az ellenségei, és azt nem pusztíthatják el (Mt 16:18), viszont az egyes gyülekezetekkel mindez megtörténhet, és gyakran meg is történik (1Kor 1:11; Jel 3:1, 16). Krisztus egyházaként egy helyi gyülekezet el is veszítheti helyét a gyertyatartók közül (Jel 2:5). Nem szabad tehát elfelejtkeznünk az egyház ezen két értelme közti különbségről, nehogy összezavarodjunk.

Az egyháztagsággal kapcsolatban is fontos a test és a gyülekezet közti különbség. A *mi* kötelességünk csatlakozni a látható egyházhoz, azaz egy helyi gyülekezethez (Zsid 10:25), mindazonáltal *Isten* az, aki a kiválasztás és a Golgota vére által Krisztus testéhez csatol bennünket (Kol 1:12–14). Mindamellett, hogy az *egyház* szónak megkülönböztethető ez a két jelentése, mégis átfedésben vannak egymással. Krisztus testének egy része az, amely megtalálható a helyi gyülekezetekben, és csak azért nevezhetjük a helyi gyülekezetet egyháznak, *mert* Krisztus testének egy része van ott.

Azt tanítjuk, hogy az egyház a szó valódi értelmében *kizárólag* az üdvözültek teste és közössége. A Szentírás helyesen nevezi *egyház*nak az egyes gyülekezeteket, mert a megváltottak *vannak* ott. Az ószövetségi népet is azért hívták Izráelnek, mert jelen volt benne a valódi Izráel (Rm 2:28–29; 9:6; Gal 3:29).

Tanuljuk meg a Szentírás tanítását az egyházról, hogy szeressük és becsüljük az egyházat: Krisztus testeként és az intézményes formájában is!

5.3. Az egyház nevei

A Szentírásban az egyház sok különféle nevével találkozhatunk. Ezek a nevek ahhoz a kijelentéshez tartoznak, amelyet Isten az egyházról adott nekünk. Mindegyik név valami fontosat árul el az egyházról. Amint korábban láttuk, az *egyház* név azt jelenti, hogy *kihívottak*. Ez Isten szavára és munkájára utal, amely által népét a sötétségből csodálatos világosságra hívja el, és különös (egyedi) néppé formálja őket (1Pt 2:9). Nem meglepő, hogy az *egyház* név fordul elő a leggyakrabban. Azt mutatja meg, hogy az egyház létezése és boldogsága Isten elhívásának és szuverén kegyelmének eredménye. Ezt az egyházat a Biblia *Krisztus testé*nek is nevezi (1Kor 12:12–27). Ez a név Krisztusnak, az egyház Fejének a dicsőségére, az egyház Krisztussal való élő egységére, valamint az egyház tagjainak egymással való kapcsolatára emlékeztet minket. A testben a keresztyének egymás tagjai és Krisztus tagjai is. A *Krisztus teste* kifejezést különösen az Efézusi és a Kolosséi levél használja, bár kicsit eltérő hangsúllyal. Az Efézusban maga az egyház és annak Krisztusban való dicsősége, a Kolosséban pedig Krisztus mint az egyház dicsőséges Feje áll a középpontban.

A Szentírás az egyházat *szőlőhöz* (Jn 15:1–6) vagy *fához* (Rm 11:16–24) is hasonlítja. Ezt a hasonlatot az Ószövetségben is megtaláljuk (Zsolt 80:9; Ézs 5:1–7), ami azt bizonyítja, hogy Izráel és az egyház egy. Ez a hasonlat szintén Krisztus és egyháza szoros kapcsolatát és egységét, valamint az egyház Krisztustól való teljes függőségét mutatja meg. Ő a szőlőtő, mi pedig a szőlővesszők.

Kicsit más az *Isten temploma* (1Kor 3:16–17; 2Kor 6:16; Ef 2:20–21) vagy az *Isten háza* elnevezés (1Tim 3:15; Zsid 3:6; 1Pt 2:4–9). Figyeljük meg, hogy Isten háza nem az épület, ahol az egyház összegyülekezik, hanem *maga az egyház*, a hívők által alkotott test. Amikor az Ige az egyházat egy épülethez, például egy templomhoz hasonlítja, akkor annak szépségére, rendezettségére és egységére emlékeztet minket. Ebben a lelki épületben minden tagnak megvan a maga helye. Ez a *test* szóval együtt az egyház változatosságára is emlékeztet minket, hiszen minden tag más, és mindegyiküknek más helye van (1Kor 12), miközben mindnyájan egyetlen, Istenhez tartozó lelki épületet alkotnak.

A *templom, ház* és *épület* nevek főként azt az áldott igazságot emelik ki, hogy az egyház az a hely, ahol Isten az ő népével lakik. Egy fedél alatt él velük, mint egy családdal, mégpedig Krisztus, a Fejük által. Isten és az ő népe itt közösségben van egymással, így őrzi meg velük kötött szövetségét, és így áldja meg őket örökre.

5.4. Az egyház további nevei

Amint megjegyeztük, a Szentírás sok különböző nevet és kifejezést használ az egyházra, hogy megtanítsa nekünk, micsoda az egyház, és segítsen nekünk azt szeretni. E nevek és kifejezések száma megmutatja, hogy milyen fontos az egyház Isten szemében, és milyen fontosnak kell annak lennie számunkra is. A Zsidók 12:22–24 számtalan nevet sorol fel. Itt az egyházat így nevezi az Ige: *Sion hegye, az élő Istennek városa, a mennyei Jeruzsálem és az elsőszülöttek serege és egyháza, akik be vannak írva a mennyben*. Az egyház az Újszövetség *szent nemzete* is (1Pt 2:9). Ebből megtudjuk, hogy Izráel és az egyház egy. Izráel az Ószövetség egyháza, az egyház pedig az Újszövetség Izráelje. Azok a nevek, amelyek Izráel fővárosát jellemzik – amelyet Isten magáénak választott, és ahol a templomban felállította hajlékát (Zsolt 68:17; 132:13–14) –, megegyeznek az Újszövetségben az egyházra használt nevekkel. Ez igaz a Jelenések 21-re is, ahol egy angyal megmutatja Jánosnak *Isten városát*, az *új Jeruzsálemet*, és azt *a menyasszonynak, a Bárány feleségének* nevezi (a 9. verstől, vö. Ef 5:32). Bizonyítékok sokasága áll előttünk. Az egyház a szőlő (vö. Jn 15:1–6; Zsolt 80:9kk), Isten temploma és háza (Ef 2:20–22; 1Tim 3:15), a Sion hegye, Jeruzsálem és az élő Isten városa. Mindennek nem szabad kétséget hagynia bennünk afelől, hogy az újszövetségi egyház mindaz, ami Izráel volt az Ószövetségben.

Mielőtt azonban részletesebben szólunk erről, hadd emeljük ki e nevek jelentőségét. Az egyház városként, nemzetként vagy királyságként való jellemzése azt árulja el nekünk, hogy ez egy lelki közösség saját királlyal, törvényekkel, szokásokkal és nyelvvel. Az egyház tagjai egy királyság alattvalói az állampolgárok minden jogával és kiváltságával együtt. Ebben a királyságban a királyok Királya jól kormányozza őket, és védelmezi őket ellenségeiktől.

Az egyház azonban egy *lelki* királyság, nemzet, város volt, és most is az. Az egyház falai a szabadulás, kapui a dicsőség (Ézs 60:18), *kulcsai* az evangélium hirdetése és a keresztyén egyházfegyelem gyakorlása (Mt 16:19; 18:15–20), alapja pedig az apostoli és prófétai tanítás: nem kevesebb, mint maga Isten Igéje (Ef 2:20–22; Jel 21:14).

Az egyházat úgy is jellemzi az Ige, hogy *Sion* hegyének erőssége. Ez azt mutatja meg számunkra, hogy az egyház Királyának uralma alatt legyőzhetetlenül erős (Zsolt 48:13–15). Hogyan is lehetne másként ilyen falakkal, kapukkal, alapokkal és kulcsokkal? Nem csoda, hogy a pokol kapui sem vehetnek rajta diadalmat (Mt 16:18).

Mindezt azonban csak hit által láthatjuk. A világ szemében az egyház kicsiny és megvetett maradék, kicsiny nyáj (Lk 12:32), kunyhó a szőlőben, kaliba az uborkaföldön, megostromlott város (Ézs 1:8). Egyedül hit által látható, hogy az egyház *„kedves, mint Jeruzsálem, rettenetes, mint a zászlós tábor"* (Én 6:1, 7). Tehát hit által kerüljük meg Siont, számláljuk meg a tornyait, nézzük meg jól a sáncait, járjuk be a palotáit! Mindig nyilvánvaló lesz, hogy Isten annak Istene (Zsolt 48:13–15).

5.5. Az egyház és Izráel

Bemutattunk sok bibliai nevet és leírást, amelyek bizonyítják, hogy az egyház és Izráel ugyanaz. Az egyház a Sion hegye, Isten városa, a mennyei és szent Jeruzsálem (Zsid 12:22–24; Jel 21:9–10), a szent nemzet (1Pt 2:9), a szőlő (Jn 15:1–6; Zsolt 80:9), és Isten menyasszonya (Ef 5:31–32; Jel 21:9–10). Az egyház minden, ami Izráel volt az Ószövetségben. Az egyház és Izráel azonosságát megerősíti az is, hogy Izráelt a Cselekedetek 7:38 a pusztában lévő *gyülekezetnek (egyháznak)* nevezi.

Hasonlóképpen a Biblia igaz Izráelként, igazi zsidókként azonosítja Isten minden nemzetből való választottait (Rm 2:28–29; 9:8; Gal 3:29; Fil 3:3). Valóban, az Újszövetség lelki tartalommal tölti meg, és az egyházra alkalmazza a Szentírás azon próféciáit, amelyek látszólag a nemzeti Izráelre vonatkoznak (vö. Hós 1:10 és beteljesülése a Rm 9:24–26-ban, ill. Ám 9:11–15 és beteljesülése a Csel 15:13–17-ben).

A fentiek kulcsfontosságúak az egyháztanra nézve. Csak ebben a megvilágításban szól *az egyháznak* az Ószövetség történelmével, figyelmeztetéseivel és ígéreteivel együtt. Ha az ószövetségi Írások csak egy olyan népre vonatkoznak, amely nem azonos az egyházzal, akkor az Ószövetségnek ma *semmilyen* mondanivalója nincs számunkra. Az Ószövetség akkor legfeljebb a kíváncsiságunk kielégítésére szolgálhat.

Gondoljuk ezt meg! Azok a keresztyének, akik azt hiszik, hogy Izráel és az egyház két különböző csoport, igehirdetésükben és tanításukban nem viszonyulhatnak helyesen az Ószövetséghez. Szerintük nincs semmi közük az Ószövetséghez. Ha viszont Izráel és az egyház egy és ugyanaz, akkor az Ószövetség történelmét úgy kell hirdetni, mint az egyház történelmét, továbbá ígéreteit és figyelmeztetéseit az egyháznak is el kell mondani.

Izráel és az egyház egysége alapvető jelentőségű a keresztség megértésére nézve is. A gyermekkeresztségről szóló bibliai tanítás hátterében a szövetségek és az ígéretek egysége, valamint Izráel és az egyház azonossága áll. A gyermekkeresztséggel szemben a *hívőkeresztség* fenntartásához *el kell választani* egymástól az Ó- és az Újszövetséget csakúgy, mint szövetségeiket és ígéreteiket, és így különbséget kell tenni Izráel és az egyház között.

Azonban mindebben, amit elmondtunk, emlékeznünk kell arra, hogy a szó legszorosabb értelmében csak a választottakat nevezhetjük bármikor is *Izráelnek* (Isten fejedelme[1]) vagy *egyháznak* (kihívottak). A többiek nem az igazi Izráel és nem az igazi egyház (Rm 2:28–29; 9:6–8). Az *Izráel* és az *egyház* nevet csak azért viselik, mert születésük vagy vallástételük által külsőleg Isten népének tekintik őket.

A természetes születés senkit nem tesz valódi zsidóvá, sem az egyház tagjává. Keresztelő János így szólt: *„Isten eme kövekből is támaszthat fiakat Ábrahámnak"* (Mt 3:9). Az embernek az ígéret által, Istentől kell születnie, hogy valódi izráelita legyen. Az ilyen valódi izráeliták közül – legyenek akár zsidók, akár pogányok – Isten az ígéret ereje által lelki magot támasztott Ábrahámnak. Te Ábrahám magva vagy-e?

---

[1] A KJV szerint az 1Mózes 32:28 így hangzik: *„Amaz pedig monda: Nem Jákóbnak mondatik ezután a te neved, hanem Izráelnek; mert* fejedelemként *küzdöttél Istennel és emberekkel, és győztél."* (A ford. megj.)

5.6. Egyház és királyság

Krisztus királyságáról (országáról) manapság nagyon sokat beszélnek, de általában nem biblikus módon. Egyre többször hallunk egy olyan feltételezett királyságról, amely Krisztus második eljövetele előtt ebben a világban valósul meg. Azonban ez az egyetlen, amit a Szentírás *nem* tanít az országról. Krisztus királysága mindenekelőtt *mennyei* ország (Mt 26:29; Jn 6:15; 18:36). A mennyből jön. Természetére nézve mennyei és lelki (Jn 3:3, 5; Lk 17:20–21), és a megvalósulása is mennyei (Jel 12:10).

Amikor Krisztus országáról beszélünk, akkor a kegyelme királyságára gondolunk, ahol mindent az ő kegyelmes, üdvözítő ereje rendez és irányít. Bizonyos értelemben természetesen minden Krisztus országához tartozik, amennyiben Krisztus szuverén és mindenható hatalommal uralkodik mindenek felett (Mt 28:18; Fil 2:9–11). Mindazonáltal az ő királysága tulajdonképpen kegyelmének a helye, és kegyelmének az a helye, amelyet a királyságnak nevezünk, most Krisztus egyháza. A királyság nem olyasvalami, ami elválik vagy különbözik az egyháztól, hanem *maga az egyház*. A kegyelem itt, és csakis itt uralkodik. A kegyelem nem terjed túl az egyház határain. Nincs „általános kegyelem".

Krisztus országának állampolgárai kegyelemből vannak ott az egyházban. Isten kegyelme és Lelke gyűjti őket össze ebbe az országba (Kol 1:13). Ebben a királyságban kegyelmes ereje által tartatnak meg, és az ország polgáraiként a mennybe és annak dicsőségeibe fognak vitetni, amikor Krisztus országa a maga teljességében megvalósul. Ennek az országnak az eljöveteléért imádkozunk az Úri imádságban. Ehhez az országhoz tartoznak azok a kulcsok, amelyekről Krisztus a Máté 16:19-ben beszél. Ennek a királyságnak a falai a szabadulás, a kapui pedig a dicsőség, amint azt Ézsaiás oly régen megprófétálta (Ézs 60:18).

Ez az ország jelen van ebben a világban, de csak mint egy előőrs az ellenséges területen. Így ebben a világban a királyság mindig olyan lesz, mint egy harcban álló sereg és egy ostromlott város (Ézs 1:8; Mt 16:18; Jel 20:9). Ebben a világban az egyház *küzdő*, azaz háborúban lévő *egyház*, és az is marad.

Az egyház Krisztus királysága, a királyság pedig mennyei és lelki, ezért az egyház számára a világ fegyverei haszontalanok (azokat nem használhatja). Még ha meg is szerezhetné az egyház, amit némelyek kívánnak – a világuralmat –, akkor sem mozdítaná előrébb Krisztus országát egy tapodtat sem. A királyság akkor halad előre, amikor az evangélium halk, kicsiny szava által kedvesen legyőzetnek azok, akik egykor ennek a világnak a polgárai és a Sátán szolgái voltak, eljutnak a Krisztussal való közösségre, a szentekkel együtt elnyerik az állampolgárságot, és a hit háznépévé válnak (Ef 2:19). Ez Krisztus országának győzelme, a győzelem, amelyet ő már elnyert a kereszten (Kol 2:15). Semmilyen földi hatalom, sőt még az ország állampolgárainak bűnössége sem állhat ellen egy pillanatig sem e királyság győzelmének (Mt 16:18).

Ilyen Krisztus országa, és annak természete annyira lelki, hogy senki még csak meg sem láthatja, amíg újjá nem születik. A kegyelem és az evangélium által ehhez a királysághoz tartoznak azok is, akik elhívattak, és még nincsenek megdicsőítve. Krisztus által ebben a királyságban többek győzteseknél. Polgára vagy-e ennek a nagyszerű királyságnak?

5.7. A küzdő egyház

Isten választott egyházához három különálló csoport tartozik, azonban Krisztusban végül mind egybe fognak gyűjtetni. Az első csoportot a történelem bármely idejében a földön élő választottak alkotják (Ef 1:10). Róluk beszélünk a *küzdő egyház* kifejezéssel. A második csoport tagjai azok a választottak, akik megharcolták ama nemes harcot, futásukat elvégezték, és elmentek a dicsőségbe. Ők a *győzedelmes egyház* (2Tim 4:7-8; Jel 6:10). A harmadik csoporthoz azok tartoznak, akik a kiválasztás révén az egyházhoz tartoznak, de még meg kell születniük, illetve bűnbánatra és hitre kell jutniuk. Őket nevezzük *látens* vagy *rejtett egyháznak* (2Pt 3:9).

A földön lévő egyházat helyesen nevezzük küzdő, harcoló egyháznak. A Szentírás úgy mutatja be, mint egy hadsereget (Én 6:1, 7; Jel 19:11-16). A feladata a hadviselés (2Kor 10:3-4; 1Tim 1:8; 2Tim 2:4), tagjainak fel kell ölteniük Isten fegyverzetét (Ef 6:10–18), és Krisztus a Fővezére (Zsid 2:10; Jel 19:11–16). A *küzdő* szó azt jelenti, hogy az egyház nemcsak *készen áll* a harcra, hanem mindig hadakozik. Ez az egyház teljes hivatása és élete (2Tim 2:4). A küzdelem egészen addig nem ér véget, amíg be nem fejezzük ezt az életet, hogy elmenjünk Krisztushoz a dicsőségbe (2Tim 2:7–8).

Az egyház hadviselése nem pusztán védekező. Az egyháznak a tagjaival együtt az a feladata, hogy a harcot az ellenség területén és táborában folytassa – azaz támadjon. Bizonyosan erről beszél az Ige a 2Korinthus 10:4–5-ben: *„Mert a mi vitézkedésünk fegyverei nem testiek, hanem erősek az Istennek, erősségek* lerontására; lerontván *okoskodásokat és minden magaslatot, a mely Isten ismerete ellen emeltetett, és* foglyul ejtvén *minden gondolatot, hogy engedelmeskedjék a Krisztusnak."* Ez a szakasz arról is ír, hogy a küzdelem lelki. Az ellenségek (Ef 6:12), a fegyverek (Ef 6:13–17) és maga a hadviselés is mind lelki, de ez semmit, nem vesz el a küzdelem valóságából vagy nehézségéből.

Az ellenségek: a Sátán, a világ és bűnös testünk, valamint a bűn és a kísértés azoknak minden megjelenésében bárhol, ahol találkozunk velük, még saját magunkban is. Az ilyen ellenségek ellen nem lehet politikai, társadalmi, gazdasági vagy katonai erővel küzdeni. A harc hit és Isten Igéje által folyik (Ef 6:13–17; 1Jn 5:4). Ez a küzdelem az emberek elméjéért és lelkéért zajlik a hamis gondolatok és eretnekségek, valamint az istentelenség és a kísértés ellen (2Kor 10:4–5; Jak 4:7). A csata mindaz ellen folyik, ami barátságtalan Istennel és az ő ismeretével szemben.

Ebben a küzdelemben azonban nem a győzelem*ért* harcolunk. A győzelem*ben* harcolunk, mint akik a mi Urunk szenvedése, halála, feltámadása és mennybemenetele által már megszereztük azt. Mindezekben felettébb diadalmaskodunk az által, aki minket szeretett (Rm 8:37), de küzdenünk kell. Nem azért vagyunk itt, hogy jól érezzük magunkat, hanem hogy katonák legyünk (2Tim 2:3–4).

Te játszol vagy küzdesz?

5.8. A győzedelmes egyház

Győzedelmes egyháznak nevezzük az egyház azon részét, amely már dicsőségben megpihent a munkájától. Akik a győzedelmes egyházhoz tartoznak, azok megharcolták a hit nemes harcát, elvégezték futásukat, és az Úrtól megkapták az igazság koronáját (2Tim 4:7–8).

Amikor a *győzedelmes* egyházról beszélünk, nem szabad arra gondolnunk, hogy a földi egyház *nem* győzedelmes a hit harcában. Akik még mindig itt harcolnak, szenvednek és küzdenek, már azok is felettébb diadalmaskodnak az által, aki szerette őket (Rm 8:37). *Krisztus* dicsőségesen diadalmaskodott ellenségei: a halál, a bűn és a Sátán felett, és teljesen legyőzte őket (Lk 10:17–18; Ef 4:8; Kol 2:15).

Krisztusban győztesek *vagyunk*. Ma ezt hangsúlyozni kell. Krisztus nem *várja*, hogy majd a királyok Királyává koronázzák. Isten jobbján már dicsőséggel és tisztességgel megkoronáztatott (Zsid 2:9), és uralkodik ellenségei között (Zsolt 110:2). Noha még zajlik a küzdelem, már vele együtt miénk a győzelem, és egy legyőzött ellenséggel harcolunk. Ami hátra van, az katonai kifejezéssel a *maradványok felszámolása*. Krisztus megnyerte az országot. Már csak át kell adnia az Atyának (1Kor 15:24).

Krisztus győzelme akkor is fennáll, amikor a gonoszok egyre rosszabbak lesznek, és az egész világ sötétségben hever. A gonoszok olyan teljes vereséget szenvedtek, hogy Krisztus nemcsak uralkodik rajtuk továbbra is, hanem szuverén uralkodásában saját céljára használja őket.

Azért beszélünk a dicsőségben lévő szentekről a győzedelmes egyházként, mert ők már beléptek a győzelem *örömébe*. Amíg a földön a szentek továbbra is küzdenek, ők megnyugodtak fáradságuktól (Jel 14:13), és onnan többé nem jönnek ki (Jel 3:12). Miközben a földi harcosoknak még mindig hordaniuk kell a hit fegyverzetét, a mennyei szentek már letehették azt, és fehérbe öltöztek (Jel 3:5). Többé nem ellenségük arcát, hanem a Bárány arcát látják (Jel 22:4). Könnyeik eltöröltetnek, és többé nem lesz számukra halál, sem gyász, sem kiáltás, sem fájdalom (Jel 21:4).

Jó számunkra a mennyei, győzedelmes egyházra gondolni. Dicsőségük annak bizonysága, hogy a győzelem a miénk is. Hamarosan mi is ott leszünk, ahol ők, és megnyugszunk velük együtt. Milyen nagyszerű lesz az a nap! Amíg mi erre várunk, ők a mennyben azért könyörögnek, hogy Isten álljon bosszút ellenségeinken, és ezt az imádságot Isten bizonyosan meghallgatja (Jel 6:9–11). A mennyei szentek diadalma már csak két tekintetben hiányos. Egyrészt még nem támadt fel a testük, és ezért még nem örvendeznek a mennyei dicsőségben lelkükkel és megdicsőült testükkel egyaránt. Másrészt az egyház többi része még nem dicsőült meg, és amint arra a Jelenések 6:9–11 utal, dicsőségük még nem teljes nélkülünk. Krisztus egész testének egybe kell gyűjtetnie az Atya Isten dicsőségére, és amíg ez meg nem történik, a győzedelmes egyháznak velünk együtt kell várakoznia.

Ennek az eljövendő napnak biztos reménységében – biztos Isten tanácsvégzése, Krisztus vére és uralma, valamint a Lélek szuverén munkája miatt – a küzdő egyház imádkozik, várakozik és küzd, a győzedelmes egyház pedig imádkozik, várakozik és nyugszik. Hamarosan együtt leszünk.

5.9. A meg nem született egyház

Nemcsak a mennyei megdicsőültek és a még mindig ezen a földön élő üdvözültek alkotják Jézus Krisztus testét, a láthatatlan egyházat. Ide tartoznak azok is, akiket Isten kiválasztott, de még nem születtek meg, és nem tértek meg. Ők is az egyház tagjai a kiválasztás és Krisztus vérének kereszten történt kiontása által, bár még nem az újjászületés és a hit által.

Krisztus gyakran beszélt azokról, akiket az Atya neki adott, de még nem tértek meg (Jn 6:37, 39; 10:16, 29; 17:2). Már a világ alapítása előtt neki adattak (Jn 17:6; Ef 1:4), és ők azok, akikért imádkozik (Jn 17:9) és meghal (Jn 17:13, 19). Ezért üdvösségük és az egyházban való helyük garantált. Krisztus ezen emberek miatt vár visszajövetelével. Mielőtt Isten akaratából újra eljöhetne, mindannyiuknak meg kell születnie és meg kell térnie. Ezt olvassuk a 2Péter 3:9-ben: *„nem akarván, hogy némelyek elvesszenek."* Ezt a kifejezést a legtöbben úgy értelmezik, hogy Isten kivétel nélkül minden ember üdvösségét kívánja, de ez az igevers semmit nem mond egy ilyen feltételezett isteni akaratról, amely minden egyes ember üdvösségére irányul. Ez a vers egyértelműen *rólunk* beszél. Krisztus *érettünk* hosszútűrő (irgalmas). Az ő irgalma azt jelenti, hogy nem akarja, hogy közülünk bárki elvesszen, hanem azt akarja, hogy mindannyian megtérésre jussunk. A vers utolsó két mondatrészében is egyértelműen *rólunk* van szó. Az a nagyon megdöbbentő, hogy a *mi* magában foglalja azokat is, akik még nem jutottak megtérésre. Ők is hozzánk tartoznak – akik *„velünk egyenlő drága hitet nyertek a mi Istenünknek és megtartónknak Jézus Krisztusnak igazságában"* (2Pt 1:1), akiket *„mindennel megajándékozott (...), a mi az életre és kegyességre való"* csakúgy, mint az *„igen nagy és becses ígéretekkel"* (2Pt 1:3–4).

Tudjuk, hogy ezek az emberek csak úgy részesülnek mindezekben az áldásokban, mint akik Krisztusban kiválasztottak, és mint akiket ő megváltott, de nem úgy, mint akik a megtérés és a hit által most élvezhetik ezeket az áldásokat. Azonban a kiválasztás és Krisztus vére olyan bizonyos, hogy azt mondhatjuk: velünk együtt részesülnek ezekben, és hozzánk tartoznak.

Valóban, a 2Péter 3:9-et ezek szerint *kell* értelmezni. Ha azt gondoljuk, hogy ez a vers egy minden ember üdvösségére irányuló isteni kívánságról beszél, akkor értelmetlenné tesszük azt. Krisztus megígért eljövetele (4. és 10. v.) nem történhet meg addig, amíg *mindenki* megtérésre nem jutott (9. v.). Isten erre vár az ő irgalmasságában.

Ha viszont Isten kivétel nélkül mindenki üdvösségét várja, akkor Krisztus *soha* nem fog eljönni. Soha nem jutott és soha nem is fog kivétel nélkül minden ember üdvösségre jutni. Mindig voltak, és mindig lesznek olyanok, akik elvesznek. Ehelyett Krisztus eljövetele a választott egyház egészének üdvösségéhez, azaz ezeknek a „más juhoknak" az előhozatalához van kötve. Amikor Isten kegyelme által mindannyian megtérésre jutottak, akkor bizonyosak lehetünk abban, hogy Krisztus el fog jönni.

A mennyei egyház a fentiekért könyörög (Jel 6:10–11), és a földi egyház csatlakozik hozzá (Jel 22:20) kérve mindazok megváltását, akiket Isten kiválasztott, de még sötétségben és hitetlenségben járnak.

5.10. Az egyház kiválasztása

A kiválasztásban Isten nemcsak egyéneket választott ki, hanem az egyházat is, és minden választottnak helyet is adott ebben az egyházban és Krisztus testében (vö. Zsolt 132:13; Zsid 12:22; 1Pt 2:9). Milyen dicsőséges ez az igazság! A kiválasztás nem önkényes és véletlenszerű, hanem céltudatos, és ez igen nyilvánvaló az egyház kiválasztásában. Nagyon jól mutatja ezt az a bibliai kép, amely az egyházat egy épülethez vagy házhoz hasonlítja. Amint egy építész kiválasztja az alapanyagokat, Isten is arra választott ki minden embert, hogy betöltsön egy helyet ebben a lelki épületben és Krisztus testében (Ef 2:20–22; 1Pt 2:5).

Egy építész nem kezdene el tervezés nélkül házat építeni, és Isten sem így építi az egyházát. Nem az emberek akarata, hanem Istené határozza meg, hogy ebben a házban kinek és milyen helye van. Egy épület kövei és gerendái nem határozhatják meg, hogy milyen helyet foglaljanak el az épületben, és ugyanilyen módon az emberek sem határozhatják meg saját döntésükkel, hogy Isten házában hol lesz a helyük.

Isten nem csak úgy találomra gyűjt anyagot a házához. Ehelyett gondosan megtervezte lelki házát, és öröktől fogva *elrendelte* azokat az anyagokat, amelyekből felépíti, ugyanúgy, ahogyan azt egy építő teszi. Isten a kiválasztásban az ember életének minden körülményét előre meghatározva elrendeli, hogy az egyes személyek hogyan fognak formálódni és változni úgy, hogy alkalmasak legyenek pontosan arra a helyre, amely számukra készíttetett (Jer 1:5).

Hasonlóképpen, mivel ennek a háznak erősnek és biztosnak kell lennie, amely minden korban megmarad, Isten Krisztust választotta ki annak fundamentumául és szegletkövéül (1Pt 2:6). Az egész ház Krisztushoz illően formálódik, és őhozzá illik.

Amikor minden választott összegyűjtetik és megdicsőül, akkor ez a lelki ház Isten lakóhelyévé válik (Ef 2:22). Annak minden dicsősége és gyönyörűsége tőle fog származni. Ő nemcsak a tervezője és építője lesz a háznak, hanem a legfőbb lakója is.

Mindazonáltal ennél többről is van szó. Az egyház kiválasztása megparancsolja és garantálja az egyház *egységét* (Jn 10:16; Ef 1:9–10). A választottak mindnyájan *őbenne*, azaz Krisztusban lettek kiválasztva, és ez eggyé teszi őket őbenne (Ef 4:4). Ez az oka annak, hogy Pál nem azt mondja az Efézus 4:3-ban, hogy *legyünk* egységben, hanem hogy *tartsuk meg* az egységet. Az egység abban rejlik, hogy ki vagyunk választva és össze vagyunk gyűjtve Krisztusban.

A kiválasztás biztosítja az egyház szentségét is (Ef 1:4). Nem azért választattunk ki, mert szentek *vagyunk*, hanem hogy szentek *lehessünk*. Ez a szentség azért szükséges, mert az egyháznak Isten lakóhelyének kell lennie. Isten az ő Lelke által nem lakozik tisztátalanságban és szentségtelenségben. Visszatérve még egyszer az épület képéhez, azt mondhatjuk, hogy a kiválasztás, a terv garantálja az épület szépségét.

Az egyház összegyűjtésének és építésének nagy munkája még nem ért véget. Végső dicsőségei a még láthatatlan dolgokhoz tartoznak. Amit most látunk, az nem az, amivé az egyház lesz. Amikor az egyház teljesen megépül, meg fogja mutatni annak hatalmas dolgait, aki a választottakat a sötétségből csodálatos világosságra hívja el, és hatalmának, bölcsességének és kegyelmének örök emlékműve lesz.

5.11. Az egyház szentsége

Amikor az egyház szentségéről beszélünk, akkor annak egyik *tulajdonságát* tárgyaljuk. A többi tulajdonsága annak egysége, egyetemessége és apostoli volta. Az egyház szentsége az a szentség, amelyet Krisztus testeként a vele való egységben bír. Az egyház szentsége Krisztus saját szentsége, és az egyház szentsége *egyedül* Krisztusban van. Az egyháznak önmagában semmilyen szentsége nincs (1Kor 1:2; 3:16–17; 1Pt 2:9). Ez a szentség alapvetően hozzátartozik az egyházhoz. Úgy tartozik hozzá és e test minden választott tagjához, mint amit Krisztus halála által megszerzett. A test minden tagjának adatik és adatni fog, mivel Krisztus hit által mindannyiukat egységre juttatja önmagával, és megszenteli őket.

Számos módon megfigyelhetjük az egyház szentségét. Emlékezve arra, hogy a szentség *elkülönítettség*et jelent, az egyház szentségét abban látjuk, hogy a látható egyház elkülönül a világtól. Ez egy külön királyság más Királlyal, más törvényekkel és szokásokkal, valamint más reménységgel (1Pt 2:9). Valóban a szentség adja meg az egyház határait a világban. Az egyháznak nincsenek politikai, faji vagy nyelvi határai. A szentség az egyházat a világtól elválasztó vonal. Ezért akik nem akarnak szentek lenni, azokat ki kell vetni, és kívül kell tartani a látható egyházból.

A szentség az oka annak a folyamatos küzdelemnek is, amelyben az egyház benne van. Az egyház mindig szembefordul azzal, ami szentségtelen, elsőként saját tagjaiban. Elítéli azokat az egyházon belül, akik képmutatóak és testiek, és tanúskodik e bűntől átkozott világ gonoszsága ellen.

Ha az egyház és tagjai a szentségre törekszenek, akkor mindig ellentét lesz az egyház és a világ között (Jn 15:18-20). Az egyháznak önmagában nincs szentsége. Szentsége Isten saját szentsége, amely az egyházban ragyog (1Pt 1:15-16). Ezt gyűlölik az istentelenek, és ezzel fordulnak szembe (Jn 3:19; Rm 8:7). Istennek ez a szentsége az egyház tagjainak szentsége által jelenik meg az egyházban. *Szentek*, mert kegyelemből részesülnek Isten szentségében, és arra hívattak el, hogy hozzá hasonlóan ők is szentek legyenek. A szentség nyilvánvalóvá lesz a gonoszoktól és gonoszságuktól való elkülönülésükben (2Kor 6:14-7:1).

Ez nem azt jelenti, hogy a hívőkben vagy a látható egyházban nincs bűn. Sőt, az egyházban sok a test szerinti gondolkodás, és tagjaiban sok a bűn. Ez a szívfájdalmunk (Zsolt 51:4; 119:53, 136). Az egyház szentsége azonban éppen ezért a hit dolga, nem pedig a látásé. *Hisszük*, hogy az egyház, az ebben a világban lévő egyház is *szent*. Ha csak arra tekintünk, amit látunk, akkor bizonyosan csalódunk az egyházban, mert sok bűnt fogunk látni annak tagjaiban. Ha *hisszük*, hogy ez a szentek közössége, akkor bizonyosak lehetünk abban, hogy majd úgy fog Krisztus előtt állni, mint dicsőséges egyház, amelyen nincs „*szeplő, vagy sömörgözés, vagy valami afféle*" (Ef 5:27).

Az egyház tagjaiként tehát gyakorlatban és imádságban egyaránt kövessük *„a szentséget, a mely nélkül senki sem látja meg az Urat"* (Zsid 12:14)!

5.12. Az egyház egyetemessége

Amikor az *Apostoli Hitvallás* az *egyetemes* (katolikus) keresztyén anyaszentegyházról beszél, akkor nem a római katolicizmusra utal. Róma azt állítja, hogy ő az egyetemes (katolikus) keresztyén anyaszentegyház, de valójában se nem szent, se nem egyetemes, se nem Jézus Krisztus egyháza, hanem a hamis egyház. A *katolikus* avagy *egyetemes* szó Krisztus igaz egyházának helyes leírása. Nem engedhetjük át ezt a szót a római katolicizmusnak.

A Szentírás sok szakaszából világos, hogy az egyház egyetemes. A Jelenések 7:9 a (valódi) katolikus egyházat mutatja be. Ott egy olyan sokaságról olvasunk, *„a melyet senki meg nem számlálhatott, minden nemzetből és ágazatból, és népből és nyelvből"*, akik Isten trónja előtt állnak.

Az egyház egyetemessége nemcsak azt jelenti, hogy Isten szuverén kegyelmének ereje által minden nemzetből gyűjt embereket az egyházba, hanem azt is, hogy Isten az ő egyházát *minden időben* gyűjti. Katolikus volta tehát biztosít minket arról, hogy Isten mennyei királyságában együtt leszünk Ábrahámmal, Izsákkal és Jákóbbal (Mt 8:11). Ez megengedi, hogy a most élő hívőkre a Jelenések 6:11 úgy utaljon, mint a vértanúk szolgatársaira és atyafiaira.

Végül az egyház egyetemessége azt is jelenti, hogy az egyházhoz *mindenféle* ember hozzátartozik: gazdag és szegény, nagy és kicsi, fiatal és idős, úr és szolga, férfi és nő. Az egyházban mindegyiküknek helye van. Erre gondol az Ige az 1Timótheus 2-ben, ahol azt parancsolja, hogy *minden* emberért imádkozzunk (1–2. v.). A *minden* szó nem azt jelenti, hogy *kivétel nélkül mindenkiért*. Ilyen értelemben nem is volna lehetséges mindenkiért imádkozni. Ezek a szavak inkább *mindenféle* emberre vonatkoznak, amint azt az uralkodók említése is mutatja. Mindenféle emberért kell imádkoznunk, mert Isten mindenféle embert meg akar menteni, és Krisztus mindenféle emberért meghalt (4–6. v.). Jakab ugyanezen szempont alapján gondol az egyház egyetemességére, amikor azt veti a keresztyének szemére, hogy kedveznek a gazdagoknak, és megvetik a szegényeket (2:1–9). Mi is ugyanígy cselekszünk, amikor külső állapotuk miatt megvetünk más keresztyéneket.

Ha helyesen értelmezzük, akkor a Galácia 3:28 is ebben az értelemben beszél az egyetemességről. Így szól: *„Nincs zsidó, sem görög; nincs szolga, sem szabad; nincs férfi, sem nő; mert ti mindnyájan egyek vagytok a Krisztus Jézusban."* Ez a vers nem tagadja, hogy a férfi az asszony feje, és azt sem, hogy a keresztyének különböző ajándékokat kapnak. Ehelyett arról beszél, hogy keresztyénként minden férfi és nő, zsidó és pogány, szolga és szabad egyenlő, mert mindannyian Krisztus Jézusban vannak. Ők mindnyájan Ábrahám lelki gyermekei.

Az a gondolat, hogy a keresztyén hit kifejezésére az egyik nyelv alkalmasabb a másiknál, vagy egyes rasszokhoz tartozó emberek nem olyan jó keresztyének, tagadja az egyház egyetemességét. Ugyanez a helyzet azzal az elképzeléssel is, miszerint egy ország vagy egy nép jelképezi Isten királyságát egy bizonyos értelemben. Ezt tanítja például a diszpenzácionalizmus vagy a brit izraelizmus.[2] Krisztus egyházában ne legyen tehát előítélet, vakbuzgóság vagy mások elutasítása a bőrszínük, a nyelvük, a nemzetiségük vagy a szokásaik miatt. Ezek a dolgok egyáltalán nem számítanak.

Az egyház egyetemességében való hittel valljuk, hogy *„ugyanaz az Ura mindeneknek, a ki (…) gazdag mindenekhez, a kik őt segítségül hívják"* (Rm 10:12–13).

5.13. Az apostoli egyház

Az *Apostoli Hitvallás* nem említi az *apostoli* egyházat, de egyes korai egyházi hitvallások igen, például a *Niceai Hitvallás*, amelyben ez áll: *„Hiszem az egy, szent, egyetemes és apostoli egyházat."* Mit jelent ez? Róma egyháza apostolinak tartja saját magát, mert azt állítja, hogy a pápák az apostolok utódai, és fennáll

---

[2] A brit izraelizmus (British Israelism) szerint Nagy-Britannia népei az ősi zsidók genetikai, faji és nyelvi leszármazottai, Izráel elveszett 10 törzse. In: William H. Brackney: *Historical Dictionary of Radical Christianity*. The Scarecrow Press, 2012. (A ford. megj.)

az utódlás töretlen vonala. Természetesen ezen állítások egyike sem igaz. Egyes protestáns egyházak apostolinak hirdetik magukat, mert azt hiszik, hogy visszatértek az apostoli gyakorlathoz vagy tanításhoz. Miközben lehet, hogy ez igaz, a *Niceai Hitvallás* nem erre utal.

A *Niceai Hitvallás* és a református teológia egyaránt az Efézus 2:20-ra hivatkozik, amely ezt írja az egyházról: *„Kik fölépíttettek az* apostoloknak *és prófétáknak alapkövén."* Ehhez egyértelműen és szorosan kapcsolódik a Máté 16:18, ahol Jézus így szól: *„De én is mondom néked, hogy te Péter vagy, és ezen a kősziklán építem fel az én anyaszentegyházamat, és a pokol kapui sem vesznek rajta diadalmat."*

Róma egyháza úgy tekint erre a kősziklára, mint amelyik maga Péter, a pápákra pedig úgy, mint akik Péter utódai, mivel a *Péter* (görögül *Petrosz*) név hasonlít a *kő* (görögül *petra*) szóra. A szöveg nyelvtana azonban ezt lehetetlenné teszi. Ez valójában két különböző görög szó. A *petrosz* egy különálló sziklára vagy kis kőre vonatkozik, a *petra* pedig egy szirtre, hegyre vagy hegyláncra. Valójában Jézus nem azt mondja, hogy magára Péterre építi egyházát (ő nem volt elég nagy ahhoz, hogy az egyház alapja legyen), hanem hogy Péter hitvallására fogja építeni egyházát, miszerint Jézus a Krisztus, Isten Fia (Mt 16:16). Ez egy biztos és leronthatatlan alap.

Ennek fényében az Efézus 2:20-at is úgy kell értelmezni, mint amely az apostoli (és prófétai) tanításra és tanokra vonatkozik, más szóval az ó- és újszövetségi ihletett Írásokra. Ezek az egyház fundamentumai. Az apostolok tanításán és tanain megalapozott egyház Krisztusra épült. Így ő a fő Szegletkő, *„a kiben az egész épület szép renddel rakattatván, nevekedik szent templommá az Úrban"* (Ef 2:21). Ennek természetesen az a következménye, hogy az egyház minden tana és tanítása Krisztushoz kapcsolódik. *„Tudakozzátok az írásokat –* szól Jézus –, *ezek azok, a melyek bizonyságot tesznek rólam"* (Jn 5:39). Pál az apostolok nevében így szól: *„Mert nem végeztem, hogy egyébről tudjak ti köztetek, mint a Jézus Krisztusról, még pedig mint megfeszítettről"* (1Kor 2:2). Egy igazán apostoli egyház tehát valóban Krisztus egyháza. Nem csoda tehát, hogy ha az egyház ilyen fundamentumra épül, még „a pokol kapui sem vesznek rajta diadalmat" (Mt 16:18).

Ma kevés egyházról mondható el, hogy valóban apostoli. Legtöbbjükben kevés vagy éppen semmi sem található meg az apostoli és prófétai tanításból, ezért sebezhetőek a pokol erőinek támadásaival szemben. Bárcsak Isten megsegítené, megszabadítaná és újra erős fundamentumra építené az egyházát!

5.14. Az egyház egysége

Szóltunk az egyház szentségéről, egyetemességéről és apostoli voltáról. Az egyháznak van még egy jellemzője vagy tulajdonsága, mégpedig annak egysége. Amikor az egyház egységéről beszélünk, azon azt értjük, hogy lényegében *egyetlenegy* egyház létezik, és Jézus Krisztusnak *egyetlenegy* teste van. Krisztusnak nincs egynél több teste.

Az egyháznak ez az egysége a különböző felekezetek, gyülekezetek és egyházak sokasága miatt nem látható könnyen. Ez a változatosság részben az egyház és tagjainak a bűnössége és gyengesége miatt van, részben pedig nem. A látható egyház földrajzi és nyelvi különbségei lehetetlenné teszik a teljes egységet. Ezek a különbségek csak az új égen és az új földön fognak megszűnni, ahol nem lesz többé tenger (Jel 21:1). A mennyben a hívőket semmiféle távolság, semmiféle nyelv és semmilyen más különbség nem fogja elválasztani egymástól.

Azonban ezen a földön az egyház és tagjainak bűnei nehézzé teszik az intézményes egységet még ott is, ahol az lehetséges volna. A hívőket elválasztják egymástól a tan- és gyakorlatbeli különbségek is, amelyek mind annak a bűnnek a következményei, hogy nem értjük Isten Igéjét, és nem engedelmeskedünk neki.

Mivel a bűn lerontja az egyház egységét, és távol tartja egymástól a hívőket, a keresztyéneknek tőlük telhetően mindig mindent meg kell tenniük, hogy az Ige tanulmányozása által és a hitükről való beszélgetéssel legyőzzék ezeket a különbségeket. Nem lehetnek elfogadóak a megosztottsággal szemben. Még ha lehetetlennek is bizonyul az egyházszervezeti egység, mégis – amennyire csak lehetséges – közösséget kell vállalniuk más keresztyénekkel. Nem vethetik el a többieket, és nem beszélhetnek úgy róluk, mintha saját csoportjuk tagjain kívül nem lennének más keresztyének.

Mindazonáltal a hívők nem kereshetik az egységet az igazság rovására. Meg kell szerezniük az igazságot, és nem szabad eladniuk (Péld 23:23). Az ökumenizmus itt lép tévútra. Eladja az igazságot egy tál egyházi lencséért, amely értéktelen, és nem eredményez valódi egységet.

A szentek az egység keresése és az ezért való imádság közben nem felejthetik el, hogy ez az egység a *változatosságban* van. Az egyház egysége nem azt jelenti, hogy minden egyes hívőnek ugyanolyannak kell lennie. Arról sincs szó, hogy minden gyülekezetnek és minden egyháznak egymás hajszálpontos másolatának kellene lennie. Ezt Pál világossá teszi az 1Korinthus 12-ben. Túl gyakran elfelejtkezünk arról, hogy nemcsak a tagok és az ajándékaik között van különbség, de ezek közül mindre és mindenkire szükség is van. Csak így lesz az egyház Jézus Krisztus *teste*.

Azonban amíg a bűn el nem töröltetik, megosztottság lesz. Ezért az egyház egysége ma leginkább hit kérdése. A keresztyének hiszik, amire a *Niceai Hitvallás* emlékeztet minket: az *„egy, szent, egyetemes és apostoli egyházat".* Így a hívőknek az egyház egységére nézve hitben kell járniuk, nem látásban (2Kor 5:7). Ez nagyon fontos. A hit meg fogja őket őrizni attól, hogy amikor belülről látják a látható egyház hibáit, vétkeit és megosztottságát, akkor elhagyják azt.

Ez a hit nem is hiábavaló. Amikor Krisztus visszatér, akkor *„ismét egybeszerkeszt magának mindeneket a Krisztusban"* (Ef 1:10), és lerontja a bűnt. Akkor a megosztottságnak a lehetősége is el fog tűnni.

5.15. Az egyház az Ó- és az Újszövetségben

Az egyház egységének egyik fontos kérdése az Ó- és *Újszövetség* egyházának egysége. Ez azt jelenti, hogy Izráel az Ószövetség *egyháza*, az újszövetségi egyház pedig Isten igazi *Izráelje.* Úgy tűnik, ezt kevesen látják, noha a Biblia világos e kérdésben.

A gyermekkeresztség védelme abból indul ki, hogy Izráel az *egyház* és az egyház *Izráel* (egy egyház van, így egy szövetség, és a szövetségnek egy jele). Ez a felfogás szükséges ahhoz is, hogy elkerüljük a diszpenzácionalizmus tévedéseit, miszerint Izráel és az egyház két teljesen különböző egység, két különböző jövővel.

A Cselekedetek 7:38 világosan megmutatja számunkra, hogy Izráel és az egyház egy. Izráelt a pusztai gyülekezetnek (egyháznak) nevezi, ahol az egyházra legtöbbet használt újszövetségi szó jelenik meg. A Filippi 3:3 egy újabb bizonyítékot mutat erre az egységre. Itt Pál egy *pogány* egyházhoz így szól: *„Mert* mi vagyunk a körülmetélkedés, *a kik lélekben szolgálunk az Istennek, és a Krisztus Jézusban dicsekedünk, és nem a testben bizakodunk"* (vö. Rm 3:28-29; Gal 3:29). Aki Istent lélekben imádja és szereti a mi Urunk Jézust, az mind igazi zsidó, Isten Izráelje.

A Biblia szerint az Ábrahámtól való fizikai leszármazásnak, azaz a nemzetségtábláknak és a természetes születésnek nincs köze ahhoz, hogy ki az igazi zsidó. Ezt illetően a Biblia így szól: *„az Isten ezekből a kövekből is támaszthat fiakat Ábrahámnak"* (Lk 3:8). A Szentírás szerint egy valódi zsidó az ígéret ereje által született (Rm 9:8); ugyanaz az üdvözítő hite van, mint Ábrahámnak (Gal 3:8-9); Ábrahámhoz hasonlóan Krisztushoz tartozik (Gal 3:29); illetve a szíve van körülmetélve (Rm 2:29). A többi nem számít zsidónak (Rm 2:28), és nincs köze az ígéretekhez (Csel 2:39).

Izráel és az egyház egysége világos a Hóseás 1:10–11-ből és az azt idéző Róma 9:24–26-ból, valamint az Ámós 9:11–15-ből és az azt idéző Cselekedetek 15:13–17-ből is. A hóseási szakaszban Isten Igéje a tíz törzsről (ti. akik elszakadtak Júdától és Benjámintól), illetve jövőbeli helyreállításukról beszél. A Róma 9:24–26 megmutatja, hogy ez a prófécia az újszövetségi egyház összegyűjtésében teljesedik be. Az Ámós 9:11–15-ben ismét arról olvasunk, hogy Izráel népe visszakapja a földjét, és újjáépíti a templomot. A Cselekedetek 15 pedig világossá teszi, hogy ez a *pogányoknak* az újszövetségi *egyházba* való gyűjtésével teljesedett be. Dávid összedőlt és leomlott sátrának újjáépítése (Csel 15:16) arra utal, hogy Isten meglátogatja a pogányokat, hogy közülük *„vegyen népet az ő nevének"* (Csel 15:14).

Csak ezeket az igazságokat látva kezdjük megérteni, hogy az Ószövetség az Újszövetséghez hasonlóan *nekünk,* újszövetségi keresztyéneknek íratott. Ígéretei, sőt fenyegetései sem valamely idegen néphez szólnak, akikhez semmi közünk, hanem nekünk és gyermekeinknek. Ez igen sokat számít az Ószövetség olvasása során. Így már nincs fátyol a szemünk előtt, hanem értelemmel és haszonnal olvashatjuk azt.

5.16. Az egyházi tisztségek

Mennybemenetele után a mi Urunk számos tisztséget alapított az egyházban (Ef 4:11). Azért rendelte el ezeket a tisztségeket, hogy azok viselői tisztségükben őt képviseljék, és az ő egyházát szolgálják. Noha ő marad az egyház egyetlen Feje és Királya, ezek a tisztségek szükségesek az egyház jóléte szempontjából.

Sok vita van e tisztségek számával és természetével kapcsolatban. Anélkül, hogy felvennénk a vitát, hisszük, hogy az egyházban három tisztség maradt meg: a presbiter, a diakónus és a lelkipásztor. Azért mondjuk, hogy ezek *maradtak meg,* mert voltak más, ideiglenes tisztségek, mint az apostol, a próféta vagy az evangélista. Ezek a tisztségek, amelyek Isten *ihletett és tévedhetetlen* Igéjét voltak hivatottak a hallgatókhoz eljuttatni (Csel 21:10–11; Zsid 2:3–4; 2Pt 3:15–16), többé már nem szükségesek, mert kezünkben van a teljes Szentírás (2Pt 1:19–21).

Világos, hogy csak a kormányzó presbiter, a diakónus és a lelkipásztor tisztsége maradt meg, mert csak ezeket említik Pál későbbi levelei (különösen az 1Tim és a Tit), ahol az apostolok utódainak ad útmutatást. Ezt az a tény is megerősíti, hogy e levelek az egyházban való helyes viselkedésről (1Tim 3:15) és az egyház dolgainak rendbetételéről (Tit 1:5) szólnak. Nem szeretnénk vitatni, hogy az Újszövetség a lelkipásztorokat és a kormányzó presbitereket egyaránt presbitereknek nevezi. A lényeg, hogy ezekhez a tisztségekhez különböző kötelességek tartoznak, és az Újtestamentum különböző hivataloknak tekinti őket (1Tim 3–4).

Mi most azzal foglalkozunk, hogy ma az egyházban ezt a három tisztséget elhanyagolták és elfelejtették. Kevés egyházban van meg mindhárom tisztség, és ahol jelen vannak, ott gyakran az látható, hogy a diakónusok végzik el a presbiterek munkáját, vagy fordítva, vagy a lelkipásztor végzi el mindháromét. Ugyanígy sokszor csupán tiszteletbeli pozíciókká válnak e tisztségek, és nem lelki szempontok szerint, hanem rang vagy gazdagság alapján választják azok betöltőit. Ez csakis az egyház kárára válhat. Valóban, amennyiben a tisztségek Krisztust képviselik, akkor az egyházban való hiányuk azt jelenti, hogy bizonyos módokon maga Krisztus nincs jelen Isten népe között úgy, ahogyan kellene.

Hisszük, hogy ezek a tisztségek Krisztus prófétai, papi és királyi hármas tisztségének megjelenései. Ez nagyon nyilvánvaló a kormányzó presbiter és a lelkipásztor esetében. Nehéz nem látni azt, hogy ezek Krisztus királyi és prófétai tisztségének kiterjesztései. A diakónusi tisztség helyesen értelmezve Krisztus papi tisztségének, illetve annak néhány vonásának kiterjesztése.

Ha igaz az, hogy az egyházi tisztségek Krisztus tisztségeit tükrözik, akkor nagyon fontosak az egyház számára, és nem szabad őket úgy elhanyagolni, mint ahogyan manapság gyakran teszik. Reménykedünk és imádkozunk, hogy visszakerüljenek saját helyükre és feladatkörükbe.

5.17. A presbiteri tisztség

A Szentírás kétféle szót használ a presbiterre. Az egyik, amelyet *vén*nek is fordítanak (Csel 14:23; 15:2, 4, 6kk; 1Tim 5:1, 17, 19; Tit 1:5; Jak 5:14; 1Pt 5:1) a görög *preszbüterosz* szó, amely *idősebb embert* jelent. A másik szót *püspök*nek vagy *vigyázó*nak fordítják (Csel 20:28; Fil 1:1; 1Tim 3:1–2; Tit 1:7). Ez egy olyan személyre vonatkozik, akinek tekintélye van mások felett, és kormányozza őket.

A Szentírásból világos, hogy a fent említett két szó ugyanarra a tisztségre vonatkozik. A Cselekedetek 20-ban Pál az egyház *véneit vigyázóknak* hívja (28. v.). Az itt használt szó fordítása máshol *püspök* (1Tim 3:1–2). A Titus 1:5–7-ben Pál ugyanazokra az emberekre használja a *vén* (presbiter) és a *püspök* szót is. Ez ellentétben áll a római katolicizmussal és az episzkopális rendszerrel, amelyek azt tanítják, hogy a püspök tisztsége másfajta, a többinél magasabb tisztség.

A Szentírás megkülönböztet *kormányzó* (1Tim 3:4–5; 5:17) és *tanító* (1Pt 5:1) presbitereket. Ezzel azonban nem helyezi az egyik tisztséget a másik fölé. Amint ezek a szakaszok megmutatják, e tisztségek között nem is lehet teljesen különbséget tenni. A kormányzó presbitereknek is alkalmasnak kell lenniük a tanításra (1Tim 3:2), és a tanító presbiterek – *„a kik a beszédben és tanításban fáradoznak"* – kormányoznak is (1Tim 5:17).

A különbség tehát inkább a feladatban rejlik, mint bármi másban. A tanító presbiterek a többi presbitertől eltérően leginkább – de nem kizárólagosan – az igeszolgálattal és a tanítással foglalatoskodnak. Az Efézus 4:11 ezekről a presbiterekről pásztorként és tanítóként is beszél.

Most a kormányzó presbiteri tisztséggel foglalkozunk. Tegyünk néhány megállapítást ezzel kapcsolatban! Ezek a gondolatok fontosak ahhoz, hogy a presbiteri tisztség Isten egyházában ne átok legyen, hanem áldás.

Először is több presbiterre van szükség. A Szentírás soha nem beszél egyetlen kormányzó presbiterről, legyen szó akár lelkipásztorról, akár másról. Egy ember kormányzása zsarnokság, és nem fér össze Isten Igéjével, amely a Példabeszédek 11:14; 15:22; 24:6-ban olvasható.

Másodszor a presbiterek Isten népének szolgái (Mt 23:11; 1Kor 9:19; 2Kor 4:5). Ez különösen világos a Kolossé 4:17-ből, ahol Pál azt írja az egyháznak, hogy lelkipásztorukat intsék arra, hogy vigyázzon a szolgálatra, és betöltse azt. A presbitereknek szolgaként kell tekinteniük magukra ahhoz, hogy az egyházban elkerüljék a zsarnokoskodást és az önkényt.

Harmadszor a presbiterek kormányzása azt jelenti, hogy az egyház életének minden területét igazgatják, beleértve az igehirdetést, valamint a többi tisztségviselő és a lelkipásztorok életvitelét is (Csel 20:28–31). A presbiterek kötelessége, hogy az egyházat megóvják a *béresek*től és a *farkasok*tól. Az egyházban *senki sem* szabhat magának törvényt.

Negyedszer a presbiterek az egyházban való kormányzói tekintélyüket Krisztustól kapták (Csel 20:28), így Krisztushoz tartozik (Mt 28:18), és neki való engedelmességben kell gyakorolni azt (1Pt 5:4). A gyakorlatban ez azt jelenti, hogy a tekintélyüket Istennek a Szentírásban található Igéje adja. Ezzel kell kormányozniuk, ehhez kell vezetniük a tagokat, ezzel kell inteniük, és egyedül ezt kell tanítaniuk, nem pedig saját gondolataikat. Az ilyen presbiterek áldássá lesznek Krisztus egyházában.

5.18. A diakónusi tisztség

A diakónusi tisztség Jézus Krisztus egyházának legelhanyagoltabb tisztsége. A legtöbb egyháznak nincs is diakónusa, ha pedig mégis van, akkor is ritkán töltik be a biblikus feladatukat. A legtöbb egyházban, ahol vannak diakónusok, ők is a presbiterek munkáját, az egyház kormányzását végzik. Más esetekben csupán az egyház pénzügyi dolgait intézik, amihez nem lenne szükség ordinációra (beiktatásra) és tisztségre.

A diakónus tisztségének megértéséhez érdemes megvizsgálnunk a Cselekedetek 6-ot, ahol az első diakónusok történetét olvashatjuk. A *diakónus*nak fordított szó a Szentírásban görögül egyszerűen *szolgáló*t jelent, és az Írás mindenkire ezt a szót használja, aki *bármilyen* módon szolgál az egyházban vagy a hívők között (Jn 12:26; Rm 16:1). A Cselekedetek 6 azonban világossá teszi, hogy némelyek speciális értelemben vett *szolgálók*.

A Cselekedetek 6 először azt tanítja nekünk, hogy ezeknek a speciális szolgálóknak a tisztsége, a diakónusi tisztség egy olyan *tisztség*, amelybe *be kell iktatni* az embert (3. és 6. v.; ld. még Fil 1:1 és 1Tim 3:10, 13). Ez azt jelenti, hogy ez a tisztség több, mint az egyház könyveinek őrzése, valamint azt is, hogy bizonyos *lelki* képesítés szükséges hozzá (Csel 6:3; ld. még 1Tim 3:8–13).

A Cselekedetek 6:3 arra utal, amit az 1Timótheus 3:8–13 meg is erősít, hogy a diakónusoknak a presbiterekhez és a pásztorokhoz hasonlóan *férfi-aknak* kell lennie. Ez abból a tényből következik, hogy ez egy beiktatott tisztség, amelyhez hozzátartozik az egyházi *hatalom* gyakorlása az egyházban, noha nem ugyanazt a kormányzói hatalmat jelenti, mint a presbiteré. Azok az egyházak, amelyek női diakónusokat alkalmaznak, ugyanolyan engedetlenek Isten Igéjével szemben, mint azok, amelyek női presbitereket vagy női igehirdetőket engednek szolgálni.

A Cselekedetek 6-ból, amely a görög özvegyekről szól, a diakónusok tisztségéről és feladatairól is tanulhatunk. Hivatásukhoz különösen is hozzátartozik a szükségben lévőkről való gondoskodás. A Cselekedetek 4:35-ből viszont világos, hogy ez többet takar az özvegyekről való gondoskodásnál és az asztalok körüli felszolgálásnál. Itt látjuk, hogy az apostolok által a diakónusokra ruházott *ügy* magában foglalta a szükségben lévők számára való gyűjtést és a javak kiosztását.

Azt is hangsúlyoznunk kell, hogy Krisztus által elhívott egyházi tisztségviselőként munkálkodva a diakónus többet tesz puszta jótékonykodásnál. Mivel Krisztus szolgálatában rendelték ki őket erre a munkára, a diakónusok azért felelősek, hogy Krisztus nevében és Krisztusért segítsenek: *„Nagyon hasznos, hogy a szegényeknek és a rászorulóknak nemcsak külső ajándékokkal szolgáltatnak segítséget, hanem a Szentírás vigasztaló szavaival is."*[3] Ezáltal a diakónusok az egyházban egyfajta papi feladatot látnak el. Az ószövetségi papokhoz hasonlóan a könyörületesség tisztségében állnak, amennyiben ők veszik át a hozott adományokat, és azokat Krisztus és népe szolgálatára *ajánl-ják fel*.

Hisszük, hogy munkájukban a Galácia 6:10 szabályát kell követniük, így tisztségük először és kiváltképpen az egyház számára van. Ha tisztségük

---

[3] *Form of Ordination of Elders and Deacons* [A presbiterek és diakónusok beiktatási rendje.] The *Confessions and the Church Order of the Protestant Reformed Churches* [A Protestáns Református Egyházak hitvallásai és egyházi rendtartása]. Grandville, Michigan, USA, Protestant Reformed Churches in America, 2005. 292.

helyreáll az egyházban, akkor igazak lesznek a Zsoltárok 37:25 szavai: „*Gyermek voltam, meg is vénhedtem, de nem láttam, hogy elhagyottá lett volna az igaz, a magzatja pedig kenyérkéregetővé.*"

5.19. A pásztori és tanítói tisztség

A pásztor és tanító tisztsége (Ef 4:11) az egyház harmadik állandó tisztsége. Az 1Timótheus 4:14-ből és a Róma 10:15-ből látható, hogy ez egy ordinációt (beiktatást) igénylő tisztség. E tisztség viselőinek elsődleges feladata a *beszédben és tanításban* való fáradozás (1Tim 5:17), tehát az evangélium hirdetése.

Amint az 1Timótheus 5:17 mutatja, akik a beszédben és a tanításban munkálkodnak, azok az egyház kormányzóival együtt szintén presbiterek. Valóban, ez a vers megmutatja, hogy az evangélium szolgái is kormányoznak, amint a kormányzó presbiterek is pásztorok (Csel 20:28). A Szentírás nem választja el teljesen a kormányzó presbiter és a lelkipásztor tisztségét.

A *beszédben és tanításban* fáradozó presbiterek elsődleges feladata az evangélium hirdetése. Ezt megmutatja a 2Timótheus 4:2 és sok más szakasz. Ez a tisztség – amint arra az Eféus 4:11 emlékeztet – *tanítói* tisztség. Az igehirdető feladata tehát nem a szórakoztatás, sőt elsősorban nem is a szó általános értelmében vett evangélizálás. Az ő feladata a tanítás. Ezt szükséges hangsúlyoznunk, mivel láthatóan az evangélium sok hirdetője teljesen elfelejtette. Mindennel foglalkoznak, de alig-alig tanítanak. A gyülekezet tagjai sokszor évekig hallgatják igehirdetésüket, és szinte semmit nem tanulnak. Ez természetesen nem mindig az igehirdető hibája, de többször az övé, mint nem.

Az igehirdetőnek nemcsak a gyülekezet idősebb tagjait, hanem a gyermekeket is tanítania kell (Jn 21:15). Az igehirdetőnek így rendszeres útmutatást kell adnia az egyházban a gyermekeknek, oktatva őket a bibliai történetekre és a tanokra egyaránt, nem pedig buta és haszontalan „gyermek-igehirdetéseket" kell tartania, amelyek semmi hasznosat nem tanítanak, és amelyekből semmit nem lehet tanulni.

Az igehirdetőnek az is a feladata, hogy tanítsa és felkészítse az Ige szolgálatára a fiatal férfiakat (2Tim 2:2). Ezzel összhangban a református egyházak erre a munkára mindig az evangélium szolgáit jelölték ki. Ebben – mint minden másban – az igehirdető pásztor is: Isten népének pásztora, akinek nagy felelőssége van a róluk való gondoskodásban (Ez 34:1–6).

Tanítói feladata részeként az igehirdetőnek felelőssége, hogy olvasson, kutasson (1Tim 4:13), és viseljen gondot a tudományra, azaz tanulja és ismerje azt (1Tim 4:16). Ezeket a kötelességeket e tisztség viselői sokszor elhanyagolják. Ezért célszerű, hogy a tisztségviselőknek legyen lehetőségük *gondot viselni a tudományra*, és felelősségük felvétele előtt megkapják a képzést és a felkészítést. Nem olyan fontos, hogy ez hogyan történik meg, mint *maga az*, hogy megtörténjen.

Ebben a gyülekezetnek is felelőssége van. A kolosséi egyházhoz hasonlóan azt kell mondaniuk igehirdetőjüknek: „*Vigyázz a szolgálatra, melyre vállalkoztál az Úrban, hogy azt betöltsed*" (Kol 4:17). A gyülekezetnek ezt *kell* mondania. Gyakran kell így szólniuk, különösen amikor pásztoruk nem gondoskodik biblikus felelősségéről.

A pásztor vagy tanító tisztsége nem arra adatott, hogy könnyű munkát jelentsen azok számára, akik abba beállnak, de Isten az ő népe üdvösségére rendelte azt. Jaj azoknak a pásztoroknak, akik nem legeltetik a nyájat (Ez 34:2)!

5.20. Az egyházkormányzás

Az egyik kérdés, amely gyakran megosztja Jézus Krisztus egyházát, nem más, mint az egyházkormányzat problémája, különösen az independentizmus és a denominacionalizmus kérdését illetően.[4] Ezért kicsit félve közelítjük meg ezt a témát. Hisszük, hogy az independentizmus nemcsak rossz, de az egyház létezését illetően halálos is. Szerintünk ez az egyik legjelentősebb

---

[4] Az *independentizmus* egyházmodellje szerint minden helyi egyház teljesen autonóm, és semmilyen formális kapcsolat nem szükséges a különböző gyülekezetek között. A *denominacionalizmus* szerint az egyház maga a felekezet, és a gyülekezetek ennek az egyháznak a részét képezik. Ezzel elveti a helyi egyházak autonómiáját. (A ford. megj.)

oka annak, hogy az egyház sok helyen hanyatlik. Az independentizmus az egyház tagjait és tisztségviselőit egyaránt menedék és segítség nélkül hagyja a nehézségek idején. Így figyelmen kívül hagyja Isten Igéjét a Példabeszédek 24:6-ban és más helyeken. Nem követi a Cselekedetek 15 mintáját, és nem sikerül előmozdítania az egységet a helyi egyháznál szélesebb körökben. Mindazonáltal a másik oldalon is vannak hibák. Az egyházat túlságosan is gyakran *felülről lefelé* szervezik olyan bizottságok és testületek, amelyekre nincs bibliai parancs, és így sem a helyi gyülekezet, sem annak tagjai nem jutnak *szóhoz* az egyházban. Ebben az esetben az egyház vezetői sem felelősek viselkedésükért a tagok (vagy bárki) felé. Ez a presbiteriánus és református felekezetekben hierarchizmus, egyfajta pápaság, amelyben a gyűlések és a bizottságok olyan hatalommal bírnak az egyházban, amellyel csak Krisztus rendelkezhetne. Ezt is gyűlöljük.

Hisszük, hogy a Biblia olyan választ ad nekünk, amely mindkét oldalon segít elkerülni a problémákat. A felelet először is az, hogy abban a Krisztustól kapott munkában a gyülekezeteknek össze *kell* fognia a kölcsönös segítségért és felügyeletért (Csel 15). Ez szükséges *a Lélek egységének* megtartásához (Ef 4:3).

Másodszor fenn kell tartani a helyi egyház *autonómiá*ját (önállóságát). Az evangélium hirdetésének, a sákramentumok kiszolgáltatásának és a keresztyén egyházfegyelem gyakorlásának a munkája a helyi egyházhoz tartozik, nem pedig az egyházi gyűlésekhez vagy bizottságokhoz (Csel 13:1–4; 1Kor 5:4–5). A helyi egyházban van az a hatalom, amelyet Krisztus ezekhez a dolgokhoz adott. Az egyház tehát nem felülről lefelé szerveződik. Ez azt is jelenti, hogy a gyűléseket feladataikban gondosan körül kell határolni. A Cselekedetek 15-höz hasonlóan kölcsönös segítségre és tanácsadásra kell szolgálniuk. Ha ezek a gyűlések biblikus döntéseket hoznak a hozzájuk került kérdésekben, akkor meg kell tartani ezeket a határozatokat (Csel 15:23–29), de nem azért, mert valami magasabb tekintély rendelte el azokat, hanem mert *maguk az egyházak* döntöttek úgy Isten Igéjével egységben.

Harmadszor a helyi egyházban a tisztségeknek a Szentírásban lefektetett mintának megfelelően kell működniük, és az egyház minden tisztségviselőjének magának az egyház, azaz a hívők közössége felé kell elszámoltathatónak lennie. Krisztustól kapott minden hatalmukkal nem az egyház urai, hanem annak szolgálói (2Kor 4:5; Kol 4:17).

Ezek az első lépések annak vizsgálatában, hogy Jézus Krisztus egyházában illően és jó rendben vannak-e a dolgok. Ez a jó rend szükséges az egyház biztonságához és jólétéhez.

5.21. Az igaz egyház

Mi Jézus Krisztus igaz egyháza, és hol található meg? Ez nehéz, de fontos kérdés. Mégis fel kell tennünk, ha a látható egyház tagjai akarunk lenni. Gyakran nem is olyan könnyű feleletet adni rá. Még nehezebbé teszi ezt a kérdést annak a lehetősége, hogy ami egyszer Krisztus egyháza volt, hamis egyházzá válik. Krisztus a Jelenések 2:5-ben figyelmezteti erre az eshetőségre az efézusi egyházat.

Az efézusi egyház abban a veszélyben volt, hogy hamis egyházzá válik. Ez abból látható, hogy Krisztus azzal fenyegeti, hogy elmozdítja gyertyatartóját. Ezek a gyertyatartók az igaz egyház képei voltak, amelyek a Lélek olajával égtek (Zak 4:1–6; Zsid 1:9), és világosságként léteztek a világban (Mt 5:14). Az efézusi egyház abban a veszélyben volt, hogy elveszti a Lelket és annak világosságát is. A fenyegetés, miszerint Krisztus elmozdítja az egyház gyertyatartóját annak helyéről, azt jelenti, hogy többé nem lesz Krisztusé, és az Úr nem fog többé köztük járni (Jel 1:12–13). Hasonlóképpen Krisztus azzal fenyegeti a laodiceai egyházat, hogy kiköpi szájából (Jel 3:16). E két egyház esetében az a nagyon félelmetes, hogy Krisztus ítélettel fenyegeti őket, mert elvesztették első szeretetüket (Jel 2:4), valamint langymelegek, és testi bizonyosságban vannak (Jel 3:16–17). Nem kétséges, hogy ma is sok egyházat az a veszély fenyeget, hogy ugyanezen okokból ugyanezen ítélet alá esnek.

Krisztus igaz egyháza tehát az, amely megőrzi az első szeretetét (Jel 2:4), megteszi, amit Krisztus parancsol (Jel 2:5), hűséges (Jel 2:10), megtér bűneiből (Jel 2:16), megtartja azt, ami nála van (Jel 2:25), vigyáz (Jel 3:3), figyel arra, hogy tagjai ne fertőztessék meg ruháikat (Jel 3:4), megőrzi Krisztus szavát, és nem tagadja meg nevét (Jel 3:8). Ma nem sok ilyen egyház van.

Ezekből a részekből nyilvánvaló, hogy nem minden egyház egyenlően tiszta. Azok az egyházak, amelyeket Krisztus a Jelenések 2–3-ban megszólít, sokfélék. Volt, amelyikre Krisztusnak nem volt panasza, de olyan is, amelyet pusztulással fenyegetett. Azonban még mindig *egyházként* szólítja meg őket. Ugyanez a helyzet Korinthussal is, annak minden problémájával együtt. Mindezt nekünk is szem előtt kell tartanunk, mert ez azt jelenti, hogy amikor az igaz egyházat keressük, nem egy *tökéletes* egyházat kell keresnünk. Amíg a világban és Isten népében jelen van a bűn, nem találhatunk tökéletes egyházat.

Egyetlen egyház vagy felekezet sem állíthatja, amit Róma vagy néhány protestáns egyház mond, hogy ők alkotják Krisztus *egyetlen* igaz egyházát. Jézus Krisztus egyháza számos, többé-kevésbé tiszta és igaz egyházban megjelenik egy bizonyos szinten. Ha elfelejtjük, hogy a földi egyházban vannak hiányosságok, úgy dönthetünk, hogy *nem* csatlakozunk egyetlen egyházhoz sem. Ez azonban ellentmondana a Zsidók 10:24–25-nek, amely így szól: *„És ügyeljünk egymásra, a szeretetre és jó cselekedetekre való felbuzdulás végett, el nem hagyván a magunk gyülekezetét, a miképen szokásuk némelyeknek, hanem intvén egymást annyival inkább, mivel látjátok, hogy ama nap közelget."*

Mindazonáltal Krisztusnak a Jelenések 2–3 egyházaihoz szóló szavai egyértelművé teszik, hogy akár egy egyház tagjai szeretnénk lenni, akár teljesíteni akarjuk az egyháztagsággal járó kötelességeket, tisztaságra, igazságra és hűségre kell törekednünk az ő nevéért.

5.22. Az igaz egyház jelei

Krisztus ígéretéből nyilvánvaló, hogy Krisztus igaz egyháza *megtalálható* a világban: *„ezen a kősziklán építem fel az én anyaszentegyházamat, és a pokol* *kapui sem vesznek rajta diadalmat"* (Mt 16:18). De hol és hogyan találhatjuk meg ezt az igaz egyházat, hogy a Zsidók 10:25-nek engedelmeskedve csatlakozzunk ahhoz?

A tagság kérdése sürgető annak fényében, hogy az igaz egyházat nem csak egyetlen egyház vagy felekezet képviseli, amint azt megmutattuk. A ma elérhető különböző egyházak és felekezetek sokaságát látva melyikhez kell csatlakoznunk? A felelet, hogy ahhoz az egyházhoz kell csatlakoznunk, amelyik Krisztushoz a leghűségesebb, így tanításában, életében és gyakorlatában a legtisztább – bár sosem tökéletesen tiszta.

Az említett okok miatt beszélünk az *igaz egyház jeleiről.* Ezek olyan jelek, amelyek megmutatják egy egyházról, hogy mennyire hűséges Krisztushoz és az ő Igéjéhez. Egy egyház olyan mértékben része Krisztus igaz egyházának, amilyen mértékben jelen vannak ezek a jelek. Minden úgynevezett egyház, amely nélkülözi ezeket a jeleket, hamis egyházzá, a *Sátán zsinagógájá*vá lett (Jel 2:9).

E *jelek* számáról és természetéről van némi vita. A *Belga Hitvallás* az Ige tiszta hirdetését, a sákramentumok Krisztus parancsa szerint történő kiszolgáltatását és az egyházban hűségesen gyakorolt keresztyén egyházfegyelmet említi (Mt 16:18–19; 28:19–20; 1Kor 11:23–34).[5] Némelyek a harmadik jelhez hozzáteszik a biblikus istentiszteletet, vagy kicserélik rá. Mindazonáltal nyilvánvaló, hogy ezeket egy jelben lehet összefoglalni: az egyházban *mindent* a Krisztusnak való engedelmességben kell tenni. Ahogyan a *Belga Hitvallás* fogalmaz, az igaz egyház ott van, ahol *„mindent Isten tiszta Igéje szerint intéznek, minden azzal ellentétest elvetnek, és Jézus Krisztust az egyház egyetlen Fejeként ismerik el".*[6]

Akár egy, akár több jelről beszélünk, bizonyos dolgok azért az igaz egyház jelei, mert *Krisztus jelenlétét* jelzik az egyházban. Ez a lényeg. Ha Krisztus nincsen jelen (Jel 1:12–13; 2:5), akkor hiábavaló mindaz, amit az egyház tesz, és értelmetlen a tagság. Nem is nevezhetjük *egyháznak,* ha Krisztus nincsen ott.

A fentiekre gyermeknevelésünk tekintetében is figyelemmel kell lennünk. Ha egy bizonyos egyházban alig találhatóak meg Krisztus jelenlétének

---

[5] *Belga Hitvallás* 29. cikkely
[6] *Belga Hitvallás* 29. cikkely

jelei, akkor ott milyen reménységünk lehet gyermekeinkre nézve? Egyedül Krisztus képes üdvözíteni őket és megmutatni nekik az utat az ő jelenléte által. Leginkább az evangélium hirdetésében látható, hogy az igaz egyház jelei Krisztus jelenlétét mutatják. Ha megfelelően végzik, akkor az igehirdetésben *maga Krisztus beszél az egyházban* (Jn 10:27; 1Kor 1:23–24; Ef 2:17). A tiszta, biblikus igehirdetés ezek szerint Krisztus jelenlétének bizonyítéka. Ugyanez igaz a sákramentumokra és az egyházfegyelemre is.

Hangsúlyoznunk kell, hogy ezek *Krisztus* jelenlétének jelei. Az egyházhoz nem annak tagjai, azok kegyes életmódja vagy barátságossága miatt csatlakozunk, bár ezek is fontos dolgok. Azért csatlakozunk az egyházhoz, hogy kövessük Krisztust, az egyetlen Megváltót és lelkünk Felvigyázóját.

5.23. Az evangélium

Az egyház nagy, sőt *egyetlen* feladata az evangélium hirdetése. Bizonyosan ez a *missziói parancs* lényege a Máté 28:19-ben is. Azt azonban már csak kevesen tudják, hogy mi is az evangélium. Az *evangélium* szó szerinti jelentése *jó hír*, vagy a Krisztus születését kihirdető angyal szavaival élve *nagy öröm*. Valóban, az evangélium tartalma a legjobb hír, amelyet ebben a bűnnel terhelt világban valaha hallhattunk. Jó hír, mert Isten ingyen és szuverén kegyelméből való üdvösségről beszél.

Mégis sokan megváltoztatják az evangélium üzenetét, és így az már nem lesz *jó hír*. Tévedéseik miatt az evangélium már nem jobb hír, mint a napilapokban olvasható hírek. Ez különösen igaz azokra, akik az evangéliumot úgy torzítják el, hogy az üdvösséget az ember saját cselekedeteitől teszik függővé. A cselekedetekből való üdvösség rossz hír, mivel a Biblia biztosít minket afelől, hogy minden saját cselekedetünk rossz (Zsolt 14:1), és igazságunk csak olyan, mint a *megfertőztetett ruha* (Ézs 64:5).

Az evangélium többé nem jó hír, ha maga az üzenet vagy annak átadási módja arra utal, hogy az üdvösség a bűnös akaratán, választásán és döntésén múlik. Ez szörnyű hír a hozzánk hasonló változékony, ingadozó, vonakodó, engedetlen teremtményeknek (Jn 5:40; 6:44; 8:44).

Hasonlóan nyugtalanító hír az a tanítás, amelyet sokszor evangéliumként mutatnak be, miszerint Krisztus mindenkiért meghalt, és Isten mindenkit kivétel nélkül szeret, és üdvözíteni akar. Aligha jó hír az a tanítás, hogy Krisztus mindenkiért meghalt, ha egyesek végül a pokolra kerülnek, noha Krisztus állítólag meghalt értük. Ismét nem jó hír a tanítás, hogy Isten mindenkit szeret és üdvözíteni akar, mivel egy olyan Istenről beszél, aki nem tudja megtenni, vagy nem teszi meg, amit akar. Ha némelyek a pokolra kerülnének azok közül, akikért Krisztus meghalt, az minden bizalmunkat lerontaná Krisztusban. Ha Isten mindenkit üdvözíteni szeretne, de ezt nem tudná megtenni, az minden bizalmunkat lerontaná Istenben.

Az a gyakorlat is helytelen, hogy elkerülünk egyes igazságokat, mint amelyek nem alkalmasak az evangélium hirdetéséhez. Számos probléma adódik ezzel a gyakorlattal. A *teljes* Írás evangélium. Nincs különbség a Szentírás igazságainak tanítása és az evangélium hirdetése között. Ezt mutatja meg a Máté 28:19: *„Elmenvén azért, tegyetek tanítványokká* [KJV: *tanítsatok* (A ford. megj.)] *minden népeket"*, vagy az apostolok példája a Cselekedetek 2, 7, 13 és 17-ben, ahol a bibliai történetírást, tanítást, költészetet és próféciát mind evangéliumként hirdetik és ahol minden tanítás megtalálható attól kezdve, hogy Isten szuverén a gonoszok felett, egészen a teremtés és a gondviselés tanáig. A Szentírás *bármely* igazsága jó hír Isten népe számára, mert üdvösségük Istenéről beszél.

Nem kevésbé nyugtalanító az a gyakorlat, hogy az evangéliumot néhány igazságra zsugorítjuk, és ezt újra meg újra hirdetjük egy esti evangélizációs alkalmon, minden héten másik textushoz ragasztva, és a jelenlévő vagy jelen nem lévő meg nem tértekhez címezve.

Egy olyan igehirdetés, amely csak a meg nem tértekhez szól, nem biblikus. Isten egész népének szüksége van az Írás *minden* igazságának hallására. A hívőket újra meg újra bűnbánatra és hitre kell hívni, amíg ebben a világban vannak, ugyanúgy, mint a meg nem térteket. Vigasztalni kell őket a Szentírás ígéreteivel, inteni annak figyelmeztetéseivel és tanítani drága igazságaival. Bárcsak Isten helyreállítaná az egyházakban az ilyen igehirdetést!

5.24. Az igehirdetés

Mi az igehirdetés? Vajon csak a tanítás egyik fajtája, azzal a különbséggel, hogy a Bibliát tanítja? Ha pedig csak a tanítás egyik fajtája, akkor miért hangsúlyozza a Szentírás olyan nagyon a fontosságát? Valójában az igehirdetés egyedi dolog. Annak megértéséhez, hogy az igehirdetés miért létfontosságú, azt is látnunk kell, hogy valójában mi az, és miért egyedi. A Biblia sok mindent mond az igehirdetésről, különösen azokkal a görög szavakkal, amelyeket az Újszövetség az *igehirdetésre* használ.

Az egyik ilyen szó azt árulja el nekünk, hogy mi az igehirdetés *tartalma*. Ez valójában az a szó, amelyből a magyar *evangélizál* szó származik, és azt jelenti, hogy *jó hírt hoz*. A másik szó, amelyet most vizsgálni fogunk, azt mutatja meg, hogy miről is szól maga az igehirdetés. Ez a szó lefordítva azt jelenti, hogy *hírvivőnek lenni*. Azonban nem akármilyen hírvivőről van szó, hanem arról, akit egykor *futár*nak neveztek. Ez egy olyan hírvivő volt, akit egy király vagy egy nagy uralkodó küldött el, hogy egy bizonyos üzenetet vigyen el a nép számára *magának a királynak a szavaival*. A futár nem egészíthette ki azt, nem hagyhatott ki semmit, és nem *értelmezhette* az üzenetet. Egyszerűen ezt kellett mondania: „Így szól a király!" Ily módon nagyon hasonló volt egy mai nagykövethez (2Kor 5:20; Ef 6:20).

Az igehirdetésre alkalmazva a *követ* szó azt tanítja, hogy bárkit, aki igét hirdet, a királyok Királyának, Krisztus Jézusnak kell *meghatalmaznia*, vagyis elküldenie. Senkinek nincs joga igehirdetőnek kineveznie önmagát, vagy magától elkezdeni a munkát. Még Krisztus sem tett így (Zsid 5:5). Ha egy ember önmagát állítja be az igehirdetői szolgálatba, akkor üzenetének nincsen hivatalos súlya, és senki nem köteles őt hallgatni. Ezt egy példával szemléltethetjük. Magánszemélyként lehet valamennyi tudomásom a kormányom terveiről, és egy idegen országban magamra vállalhatom azt a feladatot, hogy tájékoztassam az ottani kormányt saját országom szándékairól. Még ha minden részében pontosak is az információim, akkor sincs tekintélye annak, amit mondok, és senki nem köteles figyelni rá. Csak akkor köteles figyelni az idegen kormány, ha egy nagykövet vagy a kormány valamely más hivatalos képviselője viszi el az üzenetet.

Így a Szentírás azt mondja nekünk, hogy azoknak, akik prédikálnak, *el kell küldetniük* (Rm 10:15). Ha nem küldte őket senki, akkor senkinek nem kell figyelnie arra, amit mondanak. Ezt a küldést *a Szentlélek* teszi *az egyházon keresztül*, az ordináció (beiktatás) vagy a kézrátétel által, amint a Cselekedetek könyve világosan megmutatja Pál apostol esetében (Csel 13:1–3).

Ez azt is jelenti, hogy a lelkipásztor nemcsak Isten felé felelős, hanem az őt küldő egyház vagy egyházak felé is (Csel 14:27). Az elhívás mindig elszámoltathatóságot jelent. Ahogyan Krisztus az egyházat használja egy lelkipásztor elküldésére, ugyanúgy az egyházat használja arra is, hogy számonkérje a lelkipásztoron az általa hozott üzenetet.

Ezekért hisszük, hogy szükséges a törvényes igehirdetői szolgálat, és nem biblikus a *laikus igehirdetés*.[7] Azok az emberek, akiket senki nem küldött, és akik senki felé nem számoltathatóak el, nem igazi követei vagy futárai Krisztusnak.

5.25. Krisztus és az igehirdetés

A legfontosabb, amit a Biblia az igehirdetésről tanít, hogy abban Isten népe magának Krisztusnak a szavát hallja. A János 10:27-ben Jézus azt mondja nekünk, hogy hallanunk kell és halljuk is az ő szavát. Más szakaszokból is világos, hogy az *igehirdetésben* halljuk az ő szavát (Rm 1:16–17; 10:13–14; 1Kor 1:18, 23–24; Ef 2:17). Példának okáért jegyezzük meg, hogy az Efézus 2:17-ben *Krisztus* az, aki jön, és békességet hirdet zsidóknak és pogányoknak

---

[7] A laikus igehirdetés azt jelenti, hogy az igehirdetői szolgálatot nem elhívott és beiktatott emberek végzik. (A ford. megj.)

egyaránt. Még az Ószövetségben is *Krisztus* Lelke volt az, aki szólt a próféták által (1Pt 1:10–11). Ez rendkívül fontos. Ha Krisztus nem szól az igehirdetés által, akkor soha senki nem üdvözül az evangélium hirdetése által. Egyetlen *ember* szava sem vádolhatja és vezetheti bűnbánatra a bűnösöket. Ezt csakis Krisztus szava teheti meg. Senkinek nincs hatalma a bűnösök megtérítésére és Istenhez vezetésére, csakis Krisztusnak (Jn 10:27).

Mivel Krisztus az igehirdetésen keresztül szól és hallatja hangját, ezért az evangélium Isten hatalma az üdvösségre (Rm 1:16). Valóban, az evangélium maga *Krisztus*, Isten hatalma és Isten bölcsessége (1Kor 1:23–24). Az evangélium mindig jelenlévő kettős hatását is megmagyarázza, hogy Krisztus beszél általa. Üdvözít, de meg is keményít. Az élet illata, de a halálé is (2Kor 2:14–16). Senki nem jöhet olyan közel Krisztushoz, hogy meghallja az ő hangját, és közben semleges maradjon. Isten kegyelméből szeretni fogja és mindig hallani szeretné a hangját, vagy meggyűlöli azt, és bezárja előtte füleit és szívét (Ézs 6:9–10). Amikor az emberek hitetlenségük miatt megbotránkoznak, akkor Krisztuson botránkoznak meg. Ő a megütközés köve és a botránkozás sziklája,[8] nem pedig az igehirdető, legalábbis ha az evangéliumot helyesen hirdeti.

Mindazonáltal néhány dolognak teljesülnie kell ahhoz, hogy Krisztus hallható legyen az evangélium hirdetésében. Először is *egyedül az Írást* szabad hirdetni. Ez, és csak ez Krisztus Szava az ő népéhez. Az anekdoták, a viccek, a szórakoztatás vagy az igehirdető saját gondolatai legyenek bármilyen értékesek, az igehirdetésben haszontalanok. *Egyedül az Igét* szabad hirdetni.

Másodszor az igehirdetésnek *igemagyarázónak* kell lennie. Másként szólva az *Igét* kell hirdetni. Manapság sok igehirdetés *nem* igemagyarázó. Néhány jó gondolatot szőnek egy bibliai textus köré, de magát a Szentírást sosem magyarázzák, és a választott szakaszt nem fejtik ki.

Harmadszor, amint már korábban is mondtuk, az igehirdetőnek el kell küldetnie (Rm 10:15), azaz Krisztus egyházának fel kell hatalmaznia és hivatalba kell állítania (Csel 13:1–4 – vegyük észre, hogy az egyháztól való küldetést a 4. vers a Szentlélektől való küldetéssel azonosítja). Ha az igehirdető

---

[8] Ézs 8:14; Rm 9:33; 1Pt 2:7 (A ford. megj.)

nincs elküldve, akkor sem neki, sem hallgatóságának nincs semmi biztosítéka arra, hogy Krisztus használni fogja és rajta keresztül beszél. Mi a haszna akkor az igehirdetésnek?

Bárcsak Isten megadná, hogy Krisztus szavát újra meghallják az egyházakban!

5.26. A keresztyén egyházfegyelem szükségessége

A keresztyén egyházfegyelem szinte teljesen hiányzik a mai egyházból. Ritkán hallunk arról, hogy valakit kiközösítenek az egyházból. Ez legfeljebb valami nagyon súlyos bűn miatt történik meg, de az embereket még ezekért sem mindig fegyelmezik meg. A nem keresztyén módon élő emberek az egyház tagjai maradnak. A hitetlenek egyházi tisztségeket viselnek. A lelkipásztorok hirdethetnek mindent, illetve bármit, akármennyire is nem biblikus. A bűnt, a hitetlenséget, a visszaesést és az engedetlenséget alig-alig büntetik meg.

Ez különösen igaz sok olyan dologban, amely „apró" bűnnek számít, de meglehetősen romboló, ha az egyházban elmulasztják annak feddését és akadályozását. Szokatlan dolog lenne, ha megfeddnék az olyan bűnöket, mint a másokról való gonosz beszéd és pletyka, vagy bűnnek neveznék az olyan vétkeket, mint az irigység, a gyűlölet és a viszálykodás, miközben ezek mind az egyházban, mind Isten szolgálatában pusztítóak (Péld 26:17–28; Mt 5:21–24). Ezek a szőlőket elpusztító rókafiak (Én 2:15).

Az egyházfegyelem hiányának a következménye, hogy a bűn annak minden romboló erejével virágzik és növekszik az egyházban, míg végül az egyház romba dől. Amikor az Ige a korinthusi egyház bűneiről beszél, akkor arra emlékeztet minket, hogy *„egy kicsiny kovász az egész tésztát megposhasztja"* (1Kor 5:6). Még az első szeretet hiánya is azt a fenyegetést hozta az efézusi egyházra, hogy Krisztus elmozdítja gyertyatartóját, pedig minden más rendben volt (Jel 2:1–7).

A keresztyén egyházfegyelem az úrvacsorától való eltiltásban és a kiközösítésben éri el a csúcspontját. Miközben az ilyen eljárás nem kellemes, mégis nagyon fontos az egyház biztonsága és egészsége szempontjából, így gyakran beszél róla a Szentírás (Mt 18:15-17; 1Kor 5:1-13; 2Thessz 3:14-15; 1Tim 1:19-20; Jel 2:2).

A Biblia úgy írja le a kiközösítést, mint átadni valakit a Sátánnak (1Kor 5:5; 1Tim 1:20), és kizárni őt a közösségből (Mt 18:17, 2Thessz 3:14), különösen az úrvacsorai közösségből (1Kor 5:11, 13). Legalább néhány esetben magában foglalja a vétkesek valóságos bírói tárgyalását is (Jel 2:2).

A keresztyén egyházfegyelem olyan szélsőséges intézkedéseket is tartalmaz, hogy valószínűleg ez az oka annak, hogy ritkán hajtják végre. Mindazonáltal nemcsak az egyház egészsége, hanem a bűnös üdvössége miatt is nagyon fontos. Miután az 1Korinthus 5:5 a lehető legerősebb kifejezésekkel írta le az egyházfegyelmet, azt is kifejti, hogy a fegyelmezés fő célja *a testnek veszedelme* és a lélek megtartása az Úr Jézusnak ama napján (vö. 2Thessz 3:14). Így az egyik református hitvallás úgy beszél a kiközösítésről, mint az *utolsó orvosságról.*[9]

Az egyházfegyelem azonban nem csupán a kiközösítést jelenti. *Minden* tag részéről *éberséget és feddést* igényel. A Máté 18 azt tanítja, hogy az egyháznak mint egésznek nem is kell foglalkoznia az üggyel, hacsak a bűnével szembesített bűnös nem hajlandó megbánni azt. Meg vagyunk győződve arról, hogy a formális egyházfegyelemre és az egyházból való kizárásra nem lenne nagy szükség akkor, ha az egyháztagok hűségesen teljesítenék ezeket a kötelességeiket.

5.27. A keresztyén egyházfegyelem módja

Mivel a keresztyén egyházfegyelem ilyen komoly dolog, az Ige körültekintően szabályozza azt, különösen a Máté 18-ban. Ezek a szabályok létfontosságúak. Már beszéltünk arról, hogy az egyházfegyelem rendszerint egy *személyes intéssel* kezdődik. Ha valaki vétkezett ellenünk, vagy megbotránkoztatott minket,

---

[9] *Form for Excommunication* [A kiközösítés rendtartása]. *The Confessions and the Church Order of the Protestant Reformed Churches* [A Protestáns Református Egyházak hitvallásai és egyházi rendtartása]. Grandville, Michigan, USA, Protestant Reformed Churches in America, 2005. 276.

akkor oda kell mennünk hozzá, hogy rámutassunk bűnére, és nem szabad *rögtön* az egyház elé vinni az ügyet.

Ezzel a személyes fegyelmezéssel kapcsolatban oda kell figyelnünk néhány szempontra. Először is, amikor a bűnnel személyesen foglalkozunk, azt a bűnösnek kell megmondanunk, *nem mindenki másnak*. Ha mindenkinek elmondjuk mások bűnét, az maga az árulkodás vagy pletykálkodás bűne, amely halálos gonoszság az egyházban (Péld 26:20–26). Ezért szól így Jézus a Máté 18:15-ben: *„Dorgáld meg őt négy szem között."*

Másodszor elsősorban annak az embernek a kötelessége a vétkezőhöz odamenni, *aki ellen az illető vétkezett* (Mt 18:15). Kevélységünkben és haragunkban túl gyakran várunk az ellenünk vétkezőre, hogy hozzánk jöjjön, és az eredmény az, hogy nem békülünk ki vele.

Harmadszor a bűn miatti feddésnek alázatban és szeretetben kell végbemennie. A Máté 18-ban Jézus a vétkes, hívő társainkat *atyafiak*nak nevezi. A 2Thesszalonika 3:15 szerint még a kiközösített embert is *atyafiként* kell inteni. Túl gyakran azért nem sikerül egy testvért megnyerni, mert nem a *megfelelő módon* mutatunk rá a bűnére.

Csak ha a bűnös nem fogadja el az intést, és nem bánja meg a bűnét, akkor hozhatjuk mások tudomására az ügyet, de akkor *sem* szóbeszéd formájában. A bűnöst tanúk jelenlétében kell felkeresni (Mt 18:16; 4Móz 35:30), akiknek szintén kötelességük meginteni őt, ha meggyőződtek vétkességéről (Mt 18:17).

Csak akkor kell a hivatalba állított presbitereken keresztül működő egyház elé vinni az ügyet, ha a bűnös továbbra sem bánja meg a bűnét. Ekkor, a legvégső esetben kiközösítik mind az elkövetett bűnért, mind a bűnbánat elutasításáért. Ez a kiközösítés – amint azt maga a szó is sugallja – az Úr asztalától való eltiltást, végső soron pedig az egyháztagság és a közösség megszűnését jelenti.

Azt is érdemes megjegyezni, hogy a Szentírás *több* intésről beszél, nem csupán egyről. A szeretet megköveteli, hogy minden lehetőséget megadjunk a bűnbánatra. Az intésben amennyire csak lehet, kímélnünk kell a bűnöst, különösen ha bűnbánatot tart (2Kor 2:5–8). A Szentírás ezért azt mondja, hogy a szeretet elfedezi a bűnt. Nem úgy rejti el, hogy nem is törődik vele, hanem ha lehet, akkor megkíméli a bűnöst a felesleges szégyentől és gyalázattól (Jak 5:19–20).

Mindazonáltal néhány esetben a Szentírás jelzi, hogy a bűnt azonnal és nyilvánosan meg kell feddeni. Így tett Pál Péterrel (Gal 2:11–14), valószínűleg Péternek az egyházban való kiemelkedő helye miatt. Az 1Timótheus 5:20-ban két esetről olvasunk: ha egy ember mindenki előtt, azaz nyilvánosan vétkezett, és ha egy ember az egyház vezetője (Pál itt kifejezetten a presbiterekről beszél).

Ilyen módon rendeződik a bűn az egyházban, és nem fogja azt pusztítani. Szent Istenünkre nem hozunk gyalázatot, hanem dicsőítjük az egyházban, és a bűnösök üdvözülni fognak.

5.28. A sákramentumok

Miután szóltunk az igehirdetésről és az egyházfegyelemről, most elérkeztünk a sákramentumok (szentségek) nehéz témájához. Egyrészt nyugtalanító, hogy az egyház megosztottságának fő okai közé tartoznak azok a sákramentumok, amelyeket Krisztus az egyház egységének jeléül rendelt. Másrészt a sákramentumokban összpontosul majdnem minden, amit egy egyház hisz, így nem meglepő, hogy ezek jelzik az egyházak és a keresztyének közti megosztottságot. Nem azért beszélünk a sákramentumokról, hogy előmozdítsuk a szakadásokat, hanem azzal a reménnyel és imádsággal, hogy egység legyen az igazságban.

Mik a sákramentumok? A *sákramentum* szó eredete egy olyan latin szó, amely *eskü*t jelent.[10] Ugyan nem található meg a Szentírásban, mégis ezt használjuk, mivel mindegyik sákramentum egy látható, kézzel fogható (megérinthető) ígéret vagy eskü Krisztustól az ő egyháza részére. A *sákramentum* szót bizonyos szertartásokra használjuk, amelyeket Krisztus különleges módon adott az ő egyházának, hogy megerősítse a neki való ígéreteit. Ezeket a szertartásokat az egyházban Krisztus visszajöveteléig kell használni (Mt 28:19–20; 1Kor 11:26).

---

[10] A szó elsődleges jelentése *biztosíték*, de *eskü*t is jelent. (A ford. megj.)

Ezek a szertartások vagy ceremóniák jelképek vagy jelek. Ez nyilvánvaló abból, hogy Jézus az úrvacsorai kenyeret úgy nevezi, hogy *az én testem*, a poharat pedig úgy, hogy *„amaz új szövetség az én véremben"* (Lk 22:19–20). Mivel a kenyér és a pohár nem lehetnek szó szerint ezek, amint azt remélhetőleg a következőkben világossá válik, ezért szükségszerűen Krisztus testének és vérének *jelei*. Ugyanezt látjuk a keresztségben is. A Szentírás a vízzel való keresztséget és a bűnök Krisztus vérével való lemosását ugyanazzal a névvel illeti. A jel és a lelki valóság neve ugyanaz: *keresztség* (vö. Csel 2:41 és 1Pt 3:21). Ezeket a jelképeket és jeleket hitünk segítségéül kaptuk (Bír 6:36–40; Lk 1:18–20; 2:12). Ezek kétféleképpen segítik hitünket: kiábrázolják a láthatatlan, a lelki valóságot, és tökéletes Megváltóként mutatnak Krisztusra. Szükségünk van rájuk, mert hitünk gyakran gyenge, és úgy kell hinnünk, hogy nem látunk (Jn 20:29; 2Kor 5:7).

Hisszük, hogy folytonosság van a körülmetélés és a keresztség, illetve a páska és az úrvacsora között, és így a sákramentumokra *pecsétként* is tekintünk (Rm 4:11). Valóban, ha jelek, akkor pecséteknek is kell lenniük, mert a jelek mindig megerősítenek vagy megpecsételnek valamit.

Pecsétként a sákramentumok nemcsak úgy működnek, hogy a hívők számára kiábrázolják a lelki valóságokat, és megtanítanak nekünk bizonyos dolgokat, hanem úgy is, hogy *megerősítik és megszilárdítják a hitünket*. A sákramentumok úgy erősítik meg a hitünket, hogy a keresztségben bizonyossá tesznek afelől, hogy amilyen valóságosan a víz megmossa testünket, úgy mossa meg Krisztus vére a lelkünket; az úrvacsorában pedig arról, hogy amilyen bizonyosan táplál és frissít minket a kenyér és a bor, úgy Krisztus a lelkünknek napról napra étele, itala és élete.

A sákramentumok tehát Isten jóságának és irgalmának csodálatos, figyelemre méltó bizonyságai, aki nem vet meg minket, hanem erőtlenségünkben támogat. Ezért a sákramentumok szükségesek, és a velük való élés Istenbe vetett bizalmunkat erősíti.

5.29. Két sákramentum

Miért van két sákramentum, és miért csak kettő? Választ kell adnunk erre a kérdésre, mert a római katolikus tévtanítás hét sákramentumról (szentségről) beszél, és egyes protestáns csoportok hajlamosak olyan dolgokat, mint a lábmosás, a kígyók felvevése vagy más szertartások az egyházban olyan helyre emelni, ahol egyenlők lesznek a sákramentumokkal.

Honnan tudjuk, hogy valami sákramentum? A válasz az, hogy egy *jelképes szertartásnak* kell lennie, amelyet maga Krisztus parancsolt, és az apostolok parancsa vagy gyakorlata megerősített. Erre úgy utalunk, mint a sákramentumok *szereztetésé*re. Ez kizárja a lábmosást, amelyet Krisztus ugyan megtett, de nem parancsolta meg egyházi szertartásként, és az apostolok parancsa vagy példája sem erősíti meg.

Egyértelmű, hogy a Róma által hozzátett sákramentumok nem teljesítik jobban a fentebb említett feltételeket, mint a lábmosás. A gyermekek bérmálása, a bűnbánat szentsége (gyónás), valamint az egyházi rend semmit sem jelképeznek, és az olyan gyakorlatokat, mint a végső szertartásokat (az utolsó kenetet) és az egyházi rendeket sem Krisztus, sem az apostolok nem parancsolták. A házasság pedig jelképes ugyan, de sem Krisztus, sem az apostolok nem követelték meg egyházi sákramentumként (1Kor 7:1, 6–8, 25–27, 32–34).

Mindez azonban nem válaszolja meg a kérdést: Miért két szentség? És még pontosabban: Miért ez a kettő – a keresztség és az úrvacsora? Feleletet kell adnunk erre a két kérdésre, hogy hasznosabban élhessünk a sákramentumokkal. Magukban a szentségekben keresendő annak az oka, hogy csak két sákramentum van. Együtt jelképezik *teljes* keresztyén életünket. A keresztség jelképezi Isten szövetségébe és az üdvösségbe való *belépésünket,* valamint annak *módját.* Az úrvacsora jelképezi az életünket ebben a szövetség*ben*, ahogyan élvezzük és megéljük üdvösségünket, amelyet Krisztus ingyen adott nekünk. Nincs tehát szükség vagy hely más sákramentumok számára, mert semmi mást nem kell jelképezni.

A sákramentumokkal kapcsolatban csodálatos, hogy keresztyén életünk e két nézőpontjának kiábrázolásában egységes bizonyságtételt adnak

Krisztusról. Együtt hirdetik, hogy mindenünk tőle, rajta keresztül, általa és őbenne van – nélküle semmik vagyunk és semmink nincs. Együtt arról beszélnek, amit Péter mond a Cselekedetek 4:12-ben: *„És nincsen senkiben másban idvesség: mert nem is adatott emberek között az ég alatt más név, mely által kellene nékünk megtartatnunk."* A sákramentumok bizonyságtétele ugyanaz, mint Pálé az Efézus 1:3-ban: *minden* lelki áldásunk *Krisztusban* van.

A sákramentumok arról beszélnek, hogy Krisztus halála és vére központi jelentőségű. A keresztség arra emlékeztet, hogy az ő vére és áldozata által kezdjük meg a keresztyén életet. Az úrvacsora hozzáteszi, hogy miután egyszer beléptünk az Istennel való közösségbe, Krisztus vére és áldozata által élünk és mozgunk, illetve abban van lelki létezésünk, erőnk és táplálékunk. Számunkra Krisztus áldozata minden.

Milyen csodálatos ajándékokat adott nekünk Isten a sákramentumokban! Ne éljünk azokkal gondatlanul vagy hitetlenül!

5.30. A keresztség szimbolizmusa

Kissé félve kezdünk neki a keresztség tanulmányozásának annak ismeretében, hogy a keresztyének között nagy különbségek állnak fenn eme fontos téma értelmezésében. Miközben nem szeretnénk megbántani a baptista meggyőződésűeket, hisszük, hogy a Szentírás bizonyságtétele világos. Csak arra kérjük őket, hogy hallják meg, amit mondanunk kell.

Először tehát a keresztség *szimbolizmusával* foglalkozunk. Nem hisszük, hogy a keresztség vizének önmagában bármiféle hatékonysága vagy hatalma volna, ahogyan a római katolikusok, az anglikánok vagy a lutheránusok tanítják. A keresztség értéke abban a tényben rejlik, hogy ez egy *jelkép.*

Biztosak vagyunk benne, hogy mindenki egyetért azzal, hogy a keresztség vize Krisztus vérét jelképezi, és a víz használata (most egy kicsit félretéve a használat *módjának* kérdését) azt jelképezi, hogy Krisztus drága vére lemossa a bűnöket. Másként fogalmazva, a keresztség az üdvösség alkalmazását jelképezi a megigazításban (a bűneink terhének levétele) és a megszentelésben (a bűneink romlásának és szennyének elvétele). A keresztség tehát egyrészt bűneink bocsánatát jelképezi, ahogyan azt megigazításunkban és hit által megkaptuk, másrészt Isten munkáját, amely által az újjászületés és a megszentelés során szentté tesz minket.

Amint a keresztség az üdvösség alkalmazását jelképezi – azaz a megigazításban és a megszentelésben megmosattatást a bűneinkből –, úgy a víz sem csak Krisztus vérét, hanem Krisztus *Lelkét* is jelképezi. Ő az, akiben és aki által megmosattattunk (megkereszteltettünk) mind a bűnök bocsánatában, mind az azoktól való megtisztításban.

Ezért a Szentírás a Lélek ajándékát úgy írja le, mint keresztséget (Mt 3:11; Csel 1:5; 11:16; 1Kor 12:13). Ez egy keresztség, de csak abból az okból kifolyólag, hogy a Léleknek fontos szerepe van a bűnöktől való megtisztításban. Ő az, aki alkalmazza ránk Krisztus vérét mind a megigazításunkért, mind megszentelésünkért, és mivel ezt úgy teszi, hogy önmagát adja nekünk, ezért elmondhatjuk, hogy megváltásunkkor nemcsak *a vérben*, hanem a *Lélekkel* vagy a *Lélekben* is megkereszteltetünk.

Ennek fontos következményei vannak. Például ez a válasz a pünkösdi mozgalom tévedésére, amely szerint a Lélekben való keresztség valami pótlólagos, a megváltásunkat követő dolog. A Lélekben vagy Lélekkel való keresztség nem más, mint az üdvözülés. Ez világos a Szentírásból (Csel 2:38–39; Rm 5:1–5; 8:9; 1Kor 12:13 vö.: Jn 7:37–39; Gal 3:2; Ef 1:13–14).

Mindennek következménye van a keresztség *módjára* is. Ha a keresztség vize jelképezi *mind* Krisztus vérét, *mind* az ő Lelkét, akkor figyelembe kell vennünk, hogy a Szentírás mindkettőt változatlanul öntésként vagy meghintésként írja le. Ezt *A keresztelés módja* című szakaszban fejtjük ki részletesebben. Itt az a lényeg, hogy a keresztség gyönyörűen jelképezi a bűnöktől *Jézus Krisztus vére és Lelke által* való megmosattatást és az azok által való eltörlését, és így megmutatja, hogyan léphetünk be Isten szövetségébe: egyedül kegyelemből és egyedül Krisztus által.

5.31. A keresztség jele és valósága

Amikor a keresztségről beszélünk, mindenekelőtt meg kell figyelnünk, hogy az Újszövetség a *keresztség* szót két különböző módon használja. Ha ezt nem ismerjük fel, az könnyen félreértéshez és tévedéshez vezethet.

Az Újszövetség a *keresztség* szóval néha a sákramentumra vagy a szertartásra utal, amelyet *vízkeresztségnek* nevezhetünk (Mt 3:7; 28:19; Csel 2:38, 41; 1Kor 10:2). Ha pontosan akarunk fogalmazni, akkor a vízkeresztség nem az igazi keresztség, hanem csak a keresztség *jele*: olyan jelkép, amely egy láthatatlan, lelki valóságra mutat.

A jelképtől vagy jeltől eltérően a *keresztség valósága* a bűnöktől való megmosattatás Jézus Krisztus vére és Lelke által. Ez a valóság, amelynek a vízkeresztség csupán képe. Ha a keresztségről ilyen lelki értelemben szólunk, akkor teljesen helyén való azt mondani, hogy a keresztség üdvözít minket (1Pt 3:21).

Az Újszövetségben sok szakasz erről a lelki, üdvözítő valóságról beszél, nem pedig a vízkeresztség jeléről. Ezek közül a legkiemelkedőbbek: Róma 6:3-6; 1Korinthus 12:13; Galácia 3:27; Efézus 4:5; Kolossé 2:12 és mindazok a helyek, amelyek a Szentlélekben vagy a Szentlélekkel való megkereszteltetésről beszélnek. Ezek közül egyik sem a vízkeresztségről beszél. Ha ezt nem vesszük észre, mindenféle tévedésbe esünk, és nagyon rossz következtetéseket vonunk le, például hogy a *víz* üdvözít (1Pt 3:21), vagy a *víz* juttat minket a Krisztussal való közösségbe (1Kor 12:13).

A jel és a valóság közti különbség nyilvánvaló abból a tényből, hogy azok közül, akiket vízzel megkereszteltek, nem mindenki kapja a keresztség *valóságát*. Azok közül pedig, akiket nem kereszteltek meg vízzel, nem is mindenki veszíti el a keresztség lelki valóságát, amely által üdvözülünk. Mindazonáltal a kettő összekapcsolódik. Az egyik a másik jele vagy képe, és erről nem feledkezhetünk meg. Egy *Chicago* feliratú, Houstonba mutató jel csak félrevezető és megtévesztő lenne. A jelnek mindig a valóságra kell mutatnia ahhoz, hogy a segítségünkre szolgáljon. Ezért a jelnek egyeznie kell a valósággal, és a valóságnak is a jellel.

A *vízkeresztség* módjának kérdése bizonyos tekintetben megválaszolható, ha megvizsgáljuk a *lelki* keresztség módját. Ha az a kérdés, hogy miként kereszteltetünk meg Krisztus vére és Lelke által, akkor az Írás válasza, hogy meghintés vagy öntés által. Furcsa, sőt félrevezető lenne, ha a jel és a valóság nem egyezne ezen a ponton. Ugyanezért a valóságnak illeszkednie kell a jelhez. Miközben a kenyér *megevése* és a bor *megivása* is Krisztus halálát jelképezi, nem lehetnének annak jelei, hogy Krisztus áldozata *megtisztít* a bűntől. A jelnek is a megtisztításra kell utalnia.

Krisztus valóban azért adta nekünk a jelet, hogy segítsen a valóság megértésében és elhívésében. Szólhatnék így: „Vajon van-e bármi, ami tényleg lemoshatja az *én* bűneimet, mégpedig mindenestül? Ez túlságosan hihetetlen. Az én bűneim olyan nagyok, és olyan sok van belőlük." A keresztség jele azonban így szól: „Amilyen bizonyosan lemossa a víz a test szennyét, Krisztus vére olyan bizonyosan lemossa a bűnt." Ezzel bátorítja a Krisztusba és az ő áldozatába vetett hitemet.

5.32. A keresztség jelentése

Gyakran azt mondják, hogy az Újszövetségben a *keresztség* szó csak a *bemerítést* vagy *alámerítést* jelenti. Itt nem fogunk bele a keresztség módjának teljes részletezésébe, de a szavak rövid tanulmányozása megmutatja, hogy nem ez a helyzet. Ez a vizsgálódás meg fogja mutatni, hogy az Újszövetségben sok olyan szakasz van, ahol a *keresztség* szó nem jelenthet és nem is jelent *be-* vagy *alámerítést*. Ezért arra kérjük azokat, akik másként hisznek, hogy hallgassák meg álláspontunkat, és ne vádoljanak minket vakon azzal, hogy emberi hagyományokat követünk, amikor nem bemerítés által keresztelünk. A keresztelés nem jelent *bemerítést* a következő igék egyikében sem.

A Márk 10:38–39: „*Jézus pedig monda nékik: Nem tudjátok, mit kértek. Megihatjátok-é a pohárt, a melyet én megiszom; és megkeresztelkedhettek-é azzal a keresztséggel, a melylyel én megkeresztelkedem?"* Ez a keresztségről beszél, de itt értelmetlen bemerítésként gondolni a keresztségre. Jézus ezekben a versekben természetesen saját szenvedésére és halálára utal (ld. még Lk 12:50). Nem az a fő mondanivaló, hogy bemerült a szenvedésbe vagy a halálba. Az 1Korinthus 10:2: *„És mindnyájan Mózesre keresztelkedtek meg a felhőben és a tengerben."* Ez a vers arról beszél, hogy a zsidók Mózesre keresztelkedtek meg. *Nem* a felhőben vagy a tengerben, hanem a görögben szó szerint magába Mózes*be* keresztelkedtek be a felhő és a tenger *által*. Lehetséges-e, hogy e vers jelentése, hogy bemerültek Mózesbe? A *keresztség* szónak tehát valami mást kell jelentenie.

Az 1Korinthus 1:13: *„Vajjon részekre osztatott-é a Krisztus? Vajjon Pál feszíttetett-é meg érettetek, vagy a Pál nevére kereszteltettetek-é meg?"* Itt Pál az 1Korinthus 10:2-höz hasonlóan fogalmaz, és Jézus is hasonlóan szól a Máté 28:19-ben. Vajon mit jelenthet *bemerülni* az Atya, a Fiú és a Szentlélek *nevébe* vagy bármilyen más névbe?

Az 1Korinthus 12:13: *„Mert hiszen egy Lélek által mi mindnyájan egy testté kereszteltettünk meg, akár zsidók, akár görögök, akár szolgák, akár szabadok; és mindnyájan egy Lélekkel itattattunk meg."* Állíthatja-e azt Isten Igéje, hogy egy testbe *merültünk be?* Nehéz látni, hogy miként lehetne itt ez a helyes jelentés. Valójában itt maga az Ige nem bemerítésről, hanem ivásról beszél.

Azok az igeversek, amelyek a Szentlélekben vagy a Szentlélekkel való keresztségről beszélnek, nem bemerítésre, hanem a Lélek kitöltésére, kiáradására vagy a vele való meghintésre utalnak (Csel 1:5; 2:17–18). Nem merültünk be a Szentlélekbe.

Akkor tehát mit jelent a *keresztség* szó? Azt jelenti, hogy *két dolgot szoros kapcsolatba hozunk egymással, és így az egyik állapotát megváltoztatja a másik.* A szó semmit nem mond el arról, hogy *miként* jön létre ez a kapcsolat: meghintéssel, öntéssel, bemerítéssel vagy bármilyen más módon.

A Mózesbe való keresztelkedés, ahogyan az 1Korinthus 10:2-ben megjelenik, azt jelenti, hogy Izráel úgy lépett kapcsolatba vele, mint az Istentől rendelt, előképként szolgáló közbenjáróval. Így állapotuk rabszolgaságról szabadságra változott. Krisztus halállal való megkeresztelkedése nem azt jelentette, hogy belemerült a halálba, hanem a lehető legszorosabb kapcsolatba került azzal, és így megváltozott az állapota: először Isten bűnösnek tekintette értünk, majd megigazíttatott a mi számunkra.

Amikor a Róma 6:1-6 azt mondja, hogy Krisztus halálába és feltámadásába kereszteltettünk meg, akkor nem arról beszél, hogy valamilyen módon bemerültünk azokba az eseményekbe (bármit is jelentsen az), hanem hogy hit által kapcsolatba kerültünk halálával és feltámadásával úgy, hogy teljesen és örökre megváltozott a mi állapotunk. Ez a keresztség jelentése és valósága a hívők számára.

5.33. A keresztelés módja

Amikor a keresztelés módjáról beszélünk, nem akarunk senkivel szembefordulni, sem Krisztus egyházában megosztást kelteni. Legmélyebb vágyunk, hogy egységet láthassunk e kérdésben különösen azokkal, akik egyébként minden másban egyetértenek velünk.

Azonban sokszor azt halljuk, hogy a gyermekek meghintésének nincs bibliai alapja, és ez a gyakorlat egyszerűen egy római katolikus maradvány. Valóban sok olyan antikálvinista könyv érhető el, amelyek egyszerűen azt feltételezik, hogy ha egy egyház gyermekeket keresztel, akkor biztosan más dolgokban is téved.

A keresztelés módját illetően hisszük, hogy a meghintés gyakorlatának nemcsak helytálló, biblikus alapja van, hanem a Szentírás a keresztelésnek ezt az *egyetlen* módját ismeri el. Vizsgáljuk tehát meg ezt kicsit közelebbről!

Azzal a váddal szemben, miszerint a meghintés nem más, mint egy római maradvány, szeretnénk rámutatni arra, hogy ez egyáltalán nem érv. Ha mindent el kellene vetni a protestantizmus tanaiból, amit Róma is hirdet, akkor még a Szentháromság tanát is el kellene hagynunk. Ezenfelül a gyermekkeresztségre vonatkozó római liturgia a keresztséget kiszolgáltató személynek szóló útmutatásaiban így szól: *„Bemeríti* a gyermeket vagy *vizet önt arra."* Róma is bemerít. Félretehetjük tehát a római tanítással kapcsolatos úgynevezett érvet.

A meghintés vagy öntés biblikus alapját illetően úgy látjuk, hogy a bizonyíték félreérthetetlen. Az alábbiakban rámutatunk néhány tényre. Az Ószövetségben minden szertartásos keresztelés meghintéssel vagy öntéssel történt. A Zsidók 9:10-ből világos, hogy ezek valódi keresztségek, mert itt a görög Újszövetség a *keresztségek*, miközben az angol *King James (Authorized) Version* a *megmosások* szót használja (ld. még: 13., 19. és 21. versek).[11]

A Szentírás a Szentlélek keresztségét, amelyet a vízkeresztség jelképez, mindig a meghintéssel vagy az öntés kifejezésével írja le (Ézs 44:3; Ez 36:25; Jóel 2:28–29; Mal 3:10; Csel 2:17, 18; 10:44–45). A Szentírás Krisztus vérének ránk való alkalmazását, amelyet a keresztség vize jelképez, ugyanígy mindig a meghintéssel írja le (Ézs 52:15;[12] Zsid 10:22–23;[13] 12:24; 1Pt 1:2).

Az Ószövetség kiemelkedő, előképszerű keresztségei, amelyeket az Újszövetség nevez keresztségeknek (1Kor 10:2; 1Pt 3:20–21), nem bemerítéssel történtek. Sőt, ezekben az előképszerű keresztségekben bemerítkeztek a fáraó és hadserege, valamint a Noé napjaiban élő istentelen világ merítkezett be. Ugyanígy az istentelenek fognak bemerülni a tűz tavába. Hisszük, hogy a bemerítés az ítélet, nem pedig az üdvösség kiábrázolása.

5.34. Az etióp eunuch és Jézus megkeresztelése

A keresztség módjának tanulmányozását folytatva most az etióp eunuch (Csel 8) és Jézus (Mt 3; Mk 1) megkeresztelését szeretnénk megvizsgálni. Általában ezeket tekintik a Szentírásban a bemerítés általi keresztség legvilágosabb példáinak.

Az eunuch megkeresztelése. Általában azt feltételezik, hogy a Cselekedetek 8:38–39-ben az a két kifejezés, hogy *leszálltak a vízbe* és *feljöttek a vízből*, az eunuch *keresztségét* írja le, illetve azt, hogy bemerítkezett. Két probléma van ezzel a nézettel. Az egyik, hogy az eredeti szövegben használt prepozíciókból (a magyarban a *-be* és *-ből* toldalék, a görögben az *eisz* illetve az *ek* prepozíció)

---

[11] A Károliban a *mosakodások* kifejezést olvassuk. (A ford. megj.)
[12] A KJV szerint: *„Így meg fog hinteni sok népet."* (A ford. megj.)
[13] A Zsid 10:22 a KJV szerint: *„szívünk meg van hintve a gonosz lelkiismerettől."* (A ford. megj.)

egyáltalán nem következik a bemerítés. Arra sem következtethetünk belőlük szükségszerűen, hogy bárki benne volt a vízben. Az *eisz* prepozíciót az Újszövetségben több különböző módon fordítják, ugyanígy az *ek* szót is.[14] Ha ezeket a különféle fordításokat behelyettesítjük ezekbe a versekbe, akkor azonnal kiderül, milyen nagy különbség van köztük. A lényeg, hogy ez a két szó egyáltalán nem a keresztelést írja le, hanem hogy mi történt közvetlenül a keresztelés előtt és után.

A Cselekedetek 8-ban használt két prepozíció nyilvánvalóan nem jellemezheti a keresztelést, mert mind az eunuchra, mind Filepre vonatkoznak. Ha egy bemerítéses keresztelést írnak le, akkor Filep magát is bemerítette, hiszen ő is *leszállt* a vízbe és *feljött* onnan. A szavak vagy mindkettejük bemerítésére vonatkoznak – Filep az eunuchhal együtt önmagát is megkereszteli –, vagy egyáltalán nem a megkeresztelést írják le.

Végül, ami még ennél is fontosabb, a Szentírás fényében nézve Jézus megkeresztelése nem történhetett bemerítés által. Figyeljünk csak meg néhány tényt Jézus megkeresztelésével kapcsolatban a Máté 3-ban és a Márk 1-ben! A Márk 1 ugyanazokat a görög szavakat használja, mint a Cselekedetek 8. A Máté 3:16-ban egy másik prepozíció áll, a görög *apo* szó.[15] Jézus megkeresztelésének történeténél megjelenik még egy szempont. Nem szabad elfelejtenünk, hogy harmincéves korában (Lk 3:23) vízzel keresztelte meg egy pap (Keresztelő János apjához, Zakariáshoz hasonlóan pap volt, ld. Lk 1:5, 13). Megkeresz-teltetésekor Jézus mindezekről így szólt: *„így illik nékünk minden igazságot betöltenünk"* (Mt 3:15). Hogy Jézus az ő megkereszteltetése által teljesített be *minden igazságot*, csak arra vonatkozhat, hogy beteljesítette a törvény igaz

---

[14]Az *eisz* angol fordítása és előfordulásainak száma: *at* (-nál/-nél, 20); *in* (-ba[n]/-be[n], 131); *into* (-ba/-be, 571); *to* (-hoz/-hez/ -höz, 282); *toward* (felé, 32); *unto* (-nak/-nek, -hoz/-hez/-höz, 208). Az *ek* angol fordítása: *from* (-ból/-ből, 182); *up from* (fel valamiből, 2); *out of* (valahonnan ki, 131).

Az *eisz* magyar fordítása: -ba(n)/-be(n), -on/-en/-ön, -ra/-re, -hoz/-hez/-höz, -ig, -vá/-vé, -ra/-re, -ért, iránt, ellen, szemben, illetően, -szor/-szőr. Az *ek* magyar fordítása: -ból/-ből, -tól/-től, -ról/-ről, közül, által, szerint, felől, óta, -szorra. (A ford. megj.)

[15]Az *apo* angol fordításai: *from* (-ból/-ből, -tól/-től, 372); *out of* (valamiből ki, 27).

Magyar jelentései: -tól/-től, -ról/-ről, -ból/-ből, elől, közül, miatt stb. (A ford. megj.)

követeléseit. Milyen törvényről van szó? A pap felszentelésének törvényéről. Egy papot harminc éves koráig nem szenteltek fel (4Móz 4:3, 47), akkor pedig egy másik pap szentelte fel (2Móz 29:9; 4Móz 25:13), mégpedig vízzel való *meghintés* által (4Móz 8:6–7).

A törvényt beteljesítve tehát Krisztus nem keresztelkedhetett meg másként, mint meghintés által, különben nem beteljesítette volna, hanem megszegte volna a törvényt. Krisztus megkeresztelése tehát nem annak a bizonyítéka, hogy a bemerítés a keresztelés helyes módja, hanem éppen ellenkezőleg. Kérjük azokat, akik másként hiszik, hogy ezt gondosan fontolják meg.

5.35. A gyermekkeresztség az Újszövetségben

A gyermekkeresztség gyakorlatával szemben felhozott egyik szokásos ellenvetés, hogy egyetlen újszövetségi igehely sem beszél megkeresztelt gyermekekről. Ez egyszerűen nem igaz. Valójában két ilyen bibliai szakasz is létezik.

Az egyik az 1Korinthus 10:2, amelyet más összefüggésben már vizsgáltunk: *„És mindnyájan Mózesre keresztelkedtek meg a felhőben és a tengerben."* Ez a hely az izráeliták vörös-tengeri átkelését keresztségként írja le – és ez a keresztség nyilvánvalóan gyermekekre is kiterjedt (2Móz 10:9; 12:37). Igencsak nehéz lenne tagadni, hogy ekkor voltak köztük gyermekek, mert több mint kétmillió izráelita ment ki Egyiptomból (2Móz 12:37–38).

A lényeg, hogy a vörös-tengeri átkelés az újszövetségi meghatározás és szóhasználat értelmében keresztség. Ezt az eseményt az 1Korinthus 10:2-ben az újszövetségi *keresztség* szó írja le. Ezen nem változtat az a baptista ellenérv, miszerint ez az Ószövetségben történt. A *keresztség* szó használata ebben a versben azt mutatja, hogy ez az újszövetségi szó – amint azt korábban megmutattuk – nem mindig *bemerítést* jelent. Az izráeliták nem merültek bele a Vörös-tengerbe.

Egyébként az, hogy a vörös-tengeri átkelés az Ószövetségben történt, valójában azt a fontos gondolatot hangsúlyozza, hogy a keresztség az Újszövetségben *nem* valami új dolog. Az Ószövetségben sok keresztség volt, ahogyan azt a Zsidók 9:10 világosan megmutatja: „*Csakis ételekkel meg italokkal és különböző mosakodásokkal – amelyek testi rendszabályok – a megjobbulás idejéig kötelezők.*" A *mosakodások* szó valójában a *keresztségek* szó. Az pedig, hogy ezek valódi keresztségek voltak, egyértelmű abból, hogy az Újszövetség ekként utal rájuk. A 19. vers úgy írja le az egyik ilyen keresztséget, mint amely *az egész népre* vonatkozott, és a Szentírásból tudjuk, hogy ez a gyermekeket is magában foglalta (2Móz 20:12).

Ezen semmit nem változtat az a baptista ellenvetés, hogy ezek *tipikus* (előképszerű) keresztségek voltak. *Minden* vízkeresztség szimbolikus, és jelképez valamit. Sőt, az ószövetségi és az újszövetségi keresztségek *pontosan ugyanazt a dolgot* jelképezik: a bűnök lemosását Krisztus vére és Lelke által (1Kor 10:2; főként a Zsid 9:13–14, 22 és az 1Pt 3:21). Ezek a versek azért jelentősek, mert megmutatják, hogy az ószövetségi és az újszövetségi keresztségek pontosan ugyanazt jelentették, mégpedig hogy vérontás által van a megtisztulás és a bűnbocsánat (Zsid 10:22–23). A megkeresztelkedésnek ugyanaz volt a jelentősége az Ószövetségben, mint az Újszövetségben, azzal az egyetlen különbséggel, hogy az Ószövetségben előremutatott, Jézus halála óta pedig visszamutatott arra.

Így a két szövetség között nincs lényegi különbség még a keresztség dolgában sem. Ha valaki másként gondolkozik, az a diszpenzácionalizmus felé tart, és elválasztja az Ó- és az Újszövetséget.

A keresztség nem volt valami új és hallatlan dolog az izráeliták számára, amikor János elkezdett keresztelni a Jordán folyónál. Annak sem kell meglepetésként érnie bennünket, hogy a gyermekkeresztség gondolata megjelenik az Ószövetségben. Mind az Ó-, mind az Újszövetségben csak egyetlen népe van Istennek, egyetlen szövetség, az üdvösségnek egyetlen útja és a szövetségnek egyetlen jele.

5.36. A családi keresztség

A keresztséget inkább *családi* vagy *háznépkeresztségként* írnánk le, nem pedig *gyermekkeresztségként*. Ennek számos oka van. Először is senki sem kizárólag gyermekeket keresztel meg. Akik életükben később térnek meg, és korábban soha nem keresztelték meg őket, azokat felnőttként keresztelik meg még azokban az egyházakban is, ahol egyébként kiszolgáltatják a keresztséget a gyermekek részére is. Másodszor a családi vagy háznépkeresztség az a fajta keresztség, amelyről a Szentírás ír, amikor azokról beszél, akiket meg kell keresztelni. Harmadszor a *családi keresztség* emlékeztet arra, hogy a Cselekedetek 16-hoz hasonló szakaszok hogyan és miért bizonyítják, hogy a gyermekeket a felnőttekhez hasonlóan meg kell keresztelni.

Meglehetősen világos, hogy a Szentírás családi keresztségről beszél. A Cselekedetek 16-ban Pál Lídia és a filippi börtönőr háznépét is megkeresztelte (15. és 33. v.). Pál az 1Korinthus 1:16-ban beszél arról, hogy megkeresztelte Stefana háznépét. A Cselekedetek 10:48-ban arról olvasunk, hogy Péter megkeresztelte Kornélius háznépét. A keresztségnek tehát ez az újszövetségi mintája.

Így ezeket a szakaszokat használjuk arra, hogy alátámasszuk a hívők *gyermekeinek* keresztelési gyakorlatát. Természetesen igaz, hogy nem tudjuk, hogy ezekben a háznépekben voltak-e kicsiny gyermekek, de valószínűtlen, hogy a négy közül egyik családban sem lettek volna. Mindazonáltal, ha a Szentírás a családi vagy háznépkeresztség mintáját fekteti le, azt lehetetlen a gyermekek megkeresztelése nélkül gyakorolni, hiszen a legtöbb családban vannak kicsinyek.

Azt is hozzátennénk, hogy ha a Szentírás egyedüli szabálya a „hívőkeresztség" – ahogyan azt a baptisták tanítják –, akkor a családi vagy háznépkeresztség lehetetlenné válik. Még ha történetesen egy időben tér meg és keresztelkedik meg egy baptista egyházban ugyanazon család több tagja, akkor sem egy háznép vagy egy család tagjaiként, hanem egyénenként keresztelkednek meg, mindannyian saját hitvallásuk alapján.

A háznépek és családok megkeresztelése Isten családi szövetségének hitéből következik, miszerint ő szuverén, kegyelmes és változhatatlan módon üdvösséget ígér családoknak és háznépeknek, valamint azt is megígéri, hogy ő a hívők és gyermekeik Istene lesz (1Móz 17:7; Csel 2:39).

A gyakorlat azonban nem jelenti annak feltételezését, hogy egy háznép minden tagja szükségszerűen üdvözül. De az sem biztosíték, ha valakit hitvalló felnőttként keresztelnek meg. A keresztség *sosem* biztosítja vagy állítja, hogy a megkeresztelt ember bizonyosan üdvözül.

A családok és háznépek megkeresztelésének gyakorlata a Szentírás világos példája alapján arra emlékeztet, hogy maga Isten egy család – Atya, Fiú és Szentlélek –, és ő úgy magasztalja fel kegyelmét, és úgy jelenti ki önmagát, hogy üdvösséget ad a családoknak. Ő valóban a családok Istene (Zsolt 107:41[16]).

5.37. A keresztség és a királyságba való belépés

Egy olyan szakasz, amelyre a gyermekkeresztséget gyakorlók sokszor hivatkoznak hitük bizonyítására, a Márk 10:13–16, amely leírja, ahogyan Jézus megáldja a kicsiny gyermekeket. Akik az úgynevezett *hívőkeresztséghez* ragaszkodnak, érthetetlennek találják ennek a szakasznak ezt a használatát, mert itt egyáltalán nincs szó a keresztségről. Mindazonáltal a Márk 10 egy olyan bizonyító igehely, amely *használható* a gyermekkeresztség alátámasztására. Ez számos okból kifolyólag igaz, de legelőször meg kell jegyeznünk, hogy ezek a gyermekek valójában *csecsemők* voltak (Lk 18:15).

Először is ebben a szakaszban Jézus befogadja ezeket a kisgyermekeket, karjára veszi és megáldja őket. Jézus karjában lenni és tőle megáldatni nem kevesebb, mint maga az üdvösség. A Márk 10:14–15-ből egyértelmű, hogy Jézus ezeket a kisgyermekeket megváltotta, mert itt úgy beszél róluk, mint akik megkapják a királyságot.[17]

A keresztség ennek az üdvösségnek és a királyság elnyerésének a *képe* vagy *jele*, amely azt mutatja meg nekünk, hogyan léphetünk be a királyságba. Az érv tehát ez: ha ezek a kisgyermekek megkaphatják azt a *valóságot*,

---

[16]Itt a Károli *nemzetségeket* fordít, a KJV pedig *családokat*. (A ford. megj.)
[17]Tudniillik Isten országát. (A ford. megj.)

amelyre a keresztség mutat, miért nem kaphatják meg a valóság *jelét?* Másként fogalmazva: ha megkaphatják a nagyobbat, miért nem kaphatják meg a kisebbet? Hisszük, hogy mivel megkaphatják és meg is kapják a valóságot, ezért meg *kell* kapniuk a jelet is. A kegyelmi szövetségben ők is ígéretet kapnak az üdvösségre ugyanúgy, mint a felnőttek.

Másodszor Jézus a Márk 10:15-ben azt mondja, hogy senki nem kapja meg a királyságot, kivéve ahogyan azt egy gyermek elnyeri, azaz passzív módon, ismeret nélkül, egyedül a kegyelem ereje által. Tehát a királyság kicsiny gyermek módjára való elnyerése cselekedetek nélkül való elnyerést jelent – részünkről bármiféle erőfeszítés nélkül. Ez az egyetlen módja annak, ahogyan egy gyermek befogad*hat*ja a királyságot.

Sőt valójában ez az egyetlen módja annak, hogy *bárki* befogadhassa a királyságot. Kezdetben, mielőtt megkapjuk az üdvösséget, nem keressük és nem is kívánjuk azt. Végül is holtak vagyunk vétkeinkben és bűneinkben, és csak amikor Isten kegyelmesen *megadja* nekünk az üdvösséget és a királyságot úgy, hogy újjászül minket, akkor kezdjük mi is keresni és megismerni, amit ő tett. Jézus ezért azt mondja nekünk, hogy egyetlenegy módon lehet befogadni a királyságot – kicsiny gyermekként. Ha nem úgy fogadtuk be, akkor egyáltalán nem fogadtuk be.

Itt rejlik még egy indok a gyermekek megkeresztelésére. Nem állítjuk, hogy minden megkeresztelt gyermek szükségszerűen üdvözül, de minden gyermek megkeresztelésében látjuk annak a képét, hogy Isten szövetségének ígérete szerint miképpen lehetséges az üdvösség egy kisgyermek számára: a szuverén kegyelem ereje által.

Valóban minden megkeresztelt kisgyermekben előttünk van egy kép arról, hogy miként üdvözült közülünk bárki és mindenki – nem saját akaratából vagy erőfeszítéséből, hanem a szuverén kegyelem mindenható ereje által, amely akkor érte el őt, amikor még nem kereste és nem kutatta azt. Isten ad nekünk új életet és újjászületést.

A gyermekkeresztség célja tehát annak megmutatása, hogy *miként* üdvözülünk, nem pedig a megkeresztelt gyermek üdvösségének bizonyítása (ezt a vízkeresztség önmagában *soha* nem tudja megtenni). A keresztség megmutatja az üdvösség egyetlen útját, és emlékeztet minket arra, hogy Isten megígéri, hogy üdvözíti a hívők gyermekeit ugyanazon szuverén kegyelem által, amely szüleiket is üdvözítette. Milyen szomorú, hogy sok ember számára nincs meg ez a tanúbizonyság, vagy nem látja azt a gyámoltalan gyermekek megkeresztelésében.

5.38. A keresztség és a körülmetélés

A családi vagy gyermekkeresztség melletti egyik érv a körülmetélés és a keresztség közti összefüggés. Ezt nem olyan könnyű látni, mivel a külső jelek a kettőben teljesen különbözőképpen jelennek meg. Azonban rá kell mutatnunk arra, hogy amiről körülmetélésként és keresztségként beszélünk, azok csak a *jelek*, de jelentésüket illetően *pontosan* ugyanaz a kettő. A körülmetélés *valósága* pontosan ugyanaz, mint a keresztség *valósága*.

A valódi körülmetélés és a valódi keresztség maga az üdvösség, azaz hogy Krisztus az ő kereszáldozata által elveszi a bűnt. A körülmetélés esetében ez világosan látható az 5Mózes 30:6-ból és a Kolossé 2:11-ből, a keresztség esetében pedig a Róma 6:1–6-ból és az 1Péter 3:21-ből. A jelek a lelki valóságot illetően pontosan ugyanazok, és miközben teljesen másként jelennek meg, *ugyanazt* a lelki igazságot jelképezik.

Ha azt állítjuk, hogy a kettő teljesen különböző, akkor a diszpenzácionalizmus tévedésébe esünk, és azt mondjuk, hogy *az üdvösségnek két különböző útja* létezik: az egyik az Ó-, a másik pedig az Újszövetségben. A legtöbb baptista ezt úgy próbálja elkerülni, hogy az 5Mózes 30:6 és a Kolossé 2:11 ellenére ragaszkodik ahhoz, hogy az ószövetségi körülmetélés *nem* az üdvösség jele volt, csak valamilyen jel, amely Izráel népének tagjai azonosítására szolgált.

Ezt Pál elutasítja a Róma 2:28-ban, ahol bizonyítja, hogy a külső körülmetélés egyáltalán nem a valóság, és semmit nem jelent külsőleg zsidónak lenni; az egyetlen körülmetélés, amelyik számít, a *szívé*, és csak az a zsidó, aki *belsőleg* az. Aki szeretne kitartani amellett, hogy van valami speciális abban, ha valaki Ábrahám test szerinti leszármazottja, olvassa el ezt a verset! Miért eltérő tehát a körülmetélés és a keresztség külső jele? Ezt az Ó- és az Újszövetség közt fennálló fő különbség fényében láthatjuk meg. Az Ószövetségben mindahhoz, ami Krisztusra mutatott előre, vérontás kapcsolódott (Zsid 9:22), de amikor Krisztus vére egyszer már kiontatott, többé nem lehet vérontás (Zsid 10:12), még a körülmetélésben sem.

Ez az *egyetlen* valódi különbség a körülmetélés és a keresztség jelét tekintve. Jelentésükben és valóságukban pontosan ugyanazok. Maga a Szentírás azonosítja őket a Kolossé 2:11–12-ben. Mivel ez egy két versre kiterjedő hosszú mondat, hajlamosak vagyunk nem érteni a lényeget, amelyről Pál beszél. Itt azt mondja, hogy körülmetélve lenni annyi, mint megkeresztelve lenni. Ez a Kolossé 2 egyik fő gondolata. A pogány hívőkhöz szólva Pál arról beszél, hogy *mindenük* megvan Krisztusban (10–11. v.), *beleértve a körülmetélést is.* Semmit sem nélkülöznek Krisztusban, akiben lakozik az istenségnek egész teljessége testileg (9. v.).

A körülmetélés és a keresztség nemcsak jelentésében, hanem *lelki va-lóságukat* illetően is ugyanaz, és ez az oka annak, hogy Isten népének – a gyermekeket is beleértve – az Ó- és az Újszövetségben is ki kell szolgáltatni a külső jeleket (Isten egyetlen, örökkévaló szövetsége alatt).

5.39. A szövetség és a hitetlenek

A baptisták egyik ellenvetése a gyermekkeresztséggel szemben az, hogy némelyeket megkeresztelnek, de nem üdvözültek, és soha nem is fognak üdvözülni. Mindig arra emlékeztetik a gyermekkeresztség gyakorlóit, hogy a gyermekek megkeresztelésekor olyanoknak szolgáltatják ki ezt a sákramentumot, akik nem tértek meg, és nem vallották meg hitüket. Ez a baptisták számára teljesen önkényesnek tűnik.

Erre az ellenvetésre válaszul rámutatunk arra, hogy mind a baptista, mind a református egyházakban *lehetetlen*, hogy *kizárólag* üdvözített embereket kereszteljenek meg. Mivel a szív titkai ismeretlenek előttünk, még a baptista egyházak is csupán azokat keresztelhetik meg, akik csak *vallást* tesznek hitükről és megtérésükről.

Ha erre különböző baptista barátaink és ismerőseink előtt rámutatunk, akkor általában így válaszolnak: *„De mi kevesebb nem üdvözített embert keresztelünk meg, mint ti."* Igazság szerint ha egy baptista akárcsak *egyetlen* nem megváltott embert is megkeresztel, akkor nem *hívőkeresztséget* gyakorol, hanem valami olyat, amit *hitvallókeresztségnek* nevezhetnénk.

Sőt mi több, a Szentírásban a körülmetélést és a keresztséget szándékosan kiszolgálják a hitetleneknek is. Ábrahám azután metélte körül Ismáelt, miután megmondatott neki, hogy Ismáelnek nincs része a szövetségben (1Móz 17:18–19), és Izsák azután metélte körül Ézsaút, miután már tudta, hogy Ézsaú elvettetett (1Móz 25:23–24).

A baptisták itt azzal érvelnek, hogy a körülmetélés csupán a nemzeti identitás jele volt. Ez azonban egyszerűen nem igaz annak fényében, amit a Szentírás mond a körülmetélésről. Az mindig annak jele volt, hogy levetkeztük *„az érzéki bűnök testét a Krisztus körülmetélésében* [halálában]" (Kol 2:11; ld. még 5Móz 10:16; 30:6; Jer 4:4).

Ugyanez igaz a keresztségre is. A vörös-tengeri keresztséget – amelyet az 1Kor 10:1–2 azonosít keresztségként – Isten sok olyan embernek is kiszolgáltatta, akiket nem kedvelt, és akiket utána elpusztított a Sátán (1Kor 10:5–10). Noé családjának többi tagjával együtt Khám is *meg volt keresztelve* (1Pt 3:20–21).

Az egyetlen kérdés tehát ez: miért tetszik Istennek, hogy a szövetség és az üdvösség jelét az Ó- és az Újszövetségben egyaránt kiszolgálják nem üdvözített és üdvözített embereknek? Valójában nincs különbség abban, hogy felnőttekről vagy gyermekekről van-e szó. Még a baptistáknak is feleletet kell adniuk erre. A kérdésre adott válasz Isten örök tervében rejtőzik. Csak az adhat tiszta és határozott választ erre a kérdésre, aki szilárdan hiszi, hogy

Isten mindent öröktől fogva elrendelt, így azt is, hogy némelyek üdvözülnek, mások pedig nem.

A válasznak a következőnek kell lennie: az ószövetségi körülmetélkedés és az újszövetségi keresztség az evangélium hirdetéséhez hasonlóan olyan erő és bizonyságtétel, amely üdvösségre, *valamint megkeményítésre és kárhoztatásra is* szolgál, és ezt Isten céljai szerint teszik (2Kor 2:14–16). Megkereszteljük tehát a gyermekeket és a felnőtteket is annak tudatában, hogy Isten ezt saját céljai szerint némelyek üdvösségére, másoknak pedig kárhozatára használja, mint például Ismáel, Ézsaú vagy Khám esetében.

5.40. A keresztség és a hit

Most azzal a fontos baptista érvvel szeretnénk foglalkozni, miszerint a hitnek *szükségszerűen* meg kell előznie a keresztséget. A baptisták ezért a keresztségről *hívőkeresztségként* beszélnek.

Először azt kell elmondanunk, hogy a baptista álláspont lehetetlenség. Amint arra már rámutattunk, a baptisták legjobb esetben is csak azt tudják megkeresztelni, aki hit*vallást* tesz. Mivel senki nem ismerheti a szívet, ezért nem lehet biztosítani, hogy minden megkeresztelt ember valóban hívő legyen.

A szokásos baptista válasz az, hogy sokkal kevesebb hitetlent keresztelnek meg, mint akik családi vagy gyermekkeresztséget gyakorolnak. Ez természetesen nem vitatható, de ha egy baptista egyház megkeresztel akárcsak egyetlen képmutatót vagy hitetlent is, akkor már nem a *hívőkeresztséget* gyakorolja.

Azonban most nem ez a lényeg. Jézus szavai a Márk 16:16-ban így szólnak: *„A ki hiszen és megkeresztelkedik, idvezül; a ki pedig nem hiszen, elkárhozik."* Ezt a verset meg kell magyarázni, különösen mert ennek szavai tartalmazzák az újszövetségi egyháznak szóló parancsot és felhatalmazást a keresztségre. Először is a vers nem azt tanítja (bár minden baptista így olvassa), hogy „A ki hisz, és *utána* megkeresztelkedik, az üdvözül." Csak annyit mond, hogy a hit és a keresztség is szükséges az üdvösséghez. Másodszor pusztán az, hogy a hit és a keresztség ilyen sorrendben van *felsorolva*, nem jelenti azt, hogy szükségszerűen ebben a sorrendben kell *megtörténniük*. A 2Péter 1:10-ben például az elhívás a kiválasztás előtt szerepel, de az elhívás nem a kiválasztás előtt történik, amint azt minden kálvinista tudja.

A Márk 16:16 sorrendje egyszerűen fontossági sorrend. A hit azért szerepel a keresztség előtt, mert sokkal fontosabb. Ezt a vers második felében látjuk, amely nem is említi ismét a keresztséget, csak a hitet. Ha a Márk 16:16 időrendben van, vagy a dolgoknak így kell követniük egymást, akkor a sorrend a hit, a keresztség és az *üdvösség*: *„A ki hisz és megkeresztelkedik, az idvezül."* Senki nem akarja ezt a sorrendet.

Ehhez még hozzájárul az is, hogy az Újszövetség egyes szakaszai arra utalnak, hogy legalábbis néhány esetben a hit *nem* előzte meg a keresztséget. A Cselekedetek 19:4 beszél János keresztségéről, és arról, hogy János azt mondta a népnek, *amikor megkeresztelte őket*, hogy higgyenek abban, aki ő utána jön. *Nem* azért keresztelte meg őket, mert *már* hittek Krisztusban.

A Cselekedetek 19:4-et illetően két lehetőség áll a baptisták előtt. Mondhatják, hogy János keresztsége nem volt igazi újszövetségi keresztség, bár az Újszövetségben a keresztségre vonatkozó utalások több mint a fele János keresztségére vonatkozik (és akkor ebből semmilyen következtetés nem vonható le az újszövetségi gyakorlatra nézve), vagy beismerhetik, hogy a hitnek nem mindig szükséges megelőznie a keresztséget.

5.41. A keresztség és a megtérés

Az úgynevezett *hívőkeresztség* mellett az egyik további baptista érv, hogy nemcsak a hitnek, hanem a megtérésnek is meg kell előznie a keresztséget. Bizonyos tekintetben már választ adtunk erre az ellenvetésre, de még ki kell térnünk néhány gondolatra.

Először nézzük meg a Márk 1:4-et, amely a megtérés keresztségéről beszél: *„Előáll vala János, keresztelvén a pusztában és prédikálván a megtérésnek keresztségét a bűnöknek bocsánatára."* Ebből sokan azt a következtetést vonják le, hogy a megtérésnek meg kell előznie a keresztséget. Ez azonban semmiképpen sem nyilvánvaló. A birtokos eset jelentheti azt, hogy *a keresztség, amelynek forrása a megtérésben van*, és utalhat arra is, hogy a keresztségnek *követnie* kell a megtérést. A *megtérésnek* kifejezés azt is jelentheti, hogy a keresztség és a megtérés egymáshoz tartozik anélkül, hogy bármit is mondana a sorrendjükről. Hisszük, hogy ez a mondat semmit nem mond a két esemény sorrendjéről, hanem azt jelenti, hogy a megtérés és a keresztség mindig összetartozik – a keresztség megköveteli a megtérést (akár a keresztség előtt, akár utána, akár mindkettő).

Ha van bármilyen sorrend a keresztség és a megtérés között, akkor a Szentírás azt tanítja, hogy a keresztséget *követi* a megtérés. Ezt megmutatja a Máté 3:11, egy párhuzamos szakasz, ahol a megtérés*re* (szó szerint: megtérés*be*) való keresztségről olvasunk, ahol a *-re* toldalék a *valami irányába való mozgás* gondolatát fejezi ki. A lényeg, hogy a keresztséget az azt *követő* megtérésre nézve szolgáltatják ki, vagy éppen úgy, mint egyfajta felhívást a megtérésre.

A Máté 3:11 arra utal, hogy a keresztség a megtérésre előretekint, nem vissza. Ez az igehely ezzel egy lényeges különbségre mutat rá a keresztség baptista és református nézete között. A baptista tanítás szerint a keresztség annak a jele vagy jegye, hogy *mi mit tettünk* a megtérésben és a hitben. A református álláspont szerint pedig a keresztség annak a jele vagy jegye, hogy *Isten mit tett*, amikor újjászült minket. Nem a kegyelemre adott válaszunkat jelzi, hanem magát a kegyelem munkáját.

A keresztség a szertartás természetében a bűnök Jézus vére által való lemosásának jelképe. Ez az, amit Isten tesz a mi üdvözítésünkben, és ő cselekszik *először*. Akkor teszi ezt, amikor még nem vagyunk képesek válaszolni az ő kegyelmes munkájára. A megtérés ezt követi.

Ha ezt megértjük, akkor a gyermekkeresztség nem furcsának, hanem megfelelőnek fog tűnni. Elvégre senki nincs közöttünk – akár felnőttként, akár gyermekként tért meg –, aki a mennyek országába ne úgy lépne be, *mint* egy gyermek, azaz a tiszta kegyelem olyan munkája által, amely minden emberi cselekedetet és választ megelőz. A kegyelemnek ezt a munkáját jelzi, és erre emlékeztet a gyermekkeresztség.

5.42. A népek tanítása és keresztelése

A Máté 28:19 Krisztus parancsa, amelyben az újszövetségi egyházat megbízza a kereszteléssel: *„Elmenvén azért, tegyetek tanítványokká minden népeket, megkeresztelvén őket az Atyának, a Fiúnak és a Szent Léleknek nevében."* Így a keresztséget nem egyszerű zsidó, hanem egyetemes szertartásként alapítja meg.

Ezzel a fontos verssel kapcsolatban két pontot szeretnénk kiemelni. Ez nem a gyermekkeresztség elleni érv, hanem éppen az ellentéte – nagyon is erős bizonyíték mellette. A baptisták azzal érvelnek, hogy Jézus először azt parancsolja meg, hogy tanítsuk (tegyük tanítvánnyá) a népeket, és utána kereszteljük meg őket. Szerintük a kisgyermekek nem elég idősek ahhoz, hogy tanuljanak vagy tanítvánnyá legyenek, és így nem lehet őket megkeresztelni. Ez azonban figyelmen kívül hagy néhány fontos szempontot.

Először is, amint már korábban a Márk 16:16-nál megmutattuk, az *azután* szó nincs benne a versben. Jézus *nem* ezt mondja: „Tegyetek tanítványokká minden népeket, és *utána* kereszteljétek meg őket." Ha így szólt volna, akkor a baptistáknak igaza lenne a hívőkeresztség kizárólagosságának tanításában.

Másodszor a vers nem egyénekről, hanem népekről beszél. A helyzet természetéből kifolyólag tehát a tanítvánnyá tétel és a keresztelés tevékenységeinek párhuzamosan kell történnie. A keresztelés megkezdésével nem várhatjuk meg, hogy egy egész nemzetet tanítvánnyá tegyünk, különben nem lenne keresztelés.

Az igevers nyelvtana is a baptista nézet ellen szól. Szó szerint így kell érteni a szöveget: „Tanítsatok minden népeket, *amikor* megkeresztelitek őket", vagy „Tanítsatok minden népeket, *miután* megkeresztelitek őket". Ez nem jelentheti azt, hogy „Tanítsatok minden népeket, *mielőtt* megkeresztelitek őket". A szakasz valójában *semmit* nem mond a tanítás és a keresztelés sorrendjéről. Ezenfelül a népek magukba foglalják a gyermekeket is. Lehetetlen úgy tanítani és megkeresztelni a népeket, hogy ezt ne tegyük meg az adott néphez tartozó gyermekekkel is.

Nem felejthetjük el azt sem, hogy a Máté 28:19 az Ézsaiás 52:15 beteljesülése: *„Így meg fog hinteni sok népet."*[18] Máténál mindig keresnünk kell a beteljesült ószövetségi próféciákat, mert ennek az evangéliumnak ez az egyik fő témája. Máté mindig úgy mutatja be Jézust, mint aki az Ószövetség beteljesedése (ld. különösen az 1–2. fejezetet). Ebben az esetben a beteljesedett próféciára a legnyilvánvalóbb választás az Ézsaiás 52:15.

Ézsaiásnál a népek meghintéséről szóló vers előtt Krisztus munkájáról olvasunk, amikor szenvedett és meghalt a bűnért. Azon a módon hint meg népeket, hogy *„oly rút, nem emberi volt ábrázatja"* (Ézs 52:14). Ennek beteljesülését látjuk az Újszövetségben, amikor Krisztus parancsának engedelmeskednek a Máté 28:19 alapján.

Az Ézsaiás 52:14 a népek keresztelését a meghintéssel azonosítja, a próféta pedig az egész könyv során úgy beszél ezekről a népekről, mint akik *gyermekeikkel együtt* gyűjtetnek össze erre a meghintésre. Amikor Krisztushoz jönnek a meghintésért és az üdvösségért, magukkal viszik fiaikat, leányaikat, sőt még csecsemőiket is (Ézs 49:22; 60:4). A népeknek ez a megígért meghintése az Úr Jézus Krisztus üdvözítő munkájában teljesedett be. A keresztség ezt ábrázolja ki, és erre emlékeztet. A reformátusok nem a római katolicizmust utánozva vagy puszta hagyományból, hanem Isten Igéjének való engedelmességből gyakorolják a gyermekkeresztséget.

5.43. Az úrvacsora

A *Két sákramentum* című szakaszban azt mondtuk, hogy a két szentség közti különbség abban áll, hogy a keresztség az Isten szövetségébe és közösségébe

---

[18] Az angol KJV alapján. (A ford. megj.)

való belépést jelképezi, az úrvacsora pedig az ebben a szövetségben való életet, miután beléptünk abba. A kettő együtt tehát az egész keresztyén életet ábrázolja ki, és megmutatja, hogy az egyedül kegyelemből van. A két sákramentum páratlan bizonyságtétele, hogy Krisztus és az ő áldozata *minden*. A keresztség vize azt mutatja meg, hogy Isten szövetségébe Krisztus halála és vére által lépünk be, míg az úrvacsora arról beszél, hogy amikor már beléptünk Isten szövetségébe és királyságába, Krisztusnak ugyanez a halála, teste és vére a mi életünk, táplálékunk és erőnk.

Az úrvacsora jelképezi, mit jelent Isten szövetségében élni. Úgy ábrázol minket, mint akik az Úr családtagjaiként ültünk az ő asztalához, és arról beszél, hogy Isten, a mi Atyánk miképpen gondoskodik rólunk, és hogyan tölti be minden szükségünket. Sőt, azt is látni fogjuk, hogy az úrvacsora nemcsak kiábrázolja ezeket, hanem egy eszköz is, amely által részesülhetünk ebben a közösségben és gondoskodásban.

Az úrvacsora jelképrendszeréhez sok különböző elem tartozik, amelyek mind Isten közösségét és gondoskodását hangsúlyozzák csakúgy, mint azt, hogy milyen az Isten szövetségében való élet. Az első maga az *asztal*. Ez az elem olyannyira fontos, hogy a sákramentumot az *Úr asztalá*nak is nevezzük (1Kor 10:21). Az asztal jelképezi Isten családjában való helyünket és azt, hogy az Úr Atyaként szeret minket, így pedig mindent megad, amire szükségünk van.

A második *a kenyér és a bor*. Megtöretve és kiöntve Krisztus megtöretett testét és kiontott vérét jelképezik, mint a mindennapi lelki ételünket és italunkat, táplálékunkat és felüdülésünket, valamint a lelki életünket tápláló, támogató, növelő, fejlesztő és az örök életre megőrző eszközöket. Ezt jegyezzük meg! Krisztus áldozata nemcsak fizetség a mi bűneinkért, nemcsak az a mód, ahogyan visszakerülünk Isten jókedvébe és közösségébe, hanem mindennapi erőnk, táplálékunk és segítségünk is, amíg el nem hagyjuk ezt az életet, hogy belépjünk örök hazánkba. Az úrvacsora azt hirdeti, hogy Krisztus minden mindenekben.

A harmadik az *evés és ivás*. Ez hitünket ábrázolja ki, és megmutatja annak jelentőségét és szükségességét. Az étel és az ital evés és ivás nélkül haszontalan. Krisztus megtöretett teste és kiontott vére hit nélkül haszontalan számunkra. Az úrvacsora kenyerének és borának evésében és ivásában nincs semmilyen automatikus áldás, amint azt a római katolikusok tanítják. Az egyik református hitvallás, a *Belga Hitvallás* lelkünk kezének és szájának nevezi a hitet.[19] Így az úrvacsorában az evés és az ivás arra emlékeztet minket, hogy amiképpen mindennapi kenyerünket magunkhoz vesszük, megesszük és befogadjuk testünkbe, úgy hit által valóságosan részesülünk Krisztusban, aki hit által bennünk lakozik, és aki a mi erőnk és életünk. Milyen gyönyörű kép!

5.44. Krisztus jelenléte az úrvacsorában

Sajnálatos, hogy az Isten családjának egységét jelképező úrvacsora olyan sok szakadás és vita tárgya az egyházak között. Az érintett kérdések azonban nem jelentéktelenek. A fő kérdés természetesen, hogy Krisztus jelen van-e, és miként van jelen az úrvacsorában és az úrvacsoránál. Az ezzel kapcsolatos nézetünknek sok köze van ahhoz, hogy miképpen élünk ezzel a vacsorával: babonásan vagy hittel, gondatlanul vagy gondosan. Felsoroljuk a különféle nézeteket.

A *római katolicizmus* tanítása, a *transzszubsztanciáció* szerint az úrvacsora kenyere és bora *átváltozik* Krisztus testévé és vérévé, amikor a pap megáldja. Ez a nézet félreteszi a hitet, mert ahhoz, hogy valaki Krisztusban részesüljön, csak meg kell ennie a kenyeret, és meg kell innia a bort. Ez a misetant is megalapozza, hiszen amikor megtörik a kenyeret, amely állítólag már nem kenyér, hanem test, akkor Krisztus áldozatát ismétlik meg újra. A *mise áldozat*ot is jelent.

A *lutheránusok* tanítása szerint Krisztus fizikai teste és vére jelen van a kenyér*rel* és a bor*ral*. Ez a nézet, amelyet *konszubsztanciációnak* neveznek, ugyanazzal a kritikával illethető, mint a római katolicizmus nézete, bár nem foglalja magában a misetant. Mindkettő Krisztus *fizikai* jelenlétét tanítja.

---

[19] *Belga Hitvallás* 35. cikkely

A legtöbb mai *evangélikál* nézete volt állítólag a 16. századi svájci reformátor, Ulrich Zwingli tanítása is. Eszerint Krisztus semmilyen módon nincs jelen az úrvacsorában, hanem az csupán Krisztus haláláról való *emlékünnep* vagy *megemlékezés*. Miközben ez a nézet egyértelműen elkerüli a római katolikus és a lutheránus tévedéseket, mégsem biblikus, amint azt majd látjuk, és nem ad magyarázatot arra, hogy miért kell olyan gonddal élni az úrvacsorával. Ha ez a sákramentum csak egy megemlékezés, akkor nincs szükség önvizsgálatra, és nem kell félni az ítélettől (1Kor 11:29).

Az úrvacsora *református nézete* szerint Krisztus *valóságosan jelen van*, de *lelkileg*, és nem *fizikailag*. Másként fogalmazva, ő jelen van Isten népének hite számára, közössége van velük, és hit által önmagával táplálja őket. A kenyeret és a bort arra használja, hogy hitüket önmagára irányítsa.

Ezt a református nézetet világosan tanítja az 1Korinthus 11:29, amely az Úr testének megbecsüléséről ír az úrvacsorában, és erre utalnak Jézus saját szavai is, amelyeket az úrvacsora szereztetésénél mondott: *„Ez az én testem."* Csak azért ehet és ihat valaki ítéletet az úrvacsorában akkor, amikor megfelelő önvizsgálat nélkül veszi azt, mert Krisztus jelen van benne. Csak azért lehet bármilyen áldás az úrvacsorában, mert Krisztus jelen van benne. A református – egyszersmind biblikus – nézet megmutatja az úrvacsora oly mélységes jelentését és hasznát. Így ebben a sákramentumban találkozunk Krisztussal az ő teljességében, és így Megváltónkként és Szabadítónkként gyönyörködünk benne. Éljünk hát így ezzel!

5.45. A kenyér és a bor az úrvacsorában

Az úrvacsorával kapcsolatban feltehetjük a következő kérdést: ebben a sákramentumban miért van két elem (a kenyér és a bor), miközben a keresztség sákramentumában csak egy van (a víz)? Ez igencsak jelentős kérdés az úrvacsora szempontjából.

A Szentírást tanulmányozva láthatjuk, hogy a kenyér az élet alapvető szükségleteit jelképezi. Ezért beszélünk alapélelmiszerként a kenyérről, és ezért könyörgünk az Úri imádságban *mindennapi kenyerünkért,* így pedig minden földi szükségünkért. Az úrvacsora kenyere tehát úgy ábrázolja Krisztus áldozatát, mint amely feltétlenül szükséges a lelki életünkhöz. Amint nem tudunk élni a *mindennapi kenyér* nélkül, ugyanúgy nem tudunk élni Krisztus, az élet kenyere nélkül.

De miért a bor? A Szentírásban a bor fényűzést, bőséget, gazdagságot, jómódot, örömöt, boldogságot és ünneplést jelent (5Móz 28:51; Zsolt 104:15; Ézs 55:1; Jóel 3:18). A bor jelképezi mindazt, ami az életszükségletek felett és azokon túl van, ami az életet puszta létnél többé teszi, ami boldogságot és örvendezést ad.

Az úrvacsora bora tehát azt jelképezi, hogy Krisztus a mi lelki életünknek nem csupán alapvető szükséglete, hanem annak bősége, gazdagsága és öröme is. Másként fogalmazva a bor arra emlékeztet minket, hogy Isten Krisztusban megadja nekünk, amire *szükségünk van,* de ezen kívül mindig véghetetlen bőséggel ad, *„feljebb, hogynem mint kérjük vagy elgondoljuk"* (Ef 3:20). Isten valóban gazdag az ő népéhez való irgalmasságában, és teljes az irántuk való szeretetében.

Az úrvacsorának ez a két eleme együttesen ismét arra emlékeztet minket, hogy Krisztus minden. Az úrvacsora fő bizonyságtétele, hogy Krisztus a mi üdvösségünk Alfája és Ómegája, kívüle nincsen semmink, vele pedig mindenünk megvan, és csakis ő az, akire érdemes vágyakozni, akit érdemes keresni, szeretni és szolgálni.

Miközben részesülünk az úrvacsorában, Isten ajándékában, keressük őt osztatlan szívvel, és teljességében gyönyörködjünk benne! Ne bízzunk magunkban, és ne keressünk semmit rajta kívül, hanem táplálkozzunk az ő teljességéből, újuljunk meg az ő kegyelme által! Gyönyörködjünk így annak ízében, amiben egyszer részesülni fogunk, amikor végül elhagyjuk ezt az életet, és elmegyünk, hogy vele együtt legyünk abban az otthonban, amelyet ő készített el számunkra az Atya házában!

5.46. Az önvizsgálat és az úrvacsora

Az úrvacsorával kapcsolatban a Szentírás gondos önvizsgálatot parancsol (1Kor 11:28–29): *"Próbálja meg azért az ember magát, és úgy egyék abból a kenyérből, és úgy igyék abból a pohárból, Mert a ki méltatlanul eszik és iszik, ítéletet eszik és iszik magának, mivelhogy nem becsüli meg az Úrnak testét."* Mivel ez nemcsak az úrvacsora kiszolgáltatásánál, hanem mindig a kötelességünk (JSir 3:40; 2Kor 13:5), tudnunk kell, hogy miről szól az önvizsgálat.

Jegyezzük meg legelőször, hogy *önvizsgálatról* beszélünk. Nem az a feladatunk, hogy *mások* életét vizsgáljuk, hanem a sajátunkat. Mások vizsgálata önigazultsághoz vezet, saját magunk vizsgálata pedig igaz bűnbánathoz és Istenbe vetett hithez. Általában úgy akarjuk *elkerülni* az önvizsgálatot, hogy másokat vizsgálunk.

Másodszor az önvizsgálatban *magunkat* vizsgáljuk, és nem *mi* vizsgálódunk. *"Mert ha mi ítélnők magunkat, nem ítéltetnénk el"* (1Kor 11:31). Maga Isten és az ő Igéje kell, hogy a vizsgálónk legyen (1Krón 28:9; Zsolt 26:2; 44:22). A Zsoltárok 139:23–24-gyel együtt így kell könyörögnünk: *"Vizsgálj meg engem, oh Isten, és ismerd meg szívemet! Próbálj meg engem, és ismerd meg gondolataimat! És lásd meg, ha van-e nálam a gonoszságnak valamilyen útja? és vezérelj engem az örökkévalóság útján!"* Az önvizsgálatban alávetjük magunkat Isten vizsgálatának.

Harmadszor az önvizsgálat célja *nem* annak megismerése, hogy *van-e* üdvösségünk vagy hitünk. Ez lehetetlen volna. Akinek nincs hite, az nem tudja magát megvizsgálni, akinek pedig van hite, annak nem szabad kételkednie vagy kételkedést ébresztenie önmagában üdvössége megkérdőjelezésével. A kételkedés bűn. Ehelyett az önvizsgálat célja annak megállapítása, hogy hit*ben* vagyunk-e (2Kor 13:5), azaz teljesen kegyesen és becsületesen élünk-e, illetve hit által járunk-e Isten előtt.

Ezeket szemünk előtt tartva az önvizsgálathoz három dolog alapos kutatása tartozik: saját bűnös voltunk, Isten kegyelmének munkája bennünk és értünk, valamint az a feladatunk, hogy Isten iránti engedelmességben és szent háládatosságban éljünk. Saját bűnös voltunkra tekintünk, hogy újra megértsük saját romlottságunk mélységét, és bizonyossá tegyük, hogy szívünk nem csalt meg minket – azaz nem rejtegetjük bűneinket (Péld 28:13) –, és így jobban gyűlölhetjük és elhagyhatjuk bűneinket, hogy a kereszthez meneküljünk. Megvizsgáljuk Isten kegyelmének bennünk való munkáját, hogy még inkább meggyőződjünk arról, hogy egyedül kegyelemből élünk és mozgunk, egyedül ezért létezünk lelkileg, és így még hálásabbak lehessünk mindazért, amit Isten tett értünk, és még inkább egyedül a kegyelemtől függhessünk. Megvizsgáljuk elhívásunkat, hogy még jobban meg legyünk győződve arról, még buzgóbban küzdjünk annak beteljesítéséért, hogy így Isten útján járjunk. Így tehát Isten Igéjének fényében meg kell vizsgálnunk teljes keresztyén életünket, viselkedésünket és tapasztalatainkat.

Amikor életünk és tapasztalataink nem egyeznek az Isten Igéjében elénk tárt mintával, akkor kötelességünk bűneinket megbánni, Krisztushoz menekülni, és a kegyelemért könyörögni. Így az önvizsgálat önreformációvá lesz, valamint bőséges gyümölcsöt hoz Isten dicsőségére és a kegyelemben és ismeretben való növekedésünkre.

6. fejezet

Krisztus visszatérése és az utolsó idők

6.1. Az utolsó napok

A Szentírás gyakran beszél az utolsó napról vagy napokról és az utolsó időről (1Móz 49:1; Ézs 2:2; Mik 4:1; Jn 6:39; Csel 2:17; 2Tim 3:1; Zsid 1:1; Jak 5:3; 1Pt 1:5; 1Jn 2:18; Júd 18), valamint a világ vagy az idők végéről (Mt 13:39–40; 1Kor 15:24; 1Pt 4:7; Jel 2:26). Mikor vannak ezek az utolsó napok? Az utolsó időben? Közel vannak, vagy a távoli jövőben? Van-e ma jelentőségük számunkra? Mit jelent, hogy a világnak *vége* lesz? Ezekre a kérdésekre szeretnénk választ adni.

A Szentírásból egyértelmű, hogy *az egész újszövetségi kor* az utolsó idő, a vég. Ezt látjuk az 1Korinthus 10:11-ben, ahol Pál azzal nyomatékosítja tanítását, hogy azt írja a korinthusi hívőknek és nekünk is, hogy az időknek vége elérkezett. A Zsidók 9:26 ehhez hasonlóan azt mondja, hogy Krisztus *az időknek végén* jelent meg, hogy áldozatával eltörölje a bűnt (vö. Zsid 1:1; 1Pt 1:5, 20; 4:7; 1Jn 2:18).

Miközben nem ellentétes a Bibliával, ha úgy beszélünk Krisztus második eljöveteléről és a nagy ítéletről, mint a világ *végéről* (Mk 13:7), és a visszajövetelét közvetlenül megelőző napokról, mint az *utolsó napok*ról (2Tim 3:1), ez mégsem egy speciális, elkülönített kor, hanem az újszövetségi kor része. Ez a kor, amelyben most élünk, ez a *nap*, ez az idő az *utolsó*. Ezután már semmi nem következik, csak az új teremtés, az új ég és az új föld.

Ha ma már itt van az idők vége, akkor nehezen tudjuk elhinni, hogy a világ még több ezer évig fennállhat az Úr visszatérése előtt, ahogyan azt egyesek felvetik. Vajon a vég hosszabb lenne, mint a kezdet, hosszabb, mint az azt megelőző teljes történelem? Ez tényleg elég furcsa vég lenne.

A Szentírás erre az egész időszakra úgy tekint, mint az utolsó időre és a végre azon ígéret alapján, miszerint Krisztus *hamar* eljön, és ez az idő, amikor Isten *bevégzi* munkáját, és *„rövidre metszi igazságban"* (Rm 9:28) – a kettő összekapcsolódik. Nem annyira az évek számaiban kell mérni, hogy Krisztus hamar eljön, hanem abban, hogy Isten befejezi a munkáját, és amint teljesen elvégezte azt, el fogja küldeni Krisztust.

Hatalmas gyakorlati jelentőséggel bír annak igazsága, hogy az egész jelen korszak az idők vége. Azt jelenti, hogy mindannyian a végidőben élünk, és bizonyos fokig megtapasztaljuk az utolsó eseményeket (Mt 24:34); a véget várva kell élnünk, nem pedig úgy, mintha az a távoli jövőben lenne, és számunkra semmilyen közvetlen jelentősége nem volna (1Kor 10:11); illetve abba kell vetni reménységünket, ami eljön, és nem ebbe a világba vagy ennek a világnak a dolgaiba, ezek ugyanis végükhöz közelednek.

Mennyire félelmetes, ugyanakkor csodálatos tudni, hogy az utolsó napokban élünk! Valójában mindig is látótávolságra volt Megváltónk eljövetele és vele együtt az utolsó ítélet. A lelkipásztorok Isten haragjának *tudatában* prédikálnak. Mindannyian vándorokként és jövevényekként élünk tudván, hogy utunk hamarosan véget ér, és nemsokára megpillantjuk az örökkévaló várost. Elismerjük, hogy vészterhes időkben élünk. Tudjuk, hogy a vég közel, de mégsem félünk, mert látjuk, hogy közel van a mi megváltásunk.

6.2. Krisztus különböző eljövetelei

Megmutattuk, hogy a Szentírás szerint az egész újszövetségi idő az *utolsó* idő. Az utolsó nap vagy idő – azaz a vég – nem csupán a jövő, hanem a jelen is, valami olyan, amellyel mindannyiunknak számolni kell, bármikor éljünk is. Krisztus eljövetelét ennek fényében kell értenünk. Ez természetesen a történelem legnagyobb eseménye, amely által minden az elrendelt végéhez fog elérkezni. Ez nem csupán valami jövőbeli esemény, hanem a jelenhez is tartozik.

Krisztus eljövetelét a Szentírás *egy eseményként* írja le beleértve betlehemi születését, az ítéletre való visszatérését és mindazt, ami a kettő között van. Emiatt az Ószövetség prófétái látszólag összekevernek olyan eseményeket, amelyeket számunkra a történelem évezredei választanak el. Mindezt egyetlen eseménynek látták, és ezzel nem tévedtek. Isten céljai és az örökkévalóság felől nézve (2Pt 3:8) Krisztus eljövetele egyetlen esemény, amely befejezi a történelmet, beteljesíti Isten szuverén célját, és bejelenti Isten örökkévaló és mennyei királyságát (Dán 9:24). Ezt látták az ószövetségi próféták a Lélek ihletése alatt.

Az igazság, miszerint mindez gyakorlatilag egyetlen esemény, azt jelenti, hogy Krisztus *már* jön. Így szól a Szentírás is. Miközben személyes és testi visszatérésére előretekintve jövőbeli eseményként is beszél eljöveteléről, még gyakrabban beszél arról *jelen* időben, hogy megmutassa, hogy ő az egész történelem során *jön.* Úton van, és személyes megjelenése az idők végén csak a legvége annak, ami Betlehemben kezdődött. Az Írás tehát nemcsak Krisztus születéséről beszél úgy, mint amely az ő *eljövetelé*nek része, hanem több más eseményt is Krisztus *eljöveteléhez* tartozónak tekint. Alapjában véve három ilyet mutat fel.

Krisztus jön a Lélek által (Jn 14:16–18). A Lélek kitöltetése Krisztus eljövetelének része, ezért pünkösdi igehirdetésében még Péter apostol sem tesz világos különbséget a Lélek kitöltetése között és azon dolgok között, amelyeket a világ legvégéhez kapcsolunk: vér és tűz, füst és sötétség (Csel 2:16–21).

Krisztus eljön a hívőkért a halálban. Ő maga jön, noha nem személyesen és nem testileg. Erről biztosít minket a János 14:2–3-ban: *„Az én Atyámnak házában sok lakóhely van; ha pedig nem volna, megmondtam volna néktek. Elmegyek, hogy helyet készítsek néktek. És ha majd elmegyek és helyet készítek néktek, ismét eljövök és magamhoz veszlek titeket; hogy a hol én vagyok, ti is ott legyetek."* Magától értetődően ez a mi vigasztalásunk a halálban. Még ha életünk során Krisztus nem is jön el személyesen és láthatóan, mégis halljuk hangját az evangéliumban, és követjük őt (Jn 10:27). Hisszük azt is, hogy Krisztus az ő Lelke, a Vigasztaló által jön, és amikor meghalunk, akkor eljön, hogy magához vegyen bennünket (Jn 14:3), hogy megláthassuk őt, és örökre örvendezhessünk benne.

Krisztus jön az evangélium hirdetése által. Egyértelmű, hogy maga Krisztus szól az evangélium által (Jn 10:27; Ef 2:17). Így tehát az evangélium által jön, és jelen van. Ez a Máté 28:19–20 lényege. Az evangélium hirdetésében számolnunk kell Krisztus eljövetelével.

Mindez azt jelenti, hogy Krisztus eljövetele nem csupán valami jövőbeli esemény, amelynek nincs ránk közvetlen hatása, hanem valami jelenvaló is, amellyel *mindig* számolnunk kell. Valóban, egyik vagy másik értelemben

Krisztus minden nap jön, és bizonyosan eljön a mi életünk során is, amikor magához vesz bennünket.

6.3. Krisztus visszatérése

Szóltunk arról, hogy Krisztus eljövetelének sok különböző oldala van beleértve születése által, a Lélek ajándéka által, az evangélium hirdetése által és halálunkban való eljövetelét. Megmutattuk, hogy mindezek Krisztus ítéletre és üdvösségre való *egyetlen* eljövetelének különböző nézőpontjai.

Mindazonáltal ez nem azt jelenti, hogy nem beszélhetünk speciális értelemben arról, hogy Krisztus el fog jönni a világ végezetén, amire *második* vagy *végső* eljöveteleként utalunk. Ez a végső eljövetel Jézus születéséhez és megfeszítéséhez hasonlóan egy nagy, történelmi esemény lesz, mivel elhozza a történelem és minden általunk ismert dolog végét. Ez az eljövetel sok szempontból egyedi, és ez minden reményünk középpontja.

Krisztus végső eljövetele *személyes* lesz (Mt 24:30; 1Thessz 4:16). Maga Krisztus fog visszatérni ahelyett, hogy a Lélek vagy az igehirdetők mint képviselői által jönne. Minden szem meglátja *őt* (Jel 1:7), és benne fog megjelenni az istenségnek egész teljessége *testileg* (Kol 2:9). Krisztus Isten személyes képviselőjeként az egész világot megítéli, mégpedig igazságban (Csel 17:31), és népét örök dicsőségbe fogadja. Reménységünk erre a személyes eljövetelre irányul, mert *ő* az, akit látni vágyakozunk.

Krisztus végső eljövetele *látható* lesz (Csel 1:11). Valóban, végső eljövetelekor „minden szem *meglátja őt, még a kik őt által szegezték is*" (Jel 1:7). Az Írás tehát úgy utal végső eljövetelére, mint Krisztus *kinyilatkoztatására* vagy *megjelenésére* (2Thessz 1:7; 1Tim 6:14; 1Pt 1:7[1]). Jézusnak láthatónak kell lennie számunkra, mert nélküle nem lehet bátorságunk Isten előtt megállni. Láthatónak kell lennie a világ számára mint akit megfeszítettek és megöltek. A Szentírás tehát úgy utal erre a végső megjelenésre, mint Krisztus *második*

---

[1] A 2Thesszalonika 1:7-ben a KJV *kinyilatkoztatást*, a másik két helyen *megjelenést* fordít. A Károliban mindhárom helyen *megjelenés* szerepel. (A ford. megj.)

eljövetelére (Zsid 9:28), de nem azért, mert eljövetelének nincsenek más oldalai, hanem mert személyesen és láthatóan kizárólag Betlehemben *jött el* gyermekként, újból pedig a világ végezetén jön el.

Végezetül Krisztus minden dolgok végezetén való eljövetele *hatalmas és dicsőséges* lesz (Mt 24:30; 25:31). Második eljövetele különbözik az elsőtől, mert először szolgai formában, a bűn testének hasonlatosságában jött el (Rm 8:3; Fil 2:7), akkor pedig majd Atyja dicsőségében tér vissza (Mt 16:27). Hatalma és dicsősége meg fogja rettenteni az istenteleneket minden dolgok végezetén (Jel 1:7; 6:15–17), de gyönyörködtetni fogja az övéit, akiknek ez a vágyakozása (Jel 1:3; 22:20).

Krisztus visszatérésének napja és órája (továbbá hónapja és éve is) ismeretlen számunkra. Ezt nem is lenne jó tudnunk, mert akkor gondatlanok és világiasak lennénk, vagy elvesztenénk reménységünket. Mivel nem tudjuk, ezért vigyázunk és imádkozunk, józanok vagyunk, és megőrizzük a szentséget és a kegyességet (Mt 24:42–51; 1Thessz 5:1–8; 2Pt 3:10–12). Mégis hisszük, hogy Krisztus *el fog jönni*, mivel megígérte. Még ha a mi életünkben nem is jön el személyesen és láthatóan, akkor is várjuk, hogy hallhassuk az ő szavát az evangéliumban, követhessük őt (Jn 10:27), jöjjön hozzánk Lelke, a Vigasztaló által, halálunkkor pedig jöjjön el, és vegyen minket magához (Jn 14:3).

6.4. Krisztus egyetlen végső eljövetele

Némelyek azt hiszik, hogy a világ végezete előtt az Úr Jézus Krisztus egynél többször fog személyesen, láthatóan eljönni. A premillennizmus és a diszpenzácionalizmus egyaránt arról tanít, hogy Krisztusnak *több* eljövetele van, szemben a Szentírás világos bizonyságtételével. A következőkben részletesebben is megmagyarázzuk ezeket a nézeteket.

A *premillennizmus* azt tanítja, hogy Krisztus el fog jönni ezeréves királyságának megalapítása *előtt*, azaz mintegy ezer évvel a világ végezete *előtt*. Innen származik a *premillennizmus* elnevezése is (az ezer év *előtt*). Ezt az eljövetelt *elragadtatás*nak nevezik. A premillennista eljövetelt ezer évvel később állítólag

Krisztusnak még egy személyes, látható eljövetele követi, amikor Krisztus eljön ítélni, és megalkotja az új eget és földet.

A *diszpenzácionalizmus* nemcsak az elragadtatást hirdeti, hanem Krisztusnak egy *harmadik* személyes, látható eljövetelét, a *kinyilatkoztatást* is. E nézet képviselői szerint ez az eljövetel *az ő szentjeivel* lesz. A diszpenzácionalisták az 1Thesszalonika 3:13-ra és a Júdás 14-re építik tanításukat. Szerintük a kinyilatkoztatás néhány évvel az elragadtatás után következik be. E tanítás szerint Krisztus a kinyilatkoztatás idején a zsidókkal együtt királyságot alapít Jeruzsálemben.

Hisszük, hogy a Szentírás Krisztus *egyetlenegy* személyes, látható eljöveteléről tanít az ő testté lételét követően, a világ végezete előtt. A premillennista *elragadtatást* és a diszpenzácionalista *kinyilatkoztatást* alátámasztani hivatott szakaszok semmi másról nem beszélnek, mint Krisztusnak a világ legvégén való eljöveteléről.

A Júdás 14–15, amely arról beszél, hogy Krisztus eljön *az ő szentjeivel*, valójában arról szól, hogy Krisztus eljön ítéletre a világ legvégén. Itt ezt olvassuk: „*Ímé eljött az Úr az ő sok ezer szentjével*, hogy ítéletet tartson mindenek felett." A Júdás 6–7-ből világos, hogy ez az ítélet a minden teremtmény felett mondott utolsó ítélet, mert ez az igehely *a nagy nap ítéletéről*, valamint Sodoma és Gomora tűz által való elpusztulásáról beszél, amely az utolsó ítélet képe (ld. még 2Pt 2:6).

A másik szakasz, amely arról szól, hogy Krisztus eljön az ő szentjeivel (1Thessz 3:13), valamint az elragadtatás bizonyítására használt fő igehely (1Thessz 4:15–18) szintén nagyon világosan beszél minden dolgok végéről. Az Úr eljövetelét – amint ezeken a helyeken le van írva – trombita szava kíséri, amelyre máshol *az utolsó trombitaszó* utal (1Kor 15:52). Ezt nem követi a történelem további ezer éve, sem más trombiták, sem más végső dolgok.

Így tehát az 1Thesszalonika 3–4 szintén az Úr eljöveteléről beszél, és világossá teszi, hogy ezután a szentek Krisztussal való örök dicsősége következik: „*mindenkor az Úrral leszünk*" (1Thessz 4:17; ld. még Jel 21:3; 22:4).

Az 1Thesszalonika 3–4-ben Krisztus eljövetelét *nem* követi egy ezeréves földi uralkodás a mennyei élet előtt.

Végül az elragadtatást sok szakasz az utolsó ítélettel, nem pedig az ezer évvel azelőtti eseményekkel köti össze. Főként a Lukács 17:28–37-re utalunk. Figyeljük itt meg a Sodomára való utalásokat, és hasonlítsuk össze ezt a részt a Júdás 7-tel, amely világossá teszi, hogy Sodoma az *utolsó* ítélet, az *örök tűz* előképe, valamint hasonlítsuk össze a Máté 24:37–41-gyel is!

Csak *egyetlen* eljövetel van – ítéletre és üdvösségre. Bárcsak mihamarabb megtörténne!

6.5. Krisztus eljövetelének jelei

A Szentírás szerint Krisztus eljövetelét mindig *jelek* kísérik. Ez így volt testben való eljövetelénél (Lk 1:18–20, 41–45; 2:12), és így lesz visszatérésekor is (Mt 24:3, 30; Lk 21:11, 25). Ezek a jelek fontosak, és helyesen kell azokat értenünk. A jeleket különböző kategóriákba sorolhatjuk. Vannak jelek a teremtésben (Mt 24:7, 29), a történelemben (Mt 24:6–7) és az egyházban (Mt 24:10–16). Némelyik csak a *nyomorúságnak kezdete* (Mt 24:5–8), mások világosabban beszélnek a végről, ismét mások ténylegesen kísérik Krisztus látható eljövetelét (Mt 24:29–31).

Szeretnénk néhány dolgot hangsúlyozni ezekről a jelekről azzal a csodálatos biblikus igazsággal kapcsolatban, hogy Jézus *jön*. Ne felejtsük, hogy a Szentírás úgy beszél az ő eljöveteléről, mint amely *már most történik!* Ő már úton van. Krisztus *jön*. Ez nem azt jelenti, hogy annak jelei olyanok, mint az autópálya mentén felállított táblák, amelyek valamire felhívják a figyelmet, vagy egy távolabbi dologra mutatnak rá. Krisztus eljövetelének jelei inkább olyanok, mint a vonat sípja és a sínek zúgása. Ezek a hangok a vonat közeledéséhez *tartoznak*, illetve az *okozza* őket. Krisztus eljövetelének e jeleit úgy írhatjuk tehát le, mint közelgő lépteinek hangját. Mint ahogyan egy ember lépéseit egyre hangosabban és tisztábban lehet hallani, amint jön, ugyanúgy

Krisztus eljövetelének e jelei is egyre jobban láthatóak és hallhatóak, amikor végső megjelenése közeledik.

Hisszük, hogy a fentiekre utal a Jelenések könyve eseményeinek fokozódása. A pecsétek, a trombiták és a poharak egyre fokozódóan a föld *negyedét* (Jel 6:8), ezután a *harmadát* (Jel 8:7–12; 9:18), végül pedig az *egészét* (Jel 16:3–4, 17) érintik. Másként fogalmazva, a Jelenések könyvében említett pecsétek, trombiták és poharak *ugyanazokat* a jeleket és ítéleteket ábrázolják, de ezeknek erőssége fokozódik, és a történelem előrehaladtával, illetve Krisztus közeledtével egyre világosabban láthatóak.

Mindazonáltal e jelek bizonyos értelemben többek Krisztus lépteinek hangjánál. Igazság szerint ezeket a jeleket Krisztus eljövetele okozza, ahogyan a vonat saját sípjának és kerekeinek a hangját. E jelek tehát Krisztus eljöveteléből származnak, mivel ő uralkodik az egész történelem és a teremtés, valamint az egyház felett.

Krisztus visz véghez mindent mindenekfelett való, szuverén Királyként és Úrként, és ő okoz minden eseményt a mennyen és a földön (Mt 28:18). Ez a hívők vigasztalása, mert tudják, hogy semmi nem történhet véletlenül vagy az ő akarata nélkül. Gondolhatunk tehát ezekre a jelekre úgy, mint Krisztus kezének és munkájának a teremtésben és a történelemben látható bizonyítékaira. Ezek a jelei annak, hogy nem véletlenszerűen munkálkodik, hanem napról napra a kijelölt céljuk felé viszi a dolgokat.

Mennyire más perspektívába állítják a fentiek mindazt, ami velünk és körülöttünk történik! A félelem és a kétségbeesés helyett reménykedünk és várunk, mert minden az ő hatalmáról és eljöveteléről beszél. Háborúk, katasztrófák és hitehagyás közepette, amikor az emberek szíve elhal a félelemtől, és az egek erősségei megrendülnek, felnézhetünk, és felemelhetjük fejünket, mert közeledik a mi váltságunk (Lk 21:25–28).

6.6. Az elragadtatás

Az *elragadtatás* szó Krisztusnak a mennyből való hirtelen, látható megjelenését írja le, amikor az ő szentjei felemeltetnek a felhőkbe, hogy találkozzanak az Úrral a levegőben. Erről Isten Igéje az 1Thesszalonika 4:15–17-ben beszél. Mindazonáltal elutasítjuk a következő nem biblikus tanításokat: ez az elragadtatás titkos; a végső nagy nyomorúságot megelőzően történik, és így Isten népének nem kell keresztülmennie a nyomorúságon; ezer évvel a világ végezete előtt következik be (*premillenniumi* elragadtatás). Az 1Thesszalonika 4 és a Szentírás többi része sem támogatja ezeket az elképzeléseket.

Az elragadtatás nem titkos. Az 1Thesszalonikában leírt események egyáltalán nem titkosak. Riadóról, arkangyal szózatáról és isteni harsonáról olvashatunk. Biztonsággal állíthatjuk, hogy ez lesz a történelem egyik leghangosabb és legkevésbé titkos eseménye. Ugyanezt a bizonyságot adják más szakaszok, amelyek erről az eseményről szólnak. A Máté 24:30–31 ugyanarról ír, mint az 1Thesszalonika 4. Mindkét hely említi az angyalokat, egy trombitát (harsonát), valamint Krisztus választottainak egybegyűjtését. A Máté 24:30–31 azt is hozzáteszi, hogy „*sír a föld minden nemzetsége*", amikor „*meglátják az embernek Fiát*". Ebben egyáltalán semmi titkos nincsen.

Az 1Korinthus 15:51–52 kétségkívül ugyanazt írja le, mint az 1Thesszalonika 4:15–17: a szenteknek két csoportja fog elragadtatni – akik már meghaltak, és akik még nem. Az utóbbiakról az 1Korinthus úgy ír, mint akik *nem alszanak*, az 1Thesszalonika pedig úgy, mint akik élnek és megmaradnak az Úr eljöveteléig. A korinthusi versek is egy nyilvános, nem pedig egy titkos eseményről írnak.

Ugyanezek a részek kristálytisztává teszik, hogy az elragadtatás minden dolgok végén, a végső nyomorúság után fog bekövetkezni. A Máté 24:29 így szól: „*mindjárt pedig ama napok nyomorúságai után.*" Amikor pedig arról olvasunk, hogy a föld nemzetségei sírnak, ez a sírás Krisztus második eljöveteléről szól, amikor a világ végezetén eljön ítéletre. Ez nyilvánvaló, ha Máté szavait összevetjük a Jelenések 1:7-tel és a Jelenések 6:12–17-tel.

A Máté 24:37–41 és a Lukács 17:26–37 ugyanígy írja le ezt az elragadtatást, mint amely éppen az utolsó ítélet előtt következik be. Ezek a szakaszok az emberek felvételét és ottmaradását Sodoma és Noé napjaihoz hasonlítják. Másként fogalmazva akik ott maradnak, azokra éppen olyan ítélet vár, mint amilyen Sodomáé és Gomoráé (ld. még Júd 7) vagy Noé napjainak világáé volt (2Pt 3:3–7).

Az 1Thesszalonika 4 beszél még ezenkívül a testünk feltámadásáról is, amelyről a Szentírás mindenhol azt mondja, hogy az utolsó napon fog megtörténni (Jn 6:39–40, 44–54; 11:24). Az utolsó napot bizonnyal nem követi 365 000 másik nap. Így a János 12:48 egyértelműen kijelenti számunkra, hogy az utolsó nap az ítélet napjai is.

Ezért tehát nem egy titkos elragadtatást várunk ezer évvel a vég előtt, a nagy nyomorúságot megelőzően, hanem a szentek nyilvános elragadtatását minden dolgok végén, amelynek eredménye az lesz, hogy mindig dicsőségben lehetünk az Úrral (1Thessz 4:17).

6.7. Jézus hirtelen és váratlan eljövetele

Ha az elragadtatás hangos és nyilvános esemény lesz, miért olvassuk Krisztus eljöveteléről, hogy hirtelen és váratlan (1Thessz 5:1–9)? Ahogyan a Szentírás mondja, úgy jön el, mint *éjjel a tolvaj* (Mt 24:43; 2Pt 3:10; Jel 3:3; 16:15).

Valójában Krisztus *csak az istentelenek és a hitetlenek számára* jön váratlan tolvajként. Ez az 1Thesszalonika 5:1–9-ben teljesen világos, ahol Pál az istentelenekre többes szám harmadik személyben utal, a többes szám második személytől megkülönböztetve. A hívőknek azt mondja, hogy elkerülhetetlen *veszedelem* éri őket (ti. az istenteleneket; 3. v.), és hozzáteszi: „De ti, atyámfiai, nem vagytok sötétségben, hogy az a nap tolvaj módra lephetne meg titeket" (4. v.).

A gonoszok nem várják az utolsó ítéletet és Krisztus eljövetelét. Bár sokan közülük hallották, hogy eljön, és tudják, hogy Isten meg fogja ítélni a világot, hamissággal tartóztatják fel az igazságot (Rm 1:18). Ők azok a csúfolódók, akikről Péter beszél (2Pt 3:1–8). Isten nem azonnal önti ki rájuk haragját, és ebből arra következtetnek, hogy egyáltalán nem fogja őket megítélni. Még akkor sem ismerik fel az ítéletet, amikor *most* rájuk bocsátja azt (pl. AIDS, földrengések, éhínség és háborúk). Az egyházban is lehet találni ilyen embereket. Őket jelképezi a Máté 25:1–13 öt bolond szüze. Amikor a vőlegény eljön, mélyen alszanak, és nincs olaj a lámpásukban, ezért *kizáratnak* a menyegzői vacsoráról. Az egyházhoz tartoznak, az a nevük, hogy hívők (*szüzek*), de valójában képmutatók és hitetlenek.

Isten népét, akiket a példázatban az öt bölcs szűz jelképez, *nem* teljesen váratlanul érik az események (újabb bizonyíték arra, hogy az elragadtatás nem titkos). Bár sosem tökéletesen, mégis mindig vigyáznak, és várják Krisztus eljövetelét elhíve, hogy ígérete szerint bizonyosan eljön. Ha valakit váratlanul ér Krisztus eljövetele, azt jelenti, hogy hitetlenségben éri. Isten népe nem a hitetlenség és a bűn sötétségében van, amint arra az 1Thesszalonika 5:4 emlékeztet minket. Mindazonáltal még a hívők sem tudják Krisztus eljövetelének napját vagy óráját (Mt 24:36, 42; 25:13; Mk 13:32). Krisztus nekik is mondja: *„A mely órában nem gondoljátok, abban jő el az embernek Fia"* (Mt 24:44).

Ezért a sürgető feladatunk, hogy vigyázzunk, várakozzunk, és imádkozzunk. Erről beszél a Máté 25:13 csakúgy, mint az 1Thesszalonika 5 is: *„Ne is aludjunk azért, mint egyebek, hanem legyünk éberek és józanok (…) Mi azonban, a kik nappaliak vagyunk, legyünk éberek, felöltözvén a hitnek és szeretetnek mellvasába, és sisak gyanánt az üdvösségnek reménységébe"* (6. és 8. v.).

Ez a figyelmeztetés szükséges. Az öt bölcs szűz is alszik, amikor eljön a vőlegény (Mt 25:5). A mécsesükben van olaj (Isten Lelkének bibliai jelképe), de ők maguk szenderegnek. Jézus ezt szem előtt tartva egy másik helyen így szól: *„Mondom néktek, hogy bosszút áll értök hamar. Mindazáltal az embernek Fia mikor eljő, avagy talál-é hitet e földön?"* (Lk 18:8). Ez a buzgó, gyakori imádságra való felhívással kapcsolatban hangzik el.

Nyilvánvaló, hogy szükségünk van erre a figyelmeztetésre, hiszen sokszor gondatlanok vagyunk, és úgy élünk, mintha Krisztus sosem jönne el.

Valójában a gondolat, hogy Krisztus eljön – *éppen most!* – inkább félelemmel szokott eltölteni minket. Vigyázzunk tehát, és könyörögjünk, hogy *ne* essünk kísértésbe!

6.8. Jézus gyors eljövetele

Mit jelent, amikor Krisztus így szól: *„Ímé,* hamar *eljövök"* (Jel 22:7, 12, 20)? Ez a kérdés különösen sürgető, amikor eszünkbe jut, hogy már kétezer év eltelt azóta, hogy Krisztus megígérte.

Az istentelenek és a csúfolódók ezt a hosszú időt bizonyítékként veszik arra, hogy soha nem fog eljönni (2Pt 3:3–4). Mindazonáltal mivel hisszük, hogy ő Isten Fia, aki nem hazudhat, továbbra is vigyázunk, és könyörgünk eljöveteléért. Azonban érdemes megvizsgálni, hogy mire gondolt, amikor gyors eljöveteléről beszélt, nehogy elcsüggedjünk.

Amint a korábbiakban láttuk, bizonyos értelemben Krisztus gyorsan jön, amennyiben *mindig* jön: ítéletek által, az evangélium hirdetése által, a Szentlélek munkája és jelenléte által, valamint a halál által személyesen minden emberhez. Mindezeken a különböző módokon az ő jutalma vele van, hogy megfizessen mindenkinek, amint az ő cselekedete lesz (Jel 20:12; 22:12).

A Jelenések 22 azonban nagyon világossá teszi, hogy Krisztus főként a végső, személyes, látható eljövetelére utal, amikor arról beszél, hogy hamar eljön. Ebben a tekintetben is megtartja nekünk tett ígéretét. A gyors eljövetelnek ez az ígérete mindenekelőtt azt jelenti, hogy nem késlekedik, nem várakozik egy pillanattal sem tovább, mint amennyi szükséges ahhoz, hogy az ő népét magához vegye. Amelyik pillanatban minden készen lesz, akkor eljön az ő Atyjának minden dicsőségében, hogy újjáteremtsen mindent.

Ennek az eseménynek az időzítését Isten szándékának fényében kell néznünk. Isten szuverén módon előre elrendelt mindent, így Krisztus eljövetelének idejét is. Ezzel összhangban azt is előre elrendelte, hogy minden dolog pontosan ugyanebben az időben érje el kijelölt célját. A történelemnek ebben a pillanatában Isten szándéka végbe fog menni választottaival, és az utolsót is magához gyűjti (2Pt 3:9). Az istentelenekkel és hitetlenekkel való szándéka is be fog teljesedni akkor. Amikor az összes választott üdvözül, ugyanakkor az istentelenek és a hitetlenek betöltik a gonoszságuk mértékét, és megérnek Isten ítéletére (1Móz 15:16; Zsolt 75:9; Jel 14:10, 15–20). Abban a pillanatban Krisztus is el fog jönni. Nem jön egy pillanattal sem hamarabb, mert az túl korán lenne, de egy pillanatot sem késik. Még ebben is az étele és itala, hogy megtegye az ő mennyei Atyja *akaratát*.

Krisztus abban a tekintetben is hamar eljön, hogy a történelem *végén* jön; a világ történelme pedig nem hosszú, különösen nem Isten örökkévaló éveivel összehasonlítva. Az istentelenek évek milliárdjairól beszélnek a múltban és a jövőben is, de mi tudjuk, hogy e világ történelméhez mindössze néhány évezred tartozik.

Végül Krisztus gyorsan jön abban az értelemben is, hogy elég korán érkezik meg ahhoz, hogy a gonoszok ne vihessék véghez *minden* hamis tervüket. Isten ítéletre való eljövetelével a történelem során a munkájukat mindig megszakította, a céljaikat mindig elrontotta, és ez igaz lesz a végén is. Bárcsak soha ne lenne korán számunkra az ő eljövetele!

6.9. Krisztus eljövetelének csodája

Soha nem szabad elfelejtenünk, hogy Krisztusnak a világ végén való eljövetele egy csoda – az utolsó csodálatos dolog, amelyet ez a világ látni fog. Ez Isten munkája, amely csodálatos a mi szemeink előtt, és amely meghaladja az értelmünket. Valóban minden, ami a világ végéhez tartozik, Isten lenyűgöző munkája és csodája.

Krisztus eljövetelének jelei, a halottak feltámadása, a szentek elragadtatása, hogy Krisztussal legyenek, a régi föld és ég elpusztítása tűz által, az utolsó ítélet, a hívők megdicsőülése: mindezek azokhoz a dolgokhoz tartoznak, amelyek természeti és földi kifejezésekkel teljesen megmagyarázhatatlanok. Mindenestül a természetfelettihez tartoznak, és így csak hit által lehet őket befogadni.

Több bibliai szakasz világossá teszi, hogy ez Krisztus eljövetelére is igaz. Például a Jelenések 1:7 bizonyságot tesz arról, hogy *„minden szem meglátja őt, még a kik őt által szegezték is"* (ld. még Mt 24:27, 30). Ez nemcsak azt jelzi, hogy az általános feltámadás már Krisztus visszatérése előtt meg fog történni, hanem azt is megmutatja, hogy Krisztus eljövetele Isten egyik csodálatos munkája.

Lehetetlen megmondani, hogy amikor megjelenik, miként látja meg minden szem őt, de nincs kétségünk afelől, hogy Isten Igéje igaz módon szól. Valóban minden szemnek meg *kell* látnia őt, mert Isten kijelentéseként jön üdvösségre és ítéletre. Minden teremtmény, élő és halott *vele* kapcsolatban fog megítéltetni – üdvösségre vagy kárhozatra.

Egy másik szakasz, amely Krisztus eljöveteléről kijelenti, hogy a Mindenható Isten csodálatos és lenyűgöző munkája, a 2Thesszalonika 2:8, amely szerint a bűn emberét, *a törvénytaposót* Krisztus eljövetelének világossága meg fogja semmisíteni. Ismét nehéz pontosan látnunk, hogy ezt miként kell értenünk, de ez arra emlékeztet minket, hogy az ő eljövetele nem természetes esemény.

Krisztus eljövetele a mi reménységünk, mert noha nekünk is meg kell állnunk az ítélőszék előtt, és számot kell adnunk cselekedeteinkről, ő lesz ott velünk az ítéletben, ő lesz a Bírónk. Így még az ítélet gondolata sem ronthatja le azt a csodálatos reménységünket, amely benne van. Üdvösségünk az ítéletben és azáltal az ő üdvözítő munkájához tartozik.

Ez tehát az eljövetel, amelyre várunk, amelyért vigyázunk, és amelyben reménykedünk. Hívőként egész életünket ebből a szemszögből írhatjuk le: annak célja és értelme Jézus Krisztus megjelenése. Semmi más nem számíthat nekünk ennyire.

Mindezt úgy foglalhatnánk össze, hogy Krisztus eljövetele az *üdvösség csodájának része.* Isten a történelem kezdetétől fogva úgy jelentette ki magát, mint az egyetlen Megváltó abban, hogy amit értünk tesz, az teljesen felülmúlja az ember hatalmát és képzeletét. A kegyelem csodája által üdvözít bennünket Jézus Krisztusban. Krisztus visszatérése a kegyelem és irgalom nagy csodájának végső kijelentése.

6.10. A millennium

A Szentírás tanúságtétele Krisztus eljöveteléről azt a kérdést veti fel, hogy mikor és hogyan fog eljönni. E kérdés megválaszolása kapcsán bukkan elő a Jelenések 20-ban megjelenő *millennium* (ezer év) témája. A millennium különböző nézetei – premillennizmus, posztmillennizmus és amillennizmus – mind Krisztus eljövetelének *idejéről* és *módjáról* szólnak.

Bizonyos szempontból nézve szomorú, hogy a millennium ilyen vita és ellentét forrása lett a keresztyének között, miközben a Szentírás csupán néhány alkalommal beszél róla, mégpedig csak egy nehéz, jelképes könyv, a Jelenések könyve egyik fejezetében. Mindazonáltal a millenniumról alkotott nézetek közti különbség fontos, és nem szabad jelentéktelenként félretenni. Krisztus eljövetelének ideje és módja *számít.*

A millennium különböző nézetei Krisztus királyságának természetével kapcsolatban vetnek fel kérdéseket – földi-e vagy mennyei, jelenvaló-e vagy eljövendő, zsidó-e vagy keresztyén. Ezek a kérdések is fontosak. Feladatunk az országot keresni, és annak eljöveteléért imádkozni. Tudnunk kell, mit keresünk, ha teljesíteni akarjuk feladatunkat.

Nem fogjuk tehát átugrani a millennium témáját mint valami lényegtelen dolgot, hanem megpróbáljuk megmagyarázni a különböző nézeteket, és megmutatjuk az Írásból, hogy mit kell hinni. Ezt nem azért tesszük, hogy növeljük a keresztyének közti megosztottságot, vagy megbotránkoztassuk a más nézeten levőket, hanem hogy megmutassuk, *mit* tanít az Ige és *miért*.

A *millennium* szó *ezer évet* jelent, és a Jelenések 20-ban hatszor említett ezer évre vonatkozik. Isten Igéje szerint ez alatt az ezer év alatt a Sátán megkötöztetik; akiknek pedig része van az első feltámadásban, azok élnek és uralkodnak Krisztussal. Ennek az időszaknak a végén – bármilyen hosszú időszakról legyen is szó – a Sátán *egy kevés időre* eloldoztatik, elhiteti a népeket, és összegyűjti őket a szeretett város elleni harcra. Ekkor Isten közbelép, és következik az ítélet. A Jelenések 20-ból ezek világosak, jelentésük azonban sok vita tárgyát képzi.

Némelyek azt vallják, hogy mindez – az ezer évet is beleértve – a jövőben történik, (premillennizmus). Mások azt vallják, hogy ez már megkezdődött, és már most az ezer év által leírt időszakban élünk (amillennizmus). Megint mások azt tanítják, hogy miközben már megkezdődött, a lényegi beteljesülés a jövőben lesz, és csak akkor látjuk meg, amikor az egyház megtapasztalja a békesség, áldás és bőség addig nem ismert idejét (posztmillennizmus).

A *premillennisták* azt vallják, hogy Krisztus következő eljövetele egy jövőbeli millennium előtt (*pre*) lesz, és azt tanítják, hogy ő többször is el fog jönni a jövőben. A *posztmillennisták* szerint Krisztus eljövetele a millennium után (*poszt*) lesz, és csak egyszer. A posztmillennistákhoz hasonlóan az *amillennisták* is hiszik, hogy Krisztus eljövetele, amely csak egyszer történik meg, a millennium után lesz. Azonban mind a pre-, mind a posztmillennistáktól különböznek abban, hogy a millenniumban egyáltalán nem egy szó szerinti ezeréves időszakot látnak (az *a-* egy fosztóképző), ehelyett jelképes számnak tekintik az ezer évet, amely az egész evangéliumi korra vonatkozik Krisztus halálától kezdve.[2]

6.11. A premillennizmus és a diszpenzácionalizmus összehasonlítása

A premillennizmus és a diszpenzácionalizmus szigorúan véve ugyanazon iskolához tartozik, mivel mindkettő azt tanítja, hogy Krisztus személyes és látható módon jön el jövőbeli ezeréves uralkodása előtt. Nézeteikben sok hasonlóság található. Mindkettő egy szó szerinti ezeréves (millenniumi) királyságról tanít. Mindkettő tanítja, hogy ez a millennium és a királyság jövőbeli. Azt is tanítják, hogy Krisztus millenniumi királysága földi, a központja Jeruzsálem városa, és Krisztus ott fog uralkodni a földön személyesen és láthatóan. Szintén mindkettő hirdeti, hogy az ígéretek, amelyeket Isten Ábrahámnak és a zsidó népnek adott a földdel kapcsolatban, a jövőben szó szerint, földi

---

[2]A millennium kezdetét általánosságban Jézus első eljöveteléhez is szoktuk kötni, a könyv későbbi oldalain is találkozunk effajta idői megjelöléssel. (A ford. megj.)

módon be fognak teljesülni. Mindkettő hiszi, hogy az Írásban *Izráel* mindig csak Ábrahám fizikai utódaira, a zsidókra vonatkozik. Végül mindkettő egynél több feltámadást és egynél több ítéletet tanít.

Mindazonáltal a premillennizmus és a diszpenzácionalizmus között jelentős különbségek állnak fenn. A diszpenzácionalizmus tanítja, hogy Krisztus kétszer jön el a millennium előtt (azaz ezer évvel a történetelem vége előtt), mégpedig az elragadtatásban és a kinyilatkoztatásban (Krisztus eljön az ő szentjei*ért*, majd az ő szentjei*vel*). A diszpenzácionalizmus egy *titkos elragadtatás*ról is tanít, amely *bármely pillanatban megtörténhet*, mégpedig a *nagy nyomorúság előtt*. Ez azt jelenti, hogy az egyház nem megy át a nyomorúságon, hanem Krisztussal lesz.

A diszpenzácionalizmus tanítása szerint az újszövetségi egyház egy *zárójel* a történelemben, és egyedül a zsidó nemzet alkotja Isten népét és királyságát. Ugyanígy a diszpenzácionalizmus nézete szerint Krisztus millenniumi királysága csakis *zsidó* ország lesz, azaz csak és kizárólag a zsidók lesznek annak polgárai. Mindezzel együtt azt is tanítja, hogy az elragadtatás és a kinyilatkoztatás, Krisztus két premillenniumi eljövetele között a Szentlélek nem lesz jelen a földön.

A *Scofield Magyarázatos Biblia* (*Scofield Study Bible*) régebbi diszpenzácionalista jegyzetei – hogy még nagyobbá tegyék a zűrzavart – az üdvösség különböző módjait tanítják a zsidók és a pogányok számára tagadva, hogy az Ószövetségben egyedül Jézus Krisztus vére és áldozata és a belé vetett hit által volt üdvösség. Ezzel ellentétben a *történelmi premillennizmus* helyesen azt tanítja, hogy az elragadtatás és a kinyilatkoztatás *egy* esemény, nem pedig *kettő*. A történelmi premillennizmus is tagadja a titkos elragadtatást, amely bármely pillanatban bekövetkezhet, és ragaszkodik ahhoz, hogy az egyház keresztül *fog* menni az utolsó napok nagy nyomorúságán. A diszpenzácionalizmussal szemben a történelmi premillennizmus azt is tanítja, hogy az egyháznak *van* része és helye Krisztus királyságában, és nemcsak egy *zárójel* a történelemben, miközben Isten a múltban és a jövőben is a zsidókkal törődik. Végül a történelmi premillennizmus semmit nem ismer a diszpenzácionalista

Scofield Magyarázatos Biblia jegyzeteinek eretnek tanításaiból, amelyek szerint a különböző korszakokban más-más módja van üdvösségnek, és amelyek azt a különös, nem biblikus gondolatot tanítják, hogy a mindenütt jelenlévő Szentlélek egy időre elvétetik a földről.

Hisszük, hogy noha a történelmi premillennizmus a diszpenzácionalizmus sok hamis tanításától mentes, mégsem megfelelő tanítás. A továbbiakban meg szeretnénk magyarázni, hogy a premillennizmusnak sem a régebbi, sem az új változata nem biblikus.

6.12. A premillennizmus tévedései

A premillennizmus – amelyet néha *khiliazmus*nak is neveznek – az a tanítás, miszerint Krisztus személyes, látható visszatérése ezer évvel a világ vége előtt fog bekövetkezni. Eszerint a hitehagyás és a gonoszság növekedni fog, és az antikrisztus végső megjelenését fogja eredményezni. Akkor egy súlyos üldöztetés szakasza fog megkezdődni, amelyet a Máté 24:21 *nagy nyomorúság*nak nevez. Az antikrisztusnak ez az uralma és az üldöztetés időszaka Krisztus jövetelével fog véget érni, aki feltámasztja szentjeit, elváltoztatja azok testét, akik még élnek, megítéli őket, eltávolítja a földről az átkot, és Jeruzsálemben megalapít egy ezer évig tartó királyságot.

A premillennizmus szerint ez a királyság a zsidók tömeges megtérésének eredménye lesz, akik visszakapják saját földjüket. A pogány keresztyénekkel együtt ők alkotják Krisztus országát, amelynek központja Jeruzsálem, bár az elsőbbség a zsidóké lesz. Ezt a királyságot igazság, békesség és bőség jellemzi ezen a földön, és pontosan ezer évig fog tartani. Krisztusnak e földi uralkodása végén a többi halott is feltámad, ezután pedig sor kerül az utolsó ítéletre, illetve az új ég és az új föld teremtésére.

A premillennizmus néhány fent említett nézete nagyon furcsa. Egyrészt az ezeréves birodalom polgárai között lesznek olyanok, akik már feltámadtak és megdicsőültek, de olyanok is, akik még mindig jelenlegi, földi testükben lesznek. Ez ellentmond az 1Korinthus 15:50-nek. Másrészt a királyság állítólag egy olyan földön lesz, amely már nem lesz átok alatt, de mégsem szabadult meg teljesen a bűntől, a betegségtől és a haláltól. Ezen a földön a feltámasztott szentek olyanokkal fognak élni, akik még mindig ki vannak téve a bűnnek és a halálnak.

Vannak azonban még fontosabb ellenvetések e tanítással szemben. Először is a Szentírás ellentmond annak a premillennista tanításnak, hogy Krisztus eljövetele ezer évvel megelőzi a világ végét, és ezzel szemben azt tanítja, hogy Krisztus a következő eseményekkel egyszerre jön el: a jelenvaló világ vége (1Kor 15:23–24), az új ég és az új föld teremtése (2Pt 3:9–10), *minden* halott feltámadása (Jel 20:12–13), valamint az utolsó ítélet (Mt 24:37–41; Lk 17:28–37; Júd 6–7, 14–15).

Másodszor a Szentírás nem tanít egynél több feltámadást és ítéletet (Jn 5:25–29), sem pedig a világ végét ezer évvel megelőző feltámadást és ítéletet (Jn 6:39–40, 44–45; 11:24; 1Kor 15:51–52, figyeljük meg az *utolsó* szóra eső hangsúlyt az 1Kor 15:51–52-ben).

Harmadszor a Szentírás a földi királyság teljes ellentétéről beszél: ragaszkodik ahhoz, hogy az ország mennyei (Jn 18:36; Zsid 12:22–23). Negyedszer a Szentírás azt hirdeti, hogy Krisztus országa örökkévaló, nem pedig csak ezer évig tartó (Dán 4:31; 7:27; 2Pt 1:11). Ötödször a Szentírás nem tanítja, hogy *csupán* a zsidók Ábrahám *fizikai* leszármazottai. Ehelyett azt mondja, hogy minden hívő – zsidó és pogány egyaránt – valódi zsidó, Isten igazi Izráelje (Rm 2:28–29; Gal 3:29; Fil 3:3). Izráel az *egyház*, az egyház pedig Izráel. Ugyanígy a királyság az egyház, és az egyház a királyság. Különösen ezen okok miatt utasítjuk el a premillennista tanítást.

6.13. A diszpenzácionalizmus tévedései

A korábban John Nelson Darbyról (1800–1882) – a diszpenzácionalizmus és a testvérgyülekezetek alapítójáról – darbyizmusnak is nevezett diszpenzácionalizmus a legsúlyosabb a millenniummal kapcsolatos tévedések közül.

Ez nemcsak egy bizonyos tanítás a millenniumról és a jövőről, hanem egy mindenre kiterjedő, téves teológiai rendszer.

A *diszpenzácionalizmus* elnevezés abból ered, hogy az elmélet a történelmet különböző *diszpenzáció*kra (korszakokra) osztja, amelyekben Isten más-más szövetségi viszonyban áll az emberrel, és amelyekben kiderül, hogy az ember nem tud eleget tenni Isten követelményeinek. Darby klasszikus diszpenzácionalizmusa szerint most az *egyház korában* vagy a kegyelem korszakában vagyunk, és már csak egy kor várható, mégpedig a királyság korszaka.

A diszpenzácionalizmus tévedései közül néhánnyal már foglalkoztunk, így a titkos elragadtatással, amely megelőzi az ezeréves birodalmat és a nagy nyomorúságot, illetve Krisztus többszöri eljövetelével kapcsolatos tanításaival. A diszpenzácionalizmus további nézetei – amelyeket később meg fogunk magyarázni – a többszöri feltámadásban és ítéletben való hit, illetve a Szentírás, különösen a Jelenések 20 szó szerinti magyarázata.

A diszpenzácionalizmus legkirívóbb hibáinak egy része abból származik, hogy rosszul használja a Szentírást. Először is a diszpenzácionalizmus hibás módszerrel magyarázza a Szentírást. Ez a módszer azt eredményezi, hogy az egész Ószövetséget és az Újszövetség egyes részeit a zsidókra vonatkoztatja, és azt állítja, hogy ezek semmilyen módon nem alkalmazhatóak az újszövetségi keresztyénekre, hacsak nem a kíváncsiságuk kielégítésére. A *Scofield Magyarázatos Biblia* jegyzetei szerint például a Hegyi beszéd nem keresztyén, hanem zsidó. Ezzel szemben a Szentírás azt tanítja, hogy a *teljes Írás* hasznos (és alkalmazható) az újszövetségi keresztyének számára (Jn 10:35; 2Tim 3:16–17). Mivel ezt a diszpenzácionalizmus tagadja, ezért az a vád ellene, hogy *helytelenül „hasogatja az igazságnak beszédét"*[3], még ha annak ellenkezőjét is állítja.

Másodszor a diszpenzácionalizmus szigorú literalizmust (szó szerintiséget) követ, amely valójában a farizeusok literalizmusa, akik nem akarták és nem tudták meglátni, hogy Krisztus *lelki* Király, ezért megfeszítették őt. Ez a szigorú – bár következetlenül alkalmazott – literalizmus és annak szembenállása azzal, amit a diszpenzácionalisták „lelkiesítésnek" neveznek, ellentétes

---

[3] 2Timótheus 2:15 (A ford. megj.)

a Szentírással is (1Kor 2:12–15). Sok helyen maga a Szentírás „lelkiesíti" az Ótestamentum dolgait, például az 1Péter 2:5–9-ben vagy az egész Zsidókhoz írt levélben. Rá szeretnénk mutatni, hogy amíg az egész Írást óvatosan és józanul kell értelmezni, vannak olyan dolgok, amelyeket *nem lehet* szó szerint érteni, mint például a Jelenések 2:17 fehér kövecskéje.

A diszpenzácionalizmus lelki magyarázattal való szembenállása Krisztus mennyei és lelki királyságának tagadásához vezet. Ez a Szentírással kapcsolatban a diszpenzácionalizmus hibás nézete, amely minden tévedésének a gyökere.

6.14. A diszpenzácionalizmus további tévedései

Megmutattuk azokat a hibákat, amelyekről hisszük, hogy a diszpenzácionalizmus legfőbb tévedései. Felsorolunk néhány további tévedést.

A diszpenzácionalizmus elválasztja Izráelt és az egyházat. A diszpenzácionalizmus egyik alapvetése, hogy Izráel Izráel, az egyház pedig az egyház, és a kettőt soha nem szabad összekeverni. Ez ellentétes a Szentírás tanításával, miszerint az ószövetségi *Izráel* nemzeti és lelki értelemben is egyaránt az *egyház* (Rm 2:28–29). A Cselekedetek 7:38 a pusztában lévő gyülekezetnek (egyháznak) nevezi Izráelt. A Zsidók 12:22–24 az egyházzal azonosítja Jeruzsálemet és Siont (ld. még Gal 3:29 és Fil 3:3). A Jelenések 21:9–10 a szent Jeruzsálemmel azonosítja a menyasszonyt, a Bárány feleségét.

A diszpenzácionalizmus elválasztja Krisztusnak a zsidókra vonatkozó és az egyházra vonatkozó munkáját. A diszpenzácionalizmus azt tanítja, hogy Krisztus Izráelnek a Királya, de az egyháznak csak a Feje. A *Scofield Magyarázatos Biblia* azt is tanítja, hogy az Ószövetség népe más módokon üdvözült, nem a Krisztus engesztelő művébe vetett hit által, és Istennek egynél több terve is van az üdvösségre vonatkozóan. Ez ellentétes a Szentírás világos tanításával, miszerint Krisztus az Ó- és az Újszövetségben is ugyanaz a Megváltó (Gal 3:28–29; 1Tim 2:5–6; Zsid 11:6).

A diszpenzácionalizmus kizárja az ószövetségi szenteket Krisztus testéből és menyasszonyá*ból.* Ez természetesen abból következik, hogy elválasztja Izráelt és az egyházat, és megkülönbözteti Krisztust mint Izráel Királyát és mint az egyház Fejét. Ez is ellentmond a Szentírásnak, amely az ószövetségi szenteket is a hit *háznépéhez* sorolja, valamint Krisztus testéhez és menyasszonyához számlálja (Ef 2:11–18, különösen a 16. vers, amely szerint Krisztus *egy testben* békéltette meg a zsidókat és a pogányokat, illetve Jel 21:9–10, amely a szent Jeruzsálemmel azonosítja a *menyasszonyt, a Bárány feleségét*).

A diszpenzácionalizmus azt tanítja, hogy a Szentlélek az elragadtatás és a kinyilatkoztatás közti hétéves időszakban eltávozik a földről. Feltételezése szerint ez idő alatt a zsidók a Szentlélek szuverén és kegyelmes munkája nélkül fognak megtérni, és Krisztusba vetett hitre jutni. Ez is ellentétben áll a Szentírás tanításával, miszerint a hit Isten ajándéka a Szentlélek által, valamint azzal a bibliai igazsággal is, hogy az üdvösséghez elengedhetetlen újjászületés egyedül a Lélek munkája (Jn 3:3–8; Ef 2:8).

A diszpenzácionalizmus az úgynevezett titkos *egyházról tanít.* A klasszikus diszpenzácionalizmus azt hirdeti, hogy az Újszövetség egyháza csupán egy *zárójel,* és maga az egyház egy olyan titok, amelyről az Ószövetség sosem beszél. Ez ellentmond a Szentírás tanításának, mivel az Írás nemcsak prófétál az egyházról, hanem az igaz Izráelt egyháznak, az egyházat pedig Izráelnek tekinti. A Cselekedetek 15:13-ban és a következő versekben Jakab egy Izráelre vonatkozó ószövetségi próféciát alkalmaz az újszövetségi pogány egyházak megalakulására (vö. Csel 7:38). Ugyanígy a Szentírásban az egyház nem *zárójel*ként szerepel, hanem mint Istennek a történelem egészére tervezett összes munkájának szándéka és célja. Ez a *„teljessége ő néki, a ki mindeneket betölt mindenekkel"* (Ef 1:22–23), a *dicsőséges egyház,* amelyet egész üdvözítő munkája által maga elé állít (Ef 5:25–27).

Mindezek miatt a diszpenzácionalizmust el kell utasítanunk.

6.15. A posztmillennizmus

A posztmillennizmust úgy határoztuk meg, mint azt a nézetet, miszerint a millennium már megkezdődhetett, de annak lényegi beteljesülése még a jövőben várható, és csak akkor válik láthatóvá, amikor az evangélium és az egyház a békesség, áldás és bőség addig példátlan időszakát fogja megtapasztalni. Többféle posztmillennizmus létezik, és mindegyik másként értelmezi a millenniumot.

Mindenekelőtt ott van sok puritán és néhány modern író régi posztmillennizmusa, amely a zsidók között Isten nagyszerű, jövőbeli munkáját várja, amely majd sokuk vagy éppen a legtöbbjük megtéréséhez vezet. Mások ugyanezen vonalak mentén egy nagy ébredést várnak az egyházban az utolsó időkben Krisztus eljövetele előtt, amikor az evangélium újra azokat a gyümölcsöket fogja teremni, mint az apostolok korában vagy a 16. századi nagy protestáns reformáció idején.

Mostanában egy radikálisabb posztmillennizmus is kialakult annak részeként, amit időnként keresztyén rekonstrukcionizmusnak vagy *dominionizmus*nak neveznek. Ez a posztmillennizmus nemcsak az egyház esetében vár dicsőséges jövőre, hanem azt is tanítja, hogy egy napon az egész társadalom és a teljes emberi élet a keresztyének uralma alá kerül, és ez a „krisztianizált" társadalom lesz a Krisztus országára vonatkozó bibliai ígéretek beteljesülése.

A posztmillennizmusnak ez az újabb formája arra számít, hogy Krisztus országának lényegi megvalósulása *ebben a jelenlegi világban* fog bekövetkezni, mégpedig az evangélium hirdetése, illetve az egyház növekedése által, továbbá úgy, hogy a keresztyének „akcióba lépnek", és részt vesznek az élet különböző területein. Akik erről vannak meggyőződve, azok közül a legtöbben azt hirdetik, hogy a keresztyének számára szükségszerű, hogy részt vegyenek a társadalom különböző területein, végül pedig átvegyék azok felett a hatalmat, és azokat Krisztusnak igényeljék, így – amint mondják – Krisztust az élet minden területén *királlyá koronázzák*.

Az e nézeten lévők többsége *preterista* is (a *praeteritum* szó *múlt*at jelent). Hiszik, hogy a Máté 24:1–35, valamint a Jelenések könyvének legnagyobb része már beteljesült, azaz múlt idejű – az itt leírt események beteljesültek, amikor a római seregek Kr. u. 70-ben elpusztították Jeruzsálemet. A legtöbben azt mondják, hogy az antikrisztusra és a nagy nyomorúságra vonatkozó próféciák már beteljesültek. Az egyház és a társadalom jövőjéről alkotott rózsás elképzeléseik kizárják az utolsó idők nyomorúságát és az antikrisztus megjelenését illető mindenféle hitet.

Ugyanezek az emberek szinte mindig theonomisták is (a *theonomia* *Isten törvényét* jelenti). Hiszik, hogy Isten törvénye (beleértve az ószövetségi polgári törvényeket is) lesz az alapja ennek az eljövendő krisztianizált társadalomnak, Krisztus e földön megvalósuló országának. Ebben a királyságban nem az evangélium, hanem a törvény lesz a legfőbb erő, mivel nem fog mindenki megtérni, de mindannyian Isten törvénye alá, a törvény *uralma* alá fognak kerülni.

Miközben nem értünk egyet a puritánok régi posztmillennizmusával, sem annak modernkori megfelelőjével, ezzel a modern, radikális posztmillennizmussal még több problémánk van. Ugyanolyan súlyos tévedésnek tartjuk, mint a diszpenzácionalizmust.

6.16. A posztmillennizmus tévedései

Összehasonlítottuk a régi posztmillennizmust egy újabbal, amely a keresztyén rekonstrukcionista mozgalom szerves részét képezi. Ez a fajta posztmillennizmus teljesen más, mint a puritánok régi posztmillennizmusa, és sokkal veszélyesebb.

Először is ez a fajta posztmillennizmus lebecsüli az evangélium hirdetését. Támogatói szerint az ország eljövetele szempontjából a politikai és a gazdasági tettek legalább olyan fontosak, mint az evangélium. Számukra Isten országának győzelme nem annyira az emberek üdvössége az evangélium által, hanem a keresztyének hatalomátvétele az egész társadalom felett.

Másodszor ez a posztmillennizmus lebecsüli és lekicsinyli az egyházat. Hiszi, hogy az ország valami sokkal nagyobb és hatalmasabb, mint az egyház, ezért nem úgy tekint az egyházra, mint amelyhez Krisztus mellett a leginkább vonzódnak a keresztyének. Ezt azonban a Zsoltárok 122:6 és az Efézus 1:17–23 cáfolja. A posztmillennista tanítás szerint a keresztyén ember életének és munkájának nem az egyház összegyűjtése és megőrzése a legfőbb célja szemben a Zsoltárok 122:9-cel és az Efézus 1:17–23-mal. Sok ember szerint az egyház csak egy gyakorlóterep a keresztyének számára ahhoz, hogy részt vegyenek a politikában, a gazdaságban és a társadalmi élet egyéb területein.

Az egyháznak ez a lekicsinylése az egyház kormányzásával, az istentisztelettel és a tanítással kapcsolatos nagymértékű érdektelenséghez, illetve egyfajta ökumenikussághoz (a nem biblikus tanítókhoz való csatlakozás készségéhez) vezet. Végül is szerintük nem az egyház, hanem a királyság a legfontosabb.

Akik tehát a posztmillennizmusnak ezt a fajtáját követik, gyakran azzal vádolják az egyházat, hogy már történelme kezdetétől nem teljesíti hivatását, mert ugyan hűségesen hirdette az evangéliumot, és kereste a bűnösök üdvösségét, de nem vette át az uralmat az egész társadalomban. Ebben szerintük az egyház nyomorúságos kudarcot vallott.

Harmadszor ez a fajta posztmillennizmus aláássa a hűséges keresztyén bizonyságtételt. Mivel a politikai tettek és a különböző társadalmi tevékenységekben való részvétel szükséges voltát hangsúlyozza, alulértékeli az átlagos keresztyén ember bizonyságtételét, amint tisztességesen és hűségesen él azon a helyen, ahova Isten állította. Nem az a legfontosabb, hogy valaki jó bizonyságtétel legyen akár árokásás közben is azért, hogy Isten ezt mások üdvösségére használja fel, hanem a társadalom meghódítása.

Negyedszer ennek a posztmillennista nézetnek a támogatói sokszor egy újfajta törvényeskedést képviselnek, amikor a törvényt hangsúlyozzák. Akik azt várják, hogy az ország úgy valósul meg, hogy minden emberre kiterjed a törvény uralma, valójában azt gondolják, hogy a törvény fogja megtenni, amit az evangéliumnak nem sikerül. Elfelejtkeznek a törvény gyengeségéről, amelyet a Róma 8:3 ír le: *„Mert a mi törvénynek lehetetlen vala, mivelhogy erőtelen vala a test miatt, az Isten az ő Fiát elbocsátván bűn testének hasonlatosságában és a bűnért, kárhoztatá a bűnt a testben."*

Végül ez a fajta posztmillennizmus egy olyan ezeréves királyságot hangsúlyoz, amelynek elsődleges megvalósulása *ebben* a világban lesz, így hajlamos olyan vallássá válni, amely *a földiekkel törődik*. Ezzel kapcsolatban Pál így figyelmeztet minket a Filippi 3:19-ben: *„Kiknek végök veszedelem, kiknek Istenök az ő hasok, és a kiknek dicsőségök az ő gyalázatukban van, kik mindig a földiekkel törődnek."* Követői között találunk tehát olyanokat, akik tagadják a test feltámadását, hogy a menny valódi hely és a hívők végső otthona, sőt Krisztus mennybemenetelét is, amely pedig természetesen minden hívő ember mennyei reménységének a záloga.

6.17. Az amillennizmus

Az *amillennista* szó szerint azt jelenti, hogy *nincs millennium*. Szigorú értelemben véve az amillennizmus nem azt tanítja, hogy *egyáltalán nincs millennium*. Igazság szerint az amillennizmus nem hisz egy *szó szerinti, jövőbeli* millenniumban. Az amillennizmus azt tanítja, hogy a Jelenések 20 millenniuma az *egész újszövetségi kor* Krisztus első eljövetelétől kezdve egészen a világ végezetéig. A Jelenések 20-ban olvasható ezer év tehát jelképesen értelmezendő, nem pedig szó szerint.

Ez a tanítás azon alapszik, hogy a Szentírásban a számok, például az ezer is, gyakran jelképesek, nem pedig szó szerintiek. Egy jó példa a Zsoltárok 50:10, ahol a Szentírás bizonyosan nem szó szerint *ezer*, hanem *minden* hegyről beszél.

Mivel a Sátán megkötözése ennek az ezeréves időszaknak az egyik fő jellemzője (Jel 20:1–3), az amillennizmus azt tanítja, hogy a Sátán az egész újszövetségi korban meg van kötözve. Nincs teljesen megkötve, csak arra nézve, hogy *„többé el ne hitesse a népeket"* (Jel 20:3). Másként fogalmazva azért van megkötözve, hogy ne tudja megakadályozni az evangélium hirdetését és gyümölcseit a pogány népek megtérésében.

A Máté 12:29-ből világos, hogy a Sátán *Krisztus első eljövetelekor* kötöztetett meg. Itt egy olyan helyen, amely világosan a Sátánra utal, Jézus ugyanazt a szót használja a megkötözésre, mint a Jelenések 20:2. Azt mondja a farizeusoknak, hogy a *hatalmast* (a Sátánt) meg kell kötözni. Ennek a kijelentésnek a szövegkörnyezetében Jézus arról beszél, hogy az ország úgy jön el, hogy az evangélium hirdetése által összegyűjtetnek a pogányok (Mt 12:14–21, 28–30). A Máté 12:29 magyarázza a Jelenések 20:2-t megmutatva, hogy a Sátán megkötözésének a következménye, hogy az Újszövetségben az evangélium sikerrel jár a népek között.

Így az amillennizmus nem vár egy eljövendő millenniumra, hanem hiszi, hogy a millennium közepén vagyunk, és amikor az véget ér, akkor eljön a világ vége is. Ez az újszövetségi kor a világ utolsó korszaka. Az amillennisták nem várnak egy elragadtatásra, sem Krisztus eljövetelére, sem egy nagy nyomorúságra ezer évvel a világ vége előtt. Ehelyett tanítják, hogy mindezek *az idők végezetén* történnek meg, és utána következik az örökkévaló állapot.

Az amillennizmus tehát azt tanítja, hogy az 1Korinthus 15:51–52 trombitája az *utolsó*, ezt követi az elragadtatás (1Thessz 4:16–17), és a választottak örökre az Úrral lesznek a mennyei dicsőségben. Ugyanígy az amillennista tanítás szerint a Máté 24:29 nagy nyomorúságát *azonnal* követi a trombitaszó, amely bejelenti Krisztus eljövetelét, az ő felhőkön való megjelenését, valamint választottainak az összegyűjtését.

Az amillennizmus nem tanítja, hogy a vég előtt lesz egy olyan időszak, amely az egyház számára addig példátlan békét és bőséget hoz, hanem komolyan veszi azt a biblikus igazságot, hogy az egyház nagy nyomorúsága megelőzi minden dolgok végét – ama *„utolsó napokban nehéz idők állanak be”* (2Tim 3:1), olyan idők, amikor *„a gonosz emberek (...) nevekednek a rosszaságban”* (2Tim 3:13).

Ezért némelyek pesszimizmussal vádolják az amillennizmust. Ez azonban nem helytálló vád. Az amillennisták hiszik, hogy Krisztus uralkodik, és szuverén hatalmával ő az oka annak, hogy minden, még a fájdalmas dolgok is az övéi javára munkálkodnak együtt.

6.18. A szó szerintiség és a Jelenések 20

Amint láttuk, az amillennizmus nem veszi szó szerint a Jelenések 20-ban
található ezer évet, hanem a teljes újszövetségi korra vonatkozó jelképes utalás-
ként tekint arra. A jelképesség abban a tényben áll, hogy $1000 = 10 \times 10 \times 10$,
ahol a 10 a teljességre utal. Az ezer évnek ezt a nem szó szerinti értelmezését
szeretnénk megvédeni.

Már rámutattunk arra, hogy a Szentírásban az *ezret* nem kell *mindig* szó
szerint venni. Nemcsak *ezer* hegyen Istené minden állat, hanem *mindegyiken*
(Zsolt 50:10). A Zsoltárok könyvében más helyen is találunk olyan szakaszokat,
ahol az *ezer* nem szó szerinti értelemben szerepel, hanem azt jelenti, hogy
minden vagy *az egész*. Ilyen például a Zsoltárok 84:11, a 91:7 és a 105:8. Akik
azt mondják, hogy a számokat *mindig* – így a Jelenések 20-ban is – szó szerint
kell venni, tévednek.

Azt is szeretnénk kiemelni, hogy a Jelenések 20-ban más dolgok is
olvashatóak, amelyeket nem lehet szó szerint érteni. Az 1–2. versekben a
Sátán nem szó szerint vett sárkány; vagy egy lelket – a Sátánt – nem lehet
egy szó szerinti lánccal megkötni (vö. Lk 24:39). A legtöbben a Jelenések
20:3-ban szereplő *mélység*et is úgy tekintik, mint amely a pokolra, a Sátán
lakhelyére, nem pedig egy földben lévő lyukra utal. Továbbolvasva a fejezetet,
az antikrisztus nem egy szó szerinti értelemben vett *fenevad* (10. v.), és az élet
könyve (12. v.) sem egy szó szerint vett papír alapú, nyomtatott könyv.

A Jelenések könyve többi részében is számos olyan dolgot találunk,
amelyet nem lehet szó szerint érteni. Nem tudunk például olyan keresztyénről,
aki azt várja, hogy jutalma ténylegesen egy fehér kő lesz, amelyre saját neve
van felírva (2:17); vagy a mennyben egy *oszlop*pá fog változni (3:12); vagy
Jézusnak valójában egy kard van a nyelve helyén (1:16).

Megdöbbentő, hogy akik a leghangosabban ragaszkodnak az ezer év
szó szerinti értelmezéséhez, és azt mondják, hogy minden más hűtlenség a
Szentírással szemben, mégis vonakodnak *szó szerint* venni a Jelenések 20:4
utalását a *lelkekre*. Azt tanítják, hogy ezek nem szó szerint vett, test nélküli
lelkek, hanem teljes személyek.

Olvasóinkat szeretnénk arra emlékeztetni, hogy az Írás maga nem igényel szigorú és rideg literalizmust (szó szerinti értelmezést). Ez azt eredményezi, hogy valójában a lelki magyarázat *szükséges* a Szentírás értelmezéséhez. Az 1Korinthus 2:14 így szól: *„Érzéki ember pedig nem foghatja meg az Isten Lelkének dolgait: mert bolondságok néki; meg sem értheti, mivelhogy lelkiképen ítéltetnek meg."* Sok példa van az Írás lelkiesítésére, ezek egyike a Galácia 4:21–31.

A Biblia értelmezésének helyes módja nem egy merev és *lehetetlen* literalizmus, hanem annak megengedése, hogy a Szentírás önmagát magyarázza. Ezt meg is teszi, amikor megmutatja nekünk, hogy az *ezer* sokszor jelképes értelemmel bír (Zsolt 84:11); a Sátán megkötözése Krisztus testté létele során kellett megtörténjen (Mt 12:29); az ezer év pedig a világ végével fejeződik be (Jel 20:7–15). *Magára a Szentírásra alapozva* tehát az egyetlen lehetséges következtetés, hogy az ezer év az egész újszövetségi korra vonatkozik.

Számít-e ez? Igen, számít. Ha a jelen korszak végét még követi egy ezeréves időszak, akkor a hívők mennyei reménysége és az utolsó ítélet olyan távolivá lesz, hogy értelmetlenné válik a feladatunk, hogy vigyázzunk, imádkozzunk és készüljünk Krisztus visszatérésére. Annak a parancsnak sürgető volta, hogy várjunk, és tekintsünk minden dolgok végére, azon a bizonyosságunkon nyugszik, hogy ezek a dolgok *hamar* eljönnek.

6.19. Egyetlen feltámadás

A Jelenések 20:5 beszél egy *első feltámadás*ról, amely maga után von egy második feltámadást és esetleg továbbiakat is. Ez tehát a szakasz, amelyet minden másnál inkább használnak annak a tanításnak az alátámasztására, hogy több *testi* feltámadás lesz az idők vége előtt. A premillennizmus két, a diszpenzácionalizmus pedig három-négy ilyen feltámadást tanít.

A premillennizmus például tanítja, hogy a várt, jövőbeli millennium előtt lesz a szentek feltámadása, a világ végén pedig egy másik, általános feltámadás – a kettőt pedig ezer év történelem választja el. A premillennisták szerint az ó- és újszövetségi szentek, akik a millennium kezdetén támadnak fel, ezer évig fognak uralkodni a földön Krisztussal.

Hisszük, hogy a Szentírás a halottaknak csak *egyetlenegy* általános feltámadását tanítja, amely a világ végén fog megtörténni. Ekkor *mindenki* fel fog támadni, hogy Isten elé álljon ítéletre, és feltámadott testében elvegye a kegyelem vagy a cselekedetek jutalmát. Bizonyosak vagyunk abban, hogy ez a Szentírás tanítása, amint az a János 5:28–29-ben is áll, ahol a 28. versben szerepel a *mindazok* szó. A Cselekedetek 24:15 is egy feltámadásról beszél: mind az igazakéról, mind a hamisakéról. A János 6-ban Jézus *négyszer* is kijelenti, hogy a hívők feltámadása *az utolsó napon* lesz, nem pedig ezer évvel korábban (39–40., 44. és 54. v.). Az *utolsó nap* kifejezés a Szentírásban *mindig* a legvégső napra vonatkozik (vö. Jn 6:40; 11:24; 12:48).

Mi tehát a Jelenések 20 első és második feltámadása? Hisszük, hogy az első feltámadás a *lelkeké*, amikor *a halál után* Krisztushoz vétetnek, és vele együtt uralkodnak ebben a test nélküli állapotban a világ végéig, amikor is a *második feltámadás* során testük is feltámad. Több oka is van annak, hogy ezt valljuk.

Először is a Jelenések 20:4 valójában *lelkekről* beszél. Hogy mást ne mondjunk, érdekes, hogy a premillennisták és a diszpenzácionalisták, akik olyan erősen ragaszkodnak a Jelenések 20 szigorúan szó szerinti értelmezéséhez, a feltámadással kapcsolatos nézeteiket kénytelenek azzal megvédeni, hogy ezek a lelkek *teljes személyek*, akiknek a teste ezer évvel a vég előtt feltámad, és akik *akkor* feltámadott testükben ezer évig együtt uralkodnak Krisztussal a földön.

Igaz, hogy a Szentírás a *lélek* szót használja a teljes személy helyett is (1Móz 2:7; 46:26–27), de minden ilyen esetben ki lehet cserélni a *lélek* szót *személy*re anélkül, hogy megváltoztatnánk a jelentést. Ez a Jelenések 20-ban nem lehetséges. A Jelenések 20:4-nek nincs értelme így: „*És látám azoknak személyeit, a kiknek fejöket vették a Jézus bizonyságtételéért.*"

Másodszor a Jelenések 20 két halálról is beszél (14. v.). A második halál *nem* fizikai halál, nem a test halála, hanem a lélek örök szenvedése a pokolban. Miért volna tehát szükséges, hogy mindkét feltámadás a test feltámadása legyen?

Harmadszor felhívjuk a figyelmet mindazokra a szakaszokra, amelyek a lélek új életéről úgy beszélnek, mint feltámadásáról (Jn 5:24–25; 11:25–26; Rm 6:13; Ef 2:5; Kol 2:12). Miért kellene tehát különösnek gondolni azt, hogy a Jelenések 20 *feltámadás*nak nevezi azt, amikor Krisztus magához veszi a hívők lelkét a halálban?

Hisszük tehát Krisztus egyetlen visszatérését, a test egyetlen feltámadását és az egyetlen örök reménységet.

6.20. A halál

Nem kétséges, hogy a halál egy ellenség – az utolsó ellenség (1Kor 15:26). Félünk a haláltól, és nem csak azért, mert nem ismerjük. Soha senki nem tért vissza, hogy elmondja, milyen meghalni, de halálfélelmünk különösen annak tudásából származik, hogy a halál a *bűn zsoldja* (Rm 6:23), *Isten ítélete* azokon, akik ellene lázadtak.

Nem csoda, hogy a halál borzalmát és romlását minden módon megpróbálják eltakarni. Az sem csoda, hogy a halállal szembesülve a legtöbben mulatozásba és ivásba próbálják fojtani gyászukat. Amikor ők haldokolnak, akkor sem akarnak a halálra gondolni vagy arról beszélni, és sokszor egyszerűen tagadják, hogy *haldokolnak*, miközben nyilvánvaló, hogy nincs orvosság és segítség.

Amikor az istentelenek látják a teremtésben a halált, akkor a *legrátermettebb túléléséről*[4] vagy a *természet vörös fogairól és karmairól*[5] beszélnek, hogy eltakarják azt a tényt, hogy a halál *nem természetes*, és abban Isten haragja válik nyilvánvalóvá. A halál mindenütt és mindig minden remény vége, az

---

[4] A *legrátermettebb túlélése* kifejezés Herbert Spencer *Principles of Biology* [A biológia alapelvei] (1864–1869) című művében található, tőle vette át Charles Darwin saját evolúcióelméletének megfogalmazásához.

[5] „*Nature red in tooth and claw*", Alfred Lord Tennyson: *In Memoriam A. H. H.*, 56. ének, 4. versszak.

ellenség, amely túl korán érkezik. A halálban Isten ítélete által minden munka és remény bevégezetlen és kielégítetlen marad.

Egyedül hit által nézhet szembe a hívő a halállal, és még akkor sem könnyű. A halállal szemben a hitnek küzdenie, harcolnia és birkóznia kell, jóllehet mindig győzedelmeskedik. Saját bűneinek tudatában Isten gyermekének hit által még mindig törekednie kell arra, hogy bízzon Krisztus áldozatában és a halál feletti győzelmében, és teljes szívéből higgye azt, hogy a halál elnyeletett a diadalra.

A hívő számára a halál legyőzetett. A halál nem tudta fogva tartani Krisztust (Csel 2:24), mert a halál *fullánkja* (rontó hatalma) a bűn (1Kor 15:56), és Krisztusnak nem volt saját bűne. Azokért a bűnökért, amelyeket közbenjáróként magára vett, az utolsó fillérig megfizetett. Önként a halál hatalma alá adta magát, és megengedte, hogy az a legrosszabbat tegye vele. A halál azonban nem tudott győzedelmeskedni, nem is győzött, mert ő Isten Fia volt, a Szent. Halála – John Owen gyönyörű megfogalmazásában – a *halál halála*[6] volt mindazokért, akiket az Atya neki adott.

Ez felveti azt a kérdést, hogy miért kell a hívőknek meghalni, ha a halál elnyeletett diadalra. Vagy ahogyan a *Heidelbergi Káté* fogalmaz: *„Ha Krisztus meghalt érettünk, miért kell nekünk is meghalni?"* A Káté válasza a Szentírás válasza: *„A mi halálunk nem bűnünkért való elégtétel, hanem csak meghalás a bűnnek és átmenetel az örök életre"*[7] (ld. még Jn 5:24; Fil 1:23).

Milyen nagy csoda! A sötét ajtó, amely mindig csakis a pokolba és a kárhozatba nyílt, most a hívők számára dicsőséges, mennyei életre nyílik. Talán nem is helytelen azt mondanunk, hogy azért kell meghalnunk, hogy megmutatkozzon Krisztus helyettünk elnyert diadalmának tökéletessége. A

---

[6] *The Death of Death in the Death of Christ: A Treatise on the Redemption and Reconciliation That Is in the Blood of Christ, with the Merit Thereof, and Satisfaction Wrought Thereby* [A halál halála Krisztus halálában: Értekezés a megváltásról és a megbékéltetésről, amely Krisztus vérében van, annak érdeméről és az azzal szerzett elégtételről]. The Works of John Owen [John Owen művei]. William H. Goold (szerk.). 10/3 Controversiel, London: The Banner of Truth Trust, 1967. 139–421.
[7] *Heidelbergi Káté* 42. kérdés-felelet

halál bizonyosan véget vet minden bűnnek, és ajtót nyit a dicsőségre, továbbá annak a bizonysága is, hogy a halál valóban elnyeletett.

A hívő ezért így szól: *„Azért akár éljünk, akár haljunk, az Úréi vagyunk"* (Rm 14:8). Ez lesz-e a te hitvallásod is, amikor jön a halál?

6.21. A feltámadásunk szükséges volta

Megállapítottuk, hogy a világ végén egyetlenegy *testi* feltámadás van – amely azoké, akik megváltattak, és azoké is, akik nem –, nem pedig több feltámadás, amint azt a premillennizmus és a diszpenzácionalizmus tanítja. Számunkra ez az egy feltámadás minden reménységünk középpontja, ahogyan Isten Igéje erre buzdít is minket (1Kor 15:12–19). Nézzük most meg a Szentírás tanítását a hívők utolsó napon való feltámadásáról!

Látnunk kell, hogy nemcsak Krisztus feltámadását súlyos tévedés tagadni, hanem a hívőkét is. Ha számunkra nincsen feltámadás a halottak közül, akkor *Krisztus* sem támadt fel. Olyan szoros kapcsolat van a kettő között, hogy az egyik nem mehet végbe a másik nélkül. Ezt tanítja az 1Korinthus 15:16–17.

Mindig voltak, akik tagadták Krisztus feltámadását. Ehhez a tagadáshoz sokszor hozzájárul az ő istenségének, szűztől való születésének, csodáinak és engesztelő véráldozatának tagadása. Olyanok is vannak, akik a hívők feltámadását tagadják. Ilyenek voltak a korai egyházban (1Kor 15:12; 2Tim 2:17–18) és napjainkban is.

Némelyek, különösen a keresztyén rekonstrukcionista mozgalom köreiből, preterista nézeteket vallanak a próféciákról felelevenítve a 2Timótheus 2:17–18-ban megnevezett Himenéus és Filétus tévelygéseit. A keresztyén rekonstrukcionisták azt vallják, hogy a bibliai próféciák közül a legtöbb vagy éppen az összes már beteljesült (a preterizmus arra a hitre utal, hogy a próféciák már beteljesedtek a múltban). Ezért azt is elkezdték mondani, hogy a feltámadás *is* a múlt része.

Mindazonáltal Pál azt mondja nekünk, hogy ha tagadjuk a hívők testének jövőbeli feltámadását, az egyenlő Krisztus feltámadásának tagadásával és a hit hiábavalóvá tételével, ami így bűneinkben hagy minket. Ezért ez egy nagyon komoly hiba. Miért van ez így?

Először is a jövőbeli testi feltámadás tagadása Krisztus feltámadásának tagadása, mivel a hívők feltámadása Krisztus feltámadásának *része*. A hívők Krisztus *testéhez*, az egyházhoz tartoznak, és megvan bennük Krisztus feltámadott élete. Ennek eredményeképpen Krisztussal együtt *szükségszerűen* ők is feltámadnak a halottak közül. Ha nem támadnak fel, akkor az egyetlen lehetséges magyarázat, hogy Krisztus feltámadott élete nem létezik – azaz Krisztus nem támadt fel, és nem győzte le a halált. Krisztus halál feletti hatalmát és diadalát nemcsak az ő feltámadása bizonyítja, hanem a hívőké is.

Másodszor a feltámadás tagadása bűneinkben hagyna minket, mert Krisztus feltámadása az Isten előtti *megigazulásunk* bizonyítéka. Amikor Jézus engesztelést mutatott be a bűnért, ezt mondta: *„Elvégeztetett."* Amikor Isten feltámasztotta Jézust a halottak közül, Bíróként ezt mondta: *„Elvégeztetett".* Így a feltámadás Isten előtti megigazulásunk kinyilvánítása volt. Erre utal a Róma 4:25, amikor azt mondja, hogy a mi Urunk Jézus *„feltámasztatott a mi megigazulásunkért."*

Mivel a reménységünk a mennyben van, és *„test és vér nem örökölheti Isten országát"* (1Kor 15:50), várakozunk és vágyakozunk a feltámadásra. Mindazonáltal ez a reménység hiábavaló, ha a halottak nem támadnak fel, és testünk a feltámadásban nem változik el. Így tehát nemcsak Krisztus harmadik napon való feltámadását kell hinnünk, hanem saját feltámadásunkat is Krisztussal, amikor nyomorúságos testünk az ő legdicsőségesebb testének hasonlatosságára fog elváltozni (Fil 3:21).

6.22. A feltámadott test

A halottak feltámadásával, a feltámadott testtel vagy a mennyel, Isten népének feltámadás utáni lakhelyével kapcsolatban sok kérdésre nem tudunk választ adni. A Szentírás azonban elegendő információt árul el nekünk ahhoz, hogy higgyük a test feltámadását, és tudjuk, hogy ebben reménykedhetünk, és ezért imádkozhatunk.

A Szentírás a legrészletesebben az 1Korinthus 15-ben beszél a feltámadott testünkről. Itt négy igen drága igazságot ismerhetünk meg. Először is a feltámadott test romolhatatlan lesz (1Kor 15:42, 52). Mentes lesz a bűn minden hatásától (a betegségtől, a haláltól, a sírtól), de az sem lesz többé lehetséges, hogy Ádámhoz hasonlóan bűnbe és halálba zuhanjon. A *romolhatatlan* azt jelenti, hogy *nem képes megromlani*.

Másodszor a feltámadott test dicsőséges lesz (1Kor 15:43). Dicsősége Krisztus dicsősége, és Krisztusban Isten dicsősége lesz. *Nyomorúságos testünk* Pál szavaival élve elváltozik, hogy „*hasonló legyen az ő dicsőséges testéhez*" (Fil 3:21). Ez a mennyei dicsőség és a mennyei élet boldogsága.

Harmadszor a feltámadott test erős lesz (1Kor 15:43). Az Ézsaiás 40:31 beszél erről egy keveset. Szinte elképzelhetetlen, hogy valaki tud úgy futni, hogy nem fárad el, de ez csak csekély része annak, amiben a feltámadás által részünk lesz. Nemcsak az Ádám által elvesztett erőinket kapjuk vissza, hanem ezen kívül még sok másban is részesedünk. Képesek leszünk úgy ismerni, ahogy mi is megismertettünk (1Kor 13:12). Mindenekfelett pedig képesek leszünk Istent bűn nélkül szeretni és szolgálni, illetve neki engedelmeskedni. Milyen csodálatos lesz!

Végül a feltámadott test lelki test lesz (1Kor 15:44). Itt is nehéz megállapítani, hogy ez alatt pontosan mit ért a Szentírás, de annyit biztosan, hogy többé nem leszünk *test és vér*, ehhez a földhöz és az itteni élethez alkalmazkodott test, hanem képesek leszünk örökölni, amit test és vér nem örökölhet (1Kor 15:50).

Amikor testünk a halál porából feltámad, olyan hatalmas változások mennek végbe testünkben, hogy a Szentírás kénytelen képeket használni ahhoz, hogy legalább valamit el tudjunk képzelni mindebből. A búzaszem (egy kemény, látszólag élettelen dolog) és az abból kinövő zöld, élő növény egy kis kép arról, hogy miként fogunk elváltozni (1Kor 15:37).

Más képek is vannak a teremtésben, amelyek segíthetnek ezt megérteni. Ilyen kép, amikor a metamorfózis során a hernyó átalakul pillangóvá. A görög *metamorphószisz* szó megjelenik a Filippi 3:21-ben, ahol *elváltozásnak* fordítják. Ez az egyik szó, amelyet a Biblia a feltámadásra alkalmaz. A porban csúszó féregből Isten egyik legszebb teremtménye lesz. A hernyó átváltozik, és mégis ugyanaz a teremtmény, mint előtte volt.

Amikor a feltámadás e csodáira gondolunk, akkor ezekre irányul reménységünk, és így kiáltunk: „Uram Jézus, jöjj hamar! Jöjj, és változtasd el nyomorúságos, bűnnel terhelt, halandó és romlandó testünket, és tegyél mindannyiunkat testben és lélekben egyaránt önmagadhoz hasonlóvá!"

6.23. A feltámadás csodája

A halottak feltámadása egy csoda, Isten csodatétele, amelyet egyedül hit által lehet megérteni és befogadni. A hitetlenek gúnyolódnak, amikor hallanak róla (Csel 17:32), az eretnekek tagadják (1Kor 15:12; 2Tim 2:18), de akik hiszik a halottak feltámadásának ígéretét, azoknak újabb bizonyíték arra, hogy Isten valóban az igaz Isten, a Mindenható, *„a ki nagy, végére mehetetlen dolgokat művel, és csudákat, a miknek száma nincsen"* (Jób 5:9).

A feltámadással kapcsolatos csodálatos dolgok közül korántsem az utolsó, hogy minden ember *saját* testében fog feltámadni. Sok ember teste már régen porrá lett, és nyomát sem lehet fellelni. Másokat vadállatok vagy a tenger halai faltak fel. Egyesek testét, így például John Wycliffét hamuvá égették, és ellenségeik a folyókba és a tengerekbe szórták hamvaikat. Isten azonban, aki mindent tud, számontart minden egyes testet, és a feltámadásban visszaadja azt a megfelelő tulajdonosának. A feltámadás így Isten hűségének tanúbizonysága, aki még a porunkról sem feledkezik meg.

Ennek igazsága a Jób 19:25–26-ból is világos, ahol Jób feltámadásba vetett hitét megvallva nem ezt mondja: „Meglátom Istent *a* testben", hanem ezt: *„a testemben"*.[8] A 2Korinthus 5:10 is erre emlékeztet minket. Itt ugyanis

---

[8] A Jób 19:25 a KJV szerint így szól: *„testemben látom meg az Istent."* (A ford. megj.)

azt olvassuk, hogy mindenki *saját* testében kapja meg azt, amit tett. Bár a *saját* szó nincs benne a görögben, ahogyan a KJV is mutatja, a fordítók mégis helyesen értették meg ezt a részt, amikor hozzáadták ezt a szót: *saját.*[9] Ez a szakasz minden bizonnyal azt jelenti, hogy az emberek büntetésüket vagy jutalmukat abban a testben kapják meg, amelyben a megjutalmazandó jót vagy a megbüntetendő gonoszt cselekedték.

Ehhez a csodához a feltámadás *általános* volta is hozzátartozik. Szinte lélegzetelállító a gondolat, hogy mindenki fel fog támadni, mert több milliárd ember élt és halt meg. Ha megállunk egy temetőben, és hisszük, hogy *mindazok*, akiket ott eltemettek, Isten hatalma által elő fognak jönni sírjaikból, hogy megálljanak előtte (Jn 5:28–29), akkor csak csodálkozhatunk Isten és minden munkájának nagyságán.

A hívők számára az egészben a legcsodálatosabb, hogy már a feltámadáskor látható lesz, hogy Krisztushoz tartoznak, és vele együtt örök dicsőségbe mennek be. Még át kell menniük az ítéleten, de egy olyan testtel, amely *már* romolhatatlanságra és dicsőségre támadt fel (1Kor 15:42–44), és amely *már* elváltozott Krisztus legdicsőségesebb testének hasonlatosságára (Fil 3:21). Milyen nagy reménységet ad ez nekik az ítéletben!

Akik hisznek a feltámadást, nemcsak azért tesznek így, mert azt a Szent-írás megígéri, és mert Krisztus már feltámadt a mi testünkben (1Kor 15:19–20), hanem azért is, mert a feltámadás ereje már megjelent bennük. Jézus Krisztus feltámadásának ereje által lélekben és szellemben már *feltámadtak* a lelki halál-ból, és most várják, hogy Isten befejezze az őket lélekben és testben feltámasztó munkáját. A feltámadás már elkezdett megtörténni számukra. Lesz egy óra, amikor a halottak meghallják Isten Fiának szavát, és élnek (Jn 5:28–29), de van egy óra, amely *már eljött*, amikor a halottak az evangélium által hallják az ő szavát, és hit által élnek benne (Jn 5:25). Miután lelki feltámadásuk, azaz újjászületésük óráján az ő szava által éltek, most testi feltámadásuk órájára várnak.

---

[9] A 2Kor 5:10 a KJV szerint: *„hogy ki-ki megkapja azokat a dolgokat, amelyeket* saját *testében tett."* (A ford. megj.)

6.24. A lélek halhatatlansága

Hallunk keresztyéneket a *lélek halhatatlanságáról* beszélni. Értjük, hogy ez alatt általában azt értik, hogy az ember lelke továbbra is *létezik* a halál után. Abban is egyetértünk, hogy a lélek halál utáni létezése biblikus gondolat, és ezt hangsúlyozni kell egyes szekták tanításával szemben, miszerint a hitetlen gonoszok teste és lelke a halál után *megsemmisül* ahelyett, hogy a pokolban bűnhődne örökre.

Azonban a gonoszok lelkének további létezését *halhatatlanságnak* nevezni a *halhatatlan* szó valamelyest gondatlan és nem biblikus használata. A Biblia ezt a szót *csak* a Krisztussal való mennyei örök életre és Jézus Krisztusban hívők végső boldogságára használja.

A *halhatatlan* azt jelenti, hogy *nem képes meghalni.* Ádám nem volt halhatatlan, mert nemcsak *képes volt* meghalni, de amikor bűnbe esett, testestül-lelkestül *meg is halt* (1Móz 2:17). A bukott emberiség nem halhatatlan, mert mindnyájan halottak testestül-lelkestül vétkeikben és bűneikben. Jézus tanítása, hogy aki nem hisz, *"nem lát életet",* mert *"az Isten haragja marad rajta"* (Jn 3:36).

A Biblia sosem tekinti *életnek* a puszta létet: *"Nemcsak kenyérrel él az ember, hanem minden ígével, a mely Istennek szájából származik"* (Mt 4:4); *"Jóakaratában élet van"* (Zsolt 30:6[10]); *"Mert nékem az élet Krisztus, és a meghalás nyereség"* (Fil 1:21).

Az 1Korinthus 15:53–54-ben Isten Igéje azt tanítja, hogy az ember természettől fogva nem halhatatlan, hanem halandó: szükséges, hogy *"e halandó test halhatatlanságot öltsön magára".* Akik Krisztusban vannak, csak kegyelem által halhatatlanok. A halhatatlanság Isten ajándéka számukra. Ádámtól az emberiség halandó életet kap. Isten népe csak Krisztus által kap halhatatlanságot, mert ő az Úr a mennyből (45–47. v.).

Vajon csak a szavakkal játszunk? Nem gondoljuk. Egyrészt ugyanis, ha valaki halhatatlannak mondja az ember lelkét, az ahhoz vezet, hogy elhomályosítsa azt az igazságot, hogy a bűn által testestül és lelkestül *örök halálba*

---

[10] A KJV szerint. (A ford. megj.)

hullott alá, és testestül-lelkestül rászorul arra, hogy Jézus Krisztus kereszthalála által megszabaduljon ebből a halálból. Az ember teste és lelke természettől fogva halott a vétkeiben és a bűneiben (Ef 2:1).

Másrészt a tanítás, hogy minden ember lelke halhatatlan, arra a gondolatra vezeti az embert, hogy a lélek fontosabb a testnél – sőt a testet meg kell vetni. Ez az elképzelés az egyház történelme során – különösen a korai egyházban és a római katolicizmusban – a test bántalmazásának és nyomorgatásának a gyakorlatához vezetett. Az Írás azt tanítja, hogy Isten Jézus Krisztusban való kegyelme által testünket nem szabad megvetni és bántalmazni, mert az a Szentlélek temploma (1Kor 6:18–20).

Nem lenne-e jobb tehát a *halhatatlanság* szót a Bibliával összhangban csak a Jézus Krisztus által való örök élet csodálatos ajándékára használni? Ha kegyelemből örök életet nyerünk, *akkor* a halál elnyeletik diadalra, és többet nem leszünk képesek meghalni (Jel 21:4).

6.25. A köztes állapot

A teológiában a köztes állapot tana a léleknek a halál és a végső feltámadás közti állapotáról szól. Ez a tanítás erre a kérdésre válaszol: Mi történik velem a halál után? A Szentírás tanítása tehát létfontosságú kérdés a hívők számára: a halál után a hívő belép a mennyei dicsőségbe, és tudatosan részese a dicsőségnek és Krisztussal való közösségének. Mennyire különbözik ez a tapasztalatuk a hitetlenekétől és a meg nem tértekétől, akik még testük feltámadása előtt megkezdik bűneikért való, tudatos szenvedésüket a pokolban (Lk 16:22–28)!

Ezt sokan tagadják. Egyesek a *lélek alvását* hirdetik: a mennyben vagy a pokolban lévők lelke alszik, és nem tudja, mi történik vele. Ehhez hasonlóan a keresztyén rekonstrukcionisták között némelyek szerint a halálban a lélek megszűnik létezni. Amint Kálvin arra már régen rámutatott, ez az elképzelés visszás, és Isten népe nem tarthatja magát hozzá. Lerontja ugyanis Krisztusba vetett reménységüket, megújítja a halál szörnyűségeit, és vigasztalanul hagyja őket a legutolsó ellenséggel szemben.

A Krisztussal való dicsőségünk reménységét Jézus szavaira alapozzuk, amelyeket a haldokló latorhoz intézett: *„Ma velem leszel a paradicsomban"* (Lk 23:43). Vajon valóban azt hiszi-e valaki, hogy Jézus erre gondolt: „Ott leszel, de nem fogod tudni", vagy: „A paradicsomod az lesz, hogy sok ezer évig megszűnsz létezni, amíg a vég el nem jön"?

A Filippi 1:23-at illetően Kálvin ezt mondja:

> *„Vajon úgy tűnik-e ez fel őelőttük, mintha [Pál] aludni akarna és a Krisztus után való vágyódás többé már éppen nem tartaná őt a hatalmában? Persze ez volt a vágyódása őneki, aki tudta, hogy, ha az ő földi házának a hajléka elbomlik, más épülése van az Istentől, még pedig nem kézzel csinált ház (2Kor 5:1). S valóban szépen lenne a Krisztussal az, aki megszűnne élni! Hát aztán nem borzadnak meg Isten szavára, aki önmagát Ábrahám, Izsák és Jákob Istenének híván, egyúttal azt is kijelenti, hogy ő nem holtaknak, hanem élőknek az Istene? (Mt 22:32, Mk 12:27). Tehát sem ez nem az ő Istenük, sem ők nem ennek a népe. "*[11]

De mi a helyzet azokkal a szakaszokkal, amelyek a hívők halálát *alvásként* írják le (Mt 27:52; Csel 13:36; 1Kor 11:30; 15:20, 51; Ef 5:14; 1Thessz 4:14)? A korábban említett szakaszok fényében ezek nem jelenthetik azt, hogy van valami olyasmi, mint a lélek alvása. A test halálára és a felbomlására kell vonatkozniuk, valamint arra, hogy a hívők halála nem nehezebb az elalvásnál, mert számukra a halál már legyőzetett. Az sem furcsa, hogy a hívők halálát alvásként kell leírnunk, mert a halálon keresztül lépnek be a fáradtságuktól való *örök nyugalom*ba (Ézs 57:1; Jel 14:13).

A Szentírás arra utal, hogy a halál és a végső feltámadás közti időszakban Isten valamilyen különös módon gondoskodik arról, hogy a lélek a test nélkül részesedhessen a megígért dicsőségben. *„Ha e mi földi sátorházunk elbomol, épületünk van Istentől, nem kézzel csinált, örökké való házunk a mennyben"* (2Kor 5:1). Ezért testünkből kiköltözve az Úrhoz *költözünk* (szó szerint:

---

[11]Kálvin János: *Psychopannychia, vagyis értekezés arról, hogy nem alusznak, hanem a Krisztusnál élnek azoknak a szenteknek a lelkei, kik a Krisztusban való hitben halnak meg*. Pápa, 1908. 37. Az igehelyek az angol forrás alapján kiegészítésre kerültek. (A ford. megj.)

otthon leszünk, 2Kor 5:8). Így ha mások nem is akarnak, mi mégis szeretnénk kiköltözni e testből, nemde?

6.26. A nagy nyomorúság

A végidők nyomorúsága egy olyan kérdés, amelyről sok vita folyik, és a keresztyének között sok különbség forrása, ugyanakkor Isten népe számára nagy jelentőséggel bír. Vajon a Máté 24:21-ben említett nagy nyomorúság még előttünk van, vagy már eljött? Lesz-e nyomorúság akkor, amikor eljön a vég? Ha igen, akkor az egyház tagjai ki lesznek-e téve annak, vagy a végső nyomorúság kezdete előtt elhagyják a földet?

Az ilyen kérdések életbevágóak, mert érintik a jövőről alkotott képünket, valamint a saját feladatunkat és az egyház hivatását a jövőt illetően. E kérdések erősen nyomasztanak, ahogy közeleg a vég, és látjuk, hogy nekünk és gyermekeinknek szembe kell nézni az üldöztetés lehetőségével, ha tényleg lesz ilyesmi.

Hisszük, hogy Isten népének sorsa mindig az üldöztetés volt, és az is marad az idők végezetéig. Erről olyan szakaszok tesznek bizonyságot, mint a Róma 8:17 és a 2Timótheus 3:12. Nem hisszük tehát, hogy Isten népének sorsa az idők végezetének elközeledtével javulni fog, sem azt, hogy lesz számukra egy hosszú békeidő és lelki bőség, amikor megszűnik a Krisztusért való üldöztetés. Azt sem hisszük, hogy az egyház elragadtatik, és már nem lesz jelen, amikor megkezdődik a végső nagy nyomorúság.

Hisszük azt is, hogy a Máté 24:21-ben említett nagy nyomorúság még előttünk áll – az idők Isten népe számára nem lesznek jobbak, csak rosszabbak. Ha a Máté 24 első felét a 21. versig végig a múlthoz rendeljük, ahogyan némelyek teszik, akkor feleslegessé tesszük azt. Az a nézet sem hozható összhangba ezzel a verssel, miszerint Isten népe már nem lesz itt, vagy az üldöztetés meg fog szűnni a vég előtt.

Az üldöztetés nem olyasvalami, amit egyszerűen el kell tűrnünk. Ez megváltásunk szerves része. A Máté 5:10–12 már jelzi ezt, amikor azoknak boldogságáról és öröméről beszél, akiket Krisztusért üldöznek (ld. még Csel 5:41). A Filippi 1:29 arra tanít, hogy a Krisztusért való szenvedés Isten ajándéka Krisztus által, egy olyan ajándék, amelyet halála által szerzett számunkra a kereszten. A Kolossé 1:24 szerint ezek a szenvedések Krisztus szenvedéseinek részét képezik, amelyek az egyházért maradtak hátra (ld. még 1Pt 4:13). Azt is tudjuk, hogy bár a szenvedés sosem könnyű vagy kellemes, mégis javunkra van. Nem a bőség és a békesség visz minket közelebb Istenhez, nem az tisztít meg bennünket, hanem hitünk heves megpróbáltatásai. Erről tesz bizonyságot a Zsoltárok 11:5, az 1Péter 1:7 és számtalan más szakasz.

A régi szállóige, amely így hangzik: *„a mártírok vére az egyház mag-vetése"*,[12] felismerte az üldöztetés értékét. Az egyház egész életében semmi nem tanúskodik annyira Isten kegyelmének erejéről és csodájáról, mint Isten népének hajlandósága arra, hogy mindent elszenvedjen az evangéliumért és Krisztusért. Nemcsak számítanunk kell az ilyen szenvedésre, hanem késznek kell lennünk, sőt örvendeznünk kell, ha ilyeneket kell elszenvednünk saját meg-tisztulásunkért, az egyházért és Krisztusért, aki mindent elszenvedett értünk.

6.27. Az antikrisztus

Az antikrisztusról szóló bibliai tanítás mindig fontos volt, mert úgy ábrázolja a Szentírás, mint Isten népének egyik nagy ellenségét. Mindazonáltal sok nézetkülönbség van azt illetően, hogy kicsoda ő, és mikor jön el.

A 2Thesszalonika 2:4 úgy írja le az antikrisztust, mint aki *„ellene veti és fölébe emeli magát mindannak, a mi Istennek vagy istentiszteletre méltónak mondatik".* Ő az *anti*-Krisztus, mert Krisztus *ellen* van, és Krisztus helyébe állítja önmagát (*„fölébe emeli magát mindannak, a mi Istennek [...] mondatik"*). Az *antikrisztus* nevet csak az 1János és a 2János használja (1Jn 2:18, 22; 4:3; 2Jn 7), de a 2Thesszalonika 2 nem. Azonban a János által használt név és a 2Thesszalonika 2 leírásának egyezősége arra a következtetésre vezet minket, hogy a két rész ugyanarról a személyről beszél.

---

[12]Ezt a mondást Tertullianusnak tulajdonítják. Ez a teológus Kr. u. 160–230 körül élt.

Figyeljük meg azt is, hogy míg János *sok antikrisztusról* beszél, addig a 2Thesszalonika arra a hitre indít minket, hogy ő *egy bizonyos ember.* Ezt legjobban a Jelenések 13-ban rajzolt kép által érthetjük meg. Ott sem jelenik meg az *antikrisztus* név, de a 2Thesszalonika 2:4–10-zel összevetve láthatjuk, hogy ugyanaz a két szakasz tárgya.

A Jelenések 13, amely egy *fenevad*at ír le, megmutatja nekünk, hogy ez a fenevad a történelem során jelenik meg. A fenevad különböző fejei különböző királyságokat jelképeznek (Dán 7:1–8, 15–28). Mindezek a királyságok azonban egyetlen hatalmat képviselnek, amely végül egyetlen emberben mutatkozik meg teljesen, akit a 2Thesszalonika 2 *a bűn emberé*nek és *törvénytaposó*nak nevez (3. és 8. v.).

Ezek az egyéb nevek árulkodóak. Arról beszélnek, hogy ebben az emberben és az ő országában fognak teljes mértékben megmutatkozni az emberi nemzet bűnei és az Isten ellen való teljes lázadás. Ő az, akiben a Sátán hazugsága – *„olyanok lésztek mint az Isten"* (1Móz 3:5) – legközelebb jut a megvalósuláshoz. Amikor a Jelenések 13 fenevadként írja le őt, a Sátánnal is összeköti, és megmutatja igazi személyiségét: ő az egyház ellensége.

Az arról szóló vitákat, hogy mikor jön el az antikrisztus, kicsoda ő, és vajon a pápa-e az antikrisztus, bizonyos mértékig értelmetlenné teszi, amit az 1János 2:18 mond: „most sok antikrisztus *támadt."* Az antikrisztusi királyság és hatalom végső megvalósulása lehet, hogy a jövőhöz tartozik – ahogyan hisszük is –, de sosem szabad elfelejtenünk, hogy az antikrisztusok mindig jelen vannak.

Miközben nem férhet kétség ahhoz, hogy jelenleg a pápára és a pápaságra illik rá legvilágosabban a Szentírás leírása *a bűn emberéről,* nem szabad elfelejtenünk, hogy sok más antikrisztus is van. A szekták és a karizmatikus mozgalom vezetőire is ráillik ez a leírás. Valójában minden hamis próféta antikrisztus, akitől óvakodnunk kell (Mt 24:24).

Isten népe számára a legvigasztalóbb, hogy az antikrisztus csupán egy ember. Az egyház ellen irányuló, korokon átívelő minden ellenségeskedésével, gyűlöletével, üldözésével ugyanis semmi ahhoz képest, akit utánoz, és akivel szembeáll – aki maga Isten Fia. Ennélfogva semmi kétség nem férhet ahhoz, hogy ki fog győzni, és kinek az országa marad meg örökre (Jel 19:11–16).

6.28. Az ítélet

Az utolsó ítélet a jelen világ történelmét lezáró esemény, amellyel megkezdődik Krisztus örökkévaló országa. A Szentírásnak így sok mondanivalója van az ítélet napjáról. Ez az ítélet *egyetemes* lesz, mivel *egy* napon lesz és *egy* esemény lesz. *Minden* ember, angyal és ördög meg fog állni Isten előtt, hogy a kegyelem vagy a hamisság jutalmát kapja tőle, mégpedig abban a testben, amelyben hamis vagy igaz módon élt és cselekedett.

A Szentírás világosan tanítja az ítélet egyetemes voltát. *Mindenki* meg fog ítéltetni (Mt 16:27; 25:31–32; Jn 5:28–29; Rm 2:5–6; 2Kor 5:10; Jel 20:11–14; 22:12). Ha van bármi kivétel, akkor az a fenevad, a hamis próféta és az ördög, akik alighanem ítélet nélkül fognak a tűz tavába vettetni, mivel gonoszságuk már teljesen nyilvánvalóvá vált (Jel 19:20; 20:10).

Ez az ítélet a cselekedetek *szerint* történik (1Kor 3:13–15; 1Pt 1:17; Jel 2:23; 20:12–13), de nem a cselekedetek *alapján*. Ha a cselekedetek alapján lenne, akkor az ítélet alapját az érdemek képeznék, és ezen az alapon senki nem tudna megállni. Az ítéletben minden egyes ember cselekedetei meg fogják mutatni, hogy ő Krisztusban van-e vagy nem. Cselekedetei lesznek Isten előtti megigazulásának (Jak 2:14–20) vagy hamisságának és érdemtelenségének *bizonyítékai*.

E cselekedetek szerint tehát mindenki megfelelő jutalmat kap – vagy a cselekedetek jutalmát, amely az örök kárhozat, vagy a kegyelemét, amely az örök élet (Mt 16:27; Rm 4:4; Jel 22:12). Ez a jutalom meg fogja mutatni Isten igazságát az istentelenek elítélésében és kárhoztatásában, valamint az ő népe iránti kegyelmének nagyságát.

Ez az ítélet és jutalmazás *Krisztus* munkája. Neki adott az Atya minden ítéletet (Jn 5:26–27; Jel 22:12–13). Ez szükséges, mert mindenkit, igazakat és gonoszokat egyaránt Krisztushoz való viszonyulásukban kell megítélni. Ő az, akit a gonoszok megfeszítettek és megöltek (Zsid 6:4–6; Jel 1:7). Ő az, aki megigazító igazságot szerzett az övéinek. Az övé az élet könyve. Ez a könyv (Lk 10:20) biztosítja azok üdvösségét, akiket az Atya Krisztusnak adott. Ebből a könyvből kapnak némelyek kegyelmet kegyelemre, és nem azt nyerik el, amit megérdemeltek.

A hívő ember számára tehát az ítélet napja nem a rettegés napja, hanem reménységének és vágyakozásának tárgya. Annak ellenére, hogy ő megítéltetik, bizodalma van Krisztusban és az ő igazságában. A hívőknek bizonyosan nagy reménysége van az ítéletben. Krisztus, Uruk, Bátyjuk, Megigazítójuk és Megváltójuk ül majd előttük Bíróként, és amikor megjelennek az ítéletre, úgy fognak ott állni, mint akik őbenne vannak: vele együtt feltámadva és megdicsőítve. Hogy a feltámadás megelőzi az ítéletet, azt jelenti, hogy amikor a hívők megjelennek Krisztus ítélőszéke előtt, *már* az ő hasonlatosságában lesznek (1Jn 3:2), és gonosz testük *már* elváltozott az ő dicsőséges testének hasonlatosságára (Fil 3:21). Micsoda vigasztalás, és a reménységnek micsoda forrása! Reméljük, hogy ez a te vigasztalásod és reménységed is.

6.29. Egyetlenegy utolsó ítélet

Az utolsó dolgokat illető tanításában a Szentírás többet mond az ítélet napjáról, mint bármi másról. Tekintsük át röviden ezt a bizonyságtételt! Mindenekelőtt a Szentírás azt tanítja, hogy csak *egyetlen* ítélet lesz. A juhok és kecskék (Mt 25:31–46) és a nagy fehér trónus ítélete (Jel 20:11–15) vagy az Írásban említett más ítéletek nem különböző ítéletek, amelyek a történelem más-más idejében zajlanak le, hanem mindegyik *egy és ugyanaz, a végső, nyilvános ítélet*.

Természetesen egy bizonyos ítélet egész életünkben és halálunkkor is megtörténik, de most a minden emberre, angyalra és ördögre vonatkozó, végső, nyilvános ítéletről van szó. Csak egyetlenegy ilyen ítélet van, nem pedig sok, amint némelyek tanítják (a *Scofield Magyarázatos Biblia* jegyzetei hetet sorolnak fel). Most nem célunk részletesen cáfolni a diszpenzácionalisták és a premillennisták állításait arról, hogy több ítélet van. Csak egy példát szeretnénk adni annak megmutatására, hogy milyen gyenge érvekkel szokták alátámasztani az efféle tanításokat.

Szerintük a Máté 25:31–46 ítélete a világ végét ezer évvel megelőző ítélet, mégpedig az akkor *élő nemzetek* felett és Izráel viszonyában. Ezek a népek szerintük csak az alapján fognak megítéltetni, hogy miként viszonyultak Izráelhez ezen ítéletet megelőzően. A Máté 25-ben azonban a Szentírás nem *élő* népekről, hanem *minden* nemzetről beszél (32. v.), és világosan megmutatja azt is, hogy ez az ítélet nem népekre vonatkozik, hanem az egyes emberekre, mégpedig az emberek cselekedetei szerint éppen úgy, mint a Jelenések 20 ítélete. A Máté 25:46 örök büntetésről és örök életről beszél ugyanúgy, mint az utolsó ítéletről szóló többi szakasz.

Ez az ítélet az ember Fia dicsőséges eljövetelét követi, amelyet a Máté 24:30–31 is leír, és amely *egy trombita szavára* fog megtörténni. Ez a trombita az 1Korinthus 15:51–52-ben, az 1Thesszalonika 4:14–17-ben, valamint a Jelenések 11:15–18-ban említett utolsó trombita. A Máté 24:29–30 szerint Krisztusnak ezt az eljövetelét a nap és a hold elsötétülése jelenti be, felhők között lesz, továbbá minden szem számára láthatóan – mindez pedig Krisztus minden korok végén való, végső megjelenését írja le (2Pt 3:10–17; Jel 1:7; 6:12–17).

A legvilágosabb bizonyíték arra, hogy a Szentírás tanításában egyetlen utolsó ítélet található, hogy *mindenki* meg fog ítéltetni, amikor Krisztus visszatér, nem pedig némelyek akkor, mások pedig később (Jn 5:28); illetve csak *egyetlen ítélet* van, nem pedig *ítéletek* (Mt 5:21–22; 12:41–42). Fontos-e ezt hinni? Nemcsak azért hisszük, hogy igen, mert összefügg Izráelről, a feltámadásról és Krisztus eljöveteléről alkotott nézetünkkel, hanem azért is, mert erre, és *csak* erre az ítéletre kell felkészülnünk engedelmeskedve a 2Péter 3:10–18-nak.

6.30. Az ítélet célja

Mi az eljövendő ítélet célja? Vajon gondolkoztál-e már valaha ezen a kérdésen? Nem olyan könnyű erre választ adni, mint ahogy elsőre tűnik. Bizonyos értelemben az ítélet már megtörtént. Amikor az emberek meghalnak, azonnal a mennybe vagy a pokolba kerülnek. Ez nem történhetne meg, ha Isten nem ítélte volna már meg őket. Így a legtöbb ember már a mennyben vagy a pokolban lesz, amikor eljön az ítélet napja, és az ítélet ezen nem fog változtatni. Miért van tehát szükség az ítélet *napjára?*

Van egy olyan ítélet is, amely Jézus halálával kapcsolatban történt. A János 12:31-ben beszél erről, amikor így szól halála idejéről: „Most *van e világ kárhoztatása.*" Krisztus halála által örök váltságot szerzett némelyeknek, másoknak pedig nem (ez a korlátozott engesztelés tanítása). Halála által némelyek ki vannak zárva az üdvösségből, örök sorsuk meg van pecsételve, és ítéletük el van végezve. Miért szükséges tehát egy eljövendő ítéletnap?

A kérdésre a válasz egy fontos teológiai szóban, a *theodíceában* rejlik. E szó azt jelenti, hogy *Isten igazságossága,* és leírja az ítélet napjának fő célját mind az igazak, mind a hamisak tekintetében. Az ítélet célja *nem* az, hogy eldöntse vagy megváltoztassa az emberek és az angyalok sorsát. Ezek már a predestinációban és a kereszten eldőltek. Ehelyett az ítélet fő célja annak megmutatása, hogy Isten az Isten, aki igaz és szent mind a hamisak kárhoztatásában, mind az övéi üdvözítésében.

Ma Isten ítéleteit minduntalan kétségbe vonják. Az igazak ítéletét a Sátán, atyánkfiai nagy vádlója kérdőjelezi meg (Jel 12:10), illetve a hitetlenek, amikor a hívőket vádolva azt mondják, hogy ugyanolyan bűnösök, mint mindenki más. Még Isten népe is megkérdőjelezi, amikor kétkednek Isten munkájában, saját megigazíttatásukban.

Istennek az istentelenek feletti ítéleteit is kétségbe vonják például azzal az állítással, hogy Isten szeretet, ezért nem ítélhet embereket a pokolra; vagy ugyanígy minden kifogással, amelyet Istennek az bűnösök elvetésében és kárhoztatásában való szuverenitása ellen hoznak fel. Ezek a kifogások az utolsó ítélet napján nem fognak felhangzani. Akkor az istentelenek kárhoztatásában nyilvánvaló lesz, hogy Isten nem igaztalan, amikor a bűnösöket a pokolra küldi. Saját cselekedeteik fogják kárhoztatni őket. A könyvek kinyitása és Isten szentségének kijelentése által *minden száj be fog dugatni,* és az egész világ bűnösnek fog találtatni (Rm 3:19). Isten örökre igazolni fogja önmagát.

Isten népének végső megigazítása is igazságos és méltányos lesz. Az ítéletben nyilvánvaló lesz, hogy Isten nem tagadja meg saját követeléseit és igaz voltát, amikor a mennyei dicsőségbe fogadja őket. Mindennek a középpontjában Krisztus fog állni. Az istentelenek kárhoztatásának igazságát az fogja megmutatni, hogy a földön megtagadták és elvetették Isten Fiát, ugyanakkor az igazak igazsága úgy fog megmutatkozni, mint Krisztus igazsága, nem pedig sajátjuk, és bennük is Isten igaz volta lesz látható.

Bárcsak hamar eljönne Isten dicsőségének és a mi üdvösségünknek ama napja!

6.31. A pokol

Maga a szó, hogy *pokol*, amint ott áll ennek a szakasznak a címében, félelmetesen hangzik, és megrettent minket. Nem csoda, hogy ma sokan nem akarnak erről beszélni. Krisztus istenségéhez, a Szentháromsághoz és az engeszteléshez hasonlóan a pokol is egy olyan bibliai tanítás, amely az újszövetségi egyházban folyamatos támadás alatt állt, és ez ma is folytatódik. Nemcsak azoktól érkezik a támadás, akik tanításukban *modern*ek vagy *liberális*ok: még a mai evangélikál mozgalomban is vannak, akik támadják ezt a tanítást.

Az angol *New International Version* (NIV) illusztrálja a fentieket, mivel kifejezetten az evangélikál mozgalom terméke. Ez a fordítás teljesen száműzte az Ószövetségből a *pokol* szót. A KJV fordításban 22-szer szerepel a *pokol*, ezt a NIV 10 helyen másként fordítja.[13] Különösen az jelentőségteljes, hogy a NIV eltüntette ezt a szót az Ószövetségből. Ez semmi más nem lehet, mint a fordítók engedménye azon felfogásra nézve, hogy az ószövetségi emberek nem is igazán tudtak a pokolról, hanem csak egy olyan hely létezésében hittek, ahová minden halott kerül, legyen igaz vagy gonosz.

---

[13] A magyar bibliafordítások között hasonló a helyzet. A Károliban szintén 22-szer szerepel a *pokol* szó. A RevKár 12-szer, az ÚFO 8-szor, a RÚF 5-ször, a magyar Egyszerű Fordítás pedig egy helyen használja. Az utóbbi három bibliafordítás is teljesen száműzte az Ószövetségből a *pokol* szót. (A ford. megj.)

Ha *pokol* szót kihagyjuk az Ószövetségből, akkor rosszul fordítunk. Vannak olyan helyek az Ószövetségben, ahol a *Seol* szót – amelyet a KJV általában *pokol*nak fordít – *pokol*nak *kell* fordítani. Erre jó példa az 5Mózes 32:22 és a Jób 26:6. Az Újszövetségben idézett Zsoltárok 16:10-et is így kell fordítani (Csel 2:27, 31), mert az Újszövetségben a Seol szót a *Hádész*, a *poklot* jelentő általános görög szó váltja fel.

Akármilyen kellemetlen is, a *pokol* szót nem száműzhetjük Bibliánkból, tanításunkból vagy gondolkodásunkból. Ez az evangélium hirdetésének sarkalatos pontja. A pokol tanítása nélkül az evangélium parancsa – „térj meg, vagy elveszel" – elveszíti minden sürgető voltát. Még az egyes evangélikálok által tartott *feltételes halhatatlanság* tanítása (egy ideig tartó büntetés, majd pedig megsemmisülés) is helytelen módon elvesz abból az igazságból, hogy ha nem térünk meg, el kell vesznünk, mert tagadja, hogy a bűnét nem bánó bűnös *örökre* szenved Isten haragja alatt.

Továbbá a *pokol* borzasztó szava elválaszthatatlanul összekapcsolódik Isten félelmével. Jézus így szól: „*attól féljetek inkább, a ki mind a lelket, mind a testet elvesztheti a gyehennában [pokolban]*" (Mt 10:28). Ha az emberek ma is hinnék a poklot, akkor talán több istenfélelem lenne a világban és az egyházban. Ez sajnálatos módon hiányzik a legtöbb helyről, bár „*a bölcsességnek kezdete az Úrnak félelme*" (Péld 9:10).

6.32. Az örök büntetés

Az örök büntetés tanítása soha nem volt népszerű. Nyugtalanító azonban, hogy most az evangélikálok közül érkezik a támadás e tanítással szemben. Amint az előbb láttuk, a NIV gyakorlatilag elhagyta a *pokol* szót Isten Igéjéből, és sok vezető evangélikál az úgynevezett *feltételes halhatatlanság*ot tanítja. Ennek a hamis tanításnak a támogatói azt hirdetik, hogy az istentelenek egy ideig a pokolban lesznek, de végül megsemmisülnek, így a végén *senki* nem lesz a pokolban. Szerintük van büntetés, de nem örökkévaló. Egy vezető evangélikál azt mondta, hogy bár a füstjük örökre felszáll, senki nem fog ott égni.

Hisszük, hogy az örök büntetés tanítása nemcsak biblikus, hanem lényeges tanítás is. Biblikus volta világos az olyan részekből, mint a Jelenések 19:3. Ez a vers Babilon örökkön örökké felszálló füstjéről beszél. Ez az istentelen *személyekre* utal, és nagyon élénk képzelőerőt igényel azt kitalálni, hogy miként szállhat fel Babilon füstje örökre, ha senki sincs jelen a pokol tüzében. Az örök büntetés tanításának jelentőségét sem nehéz látni. Például a bűn helyes megértéséhez vezet. A büntetés *örökkévaló* volta azt hangsúlyozza, hogy a bűnt Isten örökkévaló, legmagasztosabb felsége ellen követték el. Az örökkévaló büntetés tagadása lekicsinyli a bűnt.

A fentiekhez szorosan kapcsolódóan az örök büntetés tagadása megkérdőjelezi Isten igazságát. Hogy Isten először a pokolra küld embereket, majd megsemmisítésükkel véget vet ennek a büntetésnek, nem beszél helyesen Isten változhatatlanságáról, igazságáról és igaz voltáról. Azt sugallja, hogy meggondolja magát büntetésükkel kapcsolatban, és bizonyos mértékig enged bűneik ellen való haragjából.

Az örök büntetés tagadása az evangélium bűnbánatra és hitre hívó sürgető parancsát is lerontja. Az istentelenek nem rettegnének annyira Isten ítéletétől, ha tudnák, hogy meg fognak semmisülni. Az örök szenvedés gondolata, ami annyira megrettenti őket.

Az emberek az örök büntetéstől való félelmeik tagadása érdekében nem ismerik el a lélek további létezését, a mennyet és a poklot, valamint az eljövendő ítéletet sem. Valószínűleg mindennél inkább az örökkévaló büntetéstől való félelmük vezeti őket arra, hogy még Isten létezését is tagadják, mert ha azt és az ő szentségét beismernék, akkor azt is el kellene ismerniük, hogy ő igaz Bíró.

A fentiek nem azt jelentik, hogy valaha bárki is úgy üdvözülhetne, hogy *rémületében* a mennybe fut. Azonban Isten gyakran az örökkévaló büntetés borzalmait használja nagy munkája megkezdéséhez, amely által az ő népét magához gyűjti, és az örökkévaló büntetés tanítása az evangélium hirdetésének fontos része.

Ezek miatt meg kell hajolnunk a Szentírásnak az örökkévaló büntetést illető tanítása előtt, bármilyen ellenszenvesnek tűnjön akár még a keresztyének számára is. Így kell tennünk abban a hitben, hogy Krisztusban nem lesz részünk az örökkévaló büntetésben.

6.33. A menny

Amikor a mennyről beszélünk, óvatosnak kell lennünk, hogy ragaszkodhassunk a Biblia tanításához. Olyan sok mindent *nem* mond el róla a Biblia, így könnyű spekulációkba bocsátkoznunk, és eltévelyednünk attól, amit *tudunk*.

A mennyről többek között azért tudunk olyan keveset, mert annyira csodálatos, hogy nem lehet megfelelően leírni földi kifejezésekkel. Megérzünk ebből valamit, amikor ilyen leírásokat olvasunk a mennyről: nincs éjszaka, nincs nap és hold, nincs tenger, nincs házasság, nincs templom. A menny azokhoz a dolgokhoz tartozik, *„a miket szem nem látott, fül nem hallott és embernek szíve meg se gondolt"* (1Kor 2:9).

A Biblia ugyanezen okból kifolyólag amit a mennyről elmond, azt többnyire szimbólumokban és jelképekben teszi. Ezek azt tanítják nekünk, hogy a menny valóban csodálatos lesz, de nem mondják meg, hogy pontosan milyen lesz. Jó példa erre az új Jeruzsálem leírása a Jelenések 21-ben. Ha az ott rajzolt képből arra következtetünk, hogy a menny egy ezerötszáz mérföld hosszú, széles és magas város, arany utcákkal, óriási gyöngyökből készült kapukkal, drágakövekből készült alapokkal, akkor tévedünk. A Jelenések 21 ugyanis maga mondja meg nekünk, hogy az a város a *menyasszony, a Bárány felesége,*[14] azaz a megdicsőült egyház (ld. még Ef 5:25–32; Jel 19:7–9).

Nem gondoljuk azonban, hogy a Szentírásból hiányozna bármi, amit tudnunk kell a mennyről. A Biblia minden szükséges dolgot elmond, jóllehet ezek nem elégítik ki a kíváncsiságunkat. Amiket a Biblia a mennyről elmond, azok között vannak olyanok, amelyek nagy vigasztalást jelentenek számunkra a világban. Ott nem lesz többé könny, fájdalom és halál (Jel 21:4). Nyugodalmunk (Jel 14:13), örömünk (Mt 25:23) és dicsőséges szabadságunk lesz (Rm 8:21). Hasonlóak leszünk Krisztushoz (1Jn 3:2). Még nyomorúságos

---

[14] Jelenések 21:9 (A ford. megj.)

testünk is Krisztus testének hasonlatosságára fog elváltozni (Fil 3:21). A bűn, a kísértés és minden gonosz ember örökre ki lesz zárva (Jel 21:27). A szentek és angyalok társaságában leszünk (Zsid 12:22–23).

Azonban még ezek sem írják le a menny valódi dicsőségét és boldogságát, hogy ott lesz Isten és Krisztus: *„Ímé az Isten sátora az emberekkel van, és velök lakozik, és azok az ő népei lesznek, és maga az Isten lesz velök, az ő Istenök."* Erről szól a menny (Jel 21:3). A menny boldogsága a hívők számára, hogy *„látják az ő* [Krisztus] *orczáját; és az ő neve homlokukon lesz"* (Jel 22:4).

Olyan sok szakasz beszél erről a mennyei boldogságról, hogy lehetetlen figyelmen kívül hagyni azokat (Jób 19:26–27; Zsolt 16:11; 17:15; 1Kor 13:12; Fil 1:23). Nem is *szabad* így tennünk. Ha nem azért vágyakozunk a mennyre, mert ott van Isten és Krisztus, akkor *egyáltalán nem* vágyakozunk rá. Amikor a mennyben reménykedünk, akkor Fülöppel együtt így kell imádkoznunk: *„Uram, mutasd meg nékünk az Atyát, és elég nékünk"* (Jn 14:8).

6.34. Az új ég és az új föld

A Szentírás gyakran úgy ír az új égről és az új földről, mint Isten népének végső otthonáról. Maga a tény, hogy ez egy *otthon*, elég ahhoz, hogy kívánatos legyen számunkra, hiszen amíg ebben a világban élünk, vándorok és idegenek vagyunk. *Itt* nincsen otthonunk, nincsen olyan ország vagy város, amelyet sajátunknak hívhatnánk (Zsid 11:8–10, 13–16). Milyen nagyszerű lesz végre hazamenni egy hosszú, fárasztó vándorlást követően tudva, hogy ott lesz a mi Atyánk, a mi Bátyánk és egész családunk, és soha többé nem kell onnan eltávoznunk.

Hogyan lehet az otthonunk, ha soha nem voltunk még ott? Hogyan vágyakozhatunk oda, mint otthonunkba? Az *igazi* földi otthonokhoz hasonlóan itt sem annyira a hely fontos, hanem a személyek, akik ott lesznek. Őket ismerjük és szeretjük. Soha nem láttuk a mennyet, de akik ott vannak, azok Krisztusban a mi családunk, akiket ismerünk, és akiket megtanultunk szeretni.

Mégis megkérdezhetnénk, hogy miért van szükség új égre (azaz új mennyre). A válasz Krisztus munkájában rejlik. Mivel érte lettek megteremtve (Kol 1:16), a mennynek is meg kell újulnia benne és általa, hogy alkalmas hely legyen az ő számára és azok számára, akik őbenne vannak. Az első mennyet érintette egyes angyalok bukása, amint a földet is az ember bukása. A Sátán, az első mennyei teremtés feje elbukott magas rangjából (Ézs 14:12), és sok angyalt is magával rántott (Jel 12:4). Így ezt a mennyei teremtést Krisztusban helyre kell állítani.

Miért az új föld? Először is azért, mert Isten nem hagyja el saját kezének munkáját. A földet, amelyet ő teremtett, nem veti el és nem hagyja el a bűn miatt, hanem megőrzi, és majd a végén helyreállítja. Azért pedig, hogy Krisztus megdicsőüljön, a föld nemcsak korábbi állapotába fog visszakerülni, hanem még magasabb dicsőségre fog felemeltetni.

Ehhez a dicsőséghez tartozik, hogy az új föld egyesül az új éggel, amikor Isten sátora leszáll Istentől, a mennyből (Jel 21:1–2). A megújult teremtésnek a nagyszerű dicsősége azonban az, hogy igazság lakozik benne. Meg kell tisztulnia és újulnia ahhoz, hogy igazság lakozhasson benne, és így minden bűn és a bűnnek minden cselekedete elpusztulhasson. Semmi sem maradhat meg abból, amit a tisztátalan bűnösök keze vitt véghez. Az ott lakozó igazság Krisztus saját igazsága, amelyet benne fogunk megkapni.

Amikor ezekről beszélünk, és értelmünkkel felfogjuk, *mire* is várakozunk, akkor valóban kárnak és szemétnek ítélünk minden mást (Fil 3:8). Ez a világ, e világ élete, sőt a világ által kínált legnagyobb gyönyörűségek is csak por és hamu a mennyeiekhez viszonyítva. Aki tudja, hogy a menny az otthona, soha többé nem lesz otthon ebben a világban, és ennek így is kell lennie (2Kor 5:6–8). Reménységünk így erősödik, és megbátorodunk, hogy szemeinket felemeljük, várjuk a megígért váltságot, és úgy éljünk, mint akiknek az élete már el van rejtve Istennél a Krisztusban, a mennyeiekben.

6.35. A mennyei dicsőség

Az örökkévaló állapot dicsőségeit, vagyis a mennyet illetően, valamint a hívők ott betöltött helyével kapcsolatban meg kell értenünk, hogy a nyelvezet, amellyel a Szentírás a mennyet és annak dicsőségeit leírja, nagymértékben jelképes. Amikor az élet koronájáról olvasunk, vagy arról, hogy oszlopok leszünk Isten templomában, és megkapjuk a hajnalcsillagot, meg kell értenünk, hogy a menny dicsősége nem ezekből a dolgokból áll.

Az ezekhez hasonló, szó szerinti dolgok bizonyára értéktelenek azok számára, akik hasonlóvá váltak az angyalokhoz, és többé nem földiek (1Kor 6:13). A Jelenések 21–22 segít ennek tisztázásában, amikor megmondja, hogy az ott leírt város a megdicsőült egyház (21:9–10), és az élet fája maga Krisztus (Jel 2:7; 22:2, 14).

Miért használ a Szentírás ilyen nyelvezetet? Azért, mert a menny dolgai olyanok, *„a miket szem nem látott, fül nem hallott és embernek szíve meg se gondolt, a miket Isten készített az őt szeretőknek”* (1Kor 2:9). Másként fogalmazva a menny olyan dicsőséges és csodálatos, hogy semmit nem foghatunk fel belőle, csak képek és jelképek által.

Ha azonban a menny dicsősége és csodája nem arany, gyöngy és drágakő, akkor micsoda? A Jelenések 21–22 nagyon világos választ ad erre a kérdésre: *maga Isten,* különösen pedig úgy, ahogyan kijelenti magát Jézusban, a mi Megváltónkban. Isten mindent önmagáért teremtett (Jel 4:11), és ez a mennyben élő valóság lesz Isten népe számára. A Szentírásból megtudjuk, hogy Isten és Krisztus annak a városnak a világossága, temploma és lakója (Jel 21:23–24; 22:5). Ezek a fejezetek a menny valódi dicsőségéről beszélnek, amikor arról szólnak, hogy Isten az ő népével lakozik, ő pedig az Istenük lesz (Jel 21:3; 22:3–4).

Az összes hívővel együtt leszünk, feltámadunk, és elváltozunk Krisztus hasonlatosságára, minden könnyünk eltöröltetik, örökre megszabadulunk a bűn jelenlététől, hatalmától és lehetőségétől – ezek mind a menny gyönyörűségei közé tartoznak. A menny legjobb dicsősége azonban nem ezek között van, hanem Isten jelenléte, és egyedül az övé (Zsolt 16:11; 17:15; 73:25).

Ez természetesen azt jelenti, hogy a menny dicsősége számunkra Isten kegyelmi szövetségének megvalósulása. A szövetség mindig azt jelenti, hogy Isten a mi Istenünk, mi pedig az ő népe vagyunk. Ez a mennyben fogja elérni legnagyobb dicsőségét, mert akkor Isten népe Isten jelenlétében fog élni, látni fogja arcát, ismerni fogja őt, és örökre gyönyörködni fog benne.

Erre várakozunk, de részben már most is alkalmazhatjuk magunkra. Akik nem igazán kívánják a menny dicsőségét, nem tehetnek úgy, mintha mégis kívánnák. Akit nem érdekel Isten és az ő dicsősége, aki nem gyönyörködik az Istennel való közösségben, és aki nem kívánja mindennél inkább látni Isten orcáját, azt nem érdekli a menny, akármit is mondjon.

Vizsgáljuk meg tehát magunkat és életünket, és gondoljuk meg, hogy valóban Isten-e minden kívánságunk és örömünk! Akkor nemcsak azt fogjuk tudni, hogy miről is szól a mennyei dicsőség, hanem bizonyosak lehetünk afelől is, hogy helyünk és részünk van benne.

A bibliai helyek mutatója

1Mózes

1 . . . . 12, 101–103
1:1 101
1:2 101
1:26 . . . . 35, 113
1:26–27 113
1:27 98
1:28 114
1–2 . . . . 101, 207
1–3 . . . . . 16, 98, 99, 101,
103
1–11 102
2:1 36
2:7 . . . . 114, 348
2:8 114
2:9 121
2:15–17 114
2:17 . . . . 130, 356
2:24 98
3 . . . . 127, 129, 207
3:1–5 129
3:5 . . . . . . 122, 128, 361
3:6 . . . . 121, 124
3:15 . . . . 191, 207
3:16 128
3:21 . . . . 191, 207
3:22 . . . . 121, 126
3:23–24 120
3:24 95
4:1 . . . . 78, 110
4:25 78
5:3 117
5:22–24 189
6:3 112
6:5 132
6:8 55
6:9 189
9:1–17 207
9:15 192
9:15–16 207
15 . . . . 193, 194, 207
15:6 223
15:16 331

17 207
17:7 . . . . 17, 18, 72, 191,
193, 300
17:7–8 75
17:8 189
17:18–19 304
18:17–19 189
18:19 78
21:27–32 189
22:14 104
25:23–24 304
32:2 36
32:28 251
46:26–27 348
48:8–22 184
49:1 319
49:24 105

2Mózes

3 34
3:11–15 33
3:14 . . . . 33, 62
3:15–16 193
3:19–20 110
4:21 . . . . 104, 109
6:7 189
9:16 83
10:9 297
12:37 297
12:37–38 297
13:2 . . . . 143, 181
19–20 207
20:1–2 200
20:7 32
20:8–11 101
20:9–11 98
20:11 103
20:12 298
24:7 . . . . 198, 200
25:18–22 95
28:36–38 233
29:9 297
29:42–46 206

34:6 58

3Mózes

20:24–26 233
26:42 72

4Mózes

4:3 297
4:47 297
6:22–27 169
8:6–7 297
23:19 222
23:21 . . . . 222, 225, 226
25:12 72
25:13 297
35:30 285

5Mózes

4:13 . . . . . . 73, 203, 205
4:19 36
6:4 . . . . 45, 65
6:5 . . . . 45, 46
6:7 45
6:8–9 45
6:10–11 45
6:12 45
6:25 45
7:6 75
8:2–3 124
10:16 304
18:15 . . . . 167, 204
28:51 313
30:6 . . . . 302, 304
32:22 367
33:28 235

Bírák

2:1 72
6:36–40 287

1Sámuel

1:3 36

2:25 . . . . 104, 112
13:8–14 165

2Sámuel

6:12 182
6:19 183
7 . . . . 201, 207
7:12–13 201
7:13 202
7:14 202
7:24 201
16:10 . . . . 104, 112
23:5 72
24:1 . . . . . . 41, 104, 112
24:17 41

1Királyok

2:19 184
8:23 73
8:56 183
22:19 36
22:19–22 . . . . . 104, 112

2Királyok

6:17 96

1Krónikák

21:1 41
21:17 41
23:13 234
28:9 314

2Krónikák

20:15 37
26:16–21 165

Nehémiás

9:6 36

Jób

1:12 . . . . 40, 108, 109
2:6 . . . . 40, 108, 109

5:9 354
9:10 108
9:12 108
11:7 66
19:25–26 354
19:26–27 370
26:6 367
28:26 83
38:8–11 83
40:3 222
42:5–6 66

Zsoltárok

2 170
2:2–4 . . . . 21, 107
2:4 37
2:7 82
2:7–8 83
2:9 . . . . 141, 170
2:12 170
5:5 . . . . 44, 53
5:6–7 53
11:5–6 111
11:5 . . . . 216, 360
11:7 59
12:7 . . . . 18, 19
14 132
14:1 . . . . 60, 278
14:2 132
14:2–3 132
14:3 132
16:9 178
16:10 . . . . 178, 179, 367
16:11 . . . . 370, 372
17:13 105
17:13–14 105
17:15 . . . . 370, 372
19 7
19:10 60
22:2 172
23:1 141
23:4 170
24 182

24:3–5 233
24:7–10 183
24:8 37
24:10 36
25:14 . . . . 76, 189
26:2 314
30:6 . . . . 30, 356
31:11 152
31:13 179
31:16 110
33:6 36
33:10 109
34:19 51
35:24 59
37:24 237
37:25 272
37:28 236
44:22 314
47 182
47:6–7 183
47:10 183
48:13–15 250
48:14 40
48:15 66
50:10 . . . . 344, 346
50:12 . . . . 118, 141
50:17 18
51:4 260
51:6 222
51:7 173
51:12 129
53 132
59:6 36
68 182
68:2 183
68:6 38
68:7 68
68:17 249
68:19 . . . . 182, 183
68:20 183
68:24 183
69:5 . . . . . . 171, 175, 222
69:9 174

73:3-7 111
73:18 111
73:23-28 84
73:24 81
73:25 372
73:26 63
73:27 70
75:9 331
78 43
78:2 27
78:4 43
78:4-8 43
80:5 36
80:8 36
80:9 248-250
81:11-12 112
82 22
82:6 21
84:7 88
84:11 . . . . 346, 347
84:12 56
89 207
89:6 43
89:30 202
89:35 . . . . 72, 74
90:2 . . . . 34, 47
90:17 236
91:7 346
92:8 111
103:13 . . . . 38, 68
103:19 110
103:20-21 109
104:5-13 17
104:10-24 105
104:15 313
104:19 109
104:28-29 110
105:8 346
105:8-10 72
105:29 110
107:41 . . . . 68, 300
109:27 104
110:2 255

110:3 170
111:9 44
115:3 . . . . 47, 84, 89,
                     108, 216
115:4-8 35
116:5 59
119:53 260
119:91 141
119:105 . . . . 27, 200
119:130 18
119:136 260
122:6 343
122:9 343
130:3 222
131 88
132 182
132:8 182
132:13 258
132:13-14 . . . . 182, 249
132:15-16 183
135:5-6 89
135:6 108
135:6-12 83
138:8 236
139:1-16 104
139:10 52
139:15-16 83
139:23-24 314
145:18 51
148:3-6 83
148:8 110

Példabeszédek
3:33 111
3:34 56
6:23 200
8:12 69
8:22-30 157
8:22-31 69
8:23 157
8:29 83
8:30 . . . . 69, 157
9:10 367

11:14 269
11:16 55
14:35 111
15:3 51
15:22 269
16:1 . . . . 83, 85, 104,
                           109
16:4 . . . . 104, 109
16:6 57
16:9 . . . . . . 85, 104, 109
21:1 . . . . . . 85, 104, 109
23:23 265
24:6 . . . . 269, 274
26:17-28 283
26:20-26 285
28:13 315
30:5 18

Prédikátor 20

Énekek éneke
2:1 146
2:14 10
2:15 283
5:13 15
5:16 147
6:1 . . . . 250, 253
6:7 . . . . 250, 253

Ézsaiás
1:8 . . . . 47, 250, 252
1:9 36
2:2 319
5:1-7 248
6:1-4 95
6:9-10 282
6:9-11 216
7:14 . . . . . . 145, 157, 158
8:14 282
9:2 14
9:6 . . . . 38, 147, 229
9:19 14
10:15 . . . . 104, 105

11 192
11:6 193
13:4 37
14 . . . . 96, 97
14:4–23 96
14:12 . . . . 97, 371
14:24–27 81
19:17 82
32:17 229
37:29 113
40:18 45
40:22 16
40:25 233
40:31 353
41:14 233
42:8 . . . . 44, 53
43:4 81
43:21 233
44:3 295
44:28 . . . . 81, 110
45:7 . . . . 104, 110
45:9 105
45:22 220
46:9–10 . . . . 83, 84, 110
46:10 83
49:16 105
49:22 309
52:13 166
52:14 309
52:15 . . . . 295, 309
53 171
53:2 147
53:3 . . . . 152, 174
53:3–6 174
53:4 . . . . 171, 174
53:4–5 152
53:5 . . . . 174, 222
53:6 . . . . 171, 174
53:8 . . . . 177, 194
53:9 150
53:10 171
53:11 . . . . 166, 172, 177,
227

53:12 . . . . 171, 172, 174
55:1 . . . . 214, 313
55:3 72
55:8 . . . . 104, 108
55:8–9 62
57:1 358
57:15 44
57:20 229
57:20–21 51
57:21 229
59:8 229
60:4 309
60:18 . . . . 249, 252
61:1–3 140
63:9 52
63:16 38
63:17 . . . . 104, 109
64:5 278
66:3 126

Jeremiás
1:5 258
4:4 304
5:14 36
5:24 109
6:14 229
10:23 . . . . . 83, 104, 109
15:16 36
16:12 129
17:9 . . . . . . 30, 132, 150
23:23 62
23:23–24 51
31:1 68
31:18 231
31:31–33 72
32:40 236
33:20–21 72
33:25 192
34:18 193
34:19–20 193
36:3 81

Jeremiás siralmai
1:12 . . . . 153, 174
3:40 314

Ezékiel
10:1–20 95
11:19 129
16:60–62 72
20:26 181
33:11 230
34:1–6 273
34:2 273
36:25 . . . . 212, 295
39:25 53

Dániel
4:14 104
4:31 337
4:32 . . . . 36, 77, 85, 104,
109, 112, 210
7:1–8 361
7:15–28 361
7:27 337
8:10–11 36
9:7 59
9:24 320
10:13–14 95
12:1 95

Hóseás
1:10 250
1:10–11 266
4:1 42
4:6 42
4:6–7 42
6:7 . . . . 190, 207
14:3 119

Jóel
2:28–29 295
3:18 313

Ámós
3:2 68
3:6 ....104, 109
9:11-15 ....250, 266

Jónás
2:9 209

Mikeás
4:1 319
4:12 81
5:2 157

Habakuk
1:13 44
2:4 59

Aggeus
1:2 36
2:1-9 37

Zakariás
4:1-6 275

Malakiás
2:5-7 203
2:6-7 205
3:1 147
3:6 47
3:10 295
3:17 141
4:2 147

Máté
1:1 147
1:21 .....134, 137, 138,
                    177
1:23 145
1-2 309
2:6 147
3 ....295, 296
3:7 291

3:9 251
3:11 ....290, 307
3:15 296
3:16 ....139, 296
4:1 97
4:4 ....125, 356
4:11 ....96, 153
5:10-12 359
5:14 275
5:21-22 364
5:21-24 283
6:9 38
6:13 170
7:21 90
8:11 261
8:20 174
8:31 104
9:13 213
9:15 147
10:28 367
10:29-30 .....104, 109
10:38 176
11:28 ....214, 220, 221
11:29 149
12:14-21 345
12:28-30 345
12:29 .....97, 344, 345,
                    347
12:41-42 364
13:39-40 319
16:16 263
16:17 137
16:18 ....137, 140, 247,
            250, 252, 253,
            263, 264, 277
16:18-19 277
16:19 ....249, 252
16:26 150
16:27 ....323, 362
17:1-8 13
18 ....284, 285
18:3 231
18:15 285

18:15-17 284
18:15-20 249
18:16 285
18:17 ....284, 285
19:4 101
19:4-5 98
19:4-6 102
20:16 214
20:28 ....177, 221
21:9 147
22:14 ....213, 214
22:32 358
22:35-40 45
23:11 269
24:1-21 359
24:1-35 341
24:3 325
24:5-8 325
24:6-7 325
24:7 325
24:10-12 46
24:10-16 325
24:21 ....336, 359
24:24 361
24:27 332
24:29 ....325, 327, 345
24:29-30 364
24:29-31 325
24:30 ....322, 323, 325,
                    332
24:30-31 ......327, 364
24:34 320
24:36 329
24:37-41 .....325, 328,
                    337
24:42 329
24:42-51 323
24:43 328
24:44 329
25 364
25:1-13 329
25:5 329
25:13 329

25:23 369
25:31 323
25:31–32 362
25:31–46 . . . . . . 363, 364
25:32 364
25:33–34 184
25:46 364
26:24–25 83
26:28 177
26:29 252
26:56 174
26:74 174
27:46 . . . . 162, 172, 176,
194
27:52 358
28:18 . . . . 166, 252, 270,
326
28:19 . . . . 278, 279, 291,
293, 308, 309
28:19–20 . . . . . 277, 286,
321

Márk

1 . . . . 295, 296
1:4 306
9:2–8 13
10 300
10:13–16 300
10:14–15 300
10:15 301
10:38–39 292
12:27 358
13:7 319
13:32 329
15:34 . . . . 172, 179
16:16 . . . . . 305, 306, 308

Lukács

1:5 296
1:13 296
1:16 230
1:18–20 . . . . . . 287, 325
1:19 95

1:22 169
1:26 95
1:30 55
1:32–33 201
1:35 . . . . . . 150, 155, 158
1:41–45 325
1:72 72
1:77 220
2:9–14 96
2:12 . . . . 287, 325
2:13 36
2:29–32 173
2:49 166
3:8 266
3:23 296
6:36 57
8:26–33 105
9:28–36 13
10:17–18 255
10:20 363
10:25–28 45
12:32 . . . . 81, 250
12:50 293
16:22–28 357
17:5 220
17:10 . . . . . 73, 74, 118,
119, 189
17:20–21 252
17:26–37 328
17:28–37 . . . . . 325, 337
18:8 329
18:13 139
18:15 300
21:11 325
21:25 325
21:25–28 326
21:26 83
22:19–20 287
22:22 . . . . 82, 83
22:31–32 237
22:37 171
22:43 96
23:43 . . . . 178, 358

23:46 149
23:48 175
24:4–7 96
24:39 346

János

1:1 . . . . 147, 167
1:3 99
1:11 174
1:12 220
1:13 . . . . 158, 211
1:14 167
1:16 70
1:29 . . . . 147, 192
2:18–21 202
2:19–21 38
3:3 . . . . . . 129, 211, 252
3:3–8 340
3:5 252
3:16 . . . . 52, 53, 78, 143,
177, 217
3:16–17 192
3:18 . . . . 143, 218
3:19 260
3:36 356
4:22 42
4:24 . . . . 48, 49, 115
4:34 166
5:24 350
5:24–25 349
5:25 . . . . . 167, 168, 355
5:25–29 337
5:26–27 362
5:28 . . . . 348, 364
5:28–29 . . . . . . 348, 355,
362
5:39 . . . . 4, 11, 263
5:39–40 11
5:40 279
6 348
6:15 252
6:37 256
6:38 149

6:39 . . . . 256, 319
6:39–40 . . . . . . 328, 337,
348
6:40 348
6:44 . . . . . . 90, 133, 216,
279, 348
6:44–45 337
6:44–54 328
6:48 147
6:54 348
7:37–39 290
8:33–41 198
8:44 . . . . . . 97, 115, 128,
279
8:59 142
10:3 213
10:11 147
10:14–15 177
10:15 . . . . 40, 70
10:16 . . . . . 213, 256, 259
10:26 40
10:26–28 177
10:27 . . . . 167, 213, 278,
281, 282, 321,
323
10:28–29 105
10:29 256
10:30–42 142
10:35 . . . . 21, 23, 26,
338
10:36 21
11:24 . . . . . 328, 337, 348
11:25–26 . . . . . . 212, 349
11:47–50 174
12:26 270
12:27 149
12:31 . . . . . . 97, 175, 365
12:48 . . . . 328, 348
13:1 216
13:27 170
14:2–3 321
14:3 . . . . 321, 323
14:6 147

14:8 370
14:9 . . . . . . 48, 144, 167
14:11 218
14:16–18 321
14:18 228
14:27 230
15:1–6 248–250
15:18–20 260
15:25 174
17:2 . . . . 40, 256
17:3 . . . . . . 4, 30, 42, 65,
70–72, 219
17:6 256
17:9 . . . . . . 53, 177, 256
17:13 256
17:19 256
17:20–21 217
17:23 . . . . 70, 189
17:25 59
18:6 170
18:36 . . . . 252, 337
19:18 175
19:30 170
20:28 141
20:29 . . . . 167, 287
21:15 272

Cselekedetek

1:5 . . . . 290, 293
1:10–11 96
1:11 322
2 279
2:16–21 321
2:17 . . . . 295, 319
2:17–18 293
2:18 295
2:23 . . . . . 40–42, 80, 84,
104, 109, 112
2:24 . . . . . . 179, 180, 350
2:27 367
2:31 . . . . 179, 367
2:33 184
2:36 141

2:38 291
2:38–39 . . . . . . 196, 290
2:39 . . . . . . 75, 266, 300
2:41 . . . . 287, 291
3:22 . . . . 167, 168
3:22–25 167
3:22–26 165
3:23 168
4:12 . . . . . 137, 139, 196,
289
4:24–28 . . . . 80, 83
4:26–28 41
4:27–28 40
4:28 . . . . 37, 77
4:35 271
5:31 185
5:41 360
5:42 68
6 . . . . 270, 271
6:3 . . . . 270, 271
6:6 270
7 279
7:5 194
7:8 72
7:38 . . . . . 196, 250, 266,
339, 340
7:42 112
7:55 184
8 . . . . 295, 296
8:38–39 295
10:44–45 295
10:48 299
11:16 290
11:17 218
13 279
13:1–3 281
13:1–4 . . . . 274, 282
13:4 282
13:36 358
13:36–37 180
13:37–38 180
13:48 . . . . 83, 133
14:17 109

14:23 268
14:27 281
15 .... 266, 274
15:2 268
15:4 268
15:6 268
15:13 340
15:13-17 ...... 250, 266
15:14 267
15:16 267
15:23-29 274
16 299
16:14 40
16:15 299
16:31 218
16:31-34 68
16:33 299
17 279
17:10-11 25
17:24-28 106
17:25 ...... 46, 107, 110
17:26 83
17:28 ..... 104, 105, 109
17:31 322
17:32 354
19:4 306
20 269
20:20 68
20:28 .... 177, 268-270,
                   272
20:28-31 270
21:10-11 267
24:15 348
26:18 231
26:20 231

Róma

1 .... 8, 9, 106
1:2 44
1:7 240
1:10 81
1:16 .... 9, 134, 167,
                215, 282

1:16-17 281
1:17 59
1:18 .... 9, 328
1:18-20 106
1:18-32 8
1:19 .... 8, 9
1:20 .... 8, 9
1:21 106
1:21-25 9
1:24-27 106
1:24-28 112
1:25 .... 8, 9
2:5-6 362
2:28 .... 266, 302
2:28-29 ..... 197, 247,
            250, 251, 337,
                   339
2:29 266
3:10-19 129
3:19 365
3:21 59
3:21-22 162
3:22-26 59
3:24 .... 59, 227
3:25-26 226
3:27 224
3:28 222
3:28-29 ...... 195, 266
4:4 362
4:5 .... 59, 223
4:6 222
4:11 287
4:11-16 197
4:16-17 195
4:17 .... 213, 216
4:25 .... 181, 352
5 98
5:1 229
5:1-5 290
5:9 227
5:12 ..... 101, 116, 127,
            129, 130, 151
5:18 222

5:19 227
5:21 222
6:1-2 238
6:1-6 .... 294, 302
6:3-6 291
6:11-13 212
6:13 349
6:16 150
6:23 349
7:7 199
7:12 196
8:3 ...... 152, 323, 343
8:7 260
8:7-8 .... 133, 150
8:9 290
8:17 359
8:19 228
8:21 .... 192, 193, 369
8:23 228
8:28 ..... 47, 83, 85, 87,
            105, 108, 112
8:29 228
8:29-30 .... 76, 77
8:30 .... 83, 208
8:37 ..... 170, 254, 255
8:38-39 85
8:39 105
9 16
9:4 72
9:5 163
9:6 247
9:6-8 .... 197, 251
9:8 .... 250, 266
9:10-13 .... 78, 79
9:11-13 77
9:13 .... 216, 225
9:14 60
9:15-16 86
9:16 ..... 134, 210, 216
9:17-20 .... 80, 108
9:18 ..... 90, 104, 109,
               112, 216
9:19-20 85

9:20 . . . . 41, 60
9:21 40
9:21-22 . . . . .79, 108
9:22 83
9:22-23 80
9:24-26 . . . . . . .250, 266
9:28 319
9:33 . . . . .218, 282
10:1-4 227
10:4 199
10:10-14 214
10:11 218
10:12-13 262
10:13-14 281
10:14 9
10:15 . . . . .272, 281, 282
10:17 . . . . . . 9, 167, 213,
214
11:6 59
11:9 111
11:16-24 248
11:34-36 49
11:36 . . . . 40, 224
12:20-21 111
13:14 220
14:8 351
14:23 . . . . 126, 132
16:1 270

1Korinthus

1:2 . . . . . . .240, 246, 259
1:9 . . . . 213, 245
1:11 247
1:13 293
1:16 299
1:18 . . . . 9, 215, 281
1:21 9
1:23-24 . . . . . . 278, 281,
282
1:24 . . . . .69, 82, 157,
215
1:30 172
2:2 . . . . 175, 263

2:7 77
2:8 147
2:9 . . . . . .241, 369, 372
2:10 70
2:12-15 339
2:14 . . . . 28, 347
3:13-15 362
3:16-17 . . . . . 234, 248,
259
4:7 118
4:15 69
5:1-13 284
5:4-5 274
5:5 284
5:6 283
5:9-11 . . . . . . .234, 235
5:10 235
5:11 284
5:13 284
6:13 372
6:18-20 357
6:20 142
7:1 288
7:6-8 288
7:25-27 288
7:32-34 288
8:5-6 . . . . 45, 46
8:6 162
9:19 269
9:26-27 231
10:1-2 304
10:2 . . . . . 291, 293, 295,
297, 298
10:5-10 304
10:11 . . . . . .26, 319, 320
10:21 310
10:31 132
11:23-34 277
11:26 286
11:28-29 314
11:29 312
11:30 358
11:31 314

12 . . . . .248, 265
12:3 . . . . 137, 141
12:12 247
12:12-27 248
12:13 . . . . .290, 291, 293
13:12 . . . . 353, 370
15 353
15:12 . . . . 351, 354
15:12-19 351
15:16 182
15:16-17 351
15:17 181
15:19-20 355
15:20 358
15:22 177
15:23-24 337
15:24 . . . . 255, 319
15:26 349
15:37 353
15:42-44 355
15:43 353
15:44 353
15:45 . . . . . .99, 102, 116
15:45-47 . . . . . 101, 144,
356
15:42 353
15:47 99
15:47-48 . . . . . .118, 189
15:50 . . . . .336, 352, 353
15:51 358
15:51-52 . . . . . 327, 337,
345, 364
15:52 . . . . 324, 353
15:53 180
15:53-54 356
15:54 180
15:55 179
15:56 . . . . 180, 350

2Korinthus
2:5-8 285
2:14-16 . . . . . . 216, 282,
305

2:14–17 215
2:15–16 90
3:3 203
4:4 97
4:5 . . . . 269, 275
4:6 . . . . 48, 144, 220
4:6–7 220
5:1 358
5:1–8 241
5:6–8 371
5:7 . . . . . . 108, 265, 287
5:8 359
5:10 . . . . . .354, 355, 362
5:18–21 190
5:19 . . . . 146, 222
5:20 280
5:21 . . . . . .150, 151, 173
6:14–15 234
6:14–18 . . . . 44, 121,
        234, 235, 245,
        260
6:16 . . . . 70, 73, 75, 164,
        189, 248
6:16–18 234
6:17 235
6:17–18 236
6:18 69
7:1 . . . . 231, 260
8:5 220
8:9 173
10:3–4 253
10:4–5 254
11:14 96
13:5 314

Galácia

2:11–14 286
2:20 . . . . . 146, 164, 212,
        217, 241
3 199
3:2 290
3:7 197
3:8–9 266

3:13 194
3:16 . . . . 17, 18, 198
3:17 198
3:17–21 . . . . . . 198, 200
3:19 . . . . 199, 200
3:21 . . . . . .126, 198, 200
3:23–24 199
3:24 199–201
3:27 291
3:28 262
3:28–29 339
3:29 . . . . 195, 198, 247,
        250, 266, 337,
        339
3–4 207
4:1–5 39
4:1–7 . . . . 198, 199
4:4–5 228
4:6–7 . . . . .39, 228
4:19 69
4:21–31 347
4:24 72
5:13 213
5:13–14 200
5:17 231
5:24 236
6:10 . . . . 68, 271
6:12 176
6:14 . . . . 175, 176

Efézus

1:1 239
1:3 . . . . 173, 289
1:3–4 . . . . 83, 236
1:3–6 . . . . .78, 134
1:4 . . . . .40, 225, 234,
        239, 245, 246,
        256, 259
1:4–6 213
1:5 . . . . . . 68, 76, 77, 81,
        83, 87, 90,
        110, 228
1:6 . . . . 245, 246

1:9–10 259
1:10 . . . . . 185, 253, 265
1:11 . . . . . 76, 77, 81, 83,
        84, 236
1:12 245
1:13–14 290
1:17 220
1:17–23 343
1:20 183
1:22–23 . . . . . . .245, 340
1:23 246
2:1 . . . . . . 130, 133, 212,
        357
2:3 132
2:4 57
2:4–5 58
2:5 349
2:5–6 241
2:6 183
2:8 340
2:8–9 . . . . 216, 226
2:8–10 . . . . . 40, 59, 113,
        134, 233
2:10 . . . . . . 40, 83, 212,
        224
2:11–18 340
2:12 84
2:13 228
2:16 340
2:17 . . . . . .278, 281, 321
2:19 . . . . 68, 253
2:20 263
2:20–21 248
2:20–22 . . . . . .249, 258
2:21 263
2:22 258
3:11 81
3:15 68
3:17 217
3:17–19 79
3:19 164
3:20 313
4:3 . . . . 259, 274

4:4........68, 213, 259
4:5...............291
4:8..........182, 255
4:8-13............183
4:9-10............163
4:11.....267, 269, 272
4:13.............220
4:22..............132
4:24.....115, 116, 228
5................165
5:1...............116
5:11-12.......234, 235
5:14.............358
5:25-27..........340
5:25-32..........369
5:27.............260
5:29-30...........38
5:30..... 146, 149, 164, 217
5:30-32..........245
5:31-32..........250
5:32..........165, 249
6:1-4.............68
6:4...............16
6:10-18..........254
6:11..............97
6:12..........36, 254
6:13-17..........254
6:20.............280

Filippi

1:1......239, 268, 270
1:6...........47, 236
1:21.............356
1:21-24..........241
1:23.....350, 358, 370
1:29.............360
2:5..............149
2:7..............323
2:9..........147, 184
2:9-11........183, 252
2:12-13...........40

2:13.... 110, 133, 210, 232
3:2..............197
3:3..... 198, 250, 266, 337, 339
3:8..........220, 371
3:8-9............223
3:19.........125, 344
3:20..............241
3:21.... 150, 186, 241, 352-355, 363, 370

Kolossé

1:1-2............239
1:12-14..........247
1:13......68, 212, 252
1:15......68, 147, 157
1:16..........95, 371
1:18..............245
1:20.........176, 207
1:21-22...... 176, 240, 245
1:24..............360
1:27..............212
2................303
2:3..............220
2:5..............218
2:9...... 48, 144, 303, 322
2:9-10............164
2:10.............245
2:10-11..........303
2:11......197, 302, 304
2:11-12.......196, 303
2:11-13..........212
2:12.........291, 349
2:14-15..........170
2:15.........253, 255
2:19..............147
2:20-23..........199
3:1-4............241
3:9..............231

3:10.....115, 116, 231
3:14..............53
3:18-21...........68
4:6...............55
4:17.....269, 273, 275

1Thesszalonika

3:13..............324
3-4..........324, 325
4............327, 328
4:7..............213
4:14.............358
4:14-17..........364
4:15-17..........327
4:15-18..........324
4:16..............322
4:16-17..........345
4:17.........324, 328
5................329
5:1-8............323
5:1-9............328
5:3..............328
5:4..........328, 329
5:6..............329
5:8..............329

2Thesszalonika

1:7........... 96, 322
2............360, 361
2:3..............361
2:4..............360
2:4-10...........361
2:8.........332, 361
3:14..............284
3:14-15..........284
3:15.............285

1Timótheus

1:8..............253
1:19-20..........284
1:20.............284
2................261
2:1-2............261

2:1–6 177
2:4–6 261
2:5–6 339
2:11–14 128
3:1–2 .... 268, 269
3:2 269
3:4–5 269
3:8–13 .... 270, 271
3:10 270
3:13 270
3:15 ..... 245, 248, 249,
            267
3:16 ..... 142, 153, 158,
            221
3–4 268
4:13 273
4:14 272
4:16 273
5:1 268
5:1–2 69
5:17 ...... 268, 269, 272
5:19 268
5:20 286
5:21 .... 77, 95
6:3–5 iii
6:14 322
6:15 107
6:16 ...... 7, 10, 44, 48,
            115
6:20 100

2Timótheus
1:12 ...... 137, 218–221
2:2 273
2:3–4 254
2:4 .... 253, 254
2:7–8 254
2:15 338
2:17–18 351
2:18 354
3 15
3:1 .... 319, 345
3:12 359

3:13 345
3:15 .... 16, 231
3:15–17 15
3:16 .... 16, 22, 98
3:16–17 .... 3, 338
4:2 272
4:7–8 .... 253, 255

Titus
1:5 ...... 245, 267, 268
1:5–7 269
1:7 268
2:11–12 240
3:3 230
3:5 .... 58, 212

Zsidók
1:1 319
1:3 184
1:6 143
1:9 275
1:14 95
2:1 .... 11, 25, 168
2:1–3 215
2:3–4 267
2:9 255
2:10 254
2:13 69
2:14 155
2:14–15 148
2:17 .... 158, 160
3:5 204
3:6 248
4:10 182
4:13 222
4:15 ...... 67, 144, 148,
          150, 152, 153,
          155, 158
5:5 280
5:7 145
5:7–9 175
6:4–6 362
6:18 220

7 165
7:24–28 165
7:26 .... 44, 151
7:27 151
7:28 168
8 .... 202–204, 208
8:6 .... 204, 205
8:6–13 .... 72, 202–204
8:10 203–205
8:11 .... 203, 205
9:10 .... 295, 298
9:13 295
9:13–14 298
9:19 .... 295, 298
9:21 295
9:22 .... 298, 303
9:24 169
9:26 319
9:28 .... 177, 323
10:12 303
10:19–22 38
10:22 295
10:22–23 ...... 295, 298
10:24–25 276
10:25 .... 247, 277
11:3 101
11:6 339
11:8–10 370
11:8–16 195
11:9–10 196
11:10 195
11:11 18
11:13 195
11:13–16 ...... 196, 370
11:15 195
11:16 195
12:2–3 154
12:3 174
12:14 ..... 43, 233, 238,
            240, 261
12:22 .... 95, 258
12:22–23 ...... 337, 370

12:22-24 . . . . . 195, 198,
           249, 250, 339
12:23 143
12:24 295
13:8 47
13:20 72

Jakab
1:5-6 60
1:17 . . . . 47, 111
1:25 200
1:27 234
2:1-9 262
2:8 200
2:11 200
2:12 200
2:14-20 362
2:19 221
2:23 189
4:4 235
4:6 56
4:7 . . . . 97, 254
4:8 97
5:3 319
5:11 58
5:14 268
5:19-20 286

1Péter
1:2 . . . . 240, 295
1:3 58
1:5 . . . . . . .211, 236, 237,
                       319
1:7 . . . . 322, 360
1:10-11 282
1:12 96
1:15-16 . . . . . . .234, 260
1:16 44
1:17 362
1:18-19 234
1:20 319
1:23 10
2:4-9 248

2:5 258
2:5-9 339
2:6 258
2:6-8 . . . . 79, 175
2:7 282
2:8 83
2:9 . . . . . . 234, 245, 246,
                    248-250,
                    258-260
3:18-20 178
3:20-21 . . . . . . 295, 304
3:21 . . . . . 287, 291, 298,
                       302
4:7 319
4:13 360
5:1 . . . . 268, 269
5:4 270
5:5 56
5:6 104
5:8 97
5:10 213

2Péter
1:1 257
1:2-3 220
1:3-4 257
1:4 . . . . 70, 145, 164
1:10 306
1:11 337
1:16 13
1:16-18 13
1:19 13
1:19-21 267
1:20 24
1:20-21 24
1:21 . . . . 14, 20
2:4 96
2:6 324
3:1-7 23
3:1-8 328
3:3-4 330
3:3-7 . . . . 100, 328
3:4 257

3:5 102
3:8 320
3:8-10 102
3:9 . . . . . . 253, 256, 257,
                       331
3:9-10 337
3:10 . . . . 257, 328
3:10-12 323
3:10-17 364
3:10-18 364
3:13 185
3:14 229
3:15-16 267
3:16 27

1János
1:1 10
1:3 189
1:5 63
1:6-7 28
1:8-9 231
2:18 . . . . . . 319, 360, 361
2:22 . . . . 137, 360
2:27 140
3:1 228
3:1-2 228
3:2 . . . . 186, 363, 369
3:9 236
3:12 102
4:3 . . . . 137, 360
4:7-9 53
4:8 63
4:16 . . . . 52, 54
4:19 78
5:1 . . . . 137, 140
5:4 254
5:6 63

2János
7 . . . . 137, 360

Júdás
4 80

6 . . . . . 77, 80, 83, 95, 96
6-7 . . . . 324, 337
7 . . . . 325, 328
9 95
14 324
14-15 . . . . 324, 337
18 319

Jelenések

1 168
1:3 323
1:5 . . . . . . 146, 147, 181
1:7 . . . . . . 322, 323, 327,
332, 362, 364
1:8 147
1:12-13 . . . . . . 275, 277
1:16 346
2:1 246
2:1-7 283
2:2 284
2:4 . . . . 275, 276
2:5 . . . . . . 247, 275-277
2:7 . . . . 120, 372
2:8 246
2:9 277
2:10 276
2:12 246
2:14-15 246
2:16 276
2:17 . . . . 339, 346
2:20 123
2:20-24 123
2:23 362
2:24 123
2:25 276
2:26 319
2-3 . . . . 247, 276
3:1 247
3:3 . . . . 276, 328
3:4 276
3:5 255
3:8 276
3:12 . . . . 255, 346

3:16 . . . . 247, 275
3:16-17 275
3:17-18 246
4:11 372
5:5 146
6:8 326
6:9-11 256
6:10 253
6:10-11 257
6:11 261
6:12-17 . . . . . . 327, 364
6:15-17 323
7:9 261
8:7-12 326
9:11 97
9:18 326
11:15 170
11:15-18 364
12:4 . . . . 95, 97, 371
12:7 95
12:7-9 96
12:7-10 95
12:9 129
12:10 . . . . 252, 365
13 361
13:8 83
13:14 97
14:10 331
14:13 . . . . . 255, 358, 369
14:15-20 331
16:3-4 326
16:5 59
16:15 328
16:17 326
17:14 165
17:17 83
19:3 368
19:6-9 185
19:7-9 369
19:9 213
19:11-16 . . . . . 253, 254,
362
19:20 362

20 . . . . . . 333, 338, 344,
346, 348, 349,
364
20:1-2 . . . . 40, 346
20:1-3 344
20:2 . . . . 97, 345
20:3 . . . . 344, 346
20:4 . . . . 346, 348
20:5 347
20:7 40
20:7-15 347
20:9 252
20:10 . . . . . . 95, 97, 346,
362
20:11-14 362
20:11-15 363
20:12 . . . . 330, 346
20:12-13 . . . . . 337, 362
20:14 348
20:14-15 40
21 . . . . . . 230, 249, 369
21:1 . . . . 185, 264
21:1-2 371
21:3 . . . . 70, 71, 75, 121,
146, 185, 189,
206, 208, 242,
324, 370, 372
21:4 . . . . . 120, 186, 255,
357, 369
21:7 242
21:9 . . . . 249, 369
21:9-10 . . . . . . 250, 339,
340, 372
21:14 249
21:22 146
21:22-23 242
21:23-24 372
21:27 370
21-22 372
22 330
22:2 . . . . . . 120, 126, 372
22:3 242
22:3-4 372

22:4......255, 324, 370
22:5.............. 372
22:7.............. 330
22:12........330, 362

22:12-13..........362
22:14.............372
22:16.............147
22:17.............214

22:18-19.......12, 18
22:20 .... 257, 323, 330

Tartalomjegyzék

Előszó a magyar kiadáshoz v
Az angol kiadás előszava vii
A szerző előszava ix

Bevezetés 1

A tantételek jelentősége 3

1. Isten és az ő Igéje 5

1.1. A kijelentés 7
1.2. Az általános kijelentés . . 8
1.3. Isten Igéje 10
1.4. A Szentírás 11
1.5. A Szentírás elégséges volta 13
1.6. A Szentírás ihletettsége . . 14
1.7. A Szentírás plenáris ihletettsége 16
1.8. A Szentírás verbális ihletettsége 17
1.9. A Szentírás organikus ihletettsége 19
1.10. A Szentírás tévedhetetlensége 21
1.11. A Szentírás tekintélye . . . 22
1.12. A Szentírás értelmezése . . 24
1.13. A Szentírás egysége . . . 25
1.14. A Szentírás érthetősége . . 27
1.15. A bibliafordítások 29
1.16. Isten ismerete 30
1.17. Isten nevei 32
1.18. A *Jehova* név 33
1.19. Az *Isten* név 35
1.20. A *seregek Ura* név 36
1.21. Az *Atya* név 37
1.22. Isten szuverenitása 39
1.23. Az emberi felelősség . . . 40
1.24. Isten tulajdonságai 42
1.25. Isten szentsége 43

1.26. Isten egysége 45
1.27. Isten változhatatlansága . 46
1.28. Isten lélek volta 48
1.29. Isten önmagában elégséges
volta 49
1.30. Isten mindenütt jelenvalósága 51
1.31. Isten szeretete 52
1.32. Isten kegyelme 54
1.33. Kegyelem és üdvösség . . 55
1.34. Isten irgalma 57
1.35. Isten igazsága 58
1.36. Isten bölcsessége 60
1.37. Isten transzcendens volta . 62
1.38. Isten egyszerűsége vagy tökéletessége 63
1.39. A Szentháromság 64
1.40. A Szentháromság jelentősége 66
1.41. A Szentháromság és a család 67
1.42. A szövetség 69
1.43. Az örökkévaló szövetség 70
1.44. Az egyetlen szövetség . . . 72
1.45. A kegyelmi szövetség . . . 73
1.46. A szövetségi ígéret 75
1.47. Az eleve elrendelés . . . 76
1.48. A feltétel nélküli kiválasztás 78
1.49. Az elvetés 79
1.50. Isten rendelései 81
1.51. Isten mindent átfogó rendelései 82
1.52. Isten hathatós rendelései . 84
1.53. Isten feltétel nélküli rendelései 85
1.54. Isten bölcs rendelései . . . 87
1.55. Isten akarata 88
1.56. Isten parancsoló akarata és
tanácsbeli akarata 89

2. Az ember és világa 93

2.1. Az angyalok 95
2.2. Az ördögök 96
2.3. A hatnapos teremtés . . . 98
2.4. Az evolúció 99
2.5. A teista evolúcióelmélet . . 101
2.6. A nap–korszak teremtésel-
mélet 102
2.7. Isten gondviselése 104
2.8. A megtartó munka és a
gondviselés 105
2.9. A kormányzás és a gond-
viselés 107
2.10. Isten mindent átfogó gond-
viselése 109
2.11. A gondviselés és az általá-
nos kegyelem 110
2.12. A gondviselés és a bűn kor-
látozása 112
2.13. Az ember teremtése 113
2.14. Az ember Isten képmása 115
2.15. Ádám és az emberi nem
kapcsolata 116
2.16. Az érdem 118
2.17. Az első Paradicsom . . . 119
2.18. A két fa 121
2.19. Az ördög hazugsága 122
2.20. A jó és gonosz tudásának
fája 124
2.21. Az élet fája 125
2.22. Az ember bukása 127
2.23. A bűn és következményei 128
2.24. Az eredendő bűn 130
2.25. Teljes romlottság 131
2.26. Az ember úgynevezett sza-
bad akarata 133

3. Krisztus és az ő munkája 135

3.1. A Megváltónk nevei 137
3.2. A *Jézus* név 138
3.3. A *Krisztus* név 139
3.4. Az *Úr* név 141
3.5. Az *Isten egyszülött Fia* név . 142
3.6. Az *ember Fia* név 143
3.7. Az *Immánuel* név 145
3.8. Mindenek felett való név 146
3.9. Krisztus *valódi* emberi ter-
mészete 148
3.10. Krisztus *teljes* emberi ter-
mészete 149
3.11. Krisztus *bűntelen* emberi
természete 150
3.12. Krisztus *erőtlen* emberi ter-
mészete 151
3.13. Krisztus megkísértetése . . 153
3.14. Krisztus *központi* emberi
természete 154
3.15. Krisztus örök nemzése . 156
3.16. Krisztus szűztől való szü-
letése 157
3.17. Krisztus két természeté-
nek egysége 158
3.18. Krisztus két természeté-
nek elválaszthatatlan egy-
sége 160
3.19. Krisztus két természeté-
nek személyes egysége . . . 161
3.20. Krisztus két természeté-
nek különbsége 162
3.21. Isten szövetsége Krisztusban 164
3.22. Krisztus hármas tisztsége 165
3.23. Krisztus, a mi legfőbb Pró-
fétánk 167
3.24. Krisztus, a mi egyetlen Fő-
papunk 168

3.25. Krisztus, a mi örökkévaló Királyunk 169
3.26. Krisztus állapotai: megaláztatása és felmagasztaltatása 171
3.27. Krisztus alacsony sorba való születése 172
3.28. Krisztus szenvedéssel teljes élete 174
3.29. Krisztus kereszthalála . . 175
3.30. Korlátozott engesztelés . 176
3.31. Krisztus pokolra szállása 178
3.32. Krisztus temetése 179
3.33. Krisztus feltámadása . . . 180
3.34. Krisztus mennybemenetele 182
3.35. Az Isten jobbjára ültetett Krisztus 183
3.36. Krisztus második eljövetele 185

4. A szövetség és az üdvösség 187

4.1. A szövetség természete . 189
4.2. Az Ádámmal kötött szövetség 190
4.3. A Noéval kötött szövetség 191
4.4. Az Ábrahámmal kötött szövetség 193
4.5. A szövetség és a föld ígérete 194
4.6. Az Izráellel kötött szövetség 195
4.7. Isten egyetlen népe 197
4.8. A törvény és a szövetség . 198
4.9. A törvény szerepe a szövetségben 200
4.10. A Dáviddal kötött szövetség 201
4.11. Az új szövetség 202
4.12. A régi és az új szövetség összehasonlítása 204
4.13. A szövetség beteljesedése 205

4.14. A szövetségek összefoglalása 206
4.15. Az üdvösség rendje . . . 208
4.16. Az ellenállhatatlan kegyelem 209
4.17. Az újjászületés 211
4.18. Az elhívás 212
4.19. Az elhívás és az igehirdetés 214
4.20. Nem ajánlat, hanem hívás 215
4.21. A hit lényege 217
4.22. A hit és az ismeret 218
4.23. A hit és a bizalom 220
4.24. A megigazulás 221
4.25. Megigazulás hit által . . . 223
4.26. A megigazulás és a kiválasztás 224
4.27. A megigazulás és az engesztelés 226
4.28. A fiúvá fogadás 227
4.29. A békesség 229
4.30. A megtérés 230
4.31. A megszentelődés 232
4.32. A szentség 233
4.33. Az antitézis 235
4.34. A megtartatás 236
4.35. A szentek állhatatossága . . 237
4.36. A szentek 239
4.37. A megdicsőítés 240

5. Az egyház és a sákramentumok 243

5.1. Az egyház 245
5.2. Test és gyülekezet 246
5.3. Az egyház nevei 247
5.4. Az egyház további nevei 249
5.5. Az egyház és Izráel . . . 250
5.6. Egyház és királyság 252
5.7. A küzdő egyház 253
5.8. A győzedelmes egyház . 255

5.9. A meg nem született egyház 256
5.10. Az egyház kiválasztása . 258
5.11. Az egyház szentsége . . . 259
5.12. Az egyház egyetemessége . 261
5.13. Az apostoli egyház 262
5.14. Az egyház egysége 264
5.15. Az egyház az Ó- és az Új-
szövetségben 265
5.16. Az egyházi tisztségek . . . 267
5.17. A presbiteri tisztség . . . 268
5.18. A diakónusi tisztség . . . 270
5.19. A pásztori és tanítói tisztség 272
5.20. Az egyházkormányzás . . 273
5.21. Az igaz egyház 275
5.22. Az igaz egyház jelei . . . 276
5.23. Az evangélium 278
5.24. Az igehirdetés 280
5.25. Krisztus és az igehirdetés . 281
5.26. A keresztyén egyházfegye-
lem szükségessége 283
5.27. A keresztyén egyházfegye-
lem módja 284
5.28. A sákramentumok 286
5.29. Két sákramentum 288
5.30. A keresztség szimbolizmusa 289
5.31. A keresztség jele és valósága 291
5.32. A keresztség jelentése . . . 292
5.33. A keresztelés módja 294
5.34. Az etióp eunuch és Jézus
megkeresztelése 295
5.35. A gyermekkeresztség az
Újszövetségben 297
5.36. A családi keresztség . . . 299
5.37. A keresztség és a királyság-
ba való belépés 300
5.38. A keresztség és a körülme-
télés 302
5.39. A szövetség és a hitetlenek 303

5.40. A keresztség és a hit . . . 305
5.41. A keresztség és a megtérés 306
5.42. A népek tanítása és keresz-
telése 308
5.43. Az úrvacsora 309
5.44. Krisztus jelenléte az úrva-
csorában 311
5.45. A kenyér és a bor az úrva-
csorában 312
5.46. Az önvizsgálat és az úrva-
csora 314

6. Krisztus visszatérése és az
utolsó idők 317

6.1. Az utolsó napok 319
6.2. Krisztus különböző eljöve-
telei 320
6.3. Krisztus visszatérése 322
6.4. Krisztus egyetlen végső el-
jövetele 323
6.5. Krisztus eljövetelének jelei 325
6.6. Az elragadtatás 327
6.7. Jézus hirtelen és váratlan
eljövetele 328
6.8. Jézus gyors eljövetele . . 330
6.9. Krisztus eljövetelének cso-
dája 331
6.10. A millennium 333
6.11. A premillennizmus és
a diszpenzácionalizmus
összehasonlítása 334
6.12. A premillennizmus téve-
dései 336
6.13. A diszpenzácionalizmus
tévedései 337
6.14. A diszpenzácionalizmus
további tévedései 339
6.15. A posztmillennizmus . . . 341

6.16. A posztmillennizmus téve-
dései 342
6.17. Az amillennizmus 344
6.18. A szó szerintiség és a Jele-
nések 20 346
6.19. Egyetlen feltámadás 347
6.20. A halál 349
6.21. A feltámadásunk szüksé-
ges volta 351
6.22. A feltámadott test 352
6.23. A feltámadás csodája 354
6.24. A lélek halhatatlansága . 356
6.25. A köztes állapot 357
6.26. A nagy nyomorúság . . . 359

6.27. Az antikrisztus 360
6.28. Az ítélet 362
6.29. Egyetlenegy utolsó ítélet . 363
6.30. Az ítélet célja 364
6.31. A pokol 366
6.32. Az örök büntetés 367
6.33. A menny 369
6.34. Az új ég és az új föld . . . 370
6.35. A mennyei dicsőség 372

A bibliai helyek mutatója   375

Tartalomjegyzék   393